U0552923

国家出版基金项目
NATIONAL PUBLICATION FOUNDATION

辛亥革命资料选编

第四卷

刘　萍　李学通／主编

南京临时政府与民初政局　（上册）

孙彩霞　李学通　卞修跃／编

社会科学文献出版社
SOCIAL SCIENCES ACADEMIC PRESS (CHINA)

·下 册·

鄂州血史（之三）

蔡寄鸥

第十七章　外国人导演之和局

　　朱尔典出面作调人　帝国主义者侵华斗争，极其复杂，主要的是英日的斗争。美德两国，当时是赞助英国的，方式不同，其企图侵略，则无二致。日本的做法，在制造中国的纷乱，从中取利。因此对各种对立的局势，常采用操纵的手段。英美等国，则一贯的扶助中国最反动的人物及其政府，认为这种的人物与政府，才是他忠实的代理人。眼看着清廷之局势难以支撑，再选择比较合格的，只有袁世凯了。当清军攻陷汉阳之时，正张勋败退南京之日，而北方近畿一带，险象环生，袁世凯若再战下去，恐时局不可收拾。因请托英使朱尔典斡旋停战，并派遣唐绍仪为代表南下，与民军议和。这个时候，北京东交民巷的使团，是经过朱尔典的疏通，而赞成南北议和的。朱尔典遂电谕汉口英领事，斡旋停战，并介绍袁世凯所派之南下代表，与鄂军府进行和议。

　　为和议而奔走之杨度　川省争路风潮，是辛亥革命的导火线。杨度是铁道国有的倡导者，可以说这个革命导火线，是他燃烧起来的。接着袁世凯为内阁总理，他作了入幕之宾，主战主和，处处有他策划着。他是湖南湘潭人，在清光绪癸卯会试，考取经济特科的翰林，梁士诒中第一，他中第二。他是王湘绮的高足弟子，文笔自然不差。太平天国时代，王湘绮曾经劝过曾国藩夺取清朝的帝位而自代；曾国藩不听其言，湘绮深致惋惜。杨度受老师的衣钵，也想找一着类似曾国藩的人物，劝他取清廷帝位而代之。物色多年，恰恰看中了袁世凯。袁世凯野心勃勃，当然也看中了他。心事一般同，自然是如鱼得水了。他虽然主张君主立宪，并不肯依傍康梁的立宪党。他的叔父，曾做过朝阳镇总兵，所以他家中很有资财，供他挥霍。他留学日本时，住在东京饭田町，招待一般留学生，座客常满。同他来往的，有黄兴、宋教仁、陈天华、刘揆一诸人，所以他认识的革命党不在少数。孙中山同黄兴认识，还是由他介绍的。他一面交结革命党，一面又交结立宪派。一九〇七年，他由东京回国时，出洋考察宪政的五大臣保他为宪改编查馆提调。他在颐和园演讲，说立宪乃君主万世一系的保障，否则难免革命。袁世凯同他认识，就在这个时期。此次出山，他就拿着鹅毛扇子，在幕后为袁划策。汪精卫从牢里出来，他就替袁拉拢，由袁拿出一笔巨款，组织一个国事共济会，其中各党各派，形形色色都有，因谋刺载沣而坐牢的汪精卫，也是其中突出的一人。当唐绍仪南下议和时，在袁世凯左右号称"智多星"的杨士琦，曾向袁建议道："孙文是广东人，南方代表伍廷芳也是广东人，内阁的代表唐少川，又是广东人。广东人顶重乡谊的，似乎要提防一下。"袁笑道："你放心，派几个得力的参赞和随员，同少川一路南下，就行了。杨晳子多才善辩，路路都通。有他到处鼓吹，又加上一个汪精卫，挂着革命党的招牌替他附和，我包管一往顺利。"果然杨度到上海以后，极其活跃，逢人便说："这次议和，不是民军与清室问题，而是民军与袁世凯问题。只要把袁世凯拉拢了，一切事都可迎刃而解。"这一段话，娓娓动听。由此和议问题，着重在袁世凯身上，拿清室的皇帝，来换取民国的总统；两方面都抓住这个题旨来做文章。

唐绍仪一行到汉　唐绍仪奉命南下，除带着前邮传部大臣杨士琦、学部侍郎严修及杨度而外，并由京官中挑选各省代表二十余人，计为直隶于邦华、奉天绍彝、吉林齐忠甲、黑龙江庆山、河南陈善同、山东侯延爽、山西渠本翘、陕西雷多寿、甘肃刘庆笃、四川傅增湘、江苏许鼎霖、湖南郑沅、江西蔡金台、安徽孙多霖、浙江章宗祥、广东冯耿光、广西关冕钧、湖北张国溶〔淦〕、云南张锴、贵州蹇念益、蒙古熙钰等，此外还有随员多人，于十月二十一日（12 月 11 日）上午十一时，到达汉口大智门车站。清军往迎者，有军统冯国璋，新任汉黄德道黄开文等，及英国驻汉代理领事、英舰长、英居留民团长等。唐绍仪偕参赞下榻于英民团公所内，其随员及各省京官代表等共七十余人，则宿于太平街嘉宾酒楼。又二日，复到委员多人，同行者有《泰晤士报》北京通讯员摩理逊博士。次日午刻，由英代理领事及英舰长陪同代表参赞等渡江，至武昌织布局，与都督黎元洪接谈约半小时。黎主张在汉口开会。即日电沪，请伍代表廷芳来鄂，并派江苏来鄂之代表雷奋往迎。但在沪之各省代表，开会讨论议和地点问题，对于赴鄂开会之说，全体反对。谓汉阳失守，民军新遭挫折，若赴鄂议和，等于城下之盟，大不可也。其时各国驻沪领事，亦盼在沪谈判。因由英代理领事致电英公使朱尔典转商袁世凯，命唐来沪。唐即于二十四（12 月 14 日）乘洞庭号轮船往沪，黎元洪派王正廷、胡瑛同往。

在沪举行之正式会议　唐绍仪一行，于十月二十四日在汉口起程，二十七日（12 月 17 日）到达上海。由驻沪英领事介绍，寓于英人李德立之住宅。定以英租界南京路的市政厅为会议地址，名曰议事厅。李德立住宅为一高大洋房，在戈登路尽处门牌三十号。与唐同住者，只有记室俞琴贻。其住处，由英捕房保护，门首有印捕多人，荷十响快枪站岗，并有便衣暗探多人，防卫十分严密，所有中西宾客，均不接见。其参赞随员，皆寓于静安寺路之沧州旅馆。二十八日午后，唐绍仪与伍廷芳会于议事厅。厅前立西捕及印捕二十余人，便衣侦探多人。一点半钟，禁止行人行走，两点钟时，有汽车开到，内坐李德立、唐绍仪及唐之随员二人。少顷，又来汽车二辆，每辆有清代表二人。二点零五分钟，伍廷芳、王正廷、胡瑛等八人，乘马车至。厅中设长桌，两总代表上座，左为伍廷芳，右为唐绍仪。左列各座，皆伍之参赞，有温宗尧、王宠惠、汪兆铭、钮永建四人。右列各座，皆唐之参赞，有杨士琦、许鼎霖、严修、杨度等数人。王正廷、胡瑛，坐于两代表对面。会议时，参赞随员皆不能发言，只能以书面与其总代表笔谈。此外参预和议者，除李德立外，尚有各国领事。少顷，开会。唐绍仪及伍廷芳分别致词毕，互将所得之全权代表委任书交换审阅，遂坐定开议。伍廷芳说："从十九日停战以后，凡湖北、陕西、山西、山东、安徽、江苏、奉天各省，均应一律停战，须得切实回电，始能正式开议，如开议后，再有此等事情发生，须将擅自行动的军队，严重处罚。请唐代表电袁内阁总理照办。"继续讨论和议，条件如下：一、废除满洲政府；二、建立共和政府；三、优给清室岁俸；四、优恤年老贫苦的满人。十一月一日（12月20日）袁世凯复电云："艳电悉。停战命令，早经通饬湖北、山西、陕西、山东、安徽、江苏、奉天等省均归一律，自无疑义。倘于开议期内，有擅自行动之军队，定行处以重罚。至山西、陕西两处，彼因电报不通，属为转电，顷为照转，望即告前途为要。凯。"又接第二电云："艳第二电悉。各军队已迭电饬，认真遵守信约，停止进攻，静候解决。凯。"当时即以世凯复电通知伍廷芳及各领事，定于午后第一次正式会议。

　　各领事之意见书　十一月一日午前，驻沪之德美英法日俄六国领事，乘皮篷马车，联行过市，行驶甚速。从爱文义路出来，先赴英人李德立家，访唐绍仪，到时才十一点钟。唐绍仪接见时，领事声言，奉本国命令，前来"劝告"议和。由德国领袖领事婆黎致意见书。其他领事，亦各以意见书递交，措词是一致的。文曰：

驻扎北京德国公使馆，曾奉本国政府训令，向各议和使陈述私见。德国政府，以为中国如果继续战争，不特有危于本国，并有危于外人之利益与安宁。现德国政府依旧严守中立。但不得不尽义为私交上之忠告，愿两议和使设法将战争早日消灭，从两造之所自愿者，办理一切事宜。有厚望焉。

唐绍仪接受领事意见书，乃致答词道："承诸贵国如此关怀，吾甚感厚意。吾知伍廷芳博士亦必与吾同情。"各领事再至伍廷芳处，同样将意见书宣读。廷芳答道："诸君所述意见，当于议和时提出讨论，以副美意。"计两次相会，所费不过三十分钟。

会议中之国体问题　十一月初一日各领事送达意见书归去后，伍唐两代表即于午后开第二次会议。英总巡勃罗、捕头琼生，均亲自莅会，工部局议长葛兰亦到。两方代表，于两点钟前到齐，即入席开议。先以停战期限于十一月五日结止，现又续议停战七日，自十一月初五日（12月24日）上午八点钟起，至十一月十二日（12月31日）上午八点钟止。期内，两军于各省现在用兵地方一律停止进攻，两代表皆承允电告。再议中国国体问题，唐问伍意见如何？伍答道："全国人心，皆倾向共和。此问题不尽先解决，即无法进行会议。或谓改为共和，于满人不利。不知我等今日，欲合汉满蒙回藏为一共和国，岂有摈斥满人之理？所欲去者，一君位而已。关于皇室之待遇，亦必从优，至于满人与汉人权利，一切平等。可见共和于满人实为有利。此意不但望各位赞成，且亦望袁世凯君赞成。盖彼此均为中国人也。"绍仪曰："今欲和平解决，非共和不可，我实有此心。至于如何办法，须彼此商量，盖须使东三省及蒙回藏完全无缺，才可以保中国。"伍说："所谓共和国，非指十八省而言，乃指全国而言。东三省及蒙回藏必须列于共和国之内，决不放弃以授外人。总之，承认共和，则各事易商。"唐道："我虽为全权代表，但此事甚大，须先电达袁内阁。俟回电后，再行通知会议。"议毕，两代表互相签字。散会后，唐回到寓所，立即发电，请袁内阁转奏，并请即日明降谕旨，命内阁总理大臣，召集国民会议，将君主民主，付之公论；一面将汉口、汉阳所有军队，一律撤回。电中有孙中山先生挈带巨资，偕同泰西军官回国等语，均系恫吓清廷之词，并非事实。盖欲清廷就范，则和议易于完成也。清廷接得此电，即开御前会议。载涛与毓朗二人，均表示反对，奕劻则主张允唐所请。因于初九日下谕，召集国会，公决国体问题，并命内阁迅拟选举法施行。袁世凯即据以电复唐代表。唐代表接电，即据以通知伍代表，于初十日（12月29日）开第三次会议。

和议中之国会召集问题　国体问题，须由国民会议解决之，业由双方代表承认，自无异议。惟有待解决者三事：第一、为国民会议之产生方法。伍代表主张以现时在沪之代表充之，所缺北方数省，即速选派，不必另定选举法。二、国民会议进行之程序。伍代表主张代表省分有三分之二到，即开会。唐代表说："此为全国大事，必须全国各省均到齐，始能开会。如三分之二之省分为言，即显示东三省、直、鲁、豫、满、蒙、藏不必列入，我反对。"伍说："并无此意，可电催速派代表到会。"三、会议地点。伍代表主张在上海，唐主张在胶州、烟台、威海卫等中立地界。结果，仍决定上海。是日，由唐电袁请示，次日开第四次会议。签订下列各款：

一、国民会议，由各处代表组织。每一省为一处，内外蒙为一处，前后藏为一处。

二、每处各选代表三人，每人一票，若有某处到会不及三人者，仍有投三票之权。

三、开会日期，如各处到会人数有四分之三，即可开议。

四、各处代表，江苏、安徽、湖北、江西、湖南、山西、陕西、浙江、福建、广西、广东、四川、云南、贵州，由中华民国临时政府发电召集；直隶、山东、河南、东三省、甘肃、新疆，由清政府发电召集，并由民国政府电知该省谘议局；内外蒙及前后藏，由两政府分电召集。

十二日开第五次会议。唐伍两代表又同意签订五条款如下：

一、山西、陕西由两政府派员会同前往，申明和约。

二、张勋屡次违约，且纵兵烧杀奸掳，大悖人道。由唐代表电知袁内阁查办。

三、皖、鄂、山、陕等处清军，五日之内退出原驻之地百里以外，只留警察保卫地方，民军不得进袭。须由两方军队，签字遵守。

四、国民会议，在上海。开会日期，定十一月二十日。唐代表电袁内阁，从速电复。

五、上海通商银行日前收存南京解银一百余万元，现在两方代表议定，将此款拨出二十万元，交与华洋义赈会，为各处义赈之用。

唐绍仪解除全权职务　　正在召集国会双方意见接近的期间，袁世凯忽得电讯，南京正准备选举总统，组织政府，不禁大吃一惊道："他们这样做法，将置我于何地。"愤怒之下，计上心来。当即电诘唐绍仪，声明十一日以后之签字各款为越权，万难承认。唐即电京，辞去代表职务。袁世凯即复电准其辞职，一面径电伍廷芳，谓以后议和之事，由内阁直接主持。伍请袁到上海，袁亦请伍到北京，往返电商，无法解决，和议遂陷于停顿。唐绍仪的"仪"字，原因避溥仪的讳，改为"怡"字，至此辞去代表职，依然改称"绍仪"，继续斡旋和议。他料定袁世凯此时不过讨价还价，和议是不会决裂的。

第十八章　组织临时政府的波折

　　黎元洪通电号召　武昌首义，各省纷纷响应，本当组织临时政府，以便集中力量，与清政府抗衡。因而黎元洪于九月二十日（11 月 10 日）发出通电如下：

　　大局粗定，非组织临时政府，内政外交均无主体，极为可危。前电请速派委员，会议组织，谅达尊鉴。惟各省全体委员，一时未能全到。拟变通办法，先由各省电举各部政务长，得择其得票最多者来鄂，以政府成立，照会各使领，请各本国承认，庶国基可以安定。敝省拟中央政府暂分为内务、外交、教育、财政、交通、军事、司法七部。其首长条件，以声望素著，能出而任务者为必要，盖非此不足以昭中外之信用也。现除外交首长多数省分已举伍廷芳、温宗尧君外，其余首长，应请协举电知。俟汇齐后，其得多数票选者，一面电聘，一面通告。时事迫急，希即召集会议举定。再，财政首长，敝省拟举张謇，并万祈速复。

　　各省代表集议上海　九月二十一日，江苏都督程德全、浙江都督汤寿潜、上海都督陈其美联合发出通电，请各省推举代表集议上海。其文略曰：

　　自武昌起义，各省响应，共和政治已为全国所共认……吾国上海一埠，为中外耳目所寄，又为交通便利不受兵祸之地。急宜于上海设立临时会议总机关，磋商对内对外妥善办法，以期保疆土之统一，复人道之和平。务请各省举派代表，迅即莅沪，协商集议方法。

　　集议方法：

　　一、各省谘议局，各举代表一人。二、各省现时都督府，各派代表一人，均常驻上海。三、以江苏教育会为招待所。四、两省以上代表到会，即行开议。续到者，随到随与议。

提议大纲：

一、公议外交代表。二、对于军事进行之联络方法。三、对于清皇室之处置。

通电发出之次日，又以江苏都督府代表雷奋、沈恩孚，浙江都督府代表姚桐豫、高尔登联电催各省代表来沪，并请公认伍廷芳、温宗尧为临时外交代表。九月二十五日，开第一次会议，决定名为各省都督府代表联合会。会所仍设上海，并电武昌即派代表与会，而公认武昌为民国中央政府，以鄂军都督执行中央政务，并请派公推之伍廷芳、温宗尧为民国外交部正副部长。

各省代表移汉开会　十月三日，鄂代表居正、陶凤集到沪，请各代表赴鄂，组织临时政府。一时应召赴鄂的，计有江苏雷奋、马君武、陈陶怡，浙江汤尔和、陈时夏、黄群、陈毅，福建潘祖彝，山东谢鹤焘、雷光宇，安徽王竹怀、许冠尧、赵斌，湖南谭人凤、邹代藩，广西张其锽，四川周代本，直隶谷钟秀，河南黄可权，湖北时象晋、胡瑛、王正廷、孙发绪等。其时正值汉阳失守，武昌全城皆在龟山炮火威胁之下，因假英国租界之顺昌洋行，为代表会所。初十日（11月30日），开第一次会议，推谭人凤为议长，由雷奋、马君武、王正廷起草中华民国临时政府组织大纲。

政府地点改设南京　汉阳不守，南京克复，各代表又离汉往沪，决定将临时政府地点移到南京。十月十六日，各省代表齐集于江苏教育会，讨论当前局势。金谓南京虽然攻下，军政太不统一。江苏原有军政府，扬州、无锡、松江均有军政分府，群雄分据，各不相下。程德全虽名为都督，实则徒拥虚名，应急选举大元帅，以资统慑。适黄兴抵沪数日，一切军事，无形中集于彼之一身。因提议投票，选为大元帅，大家均极赞成。果然开票结果，黄兴当选为大元帅，黎元洪当选为副元帅。即以大元帅名义，组织临时政府。经上海都督陈其美、九江都督马毓宝通电报告。黎元洪得讯，即通电各省，表示反对，云：

各省代表均到鄂，议定临时政府组织大纲，并定期在南京公举临时大总统，组织临时政府。经敝处通电各省，谅已达览。现忽据来电，称沪上有十四省代表，推举黄兴为大元帅、元洪为副元帅之说，情节甚为支离。如实有其事，请设法声明取消，以免淆乱耳目。黎元洪印。

武昌为首义地方，黎元洪为首义都督，有此反对的表示，当然不能漠视。代表团中，也有同情于黎元洪的，主张将选举案推翻，重新再选。黄兴闻此消息，就于二十六日（12月16日）通电辞职。二十七日，代表团在南京开会，又改选黎元洪为大元帅，黄兴为副元帅。这次开会选举，代表等都认为选举随便推翻，事同儿戏，会场发生激烈的争论。有人提出折衷办法，谓黎元洪为大元帅，势不能离开武昌来到南京就职，就让他落得大元帅的头衔，由黄兴代理吧。虽有此议，但未经大众表决，相率散会。代表等以组织临时政府刻不容缓，若往复拖延，深恐贻误大局。因派湖北代表时象晋、陶凤集回鄂，向黎元洪疏通说："大元帅已经改选了。公为正，黄为副，湖北的面子总算挽回过来了。不过武昌军事重要，都督势难远离。因于组织临时政府大纲内，增加一条云，临时大总统未举定以前，以大元帅代行其职务；若大元帅不在临时政府时，即以副元帅代行其职务。这是名实兼顾的办法。都督于意云何？"黎元洪听着此言，才满口应允了。上海都督陈其美为黄兴布置行辕，以便开始办公，好布置军事，调遣队伍。黄兴说："我们革命，不是争权位的。我岂但不代理大元帅，连副元帅我也不就。孙总理快要回国了，横竖是要选举总统的，急甚么。"有了这个波澜，临时政府的组织，就无形搁浅了。然而黎元洪远在武昌，发号令、出布告，都用大元帅名义。直至孙中山先生就总统职，以至辞总统职，他还是用的大元帅名义。

孙中山先生回国　辛亥秋间，孙中山先生住在美国，轻装游历，从者只朱卓文一人。途中得黄兴密电，以密码本不在囊中，无从译出，姑置之。次日晨，就旅舍早餐，见案上早报载武昌独立消息，即告朱卓文返寓，检出密本，将黄兴的电报翻译出来，原来也是报告武昌新军举义事。孙先生遂决定偕朱卓文由欧洲返国，当即由纽约动身，乘亚特亚底格船，于公历 11 月 10 号，到英国苏旦德登岸，改乘火车，前往伦敦，住于克乐司车站附近之一大客栈中。其时伦敦各报，转载有汉口《大汉报》之孙大总统劝同胞书，因而伦敦外交界与经济界，都到孙先生寓所访问。孙先生就乘此机会，打消清廷所订结的币制借款及湖广债票发行等案，复要求英国接受中国新政府的交涉。不久孙先生由英到法，过巴黎，旋即由马赛乘英公司船往香港。广东首义同志谢良牧在香港候迎，胡汉民也到港欢迎，告以国内情形，须急应上海之请，组织统一政府。孙先生即依从同志之议，在广州绝无停搁，偕胡汉民等径驶上海。黄兴、陈其美及各省代表，齐往三马路海关码头迎接。船抵岸时，岸上中西人士，脱帽欢呼，声震天地。孙先生起岸，寓于宝昌路，车马盈门，日不暇给。有同志问道："传说总理回国，带有许多款项及军用物回来，是否属实呢？"孙先生笑道："我带着全副革命精神归来，这是可以告慰的。"

各省代表由沪赴宁　在上海之各省代表，因为草定了临时政府组织大纲，决定了南京为临时政府所在地，遂于十月下旬，纷纷前往南京。计有湖南代表宋教仁，奉天谘议局代表吴景濂，直隶谘议局代表谷钟秀，福建代表潘祖彝、林长民，九江都督代表林森，江北代表马良、王照，江苏代表雷奋、赵凤昌，浙江代表汤寿潜、汤尔和、黄群，广西代表马君武，广东代表丘先庚、赵士北，四川代表周代本，山东代表雷启宇，云南代表吕志伊，山西代表景耀月，贵州代表平刚，安徽代表郑赞丞，湖北代表杨时杰、居正。在沪宁车中,有一个口操福建音的英雄,指着林长民私向居正问道:"他是何人?你认识否?"居正说:"我和他不大熟悉,只晓得他是林长民。"及晚车抵南京,下车时,枪声一响,林长民遇刺未中。后来打听那一位放枪的福建英维,原来是同盟会员。因为林长民是立宪派的人物,素来反对革命,在此选举总统期间,恐其秘密运动,将不利于同盟会,故有此刺杀之举。

哈同花园的宴会 十一月初七日(12月26日),黄兴及陈其美、宋教仁等宴孙中山先生于哈同花园。席次,密商举总理为大总统,众无异议。晚间,又至孙中山寓处,会商政府组织方案。宋教仁主张内阁制,孙中山力持不可。黄兴劝宋勿坚持,宋不允,黄说:"俟我到南京征询各代表意见,再作决定吧。"

代表会之决议案 十一月初八日,黄兴乘专车抵宁,驻丁家花园。晚间赴江苏谘议局代表会,首由黄兴提出三案:一、改用阳历;二、起义时以黄帝纪元,今应改为中华民国纪元;三、政府组织,取总统制。经众讨论,第一、第二两案并为一案;惟民间习惯已久,且关系于农村之农事兴作问题,当于阳历下注明阴历节序,全体赞成。第三,总统制与内阁制案,宋教仁犹持前议,讨论颇久。黄兴说明提案理由,多赞成总统制,照提案通过。次由宋教仁提议,临时政府组织大纲,既已决定,应即按照大纲选举临时大总统;隔日举行,即由代表会准备一切。众无异议,散会。

孙中山当选大总统 十一月初十日,午后一时,各代表齐集会场,由浙江代表汤尔和主席。将开会时,湖南代表谭人凤,自湖北来,赶入会场,精神百倍,登台报告武昌防守经过,群鼓掌欢悦。下台时,密笑向湖北代表居正道:"你是湖北人,当然要举黎元洪呀!"居答道:"当然的。"少顷,主席汤尔和报告开会,命秘书长宣读上次通过之临时政府组织大纲,说明今日按照大纲选举临时大总统,计到十七省代表,每一省代表,无论若干人，当推一代表，书一票，选举不记名。众无异议，命秘书散票。谭人凤高声呼道："湖南代表的票，给我"，秘书与之。以次投票毕，由主席指定监票人开票。结果，孙文得十六票，黄兴得一票，合十七票，而不及黎元洪。因为候选人有三人，黎居其一，其余则为孙、黄。何以黎具有候选人的资格，竟不能获得一票呢？由此可以想见当时多数代表的心理。各代表多不属同盟会会员，而能尊重同盟会的系统，并承认辛亥革命完全为同盟会主持的。这是公论，这是事实，不是任何人所能篡夺的。

孙总统赴宁就职 选举完成后，即由代表会电上海，请孙总统入都就职，并派汤尔和到沪迎接。上海都督陈其美派马队护送，沿途军队及绅商人民来送者人山人海，拥挤非常。开车时，送者皆脱帽为礼，总统亦还礼。沿途各站，"共和万岁"的呼声，闻于数里。花车到南京，总统下车与各欢迎人握手为礼，改坐蓝色绣花彩绸马车至总统府，由黄兴、徐绍桢迎入。夜十时，在大公堂行接任礼。代表团推举景帝召（景耀月）报告选举情形，大声昭告于众曰："今日之举，为中国五千年来所未有。我国人所希望者，在共和政府之成立，及推倒满清专制政府，使人人享自由幸福。孙先生为革命创始之人，富有政治学识。各省公民选定后，今日任职。愿孙先生始终爱护人民自由，毋负全国人的期望。请大总统就职，宣读誓词。"景帝召退，即由孙大总统大声宣读，其词曰：

颠覆满清专制政府，巩固中华民国，图谋民生幸福，此国民之公意，文实遵之，以忠于国，为众服务。至专制政府既倒，国内无变乱，民国卓立于世界，为列邦所公认，斯时文当解临时大总统之职。谨以此誓于国民。

读毕，景帝召捧着大总统印信，送于大总统座前，大总统接受。其印文为"中华民国临时大总统之印"。当取出宣言书，将印盖上，由胡汉民代读。读毕，各界推徐绍桢读颂词。读毕，总统致答词。众呼"中华共和万岁！"散会。时为辛亥十一月十三日，即 1912 年 1 月 1 日。

通过阁员并选副总统　总统就职之次日（阴历十一月十四日，1912 年 1 月 2 日），代表会开会，孙大总统出席。按照临时政府组织大纲，各部长由总统提出，须得代表会之同意。先由代表开谈话会，总统交出部长名单，交换意见。当时，初提黄兴陆军，黄钟瑛海军，王宠惠外交，宋教仁内务，陈锦涛财政，伍廷芳司法，汤寿潜交通，张謇实业，章炳麟教育。代表中有一派反对宋教仁、王宠惠、章炳麟者，又有以伍廷芳改外交者，争持不决。继由黄兴与总统商，以宋教仁主张初组政府，须全用革命党，不用旧官僚，理由甚充足，但在今日情势之下，新旧交替，似难过于操切；计不如部长取名，次长取实，改为程德全长内务，蔡元培长教育，秩庸（廷芳字）与亮畴（宠惠字）对调。总统曰："内、教两部，依兄议。外交问题，我欲直接。秩老长者，诸多不便，故用亮畴，可以随时指示，我意甚决。"乃复商代表会，外交、司法勿变更。黄兴复出席代表谈话会，以所改名单及总统意告之，众无异议。乃移开正式会，按照提出名单，投同意票，一致通过。其名单如下：

陆军总长　黄　兴　　次长　蒋作宾
海军总长　黄钟瑛　　次长　汤芗铭
司法总长　伍廷芳　　次长　吕志伊
财政总长　陈锦涛　　次长　王鸿猷
外交总长　王宠惠　　次长　魏宸组
内部总长　程德全　　次长　居　正
教育总长　蔡元培　　次长　景耀月
实业总长　张　謇　　次长　马　和（君武）
交通总长　汤寿潜　　次长　于右任

各部长同意票通过后，黄兴以武昌首义的人无一人参加政府，恐其啧有烦言，乃示意代表会选举黎元洪为副总统。是日开副总统选举会，黎元洪果然当选了。

第十九章　和议期间之武昌政局

孙发绪反对南京　在副总统尚未举定以前，黎元洪对于南京，希望很少。料定大总统一席，非孙中山莫属；副总统一席，未必能争得过黄兴。故对于临时政府的组织，不感兴趣。其左右亲信的人，对南京多抱怨望，说总统所提的正次部长，除了居正是同盟会的老资格，得了一个次长而外，再没有武昌起义的人。尤其是安徽人孙发绪，更利用机会，挑拨其间，怂恿黎元洪和孙武一班人，反对南京政府。他说："孙文说话，完全是骗人的。从欧美回来，想做现成的总统，声称有几多借款、有几多军火、有几多华侨的捐款、有几多外国军官，其实百无一有，只带着一个残废的美国人，冒充美国将军。此次组织政府，所用的人，都是他从前打滥仗的朋友。我们万不可同他联合，免得陪着他一路垮台。"这一席话，把黎元洪说动了。及黎元洪当选副总统，湖北代表杨时杰将副总统的文凭和印信送到武昌，黎接着，极其欢悦，在都督府中，设宴款待杨时杰。席间有胡瑞霖、孙武、刘成禺等，也都是从南京失意回来的，加入宴会。宴毕，即开会议。孙发绪又发言道："南京的临时政府，开场一出戏，就是以湖北的矿产和赋税抵借外债。大家意见如何？"孙武说："岂有此理。我等用湖北全体名义，通电反对。"杨时杰道："孙发绪是安徽人，尚知爱护我湖北，我是湖北人，难道不爱护湖北吗？但是我从南京来，这件事毫无所闻。"孙武说："我听人说过的。无论如何，非反对不可。"时杰拍案道："现在和议未成，敌人未走。我们刚组织的中央政府，敌人倒还没有反对，你们就首先反对起来，这不是破坏革命的阵营，替敌人张目吗？我不署名，谁敢用全体名义！"孙武道："我用个人的名义反对。"时杰道："那可以由你，可是你不能用军务部长的名义，你不能在报上发表。因为军务部，是革命的机关，《中华民国公报》是革命的报，不是你个人可以利用的。"两人越争越激烈，几乎要动起武来。还是黎元洪居中调解说："用不着打通电，我们去电忠告就行了。"因为他得了副总统，正在高兴之下，所以乐于得做个调人。然而武昌同南京，就此发生裂痕了。物必先腐也，而后虫生之；无论为战为和，还会有好结果吗？

蔡大辅枪击孙发绪　因为孙发绪勾结北廷，充当间谍，时常在黎元洪面前诽谤南京政府。都督府的同盟会分子，闻之愤懑异常，在斗级营民心报馆集议，筹商对付的方法。蔡大辅说："他有通敌的证据，落在我的手中。马上在都督府开会，是要当众宣布的。"查光佛说："宣布有何益处？"大辅说："通敌有据，杀他的头。"光佛说："他是都督的红人，又是孙部长的本家。有人庇护，你杀得了吗？"杨王鹏说："顶好是乘其不备，拿一管手枪，将他扣了，再宣布他的罪状，那才干脆。"光佛说："说倒容易，哪个肯干？"大辅说："我要有手枪，这时就干！"光佛从身旁掏出手枪给他，道："现成的手枪在此，子弹装得满满的。这是一支德国造，再灵便没有。"大辅毫不犹豫地接着，出了斗级营，一直进都督府，同志们都跟上去了。这时都督府，已经由昙华林迁到旧藩署，正在南楼洞对门，离斗级营很近。大辅一鼓作气，跑到孙发绪的办公室。孙发绪起来迎接道："云舫（大辅字）来了，请坐。"大辅一言不发，当头就放了一枪。哪晓得大辅并不会放枪，子弹射出去，太不准确，射在窗户上，把玻璃打成粉碎。再放第二枪时，心也慌了，手也有些发抖，扳不动枪机。发绪放声高呼道："救命！"登时来了两个卫兵，将大辅拦腰抱住，扭到黎元洪的签押房。参议厅的一般同志们听得呼声，晓得蔡大辅事已失败，计有张廷辅、李基鸿、丁人杰、李作栋、杨王鹏、马伯援、查光佛、蔡济民、蒋翊武等，都跟进去了。看见孙发绪在黎元洪面前跪着哭道："蔡大辅在这里公然行凶，目中没有副总统了。请副总统作主。"黎道："这……这……这成甚么事体。"发绪说："他是汉奸，应以汉奸治罪。"大辅道："我……我……我就是要杀汉奸的。"大辅口讷，说不出甚么理由。丁人杰、李基鸿、马伯援三人，乃据实数发绪罪状。众说："非杀不可。"张廷辅主张更力。黎见事实昭彰，也无法替他辩护，但是一味的支吾其词，不肯下手谕，交军法处。李作栋见黎有难色，乃对众排解道："现在暂且不杀，定为永远监禁何如？"黎说："好。就是这样办。"即命卫队送到军法处收监。然后向大辅道："云舫，孙发绪诚然不好，你也就太无法纪了。这是甚么时候，我这里是甚么地方，你拿着手枪，随便打人。凭大家同志说，应该怎办？"蒋翊武说："他今天吃醉了酒，有些举动失常。记他一次大过，戒之以后吧。"黎说："好，你把他带下去，好生开导他就是。"这一段风潮，算是两面敷衍下去了。

杜锡钧为孙武划策　杜锡钧，北直人，其叔父曾任第八镇标统，杜依叔成立，在工程营当哨官，后送日本留学，毕业于士官学校。回国后，在湖北服务，曾充任管带。武昌首义后，为军令部长，常奔走于黎元洪与孙武之间，很获得他们的信任。孙发绪被押后，黎闷坐在签押房中，怒容悻悻然。杜进去，向黎安慰道："副总统不要生气。他们这样胡闹，总归是要杀头的。"黎道："也罢，这都督我也不用做了。自从起事以来，我哪一天不是过的这样日子。他们都想做都督，把都督就让给他们。我做一个不负责任的副总统，倒清静得多。"杜说："只有一个都督，想的人太多了，让给谁呢？我看让是笑话，为副总统设想，趁这时候，可以大刀阔斧地干起来。自古道'当权者贵'，权是不可放松的。袁世凯为甚么'抖雄'，还不是仗着兵权在握吗？现在和议未定，正可借备战的名义，把军队扩充起来。尽管当选了副总统，大元帅的名义千万不可取消。各省来鄂的援军，编遣和节制的权，都在大元帅手内。不过高级官吏，多物色几个亲信的人。有了兵权，谁个敢不服从呢？"黎道："是的。你是我亲信的人，我不妨直对你讲。关于军队扩充的事，我同吴兆麟已经计划好了。将武昌防御线第一、第二、第三区司令，改为鄂军第三镇，外加混成第八协，一个机关枪营，一个督战敢死队，两个护军队，一个卫生队，由吴兆麟统率，称为北伐军第一军总司令官。以后要不打仗呢，再统计湖北所有的军队，我估量一下，可以编成八个镇。兵也有，械也有，就是要物色几个稳重可靠的长官。那一些起义的小孩子们，都不能胜任，而且是靠不住的。"杜说："吴兆麟确是很好。不过……"黎说："你有意见吗？"杜说："我对他并无意见，不过孙尧卿此时很想这个位置咧。"黎说："不会的。一则他是书生，哪里能带兵打仗。再则三个防区的军队中，下级官长有好多文学社的人，他也带不了。三则他舍得军务部吗？万一他认真要干，由他干就是。吴兆麟是自己人，好商量的。你呢，我将来要大大的借重你，有机会再说。"杜谢道："承副总统栽培"。说完出了都督府，一跃上马，赶到军务部，见着孙武就说："糟了，糟了。"孙武说："有甚么事？"杜说："我昨晚不是同你谈过吗？副总统要腾出都督的位置，继任的人，非你莫属。可是吴兆麟的兵权太大，怕你争他不赢，现在他更高升了。"孙说："我早已得信，他升了第一军总司令官。是不是？"杜说："是呀。这位子多重要哇！"孙说："那是调出去打仗的，正同调虎离山一样。要什么紧。"杜说："有什么仗打？民军也想和，袁世凯也想和，外国人也逼着要和，和定了。这里调兵遣将，不过是一种姿态吧。哈哈哈，你真是书生之见，把假的当作真的。"孙说："既是这样，那末，吴兆麟做总司令官，我反对。"说着，即出了军务部，去见黎元洪。问："第一军总司令官，副总统委了人没有？"黎说："已经委了吴兆麟。

我不是同你谈过吗?"孙道:"不行。我当军务部长,同所辖的军队很少联系,所以人事的调动,军需的支配,有很多掣肘的地方。我想趁此机会,做一任总司令官,也好取得实际的经验,横竖是不会打仗的。我以部长兼任,有何不可?万一打仗,部长也有人代理了——我从前到上海去,不是蔡幼襄(济民字)代理吗?"黎说:"别人要干,那是不行的;你要干,就给你干。吴兆麟有现成的参谋部长给他,他一定愿意。"说着,即吩咐秘书,速办两封委札,一封委吴兆麟为参谋部长,一封委孙武为北伐第一军总司令官,当天就分送了。吴兆麟正在司令部布置军队出发事,忽然又接到这封委札,即亲自打电话问黎道:"一天之间,两次改委,朝令夕改,事同儿戏。副总统是听了谁的话?"黎答道:"对不起。因为孙尧卿来到这里,硬要这个总司令官的名义。我想这是临时的任务,他要,就给他。将来八个统制,还少得你吗?你不要生气,我想你定能原谅我。"兆麟说:"我并不是争位置,是恨的那一般小人。"说到这里,负气的把电话挂了。接着,就派一传令兵,将委札退回都督府。次日(1912 年 1 月 13日),总监察刘公偕同协统王安澜,到洪山宝通寺总司令部去见吴兆麟,说:"副总统听着小人之言,把命令当作儿戏,临作战的时候,随便的更换总司令官,这简直是闹笑话。我看你不要办交代,看尧卿怎样下台。"兆麟笑道:"我昨天是有点生气的。转念一想,怕使副总统为难。横竖事闹穿了,孙尧卿也不好来接。就是来接,他也未必干得了。不过无论他接与不接,我已经打定主意,决计不干的。尧卿这样的作法,恐怕革命党的几个同志都要同他绝交了。"刘公主张由吴兆麟以总司令官的名义,驱逐黎元洪身边的几个小人,兆麟不可。这个消息,传到孙武耳里,孙武有些懊悔,把杜锡钧找去商量。杜说:"你不干,吴兆麟也是不会再干的。为顾全面子起见,请你推举一个亲信的人,继任此职,谁敢说一个不字。"孙武曰:"诺。"即与黎元洪商议，以杜锡钧任北伐第一军总司令官。兜了这个大圈子，把总司令官弄到手来。杜锡钧的手段，狡猾极了。由此武昌军界中，又造成孙武与吴兆麟的矛盾。

蒋翊武住宅被查抄　共进会与文学社在首义的秘密运动期间，经过刘尧澂、陈铁侯等之努力斡旋，而融合无间。自从宋锡全被杀后，又开始破裂起来。蒋翊武任护理总司令官，没有几天工夫，军务都就捣弄玄虚，把谭人凤拉上台。不上五天，又捣弄玄虚，把谭人凤挤下台去。这明是兜个圈子，好排除蒋翊武的。翊武在湖北军界，是有一部分潜势力的人，怎能够自甘寂寞。黎元洪窥知其隐，因命为江汉招抚使，以招抚清军之有民族思想者。蒋因此携带巨款，在汉口设立招抚机关。孙武忌之，谓翊武携去之款，均作为购买军械扩充私人实力之用，据报告，其汉口住宅存有现金及枪械甚多，并有组织军队的准备，其居心叵测，可以想见。因此都督府立派稽查处刘有才带着稽查队，于半夜三更时分，将翊武的住宅彻底查抄，实则一无所获。翊武到都督府向黎辩白道："我汉口住宅，业已查抄，只有将家眷搬到斗级营来，请都督府随时派人监察可也。"自此招抚使署宣告结束，又加深蒋翊武与孙武的矛盾。

张振武赴日买军火　当黎元洪弃城出走期间，武昌一座孤城，危险至极。其时坐镇武昌，巡查防地，除刘公及蔡济民而外，军务部长孙武和张振武之力居多。孙、张二人，都是共进会的人，患难相共，感情极其莫逆。不过战事既停，各人有各人的利益打算，冲突的地方，就渐渐发生了。停战的初期，张振武向黎元洪面陈道："现在武昌军火因为失去了汉阳的供应，就感觉缺乏了。设若停战期满，再行续战，没有补充的军火，其何以抵御敌人。请饬财政部暂拨现银四十万两，我亲往日本购买军火，何如？"黎答道："这是大事情，应该赶紧办的。"当即派张振武赴日本，并拨银四十万两，由振武携去。杜锡钧闻此消息，向孙武郑重讲道："你又增加一个敌人了。张春山（振武字）此去日本，买得军火回来，一定要招兵买马，扩充他个人的势力。他性情暴躁，而又多才善辩，比文学社的蒋翊武要可怕得多，为虎添翼，这一着未免失算了。"孙武也深以为然，沉默了半晌才答道："不怕，我有办法。"张振武由日本回上海时，孙武即与黎元洪商量此事，决定派几个可靠的专员，以他种名义驻沪，随时于无形之中，监视张振武的行动。并对其所购枪械，从严检点。兹将都督府与张振武之来去电报，详录如下：

张振武来电：江宽谅已抵鄂。二批军火将到沪，武等拟于二十八日返鄂。（元月二十四日到）

都督府去电：江宽运来之枪系日俄战争之废物，概不能用。如何，速复。（元月二十八日）

张振武复电：此次枪械到沪，当请丁复君往吴淞检验，因只有数箱旧物，尚属可用。已罚银万两。今既如此，只好赶办交涉，竭力相争。（元月二十八日到）

都督府去电：所购之枪，系日俄战争时日本所得俄国废枪，全不适用。不特虚糜鄂款，亦且贻笑外人。宜速与前途交涉更换为盼。（元月二十八日）

张振武来电：现到机关枪弹及七生的五日本速射炮弹，均全。请速另汇八万五千两找价，免延认罚。（元月二十九日）

都督府复电：所购到鄂之枪，已经试验，均系废枪，不能适用，尚须速向该商严重交涉退换。又据来电，所购枪炮子弹均已到沪，须汇银八万五千两，但不知所购之炮弹机关枪及子弹各若干？已付银若干？尚欠款若干？分别电复。即将所购之枪炮子弹，全数运鄂。俟试验后，如能合用，再行交款，庶免受欺。（一月二十九日）

都督府去电：前所购之枪，业已试验，内有坏枪三分之一，缺刺刀者三分之二，子弹因年久药性失效不能用者三分之一。似

此虚糜公款，咎将谁归？须将经手各事，清理完结，迅速返鄂为要。（二月五日）

张振武来电：洋商固执不允运鄂找价，并将货物搬至岸上不交。立望电汇五万两，庶可早归。否则迁延枉费，不堪设想。至前购之枪，系丁复亲验无讹，缺失之处，应询丁复（丁复系都督府所派之专员）。此次枪弹，由武验看，确系全新运鄂，如有不符，武愿负完全责任。（二月六日到）

似此雪片一般的电报，加紧的向张振武进攻，张振武是性情暴躁的人，如何受得，骂道："这一定是尧卿的主意，从中捣鬼。要我回去，老子就回去，看他把我如何？"正在发怒时，谭人凤来了，问他何事生气，他说："孙尧卿一手遮天，赶走了克强，赶走了你，赶走了蒋翊武，又要捣我的乱。你看这一封电报，气不气死人？"人凤道："你打算怎样对付？"振武道："要我回去，我就回去。他们逼人太甚，誓不与他甘休。"人凤道："春山，这可不是打架骂娘所能解决的。而且这个时候，不比武昌起义的时候，黎元洪的势力，已经造成了，他和孙尧卿已经打成一片了。你硬挺回去，不是很危险吗？为今之计，我认为湖北地方，你是站不住脚的。不如趁此时机，向外发展。"振武道："向哪里发展？"人凤道："这时候烟台独立，张广建正统带他的部队进攻烟台，因而我们政府，已经委任胡瑛为山东都督，并命令杜潜统带闽军，乘着海筹、海容、建威、豫章、通济等兵舰去援助烟台。你所购买的军火，他们认为不合，你就分一部出来，作为援烟扫北之用。将来由政府转一笔账，你的手续，也可以完结，而且你同胡经武一路北上，也有效力的地方。这不两全其美吗？"振武道："好极了。存在上海的军械，就完全拨给援烟。不足之款，你代我缴清，何如？"人凤说："行，你就据此情电复湖北都督府吧。"振武正拟电稿时，驻在上海之鄂都督府参议陈宏诰，转来都督府一电，其文及张的复电如下：

　　都督府去电：上海陈参议宏诰转张振武君鉴：足下购办军械，经手甚巨，仅据清册，恐难明晰。现正派员来沪接洽，务将所购军械，全数交清，再行北上为要。（二月七日）（所谓北上即回鄂）。

　　张振武复电：电悉。武所购枪械、军衣、银照杂件，造具清册，并交陈宏诰等解回。枪械因所欠余款由谭人凤君交出，已分一半作为救烟扫北之用。现两方面物件，均已下船启行，可勿庸派员来申。（二月九日到）

　　鄂都督府接得此电，黎元洪即召孙武商量。孙武说："这还了得。他以湖北之款购买的军火，擅自报效于南京政府，去打烟台，我反对。"黎道："这是目无政府的行为，应该重办。"正在谈时，上海联络员来了电报。

　　驻沪联络员电：急。张振武拟借北伐名，携械潜逃。请急电沪督扣留为要。

　　黎阅电向孙武道："他随着胡经武到山东去了。湖北这一笔款，算是白送了。我看他走了也好，少一个捣乱的人，湖北安静得多。"当即发出两个电报：

　　致上海陈都督电：顷接驻沪员电称，敝省张振武欲将所购之枪械携往他处，祈代将枪械悉数截存，并将张振武挽留。即派员接收，以保款械。

　　致张振武电：南北联合，烟台已无战争。所购衣物器械，望全数运鄂为要。

　　陈其美接得此电，晓得是湖北人内部闹意气，当然不愿过问，只有请在沪的湖北人从中调停，才把张振武劝回武昌。振武一到武昌，即至军政府向黎质问。黎说："这不怪我，你去问孙尧卿。"一口推得干干净净的。这么一来，就造成张振武与孙武的矛盾。

　　孙武组织民社　各省代表在上海开会时，孙武曾往上海活动，军务部一切事务交副部长蔡济民主持。因为他听信了杜锡钧之言，到上海去拉拢唐克明、石星川、陈血岑一班人，回来准备改组军队，以扩充自己的势力，一面借此临时政府的机会，也好在中央的重要官职上夺取一份。谁知事与愿违，中央政府的人选，没有他的份儿，只有邀同几个失望的湖北人一同回鄂，于是有民社的组织。其中干部，计为孙武、张振武、张伯烈、刘成禺、时功玖、饶汉祥诸人，旨在拥护黎元洪，与当时之同盟会相对立。这个民社，是撇开共进会而从新创立的，并不是继承共进会的系统而改组的。有了这个组织，共进会就起了分化。原系同盟会而加入共进会的分子，如刘公、杨时杰、杨玉如、李作栋、江炳灵、居正等都回到同盟会的阵营去了。民社组织之日，正南京政府成立之时，对于南京的一切设施，监督得极其严紧。例如汉冶萍与外人合办一事，招商局借押借款一事，合同并未订结，武昌就严电反对起来。而湖北所推举的三个参议员，且因此宣告辞职。题目虽然正大，也有些借题发挥吧。和议未成，政局未定，而南方革命阵营中，已经造成了武昌与南京的矛盾。

鼎足而三的报馆　《中华民国公报》是军政府的机关报，其中负责人多与孙武接近，也可以说是孙武一系的报。张振武由日本回来以后，与孙武势成水火，便离开民社，自己独树一帜，也就需要一个言论机关。在《中华民国公报》负责的张芸天，就离开《中华民国公报》，而另组织《震旦民报》于汉口英租界的扬子街，主笔的人是邓狂言、马野马、刘菊坡、方觉慧、李慎安等。这个报出版之时，可以说是张振武一系的机关报。蒋翊武在停战期间，出资创办一报，名曰《民心报》，主笔的人是蔡寄鸥、毕斗山、毕勤武、高仲和、赵光弼等，社址在斗级营。这三家报馆言论各不相同：《民心报》是拥护南京政府的，《中华民国公报》是拥护黎元洪的，《震旦民报》则两不偏倚，好像是超然派。但考其实际，各有一个人做后台。后台的人是谁，就是当时所说的"鄂军三武"：一、孙武，二、张振武，三、蒋翊武；也有人称之为"鄂军三虎"。黎元洪所怕的，就是他们三人，所恶的，也是他们三人。由三个报馆的言论看来，可以看出三武间相互的矛盾。

群英会驱逐孙武　群英会，是向海潜、王国栋等在秘密革命运动中的小组织，后来归并于共进会。孙武是共进会的领袖人物，为甚么群英会会驱逐他？其间也有点原因：一则民社成立，明明是拥护黎元洪的机关，因而共进会的真正革命者，相率离开，不愿意同它合作。再则孙武做了军务部长，挟黎元洪以自重，大权独揽，对同志不大重视，所以同志们怨望很多。十四标标统黄申芗，原本是共进会的人，他的标统，也是孙武委任的。其时，邓玉麟以第七协统领升任统制，而以蔡汉卿任第七协统领。黄申芗之第十四标，就是第七协之一部，同时高尚志任近卫军统制，黄申芗自觉起义功高，无论就资格与学识来说，都在他们之上，所以得了标统，心内还是不安。然而接事之时，少不得到军务部去向孙武谢委。其时孙武坐在靠椅上，双足俱跷，昂然不动，向申芗问道："你来了，接到委札没有？"申芗道："接着了，我特来谢谢你的。"孙武说："标统不小呀，在满清，要戴蓝顶子。你好生地干，听着没有？"申芗见他全无礼貌，而且语意之间，太瞧不起人，默然良久，不辞而去。孙武也老实不客气地没有送他。申芗出外，到处说道："尧卿得意忘形，连老朋友也不认识，我非杀他不可。"这时候战事虽停，和议还没定局，所有城内军队，都分布于各防御区去了。武昌只有黄申芗之第十四标，担任都督府的近卫事宜。他于是同向海潜、吕丹书一班人约着，组织团体，就用向海潜一派原有的群英会名义，以资号召，与各方面接洽就绪，只驱逐孙武及其亲信的一班人。黎元洪同蔡汉卿事前亦有所闻，并不曾加以制止。二月二十八日夜晚，军政府及斗级营一带，布满军队，戒备得极其紧严。至夜半，枪声四起，闹了一夜，并没有甚么战事。孙武及邓玉麟等都逃到汉口去了。只有第二镇张廷辅突然被人枪杀，事在夜深昏乱之中，这段公案，无从彻底追究。蔡济民在都督府被捕，经黎元洪出面力保，才得保全生命。次日天亮，黄申芗因孙武已逃，把他的家眷拿住，亏了李作栋和杨时杰前去营救，才放出来。这一天，省城内的秩序极其紊乱。满街上能够通行无阻的人，袂角上都挂着"群英会"和"毕血会"的白布徽章。其时，虽然是仲春天气，还有很多人穿着皮袍，碰着军队，就立被将皮袍脱下，随身的钱，也被搜洗一空。到了下午，孙武同邓玉麟准备统率军队，出来靖难。经绅商蔡辅卿、李紫云等负责调停，孙武提出三个条件：其一，拥护黎都督，不许变更。其二，变兵各归各营，不得滋扰。其三，武汉商场照常复市。黎元洪听说，心内一块石头，才落下来。当即命蔡汉卿接收邓玉麟所带的军队第四镇，即以蔡为统制。蔡即援引杜邦俊为第七协统领，邓答应了，他才向黎表示负责。其时黄申芗本升任了近卫军统领，因为蔡汉卿态度改变，就不敢到差了。由此各部的组织，重新整理，改部为司。所有与孙武接近的部长，如苏成章、牟鸿勋、周之瀚等，都免职了。孙武发出通电云：

乱党与军人勾结，谋杀元勋，破坏大局，纵兵抢劫，戕害商民。瞻望前途，祸患正未有艾。武只有洁身引退，还我初衷。一切是非，付之公论。

黎准孙武辞职，即以曾广大为军务司司长。第三日，蔡汉卿密布军探，捕获几十个肇事军人，在阅马厂执行斩决，暴尸示众。又捕获军官祁玉山一名，在司门口的南楼洞前监斩。都督府的参议杨霞亚，向前诘问道："希圣（汉卿字），你初当统制，便这样随便杀人，何苦呢？"汉卿厉声叱道："大令在此，你敢如此放肆？"顾左右卫兵道："将他拿下！"正在捆绑时，恰值财政厅长李作栋骑马来了，震亚疾呼道："春萱，快来救我。"作栋向汉卿作揖，请求缓刑。汉卿说："我们一路到都督府去请都督秉公办理就是。"到了都督府，元洪问明底细，也向汉卿替震亚讲情，汉卿才吩咐卫兵替震亚松绑。元洪说："你俩原是好朋友，握握手，免生意见。"震亚向汉卿冷笑道："汉卿，你记不记得我们从前歃血为盟的时候？有道是，不愿同年同月同日同时生，但愿同年同月同日同时死。口血未干，言犹在耳。哦，交朋友原来是这样，兵权到手，就拿朋友开刀。"作栋连忙把震亚拉开道："话说清楚了，朋友还是朋友，何必再提。"震亚跳跃道："甚么朋友？我们革命，革出鬼来了。他们专制的手段，比满清还要毒辣。他妈的，震亚一息尚存，是要革到底的。一次不成，再来二次。二次不成，再来个三次四次，你看。"汉卿怒道："都督，他在你老面前，敢于这样'抖狠'。足见二次革命，有他在内。"黎元洪道："这……这太不像话。"顾左右道："绑了。"李作栋再讲情时，黎、蔡二人，都不作理会，当即叱令卫队将震亚拖出，在都督府第二道门前处斩。南楼洞口的墙上，又挂上一颗血淋淋的人头。正是，风雨满城天地变，杀人如草不闻声。谁料到首义的武昌，是这般黑暗的景象啊。

　　章太炎来鄂被摈斥　在东京民报当过主笔的章太炎，是以光复会领导的资格参加同盟会的。南京政府成立时，因为初次提出的阁员名单中，原由他长教育。后来有人反对，又改为蔡元培。他怒了，于一月三日，宣布脱离同盟会，改组中华民国联合会。并于二月一日自上海电湖北都督府，主张以袁世凯为临时大总统，并谓中央政府宜仍在旧都北京。这两个主张，恰与黎元洪相符合。因而黎复他一电，请其到武昌一谈。章太炎到鄂之后，住在都督府中，每天高谈阔论，无非是反对约法，反对南京政府的一切设施。同盟会同志闻之，均表愤慨。马伯援、丁人杰、蔡大辅等更当面责斥，谓章是袁世凯的走狗、同盟会的叛徒，如此毁谤政府，摇惑人心，非驱逐出境不可，如再不去，即以手枪对待。章太炎见势不对，毅然离开武汉。他对黎元洪道："这些亡命之徒，遇事蛮干，总有同归于尽的一天。"临行时，吟成夏口行一章，登载各报。其诗曰：

夏口何迢迢，南国之纪纲。中有二猛士，威棱瞻殊荒。力能斩地脉，智能分天章。不念同胞苦，好自相扶将。斗鸡一寻衅，骨肉还相戕。称兵犯幕府，五战皆夷伤。行行各分陌，千里不相望。远视尚角目，焉知弟与兄。晓风忽凌厉，白露能为霜。赤松既云远，谁能无肝肠。良言不见听，思之泪沾裳。

章太炎是革命的党人，而且是中国数一数二的文学家，竟然来到武昌为袁世凯做说客，真乃怪事。然而这一首诗，毕竟道破了当时同志的病象，也是值得记载的。他所指的二猛士，想系指张振武与蒋翊武而言。因其时孙武已去职，在军务部任事者，为张、蒋二氏，均为黎元洪所疾恶的人，故章氏有感而作。

第二十章　袁世凯操纵和议

电诘南京组织政府　和议为甚么停顿，唐绍仪为甚么解职，袁世凯心中有两种打算。一则因召集国会，须费时日，其时清廷贵胄，正力谋满、蒙、回、藏之大联合，以抵制南方。倘若联合成功，则自己失去重心，地位且不可保，更不能见重于南方。再则南方已组织政府，势力逐日加强。以前让出总统一席之诺言，恐无履行之望。情急之下，故采用以攻为守的策略，并非弃和言战也。其致伍廷芳一电如下：

国体问题，既由国会解决，现在商议办法。乃闻南京忽已组织政府，显与前议相背。此次选举总统，是何用意？盼复。

南京孙大总统，立即致电袁世凯，其文如下：

北京袁总理鉴：文前日抵沪，诸同志皆以组织临时政府之责相属。问其理由，盖以东西诸省之缺统一之机关，行动非常困难，故以组织临时政府为生存之必要条件。文既审艰虞，义不容辞，只得暂时担任。公方以旋转乾坤自任，即知亿兆属望，而目前之地位，尚不能不引嫌自避；故文虽暂时承乏，而虚位以待之心，终可大白于将来。望早定大计，以慰四万万人之渴望。孙文。蒸。印。（十日）

袁世凯接得此电，还不放心，又复电如下：

孙逸仙君鉴：蒸电悉。君主、共和问题，现方付之国民公决。所决如何，无从预揣。临时政府之说，未敢与闻。谬承奖诱，愧悚至不敢当。惟希谅鉴为幸。世凯。盐。（十四日）

孙大总统接电，回顾左右道："袁慰庭以小人之心，度君子之腹，对我太无认识了。只要他拥护共和，我乐得与人为善。"因又回一电道：

袁慰庭君鉴：盐电悉。文不忍南北战争，生灵涂炭，故于议和之举，并不反对。虽民主君主，不待再计，而君之苦心，自亦有人谅之。倘由君之力，不劳战争，达国民之志愿，保民族之调和，清室亦得安宁，一举数善，推功让能，自是公论。文承各省推举，誓词具在。区区之心，天日鉴之。若以文为诱致之意，则误会矣。孙文叩。删。（十五日）

这一纸电报，给袁世凯一颗定心丸。但他既撤去代表，不能不有一种激烈的表示，以掩天下人的耳目。于是授意于段祺瑞、冯国璋等，联络大小将校四十余名，发出一篇激烈的通电，主张维持皇位，反对共和。一面恫吓南方，一面欺骗清室，并且调兵遣将，表现出准备作战的姿态来。在这情势之下，和议不是决裂了吗？不，如要认为是决裂，那就太天真了。他派驻上海的一班人，如杨度，如杨士琦，如唐绍仪等，这一班能员还是在到处奔走，替他斡旋着。

骗到黄金八万锭　袁世凯拿着各军将领的通电，亲自上朝向清太后隆裕奏道："臣自奉命督师及组阁以来，无论主战主和，总以国家社稷为重，艰苦与嫌怨，均不敢辞。但是民军的要求，实在太苛了。各将领谋国忠贞，忍无可忍，因联名发出通电，主张讨伐。臣敢不鞠躬尽瘁，以报天恩。"隆裕看了通电，欣然答道："有了各将领这样忠忱，真国家社稷之福也。如何作战，全仗卿善自主持。"世凯道："打仗我有把握，不过有一桩大为难的事，就是军费问题。外国既不肯借款，国内又无地可筹。打仗就是要钱，没得钱，如何打仗呢？"隆裕说："战费一层，由咱们尽量筹给就是。"当即打开内库，得黄金八万锭，交给内阁，以实军需。这一笔钱，是那拉氏逐年的积蓄遗下来的。世凯领着，即售与外国银行，私人的囊橐算是填满了。为着政治上的活动，正需要这一笔傥来的钱。心中正在高兴，又加上唐绍仪来了电报说："和局急转直下，再不谈甚么国体问题、国会问题，索性开门见山，径直谈清帝退位问题。全仗我公一言，决定三事：一、清帝退位；二、孙文逊位；三、袁世凯为大总统。公如负责，速示办法。"这时候赵秉钧站在跟前，笑道："早就该这样办的。"世凯说："事情不这样简单，还须要你们再加努力为好。"

　　清御前会议之退位问题　和议内容在报上宣布了，清室的一班亲贵，读之愤怒异常，当即召集御前会议，请袁世凯出席，以便向他诘问。世凯此时也觉得无面见人，所以自己不肯出席，秘密地到庆王府，去见奕劻。奕劻说："慰庭，你究竟准备打仗呀？还是迁就议和呢？"世凯道："局势变得太快了。自从孙文做总统以后，独立各省，比从前加倍的团结。北伐的军备，比从前加十倍的扩充。反而观之，北方匪寇如林，烽烟满地，近畿秩序，岌岌可危。战线太长，顾此失彼，军队既不敷调动，调动又极其困难。似此情形，这个仗如何打得？说是议和吧，革命军反对君宪，极其坚决。送来了优待皇帝条件，以皇帝退位为先决问题。你想我袁家世受皇恩，这条件，我怎能接受？"说着，从怀中掏出优待条件底稿，交给奕劻。

奕劻看完，微微地点头。世凯说："我们退一步想，这条件总算很优的。翻开二十四史看来，哪个朝代的变更，对于前朝的皇室，能有这样的优待？这还不是议和的好处吗？要是用兵到底，打胜了，自然很好。倘若打败，那就不堪设想了。"奕劻道："是的。你总算是有功的人。要不是你在汉阳打了胜仗，根本就不能议和。就是议和，也不会有此优待的条件。马上御前会议，我去开导他们，你不去也好，我料定那一班年少的王公，一定都很疑你，你去了，我还不好讲话。"世凯道："王爷能原谅我，我是很感激的。"奕劻送世凯出门，亲自进宫，去参加会议，将优待条件，在御前诵读一番，然后婉言道："退位的事，说起了本骇人听闻。但是尊号不废，体制也没有变更，不过政治上没有实权罢了。其实英国的皇帝，号称君宪，还不是坐拥虚位吗？你们反对退位，当然是一片忠心。但是利害问题，也要审量一下。设若再打起来，谁能够保住必胜？倘若败了，古来亡国的历史，你们想一想，哪一朝末世的君主，不是得着最悲惨的结果呢？"说着，喉间呜咽，老泪纵横。一班年少亲王，也就面面相觑，不发一语。这次御前会议，是没有甚么结果的。

袁世凯与良弼之暗斗　在阳夏战争时期，清宗室良弼组织一个宗社党，罗致了不少的"胡匪"、会党和流氓，他们的组织，极其严密。武汉地方，拿获的也不在少数。其组织分为暗杀、破坏、间谍、联络各队。就康熙钱反面的字，作为暗号，编为二十大队，就是"同福临东江，宣原苏蓟昌，宁河南广浙，台贵陕云章"这一首诗。编入某一队的，就怀着某一字的康熙钱一枚。不独武汉三镇破案甚多，就是北京城内，也因此而造成恐怖的局面。这回御前会议，已经证实了袁世凯操纵和议的阴谋，良弼退出宫来，口中不住的痛骂袁世凯，说："这样的奸臣，咱们容忍不了。有良弼在，誓不与他甘休。"回到私邸，把他手下的一个队官喊来，问道："你们队上，今天做些甚么工作？"队官道："他们在四川营及总理官邸一带，到处传说袁世凯带剑入宫，逼着皇帝退位，他再大举南征，做现成的皇帝。议和之事，难上加难。"良弼说："好固然好，但是不能救急。为今之计，必须将他杀掉，才能保住皇朝。你快去吩咐他们，成功重重有赏。"队官诺诺退下。可是宗社党暗中活动，早有人向袁世凯报告了。世凯不动声色，暗地里派遣军探，到处侦查，在内阁总理官邸附近捕获周武和李蒙两名，一齐处死。但是北方革命的活动更是屡仆屡起，革命党在京、津、保一带积极进行组织工作，酝酿起义，而袁世凯则多方进行破坏。党人迭次起义不成，牺牲了很多同志，愤怒至极，就到北京筹划刺袁工作，发生了丁字街刺杀案。暗杀失败，党人张先培、黄之萌、杨禹昌均被杀害。

袁世凯利用这个事件，在清廷跟前更是讨价还价，并勾结奕劻进行活动。良弼的宗社党则为保护反动政权的利益进行"君主立宪维持会"的组织，与袁世凯进行抗争。在御前会议上，袁世凯的心腹内务总长赵秉钧、财政总长梁士诒、外交总长胡维德三人提出清廷退位的方案，最后并谓："臣等所提方案如不采纳，只有内阁总辞职了"来进行威胁。

袁世凯的野心被揭穿　御前会议散会后，良弼回到私邸，召集亲贵王公集议，很愤慨地说道："袁世凯尾大不掉，目无君上，逼迫退位，篡夺咱家天下。他所恃的，不过是他部下的几个军官。要晓得军官的前程，不是容易挣得的，有了皇上，他们才有前程，不见得人人都背叛朝廷，拥护一个袁世凯。趁此时皇位还在，总可以拿圣旨来号召他们。袁世凯如若辞职，就给他一个照准吧。我们提出毓朗或载泽出来组阁，以铁良为总司令。再号令各省、各旗、各盟、各镇，同心协力，一致勤王，或能够挽回危局，亦未可知。"这一席话，大家一致赞成。当时一路进宫，向隆裕面奏。袁世凯听此消息，大吃一惊。正在焦急的当儿，南京孙大总统，又提出最后的办法五条，命伍廷芳电达袁世凯。这个电报，并且在报上披露出来。其文如下：

前此所云于清帝退位时即辞临时大总统之职者，以袁世凯断绝满清政府关系，而为中华民国之国民，斯时乃可举袁为大总统也。然其后得由上海来电，袁之意，非徒不欲去满清政府，且欲取消民国政府，于北方另组织临时政府。彼所谓临时政府，果为君主，抑为民主，谁则知之？彼自谓为民主，谁则保证？故又须俟各国承认民国之后，始行辞职，盖欲使民国之基础巩固，绝非前后矛盾。袁若能与满清政府断绝关系，为民国之国民，文当履行前言。今确定办法如下：

一、清帝退位。由袁同时知照各国公使，请转知民国政府，或转饬驻沪各国领事转达，亦可。

二、袁同时颁布政见，绝对赞成共和。

三、文接到外交团通知清帝退位布告后，即行辞职。

四、由参议院举袁为临时大总统。

五、袁被举为临时大总统后，誓守参议院所定之约法，始能接受职权。

这五项条件与声明在各报登出后，显见得袁世凯主和，是拿着清室的皇帝来换取自己的总统。

袁世凯杜门谢客　袁世凯的野心被揭穿，就改变了活动的方式，一方面吩咐外交部发表一种声明，说南北议和交涉，并非由袁总理直接进行，任何条件袁亦并未公认，且并无欲作大总统之心。一面又吩咐大小喽啰，在外面布散谣言，说袁内阁快要总辞职了，军心动摇，北京城定有变动，劝外国人都要迁入东交民巷居住，以防危险。这两个法宝放出后，他杜门谢客，称病不肯入朝。辞也不辞，干也不干，战也不战，和也不和。世凯只在上房内同他最宠爱的六姨太谈天（这位六姨太，姓洪，是洪述祖的胞妹。世凯小站练兵的时候，因为购买大宗的军装皮带等物，同天津外国洋行常通往来。述祖是洋商的买办，所以同世凯会过多次，由此用尽夤缘的手段，得到世凯的信任，委他在军中做了军需官。他又辗转托人，把自己的同胞妹妹说给世凯，做了第六房姨太）。正在闲谈时，忽然内阁传来一件紧要的电话，世凯听完了拍案大笑道："好了，这一颗炸弹打破了沉闷的时局，我有办法了。"六姨太道："甚么炸弹？"世凯道："刚才内阁打电话来，说良弼被人刺死，刺客彭家珍，当场捕获，也受伤致死。你看从今以后，再有谁同我为难。不过这件事也亏了杨晳子，因为他和革命党人，极其熟悉。他由北京到上海，到处制造空气，说刺杀吴禄贞的也是良弼，阻挠和议主张讨伐的，也是良弼。所以党人们都痛恨良弼，才把刺杀的目标改动了。"彭家珍几次试探进行刺杀，都因良弼门警森严，未能如愿。后来化装为高级军官，觅得贵族崇恭的一张名刺，来找良弼，终于在门口用炸弹杀死了良弼，而他自己也因炸弹炸伤头部，脑浆迸出，当时身死。这件事使清廷受到震动，奕劻更怂恿赶快找袁世凯出面进行议和。

袁世凯命北洋军官通电赞成共和　二十六日，袁世凯在内阁官邸召集所部一班将领谈话，晓得清室的王公们已经鉴于良弼的被刺，有些胆寒了，就索性再来一声威吓。这次应召而至的，有冯国璋、周符麟、陈光远、曹锟、卢永祥、袁乃宽、王怀庆等，其时在武汉督师的段祺瑞也赶到了，袁问道："武汉退兵情况如何？"段说："黎元洪很倾向宫保。我方同那边代表磋商，意见很接近。自停战以来，还不曾发生冲突。"世凯说："你来得恰好。我有要紧的话，正要同你们商量。仗是打不得的，只有议和，于清室有利，于我们也有利。现在别的问题，都不重要，只要皇帝退位，时局就急转直下了。你们大家，还是赞成共和呀，还是维持君宪呢？"大家都说："我们没有主张，还是以宫保的主张为主张。"段祺瑞说："军人以服从为天职，应该如此。南京选举总统时，没有选出宫保来，我们的兵都抱愤不过，在汉口放了几枪，几乎闹成误会。足见宫保的威德，在每一个士兵脑里，印象是很深的。"袁世凯捻髯而笑道："这也是你们平时训练得好。"祺瑞道："宫保会将将，部下才会将兵，所以我们军队，容易打胜仗。"世凯道："可用不着再打仗了。今天请你们来，就是要众志成城，打破这沉闷的时局。你们既赞成共和，就应该联名通电，主张清室退位。这叫做不战而胜，你们看多么占便宜。"说毕，大家一致赞成。二十七日，由段祺瑞领衔，列名的有古北口提督姜桂题，长江提督张勋，察哈尔都统何宗莲，副都统段芝贵，河南帮办军务倪嗣冲，陆军统制王占元、陈光远、李纯、曹锟、吴鼎元、潘榘楹、孟恩远，总兵马金叙、谢宝胜、王怀庆，参议官靳云鹏、吴光新、曾毓隽、陶云鹤，参谋徐树铮，炮队协领官蒋廷梓，陆军统领官朱泮藻、王金镜、鲍贵卿、卢永祥、陈文运、李厚基、何丰林、张树元、马继增、周符麟、萧广传、聂求萃、张锡元、施从滨、萧安国，营务处张士钰、袁乃宽，巡防统领王汝贤、洪自成、高文贵，督办天津防务张怀芝，正定镇徐邦杰等四十余人，发出通电，并要求内阁代奏。这一纸通电，比炸弹厉害得多了，清廷接阅后，当然更加恐慌，二十九日开御前会议，奕劻和袁世凯都称病不到。三十日，隆裕特召奕劻、载沣两人入见，言道："会议开过多次，都没有一定主张。今天特召你们二人，作最后的决议。为和为战，毕竟走哪一途？"奕劻说："打仗全靠军人。现在段祺瑞等通电已经发出来了，可见全体军官，都无斗志，还有甚么希望。事已至此，不如皇帝退位，由袁世凯负责议和的好。"载沣也表示同样意见。隆裕二月二日传旨，命袁世凯与民军磋商退位条件。世凯接旨，当然喜欢若狂，到这时候，立即电复伍廷芳云："今日奉太后懿旨，世凯已有全权讨论退位一事。知注特闻。"停顿许久的和议问题，这时候，又重新提起了。

　　清帝退位　皇室优待条件，原来拟有底稿。这回讨论，也没有甚么要紧的增减地方，不过文字之间，稍有变动而已。所以双方谈判并不费丝毫唇舌，就顺利通过。于二月六日，由南京参议院逐条宣读，稍加修正，咨交临时政府，电达袁世凯。再由世凯向清廷奏明。清廷于二月十二日，颁出三道诏书。

其一，是授权于袁世凯的。其二，是宣示优待条件，以安慰满、蒙、回、藏各族的。其三，是勉励京内外文武官吏的。

三道诏书发下后，袁世凯于十三日电告南京政府，其文如下：

南京孙大总统、各部总长、参议院、武昌黎副总统公鉴：共和为最良国体，世界所公认。今由帝政一跃而跻及之，实诸公累年之心血所造成，亦民国无穷之光荣与幸福。大清皇帝既明诏辞位，业经世凯署名，则宣布之日，为帝政之终局，即民国之始基。从此努力进行，务令达到圆满地位，永不使君主政体再见于中国。现在统一组织，至重至繁。本愿南行，畅聆大教，共谋进行之法，只因北方秩序不易维持，军队如林，须加布署。而东北人心，未尽一致，稍有动摇，牵涉全国。诸君皆洞鉴时局，必能谅此苦衷。

这一道电报，上半截是表示翊戴共和，履行南方提出条件之第二项，后半截是表示坐镇北京不动，以静待南方选举总统条件之履行。电报发出后，关于和议的一切应办手续，大体上总算办完了，临时大总统一席，自然是稳如泰山。满朝的文武官吏，以及社会上的"名流政客"，都认定当今之世，他是天与人归的第一人，因相率投谒于总理官邸门前，争先恐后。他为广植党羽起见，也就抖擞精神，一一应接。正是"许多狗盗鸡鸣客，尽是攀龙附凤人"。

孙总统向参议院辞职　南京孙大总统接着袁世凯报告清帝退位的电文，立即以咨文送达参议院，表明辞职，其文如下：

前后和议情形，已咨交贵院在案。昨日据伍代表得北京电，又接唐绍仪电，清帝鉴于大势，知保全君位，必然无效，遂有退位之议。今既宣布退位，赞成共和，承认中华民国，从此帝制永不存留于中国之内。民国目的，业已达到。当缔造民国之始，本总统被选为公仆，宣言誓书，实以颠覆专制，巩固民国，图谋民生幸福为己任。誓至专制政府既倒，国内无变乱，民国卓立于世界，为列强所公认时，本总统即自行辞职。现在清帝退位，专制已除；南北一心，更无变乱；民国为各国所承认，旦夕可期。本总统应实践前言，辞职引退。为此咨告贵院，应代表国民之公意，速举贤能，来南京接事，以便解职。

咨文的末尾，并附有三个条件：

一、临时政府地点设于南京，为各省代表所议定，决不更改。

二、辞职后，俟参议院举定新总统到南京就任时，本总统及国务员始行解职。

三、临时政府约法为参议院所制定，新总统必须遵守。颁布之一切章程，必须经参议院改订，始能继续有效。

同时孙大总统，又向参议院咨荐袁世凯继任临时大总统，其文如下：

今日本总统提出辞表，要求改选贤能。选举之事，原系国民公权，本总统实无置喙之余地。惟前使伍代表电北京，有约以清帝退位，袁世凯君宣布政见，赞成共和，即当提议推让，想贵院亦表同情。此次清帝退位，南北统一，袁君之力居多。其发表政见，更为赞成共和。举为总统，必能尽忠民国。且袁君富于经验，民国统一，赖有建设之才。故敢以私见贡荐于贵院，请为民国前途熟计，无失当选之人，大局幸甚！

袁黎当选正副总统　二月十四日，开临时大总统选举会。先由孙大总统出席，依据咨文大意，作诚恳的声明。湖南议员起立，慷慨发言道："我们革命，自乙未至于辛亥，不知牺牲了多

少志士的头颅。假使功败垂成，抚心自问，岂不是对不起我们的
先烈。我们革命，不仅是重在破坏，同时也要把建设的责任，忠
诚而勇敢的担负起来。现在满清的君主专制，虽然已经推翻，但
是我们把建设的事业，委托他们官僚，他们能够履行我们党的主
义，替人民谋福利吗？这种期望，我不免有些怀疑。尤其是就袁
世凯的历史上说，他的政治人格，有好多令人难以信任的地方。
他从小站练兵，戊戌政变，以至于今日南下作战与进行和议的过
程，所有的行动，都是骑着两头马的行动。一旦大权在手，其野
心可想而知。本席的意见，原是反对议和，主张革命彻底。只因
民军的组织，太不健强，同志们的意见，又不一致。为保全国家
的元气，减少民众的牺牲起见，不能不迁就议和。今天改选总
统，把革命大业，让渡于一个老奸巨猾的官僚，这是我很痛心的
事，也是我很不放心的事。不过孙大总统曾经昭示我们，是真革
命者，要有天下为公的精神，要有与人为善的精神。袁世凯尽管
不好，我们要希望他好，要用诚恳的劝告，严密的监视，感动
他，鼓励他，使得他不能不好。那末，孙大总统所提的三个条
件，我们要一致坚持，求其贯彻。北京是官僚丛集的地方，又是
袁世凯势力之所在，他离开北京，便另换一个环境。环境改良，
其行为也好改良。他要做总统，非到南京就职不可，这一点，我
们决不让步。临时约法，这时还在讨论中，我们要防总统的独
裁，必须赶紧将约法完成，并且照法国宪章，规定责任内阁制。
要他于就职之时，立誓遵守约法。以上为本席的坚决主张，必须
将这问题，付诸公决，然后进行选举。"李肇甫起立说道："选
举总统为一事，国都和约法问题，又各为一事，而且都是国家的
根本问题，是要从长讨论的事。我们在总统选举尚未举行以前，
不能因对人问题，牵涉到别的问题。要晓得谁个当选，这时候还
料不定咧。"李肇甫的意见，为多数人赞成，于是进行选举。是
日到会的，计有十七省代表，投票权每省为一票，袁世凯得十七

票，当选为大总统。接着，黎元洪通电辞职，又经过改选的手续，选举黎元洪为副总统。黎即致袁电道贺，文如下：

> 昨日参议院开临时大总统选举会，我公当选，不胜欣贺。我公望重中外，才贯天人。去专制而共和，化干戈而为揖让。此不独五族颂胞与之功，即万国亦莫不乐和平之福。专此电贺，伏维亮詧。

第二十一章　国都问题之争执

　　参议院会场之争论　选举总统后，参议院随即开会，讨论国都问题。有的主张南京，有的主张武昌。但是参议员很有几位，拘泥于地域观念与历史观念，舍不得六百余年建筑雄伟的帝王古都。尤其是谷钟秀、李肇甫两人主张最力。其理由略谓："南北既经统一，即应筹全国所以统一之道。临时政府地点为全国人心所系，应选择足以控驭全国之地，使各族趋于一致，使足以维系全国的人心。前经各省代表指定临时政府地点于南京，系因当时大江以北，尚在清军范围。现在情势不同，自非因时制宜不可。"讨论结果，以二十票对八票的结果，多数表决临时政府设立于北京。孙中山先生接得参议院的议决案，异常气愤，立即依法交参议院复议。参议院开会复议时，议场中相互争论，异常激烈。最后用投票方法，解决这个问题，乃以十九票对七票的多数，议决临时政府仍设立于南京。国都问题，既经参议院决定，南方各界当即电达北京，催请袁世凯南下就职。

　　袁世凯不肯南下　袁世凯的势力是建筑在北京地面上的，他无意南下，在他十三日宣布政见的电文中，已经表示得极其明显。加以北京方面不愿意将国都迁往南京的，还有两种势力：其一，是在北京根深蒂固的旧官僚；其二，则为享有东交民巷特权的帝国主义者外交团。这两大势力，是当时袁世凯所倚以自重

的。其实北京建都，就地理形势与规模而言，比南京为较好。孙
中山之主张南移，也是对人的关系，不得不然。但是袁世凯有两
大势力之挟持，岂能让步？因此南方尽管电催，他丝毫不作理
会，特为此召集全体阁员到总理官邸，郑重嘱咐道："这两天关
于国都问题，闹得满城风雨。你们要约束部属，切莫轻听谣言。
我无论如何，是不肯南下就职的。"说着，提起笔来，自草一道
电报，答复南京政府，并通电全国，其文如下：

南京孙大总统、黎副总统、各部总长、参议院、各省都督
鉴：清帝辞位，自应速谋统一，以定危局。此时间不容发，实为
唯一要图。民国存亡，胥关于是。项接孙大总统电开，提出辞
表，推荐鄙人，嘱速来宁，并举人自代，电知临时政府，畀以镇
安北方全局，各等因。世凯德薄能鲜，何敢肩此重任。南行之
愿，真电业已声明。然暂时羁绊在此，实以北方危机隐伏，全国
半数之生命财产，万难恝置，并非因清帝委任也。孙大总统来电
所论共和政府不能由清帝委任组织，极为正确。现在北方各省军
队暨全蒙代表，皆以函电推举为临时大总统，清帝委任一层，无
足再论。惟总未遽组织者，特虑南北意见，因此而生，统一愈
难，实非国家之福。若专为个人职位计，舍北而南，则实有无穷
窒碍。北方军民，意见尚多纷歧，隐患实繁；皇族受外人愚弄，
根株潜长；北京外交团，向以凯离此为虑，屡经言及；奉江两
省，时有动摇；外蒙各盟，时来警告。内讧外患，递引互牵，若
因凯一去，一切变端立见，殊非爱国救世之素志。若举人自代，
实无措置各方而适宜之人。然长此不能统一，外人无可承认，险
象环集，大局益危，反复思维，与其孙大总统辞职，不如世凯退
居；盖就民设之政府、民举之总统而谋统一，其事较便。今日之
事，惟由南京政府，将北方各省及各军队妥筹接收以后，世凯立
即退归田里，为共和之国民。当未接收以前，仍当竭智尽愚，暂
维秩序。总之，共和既定之后，当以爱国为前提，决不欲以大总

统问题酿成南北分歧之局，致资渔人分裂之祸。已请唐绍仪代达此意，赴宁协商。特以区区之怀，电达聪听。惟亮詧之为幸。袁世凯。咸。（二月十五日）

这一个通电，充满着宣战的气氛。一面以外人的势力来恐吓南京，一面又以退居田里来要挟。藉北方军队及全蒙代表之函电选举，出脱其清帝委任之嫌，而对于南方参议院之选举，则绝不提及。以北方军队静待接收之语来试探，又表明未接收前，维持秩序，表示其在北方组织政府，决不放松。袁世凯之心目中，已经没有南方了。孙总统接阅此电，愤怒异常，坚决的要贯彻参议院的议决案，非袁世凯南下就职不可。

主张武昌建都者之用意　国都问题，为全国人所注目。当时之武汉各报，一致响应参议院的议决案，主张定都南京。惟有黎元洪于二月二十七日发出通电，主张定都武昌，其文如下：

清帝逊位，已经决旬。组织政府，瞬不容缓，徒以首都地点，南北争持，迁延未决，人心惶惶，危险万状。夫欲为民国谋统一、规久远，则临时政府自应以地形险要、交通便利、能笔全国枢纽者，为适当之地点。居中驭远，莫若武昌，有识者类能言之。第值此新陈代谢，情谊未孚，陕疆有战云未靖之忧，胜国有死灰复燃之虑，蒙藏诸边，尤为岌岌。倘非假因利乘便之势，从容坐镇，必不能维持秩序，控制中边。稍一疏虞，将至人心动摇，邻邦干涉。内忧外患，迭起丛生。言念及此，深为焦灼。南中参议院诸公，力持建邦金陵之议，原欲改弦更张，从新缔造，宅心未尝不善。然统筹大势，默察舆情，两害相权，必取其轻；两利相权，必取其重。此中关系，屡详各省函电中，毋庸赘述。且即舍北京而论，建业偏安，犹不若武昌形胜。征诸往史，利害昭然。然且以时势所趋，不得不力图治安，勉求让步。若参议院诸公，必欲胶执成见，事久生变，诚恐以一时未审之谋，贻全国无穷之祸。倘使后人追原祸首，悔将何及？谅热心爱国者，决不出此。窃谓为暂时权宜之计，必仍规定燕京，藉消隐患。将来宅中建国，仍在武昌，既足涤三百年旧染之污，亦可辟亿万世奠安之局。折衷定策，莫此为宜。如蒙允诺，即请从速组织临时政府，规画一切，一面开辟武汉，另建新都。洪虽不敏，愿董厥成。俟新都告成之日，即为总统移驻之时。胜朝反侧，已就范围；民国感情，亦孚一致。郅治之隆，肯操左券。岂惟我北方父老群相仰望，当亦我南中诸公所乐为赞成也。洪虽隶籍楚北，忝执鞭弨，为天下先。特以事机急迫，稍纵即逝。失此不言，祸患立见。审时立说，概秉大公。既不敢挟权利之心，以便私图；亦不忍存畛域之见，以误大局。皇天后土，实鉴此心。临颖盼复，神与电驰。

　　这篇电文，明明是驳斥参议院，主张袁世凯仍坐镇北京。所谓武昌建都，不过是一句冠冕话而已。

　　袁世凯策动兵变　袁世凯坐在总理官邸中，接得南方各界催请南下的电报，一封接一封的，如雪片飞来。看一封，丢在一边。有的连看也不看，只有武昌黎元洪来的电报，他倒有点注目。这时候，正是黄申芗带兵驱逐军务部长孙武的时候，孙武的通电发出来了。袁阅讫，笑道："用兵变来解决政治问题，是很聪明的办法。他们革命党，也会来这一手，倒还不错。"第三镇统制曹锟坐在旁边，接着说道："这并不稀奇。革命省分的兵变，并不始于武昌。湖南兵变，杀了焦都督。安徽兵变，赶了朱都督。其余重庆、广州，哪一处不闹过兵变？这种年头，甚么都是假的。有了枪杆，才抖得狠气出来。他们各处的兵变，其实兵何尝变，还不是带兵的军官，号令他变的。"世凯听说，禁不住捻髯而笑，频频点头说："是的。我传你们来，正要商量一件大事。你的两个协统，来了没有？"曹锟说："来了，在外面客厅候传。"袁顾左右道："传卢、吴两协统进来讲话。"少顷，卢永祥、吴佩孚两人进来了，行了军礼，笔挺挺地站在一旁。世凯说："南京来了电报，说已派有汪精卫、蔡元培、宋教仁、魏宸组、钮永建五个专员来京，欢迎我南下就职，二十八日准到。明天不就是二十八日吗？"曹锟说："是。他们派专使来，欢迎宫保南下。这是贵客，我们当然要放客气些。车站上和各街道的秩序，当然要好生维持。"世凯说："那是表面的事。我现在同你们商量，还有一桩秘密的事。他们欢迎我南下就职，我能答应吗？"曹锟道："宫保坐镇北京，就在这里组织政府。南下就职，怎么答应得。"世凯道："不答应，也要说出不能去的理由。我已经有电声明，说北京秩序不易维持。正好趁欢迎专使的一天，拿事实给他们看。明天晚上，你们去策动部属，来一个可纵可操的兵变。要布置得法，不可过于扩大，牵动外交。你们以为何如？"曹锟喏喏连声说好。世凯说："好吧，你们去预备吧。"二十八日，南京特派的专员五人到了北京。世凯特命将车站附近的正阳门打开，铺张结彩，表示欢迎。礼节的隆重，情况的热烈，戒备的森严，为历来招待贵宾所未有。花车到达车站时，欢迎的人们，真是人山人海，挤得水泄不通。到了晚上，军队布满步哨，传令兵和巡逻兵，像穿梭一般的来去着。十二点钟的光景，忽然四处起火，军队都放起枪来。东安门及前门一带，肆行劫掠烧杀，通宵达旦。商民及殷富被劫的计有数千家。西河沿的各家旅馆，被抢劫一空，并将房屋焚毁，伤了几个住客。汪精卫住在袁克定的公馆里，门前有军队守卫，自然很安全。宋教仁和蔡元培寄住在朋友家中，被变兵捉住，问明是南方派来的专员，算没有送掉性命。到了天明，军队也用不着约束，满载而归，各自回营了。接着天津和保定，也有同样兵变的警报到来。袁世凯认为事情太闹大了，恐怕不易收拾，于是下了严厉的命令，约束军队。并令警察厅及步军统领衙门，密布侦探，随便捉拿几个人，枭首示众了事。他所谓坐镇北京，维持大局，就是这样坐镇，这样维持的。

孙大总统之一封书　兵变之次日，海军顾问刘冠雄也乘快车到京，持有孙大总统的亲笔函，去见世凯，其文如下：

文服务竭蹶，艰大之任，旦夕望公。以文个人之初愿，本欲藉交代国务，薄游河朔。嗣以国民公意，挽公南来，文遂以为公之此行，易新国人之视听，副舆人之想望，所关甚巨。于是已申明所司，缮治馆舍，谨陈章绶，静待轩车。现在海内统一，南北皆有重要将帅，为国民之心膂，维持治安之责任，均有所委付，不必我辈簿书公仆，躬亲督率。今所急需者，但以新国民暂时中央机关之所在，系于中外之具瞻，勿任天下怀宗庙未改之嫌，而使官僚有城社尚存之感，则燕京暂置为闲邑，宁府首建为新都，非特公之与文必表同情于国民，即凡南北主张共和，疾首于旧日腐败官僚政治之诸公，宁有间焉？至于异日久定之都会，地点之所宜，俟大局奠定，决之正式国论，今日且勿预计也。总之，文之志愿，但求作新邦国；公之心迹，更愿戮力人民。故知南北奔驰，公必忘其自暇。嗟乎！我国之国民，为世界所贱视久矣。能使新民国之发达，登我民族于世界人道之林，此外岂尚有所恤乎！公之旋转维劳，消磨其盛年；文亦忽忽其将衰，耿耿我辈之心，所足以质诸无穷之将来者，惟尽瘁于大多数幸福之公道而已。公其毋以道途为苦，以为勉强服务者倡。公莅南莅，文当依末光，左右起居，俾公安愉，俟公受事而文退。翘企不尽。

世凯阅讫，当即请专使及刘冠雄到总理官邸，婉言商议道："各位先生代表南京政府前来，欢迎世凯南下就职，并由孙大总统亲笔写信，奖饰逾恒，世凯是很荣幸的。不料变起仓卒，扰害闾阎。连各位先生也不免受了惊骇，这是世凯统驭无方的罪过，惭愧莫名。所幸将士尚能用命，尽力镇压，得以转危为安，于大局尚无影响。不过宗社党暗中造谣，外交团居中作祟。都是利用我行将南下的机会，便利其危害民国的企图，这是不容忽视的。我若离开北京，眼看着外患内讧相因而起，光复事业功败垂成，良心上太过不去了。因此我很费考虑，不去呢，辜负了孙大总统属望之殷；去呢，对不起国家和人民。这是事实，请各位先生鉴原。"专使等鉴于北方情势异常严重，集会讨论，认为不必强求。因于三月二日电请南京政府及参议院速筹善策，并详述兵变经过及袁世凯坚不南下之情形，谓应曲为迁就，以定大局。孙先生叹道："受全民之推戴，为一国之元首，居然制造兵变，危害人民。以此人执掌政权，后患还堪设想吗！"

黎元洪危言耸听　自从袁世凯当选后，黎元洪之通电文章就越来越多。他的秘书长饶汉祥，顶会做痛哭流涕的文字，是一贯的卫护袁世凯以压抑南京的。为了国都问题，他又有一篇危言耸听的电报，其文如下：

清帝逊位，已经二旬。政府尚未组成，邻邦尚未承认。群龙无首，岌岌可危。徒以变象未生，苟安旦夕。顷闻京畿煽乱，宗党操戈，首乱虽平，余孽未靖。祸变之来，尚未有艾。外人对此，极为激昂。某国并潜谋运兵，入规京辅。设再稽时日，险状环生，列强眈眈，难保不自由行动。瓜分之祸，即在目前。敢申前请，为诸公告：国家构立，首由政府。现虽南北和解，战祸初宁，但新旧机关双方对峙，国钧不颛，邮命无价。尔虞我诈，莫知适从。桀黠之徒，乘机思逞，鸣俦啸党，角立为雄。一隅糜烂，全国随之。是惟兵亡；天灾侵寻，连年饥馑，江淮以南，饿莩载道。满汉构兵，群省响应，鄂宁鼙鼓，陕晋烽烟，哀我蒸民，流离垫隘，村落为墟，田园不浍。夫僵海角，妇亡天涯。劫火余灰，罔知所措，不图安抚，伺以善后。是谓民亡；满清虽暴，犹可为国。自举义旗，倏逾半载，乃大局已定，犹事争持。高功怀谗，雄才畏祸，迁延不决，人人自危。满蒙回藏，甫就羁縻，死灰尚燃，卧榻久睡，稍一反侧，岂复我有。分裂不当，必求平均，莽莽神州，掷此孤注。是谓国亡；四海困穷，民生凋敝，帑枯于上，产匮于下。急图统一，尚惧失时。设外患一生，兵祸连结，斩木无援，析骸不饱。黑隶红氓，犹求弗获，轩黄遗裔，长绝人群。是谓种亡。凡此数端，皆由于国基未定，有以召之。而究厥原因，仍本于争都之一念。论者执南北二京，比挈利害，连篇累牍，犹未探原。总之丁此时机，万分危迫，舍南京不至乱，舍北京必至亡。金陵形势，果胜燕京，犹当度势审时，量为迁就，况利便之势，相判天渊乎。元洪非丧心病狂，何敢危言耸听，特以祸机已见，更无争意气之时。其兄弯弓，其弟垂涕，亡无日矣，不忍不言。伏乞力祛成见，共济时限，早定国都，组织政府。庶可收中央统一之效，杜外人干涉之端，其他尽可从容解决。如蒙允许，即请速电北京，决定大计，无任翘盼。临颖请命，魂电交驰。黎元洪。印。

此电发出后，湖南都督谭延闿，亦应声赞同。孙大总统叹道：“起义的省份，尚且为袁世凯张目，人情如此，夫复何言。”因召集参议院的同盟会会员进府商议道：“北京兵变的事，明明是袁世凯的政治策略，谁都认识清楚。再闹下去，一定会引起外人的干涉，以陷国家于危亡。他们官僚哪里会有甚么民族思想呢？算了吧。我们下野，还是去经营实业。党的组织，也要加紧的健强。这回革命，总是靠不住的。”

袁世凯在北京就职 三月六日，参议院开会议决，允许袁世凯在北京就职组织政府，并议决办法六条：

一、参议院通知袁大总统，允其在北京就职。

二、袁大总统接电后，即电参议院宣誓。

三、参议院接到宣誓之电后，即电复认为就职，并通电全国。

四、袁大总统受职后，即将拟派之国务总理及国务员姓名，电知参议院，征求同意。

五、国务总理及国务员任定后，即在南京接受南京政府交代事宜。

六、孙大总统于交代之日，始行解职。

这六项办法，袁世凯当然乐从，当即召集全体阁员及各镇将领，说明大局已定，各应忠于职守，以巩固本京秩序。并令财政部拨给经费，赶办就职的隆重典礼及中外来宾的招待事宜。三日之间，加紧的布置。新华门一带，扎起金碧辉煌光华灿烂的牌楼和彩棚。三月十日正式宣誓就职，南京所派的专使，都被邀参列盛会。世凯宣读誓辞如下：

民国建设造端，百凡待治。世凯深愿竭其能力，发扬共和之精神，涤荡专制之瑕秽。谨守宪法，依国民之愿望，蕲达国家于安全强固之域。俾五大民族，同臻乐利。凡兹志愿，率履勿渝。俟召集国会选定第一期大总统，世凯即行解职。谨掬诚恫，誓告同胞。

就职礼成后，即将此誓词电达南京参议院。十一日，由孙大总统将参议院议决的约法公布。袁世凯提出唐绍仪为国务总理，并提出阁员名单，均由参议院议决同意。计为：外交陆徵祥，内务赵秉钧，财政熊希龄，陆军段祺瑞，海军刘冠雄，司法王宠惠，教育蔡元培，农林宋教仁，工商陈其美，交通梁如浩。这阁员十人中，只有梁如浩没有通过参议院，后来改任施肇基。陈其美不肯就职，后来改任王正廷。陆军总长一席，原来是经过南京政府提议任命黄兴，后来因为袁世凯不肯放松，改提段祺瑞，军政大权，都被袁一手抓住了。三月二十九日，唐绍仪到参议院宣布政见，即表示接收南京政府。孙于四月一日解职，黄兴任留守使。四月五日，政府迁于北京。

第二十二章　候起候灭之湖北军队

黎元洪扩军计划　在汉阳失守、武昌设备防御期间，吴兆麟为总司令官，将武昌所有军队划分为三个区域。第一区司令官窦秉钧所指挥的军队，计为步队第三协、步队第五协、步队第六协，又马队、炮队各一队。第二区司令官何锡蕃所指挥的，计为步队第二协、近卫军第一协，马队、炮队各一队。第三区司令官张廷辅所指挥的，计为步队第四协、步队第一协、工程第一营及马队炮队各一队。此外，还有第一支队司令官罗洪升所指挥的，计为步队第八协、工程第二营、马队一队。第二支队司令官邓玉麟所指挥的，计为步队第七协及敢死队一营、马队一队。总预备队司令官王安澜所指挥的，计为先锋军第一混成协及步队第二协之一部。合而言之，不过只十个协乃至十一个协的兵力而已。及和议告成，突然扩充为鄂军八镇，还加近卫军一镇及南京援鄂之黎天才一镇，差不多增加一倍。试问和议告成，战争终止，还扩充这些军队，为的甚么？除了位置私人或是为私人加强势力而外，我想再说不出其他理由。起先向孙武划策的，是黎元洪的左右亲信杜锡钧。他教孙武到上海去，把唐克明、石星川、陈血岑等邀回武昌，谓可广结心腹，培植实力。这个计划，说是拥护孙武也像，说是拥护黎元洪更像。因与孙与黎是呼吸相关、上下其手的原故。所以孙武去职以后，黎元洪更照计而行。他从前利用孙武，以制服党人。党人已制服了，索性连孙武也可以不要了。杜锡钧的算盘，是早已打好了的，他一面把黎元洪的亲信簇拥上台，一面把北方讲武堂的人，援引到军队里中下级干部中去。鄂军八镇，就是他一手导演成功的。湖北的军队，表面上尽管加多，而湖北军队中的革命势力，实际上逐日减少。因为军队的实权，都集中于黎元洪手内，而黎元洪又是袁世凯的忠实拥护者，所以袁世凯一声命令，说裁兵，就彻底裁兵。先从起义的部队裁起，不怕它不俯首听命。杜锡钧替袁世凯帮忙，可真不小了。湖北革命势力的没落，其原因就在这里。杜锡钧之见信于北洋军阀，能够在湖北汉口镇盘踞十有五年，其原因也在这里。

第一镇统制唐克明　唐克明与石星川原隶北洋第二十镇张绍

曾部下，均为标统。武昌首义时，张绍曾与第六镇统制吴禄贞及驻扎奉天之混成协协统蓝天蔚，相约举兵独立，以围袭北京。事泄，吴禄贞被刺于石家庄。张绍曾与蓝天蔚因而解职，克明与星川相率逃至上海。孙武听从杜锡钧的建议，将唐、石两人邀至武昌。克明因改名黎本唐，表示其崇拜黎元洪之意。黎极欢悦，因任为第一镇统制，而以石星川为第一协协统，刘炳福为第二协协统。这一镇，可认为黎之基本部队。其后改镇为师，唐克明又因失信于黎而去职，以石星川为第一师师长兼荆宜镇守使，驻荆州。一九一八年，荆州独立失败，石星川将所遗军队交唐克明带至鄂西，加入当时靖国军的组织。另一残部，由夏斗寅带至湖南。鄂军第一镇之起灭情形，大致如此。

第二镇统制张廷辅　张廷辅为文学社中坚分子。群英会驱逐孙武时，张于纷乱之中，被奸人刺死，遂以王宪章为统制。宪章为贵州新义县人，曾纳粟为知县，因知时事日非，志谋光复，遂弃官来鄂，投入陆军三十标当兵。汉阳反正时，任总指挥兼标统。后因汉口失守，与宋锡全同赴长沙，中途被执，几与宋同死，由蒋翊武、覃振力保得免。旋继张廷辅任统制。就职未久，《中华民国公报》忽然登出一条奇怪新闻，题目为"斗级营破获机关"，文为："稽查处于昨晚六点钟许，在斗级营庆升客栈，破获乱党机关。搜出名册一本，空白伪札多件，上盖有'国栋宪章改良班防'八字之长方伪印。当场捕获乱党七名，业交军法处讯究。首犯颜秉山在逃未获，正在严缉中"等语。这个时候，军务部副部长蒋翊武也住在斗级营民心报馆里头，他看了《中华民国公报》，把经理李擎甫找去问道："这条消息，我们的报何以没有登载？"擎甫道："公报所载，是都督府的专稿，不是访员送去的通稿。"翊武说："你到庆升栈去打听一下，究竟是怎么一回事情？"擎甫道："我已经打听过的，在逃未获的颜秉山，是德安乡间的一个教书匠。甚么乱党，甚么机关，我看都是假的，一定又是老黎手下的人做成的圈套。有了这件事，他们才好杀人。"翊武说："你快过江去，教王宪章和王国栋两人躲避一时再说。"擎甫说："我已经打电话过去了，他们晓得回避。不过这件事不弄个清楚明白，我们文学社，又不知要送掉多少人头。"说毕，自去。翊武正在发急时，忽见有一位须发斑白的老头，牵着一个五六岁的小儿走进来，跪在翊武面前哭道："蒋部长救命，救我那儿子的命。"翊武惊道："你是谁？为的甚么？"老头道："我姓祝，祝制六就是我为儿子。"翊武连忙把他扶起。问道："制六出了甚么乱子吗？"老头道："我刚才引着孙子，同着他们三人过江来。上了岸，刚到汉阳门，就遇见几个兵，把我的儿子拿住。还有他的两个朋友，一个叫江光国，一个叫滕亚刚，也同时被拿住了。我牵着孙子，一口气跑到这里来，请部长大发慈悲，快救出我的儿子。"说完，放声大哭，小孩子也哭着要他的爸爸。翊武听得这个消息，又愤又急，连忙跑到都督府去见黎元洪。元洪冷笑道："你来得正好。哼，你的部下又在造反咧。你晓得不？"翊武道："哪有此事！副总统不要误听人言。"元洪道："《中华民国公报》你没看吗？他们私刻关防，图谋不轨，证据确凿，还说我误听人言吗？翊武，这件事，容或你不知道，我也决不疑你。不过人心不同，各如其面，你也犯不着替他们辩护啊。王宪章太糊涂了，从前打仗的时候，他和宋锡全临阵脱逃，照孙尧卿的意思，是要一同正法的。因为你有电去保，覃理鸣又来电讲情，我才成全了他，并且任命他做第二镇的统制。谁料他野心未死，又来拆我的台呢。他自误不打紧，还误了你部下的一批军官。军法如山，我实在爱莫能助了。"翊武说："刚才祝制六、滕亚刚、江光国三人同时被捕，就是为的这一案吗？"元洪说："想必是的"。翊武说："副总统要想人情。这件案子，恐怕是一个假局。报上登着的伪关防，有'国栋宪章改良班防'八字，这太不近人情了。大凡秘密机关，一定用甚么会，甚么团，甚么司令的名义，哪有用个人名字，刻成关防的道理？我看事关重大，必须慎重侦查。刚才被捕的祝制六、滕亚刚、江光国三人，我以身家性命具结担保，请副总统将他们开释。"元洪笑道："你来迟了。人已解到军法处了。"翊武连忙打电话去问，回说三个人头早已落地，只得痛哭而归。过了两天，颜秉山被拿获到案。经军法处审问，原来是这样的事情：这位颜秉山原名叫做倪晴峰，在乡村教书，不够生活，特意到省城投效。满拟得到一官半职，比教书总强得多。他有一个老表，在都督府当稽查，在黎元洪面前是很被宠任的。一见之下，就大言不惭的许他一个县长，但是有个条件，要他改名换姓，住在旅馆候差，其理由是防备因任用私人，受上司的盘驳。倪问："改用甚么名姓呢？"稽查说："你就叫颜秉山好了。"倪唯唯听命，住在庆升栈，循环簿上也是写的"颜秉山"，伙食账上也是写的"颜秉山"，与旅馆的主客谈话，口口声声也是称呼"颜秉山"。住了十多天，稽查忽派人前来对倪密嘱道："你赶快走，此地有滔天大祸，不可一刻停留。这是你的老表给你官票十张，你回乡住些时，再听信吧。"倪听说，即刻渡江，沿铁路步行，走到孝感花园。这时候，督署的通缉公事已到达各地。倪在孝感花园车站跟前歇着，与人谈话，还是自称"颜秉山"，登时被密探拿获解省。由军法处讯问情形，才知道颜秉山一案，是稽查一手造成的假案。此事如传播下去，文学社追究起来，那还像话，为灭口起见，索性将颜秉山判处死刑。这件案子，计杀害旅客七人，店老板一人，还有个刚出医院住在旅栈的战时受伤军人及祝制六、滕亚刚、江光国三人。其他列名假册被捕处死，以及闻风逃走的文学社同志，更是不可计数。王宪章的统制地位，也就由此放弃了。宪章既去，黎命第四协统王华国代理统制职务。没有多天，杜锡钧取而代之。其后王宪章住在上海租界，被上海护军使郑汝成诱出租界，处以死刑。杜锡钧将二镇残部军队，改为汉口巡防营，做了十有五年的汉口镇守使。第二镇之起灭情形，大致如此。

第三镇统制窦秉钧　窦秉钧在起义之前，原任鄂军队官，起义后，升任协统，阳夏战役出力最多。议和期间，黎元洪任为武昌防御第一区司令官，旋扩充为第三镇，而以窦为统制。所部两个协统，一为第五协熊秉坤，一为第六协杨载雄，均为革命秘密运动中的中坚分子，对于窦统制，均极相得。杨为文学社社员，与蒋翊武关系甚深。其舅父岳新民为翊武幕中的运筹决胜者。所部军队，当然是文学社的基本部队。因其所属的第一营，在黄冈仓司埠哗变，杀了一个营长，黎就借此为题，将杨撤职，而代之以杜武库了。熊秉坤在起义之前，为工程营总代表。起义时，由工程营首先发动，故称熊为辛亥革命第一枪。他本是共进会的人，但孙武组织民社后，熊即由共进会分化出来，而加入同盟会改组之国民党。一九一三年春间，与詹大悲、季雨霖、蔡幼襄、唐牺支等密议，反对袁世凯派兵南下，谋举兵发难，挟黎元洪发出通电，为天下倡。事为袁、黎所闻，褫夺其勋五位及第五协协统之职，并通电缉拿。其协部来汉领饷的军需，已被捕入狱。熊得讯，逃至伊达医院，由温楚珩设法送至日本兵船，逃往南昌，参加第二次革命的赣宁战役。所遗军队，也就同时被遣散了。窦秉钧从此解甲归田，不复再任军职。第三镇之起灭情形，大致如此。

第四镇统制蔡汉卿　第四镇原为邓玉麟所带之第七协扩充起来的。群英会驱逐孙武时，对玉麟亦有恶感，邓亦同时辞职。其协统蔡汉卿向黎元洪自告奋勇，愿负责保护都督，并肃清反侧，以保卫地方治安。黎喜，即任为第四镇统制，而以杜邦俊为第七协统领，马骧云为第八协统领。蔡初为炮队八标士兵，起义时，听着城内枪声，奋勇的拖炮进城，立功不小。起义后，事孙武维谨，时常在孙之公馆中任挑水买菜诸杂役，故孙特别提拔，得为上级军官。孙去之后，他又尽力拥黎，所以他的部队，可以说是黎元洪的基本部队。自成立第四镇起，始终是拥护黎元洪。黎元洪的权威，便由此提高了。黎离鄂以后，段祺瑞继任湖北都督，命蔡带领所部驻防罗田，并派北兵两标，听其指挥。实际上，是从旁监视其部队，虞有异动。不久蔡亦解职，所部亦同时退伍了。第四镇之起灭情形，大致如此。

第五镇统制吴兆麟　起义之时，吴兆麟以工程营队官驻守楚望台。虽不曾参加革命的秘密运动，但对于革命，表示极其赞助，所以起义同志，人人都拥戴他。仓卒之间，推举他为总指挥。一夜里两次总攻，顺利地赶走瑞澂，攻克督衙，将武昌全城占领。次日清晨，推举黎为都督，就是他的主张。他自始至终，是黎元洪的忠实拥护者。鄂军八镇的编制，他和杜锡钧的策划居多，所以任他为第五镇统制，而以刘佐龙为第九协统领，以胡廷佐为第十协统领。这两位统领，都是旧鄂军中的队官。鄂军整编之时，胡廷佐改隶于石星川部，在荆沙独立之役阵亡。刘佐龙则继任吴兆麟为师长。鄂军八镇，在黎元洪离鄂前后，都次第消灭了，只有刘佐龙一师，直维持到北洋军阀告终之日。后来因为杀害了志士耿丹一案，系狱；其所遗部队，才另行改编。第五镇之起灭情形，大致如此。

第六镇统制王安澜　王安澜在起义以前原是黎元洪协部的一个掌旗官，起义之时，为黎元洪跟前的执事官。起义以后，任兵站司令官。在停战议和期间，他就开始带兵，组织了两个先锋协。扩军之时，被任为第六镇统制。而以李锦镛为第十一协统领，以张厚德为第十二协统领。王安澜自始至终是没有离开黎元洪左右的。这一镇，可以说是黎元洪最亲信最可靠的部队。在裁兵期间，黎与袁世凯来往电商，本来说鄂省军队只裁三分之二，这一镇是可以不裁的。但是黎元洪离鄂以后，树倒猢狲散，终于保持不住了。王安澜在黎左右，不知道杀了多少同志，其军队驻在襄一带，更不知残害了多少的人民。后来军队遣散，回到日租界槐荫里的本宅中。因为忏悔万端，得下疑心生暗鬼的精神病。乃至探头外望，撞破窗户上的玻璃，因而用碎玻片割断咽喉，死得极其惨酷。这是当时的事实，载在《大汉报》上，湖北人莫不称快。第六镇之起灭情形，大致如此。

第七镇统制唐牺支　唐牺支，湖南慈利县人。在革命秘密运动期间，为文学社的中坚分子。武昌首义后，唐牺支依照文学社议决的计划，在荆宜策动独立，极著功勋。荆州光复之日，唐据实呈报都督府，旋奉令办理荆襄善后事宜，并设立荆宜施鹤总司令部。但同一时期，都督府又接长沙谭都督来电，请以王正雅驻荆，筹办善后。其文如下：

荆州踞长江上游，为蜀湘鄂交通要镇。既经王统领正雅光复，依军事计划，须设重兵，以资镇慑。况满汉杂处，将来政治组织，尤非易事。可否请王正雅暂驻荆州，筹办一切善后事宜。敝处未便擅行，特此奉商。如承许可，即请会衔电王，俾得事权统一。尊意如何？乞复。

黎元洪复电如下：

江电敬悉。荆州克复，王统领正雅既为满汉欢迎，且该处为三省重镇，抚治得人，无忧反侧。拟将该统领驻荆，筹办善后事宜，敝处甚表同情。请即由尊处会衔，饬该统领驻守荆州，以资镇慑，而得合理。谨复。黎元洪。印。

以同一职权，同一势力，并处于同一地方，求其事权上得到统一，岂非难事？因而唐牺支于一九一二年元月二十一日，电陈黎元洪谓："近日荆沙监利各处，到湘军万余，并持湘银纸币在沙市通用。该处市面，几致倒塌。而目下湘米又禁止出境，纸币又无处兑换，请据情电达湘督，将驻荆沙等处湘军，一律撤回。"这么一来，便造成唐牺支与王正雅部的矛盾。又季雨霖任安襄荆郧招讨使时，军抵沙洋，闻唐牺支围攻荆州未下，电请派炮队援助。因派第十五标李荣升及第一营胡玉珍各率所部，由十回桥取道西上，以参谋施化龙为临时指挥官，李英为粮台总理，阙龙则前往省垣请领大炮子弹，相约会于荆州。一九一一年十月二十三日（旧历），季雨霖率同僚属由水陆出发，二十四日抵沙市。其时驻在荆州之清军，已经投降。季乃出示安民，任李亚东为荆州府知事，遣陈雨仓、邢子文赴省告捷。一面提取沙市商会及各项存款十二万，以廖宗北、黄益安任清理官款事。复重用施化龙，与唐牺支发生龃龉。盖以施化龙原任第四十一标一营左队队官，曾有反对革命、摧残文学社同志事实。当唐牺支在宜昌秘谋反正时，施化龙与管带戴春山等私自逃走之后，又投于季雨霖部。季与黎元洪关系较密，因重用施以见好于黎。并闻施以唐部多为旧属，谋从中勾结，以便与唐对抗。有此种种嫌怨，唐更加重愤怒，当即下戒严令，迫请季雨霖将施交出，治以军法。彼此相持不下，几乎发生战争。双方各派员到省，向黎都督申诉，黎派参议江炳灵前往调解，劝季雨霖将所部军队回驻沙洋。这么一来，又造成季雨霖与唐牺支两部的矛盾。在这些矛盾情形之下，唐牺支很不自安，因电陈黎都督，请准假来省，面陈一切困难。黎复电如下：

　　足下以全副精神，经营荆宜善后事宜，勇敢沉毅，鄙人素所钦佩。顷者丁景梁（人杰字）等返鄂，得悉种种情节，不胜骇异。鄙人自起义以来，对诸同事，无不相见以诚，岂对于足下反有歧视。荆宜路途辽远，音问鲜通，一二小人离间，遂令志士灰心，良深浩叹。足下素具热忱，仰仍勉为其难，力图进行。并传谕各将士，代达微忱，以全大局。特电饬沙市商会拨款一万串，借充犒劳之费。嗣后如有重要事件，均可随时电闻，从长计议，勿庸来省。此复。

　　这个当儿，正是黎元洪扩军的时候。唐牺支所部的队伍，计有宜昌巡防两营及前四十一标一营、三十二标二三两营、前沙市防营一营与收集不能遣散的铁路工人，合计起来，恰够一镇的兵力，遂编为鄂军第七镇。以唐牺支为统制，而以萧国宝任第十三协统领，喻洪启任第十四协统领。这一镇，可以说是文学社的基本部队。其后第六协杨载雄免职，第二镇张廷辅被刺，王宪章与王华国又相继垮台。蒋翊武的实力，完全剥夺一尽。剩下一个唐牺支，还能长久存在吗？裁兵期间，自然是非裁不可的。第七镇之起灭情形，大致如此。

第八镇统制季雨霖　季雨霖，为日知会老同志，并加入同盟会。起义后，任安襄郧荆招讨使。参加工作的，有张难先、李亚东、李廉方、高仲和、邢子文、江笛生、李长龄、谢超武等，也都是日知会和同盟会的老同志。他所凭借的兵力，多半是京山的刘英、刘铁兄弟与汉川的梁钟汉、梁恢汉兄弟在地方上啸集而成的。就当时的官僚派与反对革命的资产阶级的眼光看来，不说是"会匪"，就说是"土匪"，就革命者的眼光看来，的确是受人压迫流离失所的贫苦农民。季雨霖就利用这种兵力，转战于安襄荆郧各地。斩决了桀骜不驯的李秀昂，捕杀了残害同志的全明汉，解决了态度不明的张楚材，声势浩荡，所至无不慑服。黎元洪恐怕他势力太大，形成尾大不掉，和议告成之日，就连电催令班师。回省后，编其部属为鄂军第八镇。以季雨霖为统制，而以阙龙为第十五协统领，以樊之淦为第十六协统领，分驻于仙桃镇及沙洋一带。季雨霖的政治态度，对于共进会及文学社，不作左右袒，对于黎元洪，也表示极其恭顺。不过他的恭顺，是有原则性的。黎元洪答应裁兵，允许北军南下，他是非常反对的。一九一三年春间，袁世凯有密电到鄂，谓将派兵南下，假道武汉，在长江一带布防。季雨霖得此消息，因与蔡济民、唐牺支、熊秉坤等集议，谋以兵力要挟黎元洪，去电反对。其时季部有一团驻在都督府附近。熊部的一协，也驻在孝感。本来是有力量以要挟黎元洪的。但事为黎元洪所侦悉，以至失败。同时曾尚武、王光汉、王子英、黄元吉、管汉翘等，在汉口碧秀里设立改进团秘密机关，图谋举义，亦被军警机关侦悉。黎元洪得报，即将此两事并为一案，布设天罗地网，在武汉到处搜查。终于在法租界巴黎饭店、如寿里及后城马路碧秀里等处，把机关破获了。当即密电袁世凯，通缉改进团乱党四十余人。内中首要，计为季雨霖、熊人一、詹大悲、管汉翘、唐牺支、熊秉坤、钟琦、温楚珩、蔡济民、吴醒汉、彭养光、蒋翊武、杨王鹏、曾尚武等。黎元洪并发出布告如下：

中华民国副总统兼湖北都督黎为出示晓谕事：民国成立，建设万端，正宜上下一心，共谋治理，决不容再有变乱，扰害人民。兹查有乱党熊人一，受鄂军第八镇统制季雨霖之任命，潜伏租界，组织改进团秘密机关，勾结退伍军人，希图破坏大局。已于昨日下午十时，在巴黎饭店、如寿里、碧秀里等处，将该机关破获，搜出谋逆之名册证件，并捕得侯景安等罪犯数名。咄嗟之间，得以遏制乱萌。凡属鄂人，胥拜天赐。除据实呈报中央，请将季雨霖、熊人一等通缉归案，依法惩办外。凡尔军民人等，务须各守本分，共保治安。切勿受人诱惑，自罹法纲。其各懔遵毋违。特示。

此布告发出后，并将季雨霖所部调驻都督府之李团立即解散。其驻在沙洋、荆门、仙桃镇各地之第八镇队伍，也同时遣散了。季雨霖本人，则匿居日租界之松迺家，仍谋致力于革命的秘密工作。其后季部之刘英、刘铁两兄弟，均为北洋军阀王占元所杀害。季雨霖则与其协统阚龙，于荆沙独立时，为石星川、黎天才同谋杀害。第八镇之起灭情形，大致如此。

北伐左翼军总司令刘公　刘公，湖北襄阳人，为同盟会老同志。共进会在东京成立时，推为湖北分会总理，并预定为起义时的大都督。刘性情恬淡，谦让不遑。起义后，为总监察部长。停战期间，黎元洪计划出兵，举行北伐，拟遣一偏师，道出襄樊，进窥秦豫，以牵制清军，遂推定刘为北伐左翼军总司令。名义和地位虽然极高，实际上兵不满千，军械也非常的少。刘公到达襄阳后，就所部扩编先锋二大队，进据河南新野。同时马云卿、胡效骞、刘凤同、夏绍傅、鲁鸿宾、熊梦飞、李殿玺等组织旅鄂奋勇军三大队，以马云卿为司令，听刘指挥，亦进据南阳唐县。襄阳有会党首领谢宏升，曾附季招讨使，刘以其行为不轨，捕而杀之。张国荃原系季雨霖部，和议告成，季返省复命，张移名册，请归刘节制。由是季、刘之间发生矛盾。黎元洪亦虞刘之势力逐渐强大，恐北伐军旋以后，于己之地位，有所冲突，因而对刘亦啧有烦言，谓其不谙军事，措置乖方，时而令其裁兵，时而命其节饷，时而指斥其干涉民政。而河南巡抚齐耀琳①，亦迭电鄂都督府，请饬刘撤退其先锋、奋勇两军。黎元洪乃令饬马云卿部归齐抚节制，令刘将先锋队撤回襄阳。刘颇有不平之感，并拒绝命令。其时黎之左右均主张以武力解决，胡祖舜向黎力阻，谓刘乃革命元勋，不应操之过激，应另谋妥善方法，以解除其兵权。黎遂电袁世凯，调其入京，畀以高等顾问之职。刘接袁世凯电，即

---

① 关于齐耀琳当时政治身份问题，据现有的一些资料考察，齐任清河南巡抚是袁世凯组织内阁后，在1911年12月2日（阴历十月十二日）委派的，其在职期间一贯镇压革命活动；嗣后虽经南京革命政府成立，清帝"退位"，齐耀琳始终在袁世凯庇护下盘踞不去，一直到1912年3月27日由张镇芳代替止。其名号在1912年3月15日袁世凯下令一律改称都督前，仍称"巡抚"。黎元洪投向袁世凯后，很快的也和齐耀琳勾结起来，为了减弱刘公的兵力，竟将刘所统辖的奋勇军统带马云卿部送给齐耀琳。据二月二十七日到武昌的齐耀琳致黎元洪的电报中说："顷接贵军刘凤同自南阳来电称：河南军奉黎副总统命令北伐，于阳历二十日抵南阳，接到黎副总统来电云，现在清帝退位，民国统一，军队勿图再进，致伤和气，并请诸事与齐公妥商而保治安，等情……"（见《黄陂政书》卷七，叶十八）又据二月二十五日到武昌的马云卿致黎元洪电文说："接我公来电，令军队勿图再进，致伤和气，即径与齐耀琳妥商，安抚地方，镇压土匪……"（《黄陂政书》卷八，叶六）由此可知，二月下旬，黎元洪已令马云卿转归齐耀琳统辖，此时齐耀琳固仍是河南巡抚身份，并且是随着袁世凯的窃夺政权而由清朝的河南巡抚摇身变为民国的河南"巡抚"。

去电力辞。其文略谓：

窃公德薄能鲜，文质无所砥砺，弱冠游学海外，澄观各国治乱兴衰安危存亡之故，与清政府泄泄沓沓积重难返之弊，慨然有意于彻底澄清，欲一改弦而更张之。比年以来，顾影炅炅，常惧奢愿之不得达，仗旋乾转坤之雄心，副以移山填海之毅力，死生以之，不知其他。幸海内豪杰之士，闻风响应，又得我副总统及袁大总统大力包举，宏济艰难，有以范围而不过，曲成而不遗，干戈之风化为玉帛。夏商之后，再见唐虞。公始愿不及此。此所当满志蹰躇，为四万万苍生额手交庆，更无纤微遗憾者也。至于民国成立，一切礼仪制度考文之事，辱承大总统系念楚材，征求樗栎，惭愧惭愧。窃维我大总统，洞中灼外，久任钧衡，自饶执两用中之妙。京师为人材渊薮，不乏经济匡时之士，虎啸风随，龙兴云致。如公庸陋，何足与谋。是以葳蕤之性，输于亭午。驽骀之质，蹶于半途。西哭徒殷，南飞仍顾。不揣愚劣，期以异日万里寻师，翱翔追逐于欧西诸大政治家，乞一得以酬乡国。否则苟且以玷禄位，仓卒以就功名，贻诮于官箴者犹小，贻误于民国者甚大。公所不肯跃马疾驰以应征求者，诚耻之也，诚惧之也。抑公更有进焉，公现驻兵襄樊，襄樊为古用武地，犬牙秦豫，风俗鸷猛，时有会匪扰乱治安。如党魁谢宏升之类，徒众万余，将作不靖。及其势未燎原，而扑灭之，曲突徙薪，舆论可核。若以他军队防之，必酿滋蔓难图之患。刻下襄中父老，殷殷挽留，殊有不能按辔而行之苦况。兼以浪迹江湖，久疏定省，既作还乡之水，难为出岫之云，瞻依白发，借弥十年来游子天涯之恨。当亦我副总统暨大总统锡类之怀，曲曲相谅者矣。方命之处，诸希婉达，无任惶悚。刘公叩。俭。

黎元洪得电，以刘辞入京，事已弄成僵局，因命胡祖舜亲往疏解，并令军事参议官蒋兰圃与之俱行。因以电致刘，文如下：

俭电悉。具见孝思纯至，谦德渊涵，无任钦佩。但襄樊军队须就编练，保安御盗所需无多。中央颁行军制，全国用人均归一律。上级军官，必用军事专门人员，以谋军学进步。且驻扎地点，亦未必果在襄樊。足下革命巨子，又系政法专家，值此民国初基，万端待理，正宜将军队交胡、蒋二君接收，引身北上，造福同胞，为我民国完全人物。若必善刀而藏，优游梓里，如所学何？如民国何？尚望三思。黎元洪。印。

胡祖舜、蒋兰圃抵襄阳后，谒刘，推诚相接。商以所部交出，由王安澜改编，归并于第六镇。刘即解除兵柄，前往北京，任大总统府高等顾问。北伐左翼军之起灭情形，大致如此。

宪兵司令陈血芩　阳夏战争期间，陈血芩在上海组织决死团，迭经战役，颇著勋绩。孙武到上海，将他邀至武昌，荐为都督府宪兵司令。血芩就职以后，鉴于首义同志迭遭杀戮。代人受过，心实难安，因呈请辞职，其文如下：

副总统钧鉴：血芩不才，往昔在沪组织游击志愿决死团，冀达奔走频年输诚革命之目的。猥以前任鄂军务部长孙公之召，倬率团友，以为鄂援。于是简选精良，率投麾下。荷蒙齿录，不弃菲材，命改宪兵，且供近卫。夫以有志而才力不及之人，得为志同而才力十倍于我者之所用，乐也何如！乃不暇深思，欣然就职。任事以来，亦既数月矣，虽未尝陨越贻讥，重负委任；顾每自省察，心实难安。血芩从事陆军，历有年所，宪兵实非素习，迹近滥竽，此宜退职者一。营下官佐目兵，即系当日团友，半为热心之商贾，军事难怪非娴。至于宪兵，尤为隔膜。项者设立宪兵养成所，幸蒙批准，从此教练之责由该所任之，血芩可以弛负，此宜退职者二。国穷民困，祸迫危亡。减军裕财，为有识者所公认。项见第三镇窦统制上书辞职，奉批准行。血芩窃仰风芝，为窦公后尘之步，此宜退职者三。光复以来，三过家门未尝一入。每念倚闾之望，难逃绝裾之讥。将母不遑，沾襟有泪。项者国事已定，急欲归慰慈颜，公义私情，断难兼顾，此宜退职者四。少历艰辛，壮而多病，未登强壮，有似中年。身世艰难，门庭衰薄，须谋事畜，保此孱躯，此宜退职者五。披沥上陈，统希钧鉴。唯我副总统谅其心迹而许之，则血岑解职之日，胜于受赐之时矣。不胜迫切待命之至。

曾广大的教导团　曾广大原为三十一标标统，随端方入川，行至资州，闻武昌起义消息，其部下杀端方、端锦于天后宫，同时宣布反正。曾广大因事先未与闻其事，恐为士兵所不满，乃与其所属官长偕避风潮。同志们因推举执事官陈镇藩为统领。师回鄂，于一九一二年元月十九日到达武昌，并将川省之犒军现洋五万元全数缴公。其时战事已停，无地可以安插，黎元洪令改编为教导团，而以陈镇藩为团长。惟曾广大为标统时，甚得军心，孙武去职后，即公推曾为军务部长，冀得以部长地位调剂该团同志。但其时改部为司，而军政大权，全集中于黎元洪。曾平时对黎恒抱不屑态度，因此一筹莫展，不久也辞去司长职务。教导团之名义，亦随裁兵而消灭了。

黎元洪计杀张振武　孙武去职后，共进会内部起了分化。张廷辅被刺后，文学社势力又日见衰微。黎元洪目中所忌的，只有一个张振武。他就不得不尽其全力，以对付"桀骜难驯"的张振武。张振武出身是小学堂的一个教员。起义以后，他虽然是军务部的副部长，并没有可靠的嫡系军队。光凭着几个光杆的起义同志，和新招的一个将校补充团，怎能同声望已高羽翼已成的黎元洪作公然的对抗，这不等于是螳臂当〔挡〕车吗？然而张振武并不曾有此警惕。眼看见共进会的行政人员一个一个的辞职，眼看着文学社的武装同志一批一批的砍头，他还是睥睨自喜，公然的办学堂，公然的开报馆，公然的迎宾接客，招兵买马，公然的带剑上殿，拔剑争功。黎元洪容忍得了吗？第一步，电请袁世凯，任命张振武为蒙古调查员，达就是调虎离山之计。振武接到任命状，去见黎元洪。元洪说："大总统的任命，你去不去？"

振武说：“我决不去”。元洪说：“不去，怕不行吧。袁大总统的威望，谁敢不服。他向来是令出维行咧。”振武说：“要我去，须依我的三个条件。一、要改换名义，为东北屯垦使。二、要设立正式机关。三、要中央政府规定一笔经费。”元洪说：“你进京去，见见袁大总统。我再打电报，替你疏通。这三个条件，一定容易办到。”振武说：“我去了，将校团怎办？”元洪说：“你放心。将校团这个机关，依然保存着。决不会因为你走了，就取消你的将校团。春山，你要知道你的勋四位，是不容易取得的。袁大总统那样的伟人，更是不容易攀得上的。如此机会，千载一时。你切莫错过了。”这一席话，果然把振武说服了。于是邀着他的同乡冯嗣鸿一同进京。到达北京以后，袁世凯具名发出请柬，在六国饭店大请其客。所有各省奉召到京的简任以上的文官，少将以上的武官，个个都请到了。代表袁世凯招待的，计有陆军总长段祺瑞、内务总长赵秉钧、步军统领江朝宗、军政执法处长陆建章等，因而门外门内的警卫，布置得极其紧严。到了下午六点钟的时候，客才到齐开席。席前由段祺瑞代表大总统向来宾恳切致词，无非是奖励革命的功勋，庆祝南北的统一等语。致词毕，奏了一番军乐。然后举杯敬酒，交互畅谈。由六点半钟起，吃到九点钟，散席。来宾陆续退出。湖北的张振武、方维、冯嗣鸿，备有两乘马车候在门外。他们出来，冯嗣鸿独坐一乘，张、方同坐一乘，回到各人的寓所。冯嗣鸿的马车在前，人也少些，马又走得快些，到了天安门附近，忽然有军队将马车截住，把嗣鸿拉下车来，不由分说，将他用麻绳绑着。他带着的两个卫队，都挨了耳光。卫队呼道：“这是我们的冯统领，袁大总统请的客，你们莫认错了。”有一个军官听着，问道：“你不是张振武吗？”嗣鸿道：“我是冯嗣鸿，并非张振武。”军官道：“我们误会了，对不起。赶快松绑，把他送到铁狮子胡同的陆军寄宿舍，让他好生的休息。”说着，有两个兵士，押着马车到铁狮子胡同去了。这时候天安门一带，沿路布满步哨，冯嗣鸿的马车去后，又来了一乘马车。哨兵高声呼道："口号"，马车夫听说要口号，当然停着。两旁的军警，都拢到马车跟前。站在马车两旁的卫兵，都被拉下来了。问道："里面是谁？我们要检查！"张振武叱道："我是湖北的军务司长张振武，是由六国饭店赴宴出来的，你们检查甚么？"兵士道："我不信，你是张司长吗？"振武把车门打开，拿名片给他。他看了，顺手将振武拉下，接着，有两个兵将振武捆着。振武骂道："你们这些混蛋，瞎了眼睛，我是张司长，胆敢如此无礼。"兵士道："我们不找别人，奉上头命令，拿捉张振武。"这时候，明月当空，照见天安门一座牌楼，写着金光灿烂的"振武"二字。张振武叹道："原来是振武门。我张振武就死在此地吗？"骂道："天呀，我张振武历尽艰难，完成革命，不料事到今日，死于军阀官僚之手。"话犹未了，枪声一响，躺在地下。同时并拿住方维，问明姓名，也就地枪决了①。当天晚上，湖北同乡官及参议院议员得到消息，约着一同到总统府向袁世凯诘问情由。世凯笑道："你们来迟了，人已经办了。这是关系湖北的治安问题，有黎副总统的电报在此。你们不服，可以质问黎副总统，我是不能负责的。"说着，把黎元洪的电报拿出来，给大家观看。大家没有话说，只得叹息而返。次日早晨，满街都贴着布告，是步军统领衙门和军政执法处联衔发出的。其文如下：

奉临时大总统军令：八月十三日准黎副总统电开："张振武以小学教员，赞成革命。起义以后，充当军务司副司长。虽为有功，乃怙权结党，桀骜自恣。赴沪购枪，吞蚀巨款。当武昌二次

---

① 张振武、方维被杀地点，据王建中《洪宪惨史》、黄远庸《张振武案始末记》（《远生遗著》卷二）及《真相画报》第八期记载，均谓系在"京畿军政执法处"内被害。

蠢动之时，人心惶惶，振武暗中煽惑将校团，乘机思逞。幸该团团员深明大义，不为所惑。元洪念其前劳，屡与优容，终不悛改。因劝以调查边务，规画远谟。于是大总统有蒙古调查员之命。振武抵京后，复要求发巨款、设专局，一言未遂，潜行返鄂。飞扬跋扈，可见一斑。近更蛊惑军士，勾结土匪，破坏共和，昌谋不轨。狼子野心，愈接愈厉。假政党之名义，以遂其影射之谋，借报馆之揄扬，以掩其凶顽之迹。排解之使，困于道途，防御之士，疲于昼夜。风声鹤唳，一夕数惊。赖将士忠诚，侦探敏捷，机关悉破，弭祸无形。吾鄂人民，胥拜天赐。然余孽虽歼，元慝未殄。当国基未定之秋，固不堪种瓜再摘。以枭獍习成之性，又岂能迁地为良。元洪爱既不能，忍又不可，回肠荡气，仁智俱穷。伏乞将张振武立予正法，其随行方维，系属同恶相济，并乞一律处决，以昭炯戒。此外随行诸人，有勇知方，素为元洪所深信。如愿回籍者，请就近酌拨川资，俾归乡里，用示劝善惩恶之至意。惟振武虽伏国典，而前功固不可没，所部概属无辜。元洪当经纪其丧，抚恤其家，安置其徒众；决不敢株累一人。皇天后土，实闻此言。元洪茕然一身，托于诸将士之手，塌茸尸位，抚驭无才，致令起义健儿，夷为罪首。言之赧颜，思之雪涕。独行踽踽，此恨绵绵。更乞予以处分，以谢张振武九泉之灵，尤为感祷。临颍悲痛，不尽欲言。"等因。查张振武既经立功于前，自应始终策励，以成全人。乃披阅黎副总统电陈各节，竟渝初心，反对建设，破坏共和，以及方维同恶相济。本总统一再思维，诚如黎副总统所谓爱既不能，忍又不可。若事姑容，何以对烈士之英魂。不得已，即著步军统领军政执法处总长遵照办理。此令。等因。奉此，当即将张振武、方维二名依照军令枪毙。其随行诸人，概不株连。至张振武、方维二人身后一切从优，按照大将礼治丧。

张振武被杀后，其夫人鲁汶，抚尸痛哭竟夜，惨不成声，至次日下午六时，始行成殓。道路观者，莫不挥泪太息。冯嗣鸿由陆军寄宿舍回来，伤势很重。陆军部派人慰问，并著余大鸿护送回鄂。参议员张伯烈在议会提出质问案，谓捕杀张振武系根据黎元洪的电报，内称张勾结土匪，昌谋不轨，应该提出证据来。袁世凯复文说："贵院要求证据，请责成黎都督查明答复可也。"同时武汉各界及省议员，也向黎提出质问。黎一面请裁副总统一职，并辞湖北都督，而推荐黄兴继任，一面又密嘱其所部将领联名挽留。这是袁世凯惯用的要挟手段，他此时也学会了。一面又假惺惺地处理张振武的身后事宜，给张遗孤二千元作晋京路费，并特派专员，迎榇回鄂。武昌各界于张之灵榇到鄂时，在抱冰堂前举行追悼大会。黎元洪亲笔书一挽联，其文如下：

　　为国家缔造艰难，功首罪魁，后世自有定论；

　　幸天地鉴临上下，私情公义，此心不负故人。

这副挽联，不能不令人叫好。其实并不是元洪的手笔，也不是饶汉祥的手笔，是一位老名士周从煊代作的。措词婉转，为元洪饰过不少。黎元洪的本心，只晓得有权可以杀人，还讲甚么功罪呢？张振武既死，他所遗下的将校团，正是黎元洪的眼中钉，自然是不容存在的。

第二十三章　五花八门的政党

　　五政团合并之国民党　和议告成，南北统一，军事上的斗争告一结束。同盟会会员宋教仁的主张最坚决的，就是责任内阁制。他认为要建设进步的国家，必须有健全的政府，有权而后尽其能，有能而后尽其责，是之谓"权责能"三位一体的责任内阁。这样的内阁，必须有强大的政党，又有人才，又在国会中取得大多数的议席，才可以建立起来，巩固起来。在南京临时政府成立时，他曾经提出这个主张，议会之中，有好多不是同盟会的会员，都表示反对。孙中山也认为形格势禁，恐怕弄成僵局，所以宋的主张未能实现。然而他立意坚决，终于要贯彻他的主张。他于一九一二年秋间，把农商部长辞掉，专心办党。他要以同盟会为中心，联合其他同主义、同系统之政团，合并而组成一个大政党。当时的国民党，就是这样组成的。计合并之政团单位如下：

（甲）同盟会：在辛亥以前，为革命之秘密团体，武昌首义后，才为公开之政党机关，其政纲都为九条。

一、完成行政统一，促进地方自治。二、实行种族同化。三、采用国家社会政策，土地国有。四、普及义务教育。五、主张男女平权。六、厉行征兵制度。七、整理财政，厘定税制。八、力谋国际平等。九、注重移民开垦事业。①

干部人物，为总理孙文，协理黄兴，干事宋教仁、胡汉民、马君武、平刚、李肇甫、汪兆铭、居正、田桐等。

（乙）统一共和党：此为同盟会支派，其政纲共十二条。

一、厘定行政区域，以期中央统一。二、厘定税制，以求负担公平。三、注重民生，采用社会政策。四、发达国民工商业，采用保护贸易政策。五、划一币制，采用金本位。六、整顿金融机关，采用国家银行制度。七、速设铁路干线及其他交通机关。八、实行军国民教育，促进专门学术。九、刷新海陆军备，采用征兵制度。十、保护海外移民，厉行开垦实边。十一、普及文化，融和国内民族。十二、注重邦交，保持国家对等权利。

干部人物，总干事为蔡锷、王芝祥，常务干事为彭允彝、殷汝骊、谷钟秀、欧阳振声诸人。

---

① 邹鲁《中国国民党史稿》、谢彬《民国政党史》所载，辛亥革命后之中国同盟会政纲，第三条均作"采用国家社会政策"，并无"土地国有"四字。又邹鲁《中国国民党史稿》，第九条之"开垦"二字作"垦殖"。

（丙）国民共进会：此会以伍廷芳为会长，王宠惠为副会长。其政纲以完成健全的共和政体为主要，内容未详。干部有陈锦涛、徐谦、许世英、林志钧、牟琳、陈箓、江辛诸人。

（丁）共和实进会：这个政团，是在上海发起的。以董之云、许廉、夏仁澍、晏起等为其中主干人物。政纲未详。

（戊）国民公党：此政团之组织，总理为岑春煊，干部人物为温宗尧、王人文等。以组成健全政党巩固民国基础，增进国利民福为目的。

以上五个政团，合并而为一个国民党，于一九一二年八月二十五日，举行成立大会于北京。其时孙中山先生正在北京，出席成立会，发表演说及政纲、宣言书，都二千余言。大要主张完成政党内阁制，其政纲五项，如下：

一、促成政治统一。二、发展地方自治。三、实行种族同化。四、注重民生政策。五、维持国际和平。

如上所述，其于秘密结社时代之所谓"土地国有"与中国同盟会时代之所谓"男女平权"两大主张，全然删去。论者认为是由急进而渐趋于缓进的。其中干部人物，计为理事九人，孙文、黄兴、王人文、王芝祥、宋教仁、张凤翙、吴景濂、王宠惠、贡桑诺尔布；参议三十人，阎锡山、张继、李烈钧、胡瑛、沈秉堃、温宗尧、陈锦涛、陈道一、莫永贞、褚辅成、杨增新、于右任、马君武、田桐、谭延闿、张培爵、徐谦、王喜奎、姚锡光、赵炳麟、柏文蔚、孙毓筠、景耀月、虞汝钧、张琴、王传炯、曾昭文、蒋翊武、陈明远；备补参议员十人，尹昌衡、袁家普、唐绍仪、唐文治、胡汉民、王绍祖、高金钊、许廉、夏仁澍、贺国昌。五政团既合并为国民党，其党员在临时参议院一百三十四人中占六十余人，实具有左右议场的势力。

六政团合并之共和党　共和党，是以黎元洪为中心而组成的政党。在上海议和并准备组织临时政府期间，黎元洪曾经一度加入同盟会，并被推为协理。后来因为孙武组织民社，章太炎又脱离同盟会而组织统一党，遂约定以统一党与民社为中心，联合其他政团组织一个共和党。其所合并的政团如下：

（甲）统一党：这个政团，是由中华民国联合会预备立宪公会合并组织而成。先是光复会的领袖章炳麟（号太炎），本是同盟【会】秘密时代的成员之一。同盟【会】所办的《民报》，载有他不少的文章，署名太炎，他也就住在民报社里头。及至武昌首义，共同的敌人，随清室退位而消逝。乃与同盟会分离，改组为中华民国联合会，成立于一九一二年一月三日。其时孙大总统组织政府，提出之阁员名单，原以章太炎长教育，同盟会分子即以此故起而反对之，遂改提蔡元培，章太炎更怒不可遏了。在此时期，张謇等所领导的预备立宪公会，因为对革命事业少所赞助，颇自引为遗憾。及见中华民国联合会对于同盟会带些嫉视态度，又以两会均以江浙为中心，地域关系极其密切，乃由双方自动合并，而为统一党。其宗旨则为巩固全国统一、建立有力的中央地府、促进共和政治。因为反对同盟会，故对于袁世凯与黎元洪都表示好感。章太炎到湖北来，住在都督府内，主张拥戴袁世凯为大总统，并定都于北京，就是他在统一党成立后发出的言论。统一党之归并为共和党，也就是这时决定的。其中干部人物，计理事为章炳麟、张謇、熊希龄；参事为汤寿潜、蒋尊簋、唐绍仪、汤化龙、庄蕴宽、赵凤昌、应德闳、叶景葵、邓实、陈荣昌；干事为黄云鹏、易宗周、王印川、林长民、龚焕辰、张弧、章驾时等。

（乙）国民协进会：此政团系清末资政院时期之宪友会支派。其首领为范源濂，干部为蹇念益、籍忠寅、黄群、陈懋鼎、黄为基、周大烈诸人。政纲未详。

（丙）民国公会：此政团为张国维所组织，干部及政纲未详。

（丁）民社：这个政团是由秘密结社时代之共进会分化出来的，专为拥戴黎元洪而组织。其干部为孙武、张振武、张伯烈、时功玖、刘成禺、饶汉祥等。本部在武昌，上海设有支部。

（戊）国民党（前）：此所谓国民党，并非同盟会改组后之国民党。其党义虽于全国统一政治之下，以人民为主体，完全保护其固有权利，以发扬共和之精神，而实则一亲美派之结合也。由潘鸿鼎发起组织而成，拥伍廷芳为领袖，而事权不属焉。伍亦声明与该团体绝无关系。

（己）共和促进会：此政团是湖北人在武昌组成的。其中干事为谢芝王、杨刚安、马效田、汪哕鸾、何辑五、谢璟、吴伯龙诸人。起义后的群报馆，即为该会的机关报。①

以上六个政团，合并而为共和党。名为拥戴黎元洪为领袖，实际上则为顺应袁世凯组织极大与党的要求，其政纲如下：

一、保持全国统一。② 二、以国家权力扶持国民进步。三、应世界大势，以平和实利立国。

干部人物，计理事长为黎元洪，理事张謇、那彦图、章炳麟、伍廷芳。干事林长民、汤化龙、王印川、范源濂、王家襄、张伯烈、王揖唐、潘鸿鼎、刘成禺、龚焕辰、唐文治、杨廷栋、孟森、刘莹泽、黄云鹏、蹇念益、黄群、陈懋鼎、籍忠寅、孙发绪、林志钧诸人。共和党成立后，与国民党势成对立，替袁世凯出力不小。章炳麟后与袁世凯关系破裂，辞出共和党的理事名义，复发出宣言，仍旧维持其原来的统一党。

---

① 据谢彬《民国政党史》及李剑农《中国近百年政治史》，皆谓共和促进会以后合并于共和建设讨论会，而为民主党之组成员，并未合并于共和党。本书后文亦言共和促进会与共和统一党等四政团合并而组成民主党。此处记载疑有误。

② 据谢彬《民国政党史》及李剑农《中国近百年政治史》，共和党之政纲，第一条为"保持全国统一，采取国家主义"。

操纵两大政党的民主党　民主党是以共和建设讨论会为中心，联合其他政团组织而成的。共和建设讨论会与孙洪伊等所组织的共和统一党，都是由清末资政院时期的宪友会分化出来的。前者代表人物为汤化龙、林长民，后者代表人物为孙洪伊。此两派的主张，原与康有为、梁启超所领导之保皇会颇表同情。及共和告成，自不能再言保皇，再言君主立宪，所以有这两个政团的组织，以表明其翊戴共和。当各省代表齐集上海，准备组织临时政府的期间，林长民忽然遇刺，未中。林疑系同盟会分子所为，怀恨在心。同时汤化龙不得志于武汉，也到了上海，因而共同发起，组织共和建设讨论会，并与章太炎、张謇等合组统一党，以示与同盟会反对。及统一党合并于共和党，汤林二人亦连带加入。一九一二年十月，梁启超自海外回国，与袁世凯有所协商，将以政党领袖姿态活动于政界。汤化龙与林长民，即乘此时机与梁启超接洽，以共和建设讨论会名义与孙洪伊之共和统一党及其他以北方为中心之共和俱进会、共和促进会、国民新政社四个政团合并而组成民主党。这就是与共和、国民两党势成鼎峙的第三党。在议会里面，可以操纵两个大政党，而坐享渔人的利益。在袁世凯统治期间，政党的斗争，日在惊涛骇浪中，汤化龙以一个极少数的党团，操纵其间，左宜右有，无往不利。在众议院中，被选为议长，以后并参加组阁，为政界的风云人物。

中国社会党　中国社会党，为江西人江亢虎所发起。原本仿效德国社会民主党的组织，曾名为中国社会民主党。一九一一年六月十五日，初组社会主义同志会于上海的张园。民国成立，始改组为中国社会党。成立未久，同盟会会员张继自巴黎回国，该党党员，遂改推张继为领袖。党的势力，立即扩张起来。拥戴孙中山先生为名誉领袖，党内干部，为张继、江亢虎、李怀霜、段仁、陈翼龙、沙淦、叶夏声。当时的武汉，亦设有该党支部，其政纲凡八条：

一、赞同共和。二、融和种族，化除其界限。三、改良法律，尊重个人的自由。四、破除世袭的财产制度。五、组织公共机关，普及平民教育。六、振兴直接生利事业，奖励劳工。七、专课地赋，他税概行豁免。八、限制军备，注重军备以外的斗争。

一九一三年，该党开第三次联合大会，多数党员不满江亢虎的浪漫行为，纷纷与中国社会党脱离，别组社会党，奉沙淦为首领。其后与中国社会党同时被袁世凯解散。

国民党之支派自由党　自由党为同盟会之急进派，其中心人物，为上海《天铎报》社长李怀霜、《民权报》主笔戴天仇、周浩诸人。同盟会之秘密组织与公开组织，均有自由党党员参加；其后归并于国民党。

列名党籍之各省都督　上述五个政党中，如中国社会党与自由党，是国民党的支派，不能独立的成为一个政党，在议会里面，亦很少占有议席，姑置不论。其势成鼎峙，足以影响于政治者，则为国民、共和、民主三党。但当时的中国形势，光靠党的势力还是不够，必须有武力为其后援。兹将各省都督之列名党籍者，根据当时之上海日报所载，列举于下：

国民党员九人：山西阎锡山　陕西张凤翙　江西李烈钧　四川尹昌衡　广东胡汉民　广西陆荣廷　湖南谭延闿　安徽柏文蔚　江苏程德全

共和党员十人：山东周自齐　直隶冯国璋　河南张镇芳　甘肃赵维熙　新疆杨增新　浙江朱瑞　湖北黎元洪　贵州唐继尧　奉天张锡銮　吉林陈昭常

民主党员一人：云南蔡锷（系由统一共和党分化出来的）

比较起来，共和党的实力派比国民党多一人，而且他们多属于袁派，要听袁的命令，比国民党的自由结合，要坚强得多了。

第二十四章　首义地方之文化机关

　　黎元洪封闭《大江报》　　《大江报》为辛亥春初詹大悲与何海鸣主办之革命机关报，也就是当时文学社的机关报。因论文头一句，有"大乱者救中国之良药也"①一句，被清总督瑞澂封闭。詹、何同时被捕，监禁于汉口礼智司牢狱中。武昌起义后，詹、何二人出狱，组织军政分府于汉口，与黎元洪的军政府，权力上时相冲突。因而黎元洪心中怀恨，欲得詹、何而甘心。一九一二年春间，詹、何来汉，将《大江报》重新出版，社址在汉口后花楼笃安里。其时中国社会党江亢虎来汉，投稿于该馆，鼓吹"社会主义"。其实他根本不懂社会主义是甚么，所做的文章，离社会主义太远，说是无政府主义，到还相像。何海鸣阅读之下，觉得立论新奇，替他发表了，并且仿了一篇社论，尽量发挥。黎元洪正想找个题目捉拿何海鸣，忽然看见报上的文章，拍案大呼道："《大江报》鼓吹无政府主义。显然是破坏共和，危害民国。如此妖言惑众，岂可宽容。"其时参议黄祯祥站在跟前，问道："副总统打算怎样办，我就去办。"黎道："查封《大江报》，捉拿何海鸣，就地正法。"说着，提起笔来，立下手谕，交给黄祯祥。这位姓黄的，是打仗受伤断了左臂的军官，自称为断臂将军。因为《大江报》登过他一条新闻，说他假借名义在外招摇，被同盟会开除党籍。他怀恨在心，正好趁此机会报仇雪愤。接了黎的手谕，就带着队伍，过江办案。都督府顾问刘赓藻闻此消息，急往《民心报》送信。其时天色已黑，城门关闭，由蒋翊武以军务司司长名义，派遣专员往汉，才得出城。送信到

---

① 据《詹大悲先生事略》、李翊东《詹大悲传》及李廉方《辛亥武昌首义纪》等记载，均谓"大乱者救中国之药石也"是该文的标题。

《大江报》时，何海鸣在汉口大舞台串戏才赶回来。得信，即避至对门第二镇司令部。黄祯祥带着队伍，也赶来了。黄祯祥封了报馆，捕获两个不重要的职员，晓得何海鸣在逃，一定躲在第二镇司令部，当即带队伍前往，进行搜查。第二镇参谋长钟琦拦住问道："你带着全副武装的队伍，来此有何公干？"黄答道："奉都督命令，捉拿《大江报》主笔何海鸣。"钟琦道："你奉有都督命令，我不曾奉有命令。在此胡闹，是何道理！"顾左右道："站队！"黄见势不对，败兴而去。这天夜深，钟琦带着一连兵队出去查街，将何海鸣扮着兵士模样混在军队里头，送到日清公司码头坐船逃到上海《民权报》馆，得免于祸。

凌大同被捕遇害　《大江报》被封闭，其编辑凌大同闻讯，将避往乡间，行至祁家湾，被侦探拿获解省。黎元洪说："他所发表的文章过于激烈，这些乱党，留着是害人的。"因为他是新闻记者，不明杀，不标真姓名，也不宣布罪状。都督府向来杀人一贯是这样的。

勒令《民心报》停刊　《大江报》被封之次日，蔡寄鸥在《民心报》上发表一篇哀《大江报》的文章。文中有一段云："夫黎元洪不过一庸常人耳。英雄不出，遂令竖子成名。吾虽爱黎元洪，亦不能曲为之讳。"黎见报大怒，立下手令，将蔡拿到都督府。蒋翊武听此消息，立即赶往都督府，嘱卫队暂勿交军法处，并亲往谒黎，具保请求开释。黎道："我把他拿来，非为别事。他说我是竖子，我叫他把竖子两字，解释给我听。"其时姚彦章、阮毓崧两位老先生在侧，替蔡缓颊道："他是一个小孩子，晓得甚么，请副总统格外宽容。"黎说："在我都督府跟前办报，敢于这样骂我。我的威信何在呢？好吧，既是你们都讲情，我可以不咎既往。可是这个报，我是不准出版的。"蒋说："是。我吩咐他们遵令停刊就是。"说毕，将蔡保出，《民心报》即日停刊。此报为同盟会的机关报，社中经理是同盟会派来的石瑛（蘅青）（其时同盟会尚未改组）。石本想换一个名义，继续办下去，翊武说："在此虎口之下办报，一言不慎，编辑人就会杀头，何苦呢。我们要办报，尽可以接办江那边的震旦民权〔报〕。"蘅青说："好，你赶快派人去，同该报接头吧。"

《震旦民报》与《群报》之笔战　《震旦民报》原本是张振武出资创办的，经理是由《中华民国公报》辞职出来的张芸天，协理是由《民心报》辞职出来的方觉慧。初出版的时候，当然带有民社的色彩，也有些拥黎的言论。自从张振武与孙武发生争潮后，言论为之一变。张振武被杀后，就成为反黎最激烈的言论机关了。其时经费无着，又没有党团的支援，报馆情形已陷于摇摇欲坠中。同盟会派赵光弼与蔡寄鸥两人一同渡江，向张芸天商议道："报馆不能支持，由同盟会负责接办何如？"芸天曰："诺。"嗣后由同盟会接办，加派邓狂言、刘天谏、蔡寄鸥、赵光弼、吴月波等数人参加，分任编辑、撰述等职。经费不足，又有党的支援。报纸的发行，就蒸蒸日上了。逐日报上的言论，都是声讨黎元洪和袁世凯的文章。其时共和党有一家报馆，在武昌县华林工业传习所发行，名叫《群报》。主办的人，为汪书城、何辑五、马效田、贡少芹、谢璟诸人，也大张旗鼓，与《震旦民报》作交锋对垒的笔战。震旦报有一篇社论，是邓狂言做的，指斥黎元洪于起义之时，匿迹床下，汉阳失守以后，又弃城潜逃。《群报》贡少芹代为辩护云："匿迹床下，觉竖子之不足与谋。弃城逃走，乃是空城之计。"根据这两句供状，马野马就做了一篇小说，名叫《床下英雄传》。蔡寄鸥也在报上发表一篇小说，名曰《新空城计传奇》。当时的笔墨官司，打得真够热闹。黎元洪愤懑至极，授意于宪兵司令陈血岑、民生银行经理徐中立，用威胁与利诱的手段，向《震旦民报》斡旋，都没有收到效果。后来借着兵工厂罢工事件与"改进团"事件，编成罪状，通缉蔡寄鸥、马野马诸人，并由北京英使馆致电汉口英领事，嘱即引渡归案。经英律师福禄士至报馆送信，蔡等才亡命走江西，《震旦民报》也随之封闭了。邓狂言于报馆被封之后，一身潦倒，住在粮道街一家旅馆里头，终日咄咄书空，大骂袁、黎不已。经侦探查获，捕至军法处，受尽酷刑。因其为清朝举人，有人代为缓颊，得免于死。然而出狱之后，已成残废矣。

《民国日报》被查封　汉口《民国日报》，是一九一二年冬间由湖南都督谭延闿拨款开办的。社址在旧法租界伟英里街面，主办人为黄九言、曾毅、杨端六，任笔政的为赵光弼、蔡寄鸥、张谐英诸人。此报乃国民党最有力的机关报。一九一三年元旦出版，黄克强祝以七律一章，诗曰：

万家箫鼓又宜春，妇孺欢腾楚水滨；伏腊敢忘周正朔，舆尸犹念汉军人。飘零江海千波谲，检点湖山一磊新；试取群言阅兴废，相期牖觉副天民。

出版不及半年，赣宁战役以起。黎元洪照会汉口法领署，谓该报社内储有枪炮子弹。经法捕房派探搜查，果搜出械弹多件，遂被封闭。黄九言、杨端六、曾毅等，同时被捕。惟法领事拒不引渡，得免于难。

不自由之《自由日报》　国民党竞选期间，汉口有《自由日报》出版，言论极其激烈。社长陈醒黄，为自由党在汉支部之负责人。国民党每开干事会议，他必列席。《民国日报》被查封时，《自由日报》也同时封闭了。陈与国民党交通部庶务干事刘化欧逃至江西，住在九江交通部中，致力于运动北洋军队的秘密工作，于六月二十七日被捕，刘判十年监禁，陈遇害。

《大汉报》余慈舫遇害　《大汉报》的胡石庵，为兴中会老同志，后又加入同盟会。黎元洪以其父曾以翰林为江汉书院主讲，认为系世家子弟，所以很重视他。不过他对于黎元洪，虽不表示反对，但也不表示拥护。报上的言论，始终站在革命的立场。共和党成立时，黎劝他加入，他坚决拒绝加入。他的报馆里头，有一位编辑余慈舫，是国民党的中坚分子，忽被稽查处捕去，谓余为江西人，与李烈钧有密切关系。在汉口警察厅讯问时，受刑极惨。由汉口解到武昌军法处时，在肩骨缝中，用刺刀戳穿一洞，再用铁链系之以行。经过一度审讯，即行枪毙，并无罪状公布。石庵每一念及，辄为泪下。

谢石钦之革命实录馆　一九一二年秋间，汉口歆生路前花楼口，有一机关，颜曰"革命实录馆"，是孙武发起的。因为武昌起义后，关于革命的秘密工作，以及阳夏战役，事迹繁多，均无翔实的记载。有之，则为龚侠初之《武昌两日记》、胡石庵之《革命实见记》、查光佛之《江汉阳秋》，均系私人的写作，毕竟见闻有限，难免有不实不尽之处。故孙武有此发起，作广博的史料征求。原本用革命史馆名义，经饶汉祥核阅呈文时，认为湖北不是中央，用史馆名义不甚妥恰。途将史字改为实录二字，其呈文如下：

副总统钧鉴：敬禀者。窃维汤武革命，开环球肇治之先；周召共和，作区夏大同之始。史书所载，亘古为昭。乃勋名既启乎椎轮，而事业遽终于发轫。称天而冶，臣妾亿兆者三千年；帝制自为，贻毒八方者二十纪。武昌首义，诸州景从。廓尽胡氛，解除苛政。易专制为民主，进独断为共和。以三月未竟之时间，建亘古无前之盛业。较其勋绩，发皇与法美齐驱；溯厥由来，彪炳与商周竞美。一时豪杰投袂奋兴，或奔走外洋，或号召同志，或毁家纾难，或捐躯效忠，共集大勋，以有今日。披世界旁行之史，列强无此丰功；览神州疏仡之编，前古无兹伟绩。听其湮没，不予表扬，非但无以彰副总统之盛德，亦无以厌全世界之人心。伏维国家之盛强，端赖忠义之奋发；忠义之奋发，资乎文字之鼓吹。纵横今古，莫不皆然。一代龙兴，人文虎变。而况乎创亚洲第一共和之国，建中国万年有道之基，甲胄躬亲，河山手定者乎！近者止戈偃武，治定功成。开馆储贤，从事撰述，编成国史，昭示将来。事关至要，时不可缓。惟设局伊始，需款筹办，公乞副总统饬财政局拨款一万元，以为开办开国革命实录馆经费，并请详中央政府立案。俟举定职员，延聘通儒，再行预算每月经常费用，汇清呈报，以备查核。庶几名山事业，与旗常日月以常新；缔造艰难，为奕世后昆所共凛。伏乞核准施行。发起人孙武、邓玉麟、陈宏诰、谢石钦、高振霄、陈人杰、牟鸿勋、蔡济民、甘绩熙、刘长庚、苏成章、邢伯谦、高周群、胡祖舜。

公举谢石钦为馆长，苏成章为副馆长，所搜集的革命史料，也不在少数。只因时期未久，即被关闭，虽有史料，并未成书。袁世凯于消灭革命党以后，连北京成立的稽勋局也被撤消，局长冯自由也被捕下狱。对于湖北的革命实录馆，还能够任其存在吗？

国民党之两杂志社　一九一二年春间，武昌大板桥有两家杂志出版。一为《经济杂志》，系财政司创办，主办人为理化专科毕业生、在财政司充当参议之王世杰。一为《教育杂志》，系教育司创办，主办人为两湖总师范毕业生、在省议会充当议员之张国恩。此二人皆为同盟会会员，改组后，为国民党干事。故其所办杂志，均为国民党之言论机关。《经济杂志》因王世杰出洋留学后无人主持，早已停刊。教育杂志社，因《民心报》遗下之机器及铅字、铜模等件交由该社保存，经都督府查究，认为是国民党的财产，亦予查封。明明为学术团体，乃必横加干涉，任意摧残若此，湖北之文化事业，至此一扫而空。痛哉！

第二十五章　袁世凯对待党人的手段

外国顾问之条陈　袁世凯上台，是有帝国主义者替他撑腰的。武汉停战，有英国人盘恩替他疏通；南北议和，是英使朱尔典替他牵线；代表南来，是英人李德立替他做东道主。和议成功以后，又有英人莫礼逊替他做顾问，上条陈。这一篇条陈，字字句句，都打入他的心坎了。莫礼逊说："中国人程度不齐，恐怕实行共和难以统治。不如运用足下的才力，君临天下，方才能够统治。南方真正的革命党，在革命运动这次失败当中，在阳夏战役当中，在内部自相残杀当中，我看差不多牺牲完了。剩下来的，多半以伟人自炫，骄奢淫逸，没有远大的志向。足下当国，各国都愿投资。若以金钱来收买他们，他们一定就范。"袁曰："诺。"其实这一篇条陈，只说出袁世凯四分之一的心事。他还有四分之三的妙计，成竹在胸。一则是礼貌上的假殷勤，一则是无形的软禁，一则是明杀与暗杀。因人而使，见势而行。谓余不信，有事实可以证明。

欢迎孙中山入京　南北和议告成，袁世凯以极恳切的函电，邀请孙中山先生及黄兴、黎元洪入京，举行四巨头会议，协商建国大计。黎元洪因张振武被杀事为党人所反对，不敢前往。孙中山先生于八月二十四日到了，袁派了自己所乘的双马车，金漆朱轮，饰以黄缎，到前门车站欢迎。与孙相见之下，握手寒暄，极其亲热。从此三日一小宴，两日一密谈，孙先生留京不过一月，与袁密谈竟达十三次之多，并且极其融洽。九月九日，袁授孙以筹划全国铁路的全权。十一日，黄兴到，欢迎亦极其热烈。九月二十五日，袁宣布内政大纲，谓与孙、黄二公讨论后，并电征黎副总统同意，其内容如下：

一、立国取统一制度。二、主持是非善恶之真公道，以正民俗。三、暂时收束武备，先储备海陆军人才。四、开放门户，输入外资，兴办铁路矿山，建置钢铁工厂，以厚民生。五、提倡资助国民实业，先着手于农林工商。六、军事、外交、财政、司法、交通，皆取中央集权主义；其余斟酌各省情形，兼采地方分权主义。七、迅速整理财政。八、竭力调和党见，维持秩序，为承认之根本。

孙先生处世接物，常抱着与人为善的精神。曾对黄兴讲道："我看项城为人，是可与为善的，以后不要疑他吧。"黄曰："诺。"

黎元洪有求必应　黎元洪因为武昌藩库及官钱局造币厂的积蓄，起义以来已经支用一空了，特派财政厅长李作栋晋京谒袁，请求协助。袁一见之下，就把财政部长赵秉钧唤来，向他嘱咐道："这是湖北黎副总统派来的人，湖北有困难，我们非接济不可。你把这位李厅长引到国库，去看看库内有些甚么，尽量由他搬运好了。"赵与李查看国库后，点明库银三十万两及天津造币厂所存紫铜若干吨，以专车运到湖北。临行之时，袁并向李嘱咐道："你回去要向湖北人传言，必须同心协力拥护黎副总统。如有人同黎副总统为难，我就同他拼命。"这几句亲密的话，传到黎元洪的耳里，黎当然是感激涕零的。袁又知道黎的情性，最喜人家恭维，乃亲写"民国柱石"四个大字，制成匾额，并亲写"中华民国副总统府"八字，制成长匾，派专使送到武昌。这就是用尽牢笼的手段，要他死心塌地服从中央。黎元洪在心悦诚服之下，还能不唯唯听命吗？

勋位勋章的颁发　袁世凯就大总统职以后，即设立稽勋局，把各省起义有功的，分别等级，颁给勋位和嘉禾、文虎等勋章。勋位一类，有甚么大勋位、勋一位，以至勋五位，凡六等。勋章一类的，文官就是嘉禾章，还有甚么大绶宝光嘉禾章；武官就是文虎章，由一等以至五等。每天的授勋电报，要站报纸的篇幅一大栏。还有些电召进京的闲官，给与以屯垦使、筹边使、高等顾问等名义，每月一点事也不做，坐领干薪四百元以至八百元。这就是采用莫礼逊的条陈，以金钱来收买了许多人。不过住的地方，他派有军警"保卫"着，说是保卫，无宁说是监视吧。自从杀了张振武以后，革命党都看出他的心思。谨慎一点的，像刘公、孙武和牟鸿勋等，都作心迹坦然的表示，在北京购房屋，买家具，准备久住，表明其此间乐不复思乡。激烈分子，像蒋翊武、蔡济民诸人，便不辞而去，仍然要干他的革命工作。可是翊武后来在全州被捕，袁去了"就地正法"的电报给陆荣廷，蒋就在全州遇害了。《大汉报》馆的胡石庵得到一等嘉禾章，登时将证书和勋章从邮寄还总统府，并附诗一首，登在《大汉报》楚社日刊上面。诗曰：

三户亡秦愿已空，战场荒草渍残红。郑蛇内外成虚斗，冀马奔腾起大风。一雁横飞秋色里，万花齐落鼓声中。乾坤正气消磨尽，狗尾羊头亦巨公。

有人劝阻道："你不受也罢，何必这样的给他难堪呢？"石庵说："火烧汉口的冯国璋也得勋一位，勋位和勋章还有价值吗？非退不可。"可是段芝贵督鄂的时候，就对《大汉报》极其注目，终于报馆封闭，石庵坐牢。可见袁世凯是得罪不得的。

命令赵秉钧入党　黄克强太天真了，他见任何人，不管其品质如何，立场如何，总是劝其入党。见了袁世凯，也是劝他入党，袁拊掌大笑，不作答复。退而问杨度道："皙子，你看我像个革命党模样吗？刚才黄廑午劝我入党，我不好意思答复他。你和赵智庵倒不妨到党内混混。"杨度道："廑午已经劝过我，我说，要入党，先有条件。必须取消责任内阁制的主张，我才加入。"袁点头。赵秉钧是奉命维谨的，次日见了黄克强，克强请他入党，他一口答应了。九月二十四日赵秉钧任内阁总理，通不过参议院，克强为之尽力疏通，才得成功。天真的黄克强把赵秉钧当做自己人，谁知他是奉命入党，是袁世凯派来的奸细。

章太炎软禁龙泉寺　章太炎的文章是名满天下的，但是他的政治头脑，未免太混乱了。以光复会的领袖、同盟会的理事，忽而跳入共和党，忽而受袁世凯的征聘，博得勋二位与筹边使的头衔。可是进了袁世凯的圈套，是不容易跳出来的。跳出来，就有危险。他没有这种考虑，又离开北京南下，与汤国黎女士结婚。

介绍人是蔡元培，证婚人是孙中山。参与盛会的，是黄克强和陈其美。环境变换了，他的言论也随之变换了。他从前在北京，一开口就骂民党，现在又掉转舌尖，大骂袁世凯了。袁世凯的耳目很多，当然知道。章太炎再到北京时，待遇就大不如前了，把他送到龙泉寺读书，命军政执法处长陆建章派兵监守，行动既不自由，供应又极其菲薄。他有一电，给其夫人汤女士云："汇款适足偿债。我仍忍饥，六日二粥而已。君来，好收吾骨。"汤女士得电后，因写了一篇陈情表给袁，其文如下：

外子好谈得失，罔知忌讳。语或轻发，心实无他。自古文人积习，好与势逆；处境愈困，发言愈狂。屈子忧愤，乃作离骚；贾生痛哭，卒以夭折。是可哀也。外子若不幸而遽殒生命，诚若鸿毛，特恐道路传闻，人人短气，转为大总统盛德之累耳。氏欲晋京侍疾，顾氏母年七十，凤婴瘫痪之疾，动止需人。若弃母北上，何以为子？不行，则外子屡病濒殆，殊难为怀。弃母则不孝，背夫则不义。氏之进退，实同狼狈。用敢迫切陈词，乞赐外子早日回籍，俾得伏处田间，读书养气，以终余年。则不独氏感激大德，即大总统优容狂瞽，亦千秋盛事也。氏当劝令外子杜门绝交游。如彼不知戒悔，复及于戾，刀锯斧钺，氏甘共之。

这一篇陈情表，还是不生效力。章太炎自分无生还之望，特给汤女士电云：

义不受辱，决志趋死，不必衔悲，亦无须设法。为我于青田刘文成墓旁择一葬地足矣。

层出不穷的暗杀手段　袁世凯于会见孙、黄后，曾对杨度讲道："孙中山襟怀豁达，是容易相处的，天真的黄克强也好对付，顶难驾驭的，只有一个宋教仁。你说要他取消责任内阁，才肯入党。他肯答应吗？以暴动手段，来抢夺政权，我倒不怕；以合法的手段，来争取政权，却厉害得多了。"这几句话，中间就伏着杀机。明杀不得，就采取暗杀手段，这是他对付异己的必要手段。辛亥年旧历九月十七日暗杀吴禄贞，这是第一次。一九一二年，志士罗明典、吴定安等发表告国人书，指摘袁世凯的政治阴谋。一天，有一人乘马车去访罗、吴，殷殷的握手，说两兄胆识可佩，相见恨晚。从此请吃酒、看戏，往来无虚夕。一星期后，约罗、吴同往齐化门外二闸观水，分乘马车二辆，走到城外荒僻地点，抽出电刀，将吴、罗同时杀死，这是第二次。河南人曾广福以反对袁世凯被递解回籍，途中被人截杀，尸首没有下落，这是第三次。做了大总统，大权独揽，为所欲为，这样的事，更是层出不穷了。

第二十六章　震动全国之刺宋案

宋教仁谢绝馈金　宋教仁辞去农林部总长职务，正在办理交代事宜。袁世凯把国务总理赵秉钧传进府来，问道："宋钝初部长任内，有一笔银行垫款的账，弄清楚了没有？"秉钧道："有的，那是财政部应该发给的部费。论理是转一笔账就可以核销的，因为总统吩咐不理，所以将公事搁着。刚才钝初还亲自来催，说银行此时索款甚急，他因为手续没了，所以不能离京，职因此正要请示。"世凯说："你把公事送来，我自有道理。"当天，世凯将宋教仁传到。相见之下，招待极其殷勤。其时天气严寒，教仁穿着单薄的帆布西装，当然有些瑟缩。世凯问道："这样冷的天气，你穿这点薄衣裳，受得了吗？来，快把我新做的全套西装拿来。"少顷，侍从送来貂皮外套、獭皮背心及哈喇呢裤褂整套，估值不下三千元。世凯说："钝初，你试试看，合身不？"教仁再三谦逊，说不敢当。世凯诚恳的固请，教仁才不好意思推却。穿起来不长不短，不大不小，好像是自己定做的一样，因为世凯早已派人把教仁的西装尺码调查得极其准确。这套衣服，是早就预备现成的。把衣服掉换好了，世凯才拉着教仁的手，在沙发上躺着，作不拘仪节的谈话。这两把沙发，除了孙中山先生进京的时候，同他并坐谈话而外，恐怕再没有第二个人吧。正在谈话时，侍从上来报告道："赵总理和段总长来了。"教仁听说是他两人，一定有机密大事，起身告辞。世凯将他拦住道："不，我此时任何人不接见，好让你多谈一会。"向侍从道："你去同他们说，我有客，请他们晚半天来。"侍从退出，世凯与教仁又继续共谈。所谈的，都是些古往今来，人情世故的闲话，绝不谈及政治。谈到三十分钟的光景，世凯说："赵智庵太马虎了，你在农林部任内有一笔银行垫款，应该移交下来，由财政部拨还，他至今还没有批，累得你手续未了，受银行的麻烦，太不像话。这件事，我刚才知道，实在对不起你。公事在这里，我已经直接批交银行，省得公文往还，又要延宕时日。你不管好了。"说着，又从怀中掏出交通银行的支票一纸[①]，计洋五十万元，交给教仁道："听说你要出京，少不得到处游历，手边哪里少得钱？这几个钱，不是公家的，是我友谊上的一点敬意，你用着吧。"教仁连声道谢，并不推辞。世凯看见他慨然受了，高兴得了不得。问道："钝初，你几时南下呢？我好替你饯行。"教仁道："说不定哪一天，也许在京渡岁吧。要走的时候，有些事要来请示的。"世凯说："你有意见，尽可以同我直讲，甚么事都好商量。"说到这里，宋教仁起身告辞。他送到办公厅门外，方才进去。这一阵洋米汤，亲亲热热的灌着，一般人受了这一顿灌，是会神魂颠倒受宠若惊的。然而胸有成竹的宋教仁没有一点感觉，次日，写信一封，派一个可靠的人，送至公府，其文如下：

慰公总统钧鉴：绨袍之赠，感铭肺腑。长者之赐，仁何敢辞。但惠赐五十万元，实不敢受。仁退居林下，耕读自娱，有钱

---

① 据李剑农《中国近百年政治史》记载为支票簿。

亦无用处。原票奉璧，伏祈鉴原。知己之报，期以异日。教仁百拜。

信去后，田桐来了，问道："宋大哥（田与宋在湖北文普通同学，向来呼为宋大哥），听说你任内的银行垫款已核销了，明天该可以动身南下吧？黄州区的复选日期快到了，我等你一路去。"教仁说："莫慌，你的众议员目标已经决定了，还怕不十拿九稳吗？再等我两天吧。昨天老袁送我一套西服，外加五十万元。衣服，是不好退的，钱已经退还了。要走，也应该进去道谢，再顺便辞行，才是道理。"田桐道："这叫做受餐返璧，处置倒很得体。不过袁世凯的钱，是含有毒素的。用呢固然不容易用；但是退，也不容易退。你不知道吗？凡是被他瞧得起的人，他老是用两种方法对待。第一步用钱收买，不卖账呢？就要用计杀害。你既是将钱退还，非赶紧出京不可。不然，会惹麻烦的。"教仁笑道："你把他说得那样厉害可怕。其实，就我看来，也不过是一个老官僚而已。你一定要我出京，却也容易。我现在无罣一身轻，说走，此时就可以走。"田桐说："好吧。"两人一路到国光新闻社（这个新闻社是田桐主办的），把行李摒挡就绪，当晚就搭车出京，直达汉口。袁世凯在公府里头，正是公余休息的时候，和洪姨躺在烟榻上谈天，侍从送上信来，折阅看时，是宋教仁退支票的信。他阅毕冷笑道："他藐视我了。他显然的表示着要和我做对头。"洪姨把信接过来看，说："你的主意打错了，也不想想宋教仁是何等的人，他有党、有政策、有夺取政权的野心和计划。区区伍十万元，他还放在眼里吗？我认为拿钱收买他是笨拙不过的事。他要是肯收呢，就会用你的钱做害你的工作；不收呢，那就表示鄙视你，拒绝你。"正在谈时，侍从报告道："车站来了电话，宋教仁、田桐、张继三人，由西站出京。"世凯怒道："谢也不来谢，辞也不来辞，太藐视我了，我容不下。"洪姨道："堂堂的大总统要解决一个宋教仁，还不容易吗？"

宋教仁到汉后之演说词　　宋教仁和田桐、张继一路离开北京，于壬子腊月二十四日，到达汉口扬子街的国民党交通部。部长蒋翊武于二十六日召集鄂支部及交通部的干部工作人员及党所提出的国会议员候选人，开欢迎大会。在支部部长石瑛宣布开会后，宋教仁致词云：中华民国，是本党同志在孙中山先生领导之下，不避艰险，不恤任何牺牲，惨淡经营，再接再厉，才能够缔造起来的。不过民国虽然成立，而阻碍我们进步的一切恶势力还是整个存在。我们要建设新的国家，就非继续奋斗不可。以前我们是革命党；现在我们是革命的政党。以前是秘密的组织；现在是公开的组织。以前是旧的破坏的时期；现在是新的建设时期。以前对于敌人，是拿出铁血的精神，同他们奋斗；现在对于敌党，是拿出政治的见解，同他们奋斗。我们此时，虽然没有掌握着军权和治权，但是我们的党是站在民众方面的。中华民国政权属于人民，我们可以自信，如若遵照总理孙先生所指示的主义和方向切实进行，一定能够取得人民的信赖。民众信赖我们，政治的胜利一定属于我们。世界上的民主国家，政治的权威是集中于国会的。在国会里头，占得大多数议席的党，才是有政治权威的党，所以我们此时要致力于选举运动。我们要停止一切运动，来专注于选举运动。选举的竞争，是公开的、光明正大的，用不着避甚么嫌疑，讲甚么客气的。我们要在国会里头，获得过半数以上的议席。进而在朝，就可以组成一党的责任内阁；退而在野，也可以严密的监督政府，使它有所惮而不敢妄为。应该为的，也使它有所惮而不敢不为。那么，我们的主义和政纲，就可以求其贯彻了。现在接得各地的报告，我们的选举运动，是极其顺利的。袁世凯看此情形，一定忌克得很，一定要钩心斗角，设法来破坏我们，陷害我们。我们要警惕，但是我们也不必惧怯。他不久的将来，容或有撕毁约法背叛民国的时候，我认为那个时候，正是他自掘坟墓，自取灭亡的时候。到了那个地步，我们再起来革命不迟。说毕，全体鼓掌。这个时期，湖北各区的初选，已经完毕，正在办理复选。田桐、石瑛、吴寿田、范鸿钧等，都是第二区的候选人，邀请宋教仁前往黄州视察选举情形，教仁说："好吧，我去捧捧场，看看热闹也好。"

风雨无边舟中联句　旧历癸丑（一九一三年）元旦的那一天，船政局备有差轮，在一码头江边等候。随从宋教仁出发的，有田桐、蔡炼、蔡寄鸥、查光佛、钟琦、韩言陔等十余人。开船时，晓雾连天，一望无际。教仁眺望江景，笑谓田桐道："梓琴，好久不作诗了。我们来联诗玩玩，好不？"口吟道："晓气连江北"。田桐不假思索，应声和道："扁舟发汉阳"。蔡寄鸥道："宋先生的原句，一定是'晓气连江白'，一定不是'江北'，你看满天是雾，何分乎江北江南。"教仁说："是的，但是梓琴的对句，既用'汉阳'，那就莫要阻拦了他的诗兴，改作'江北'也好。"田桐又接吟道："烟波渔父隐"。查光佛笑接道："流水议员忙"。教仁拍掌笑他："好！好一个流水议员忙。"田桐道："竞生又聪明，又尖刻，开口就令人发笑。"正往下联时，忽然刮起大风来。这时，船到青山峡，白浪奔腾，船身颠簸得极其厉害。全船的人个个都发晕呕吐，遂各伏舱而卧，屏息无声，诗兴也就停止了。船到阳逻，风声渐息。教仁道："刚才的诗，没有完卷，我已经改成一首了。"念道：

晓色侵江北，轻舟发汉阳。潮声随岸远，山势送人忙。大地风云郁，长途风雪降。悠悠此行役，何处是潇湘。

他念完了，蔡寄鸥也拿着铅笔，在日记簿上记下来了。田桐道："宋大哥，你主张的责任内阁制，老袁是坚决反对的。昨天从北京来的人，说老袁此时将采取暗杀你的手段。怎办呢？"教仁道："暗杀的事，防之不胜防，怕也怕不了，只有处之泰然。我在这个时期，生有生的关系，死也有死的关系。我若其被暗杀，或足以激动同志们的奋斗，而缩短袁氏的政治生命，也未可知。"说着，推窗外望，轮船已到团风，只听得岸上锣鼓喧阗，欢声动地，有不少的红男绿女，在岸上唱"采莲船"。因为这一天是正月初一，乡村正在贺年。教仁说："今天是农历元旦，应该是农村快乐的一天。"钟琦说："我们选举胜利，责任内阁成功，把一切建设搞好，百姓更快乐得多。那就一年更比一年新了。"查光佛笑道："你所说的，正是正月初一的开门调——恭喜发财。"大家正在闲谈，只听得远远的炮声，一连响了九响。原来是兵船上欢迎的炮。船已经到了黄州，驻扎黄州的第五师师长（这时已改镇为师）吴兆麟，督率所部，在江岸上整队迎接。各界人士，及初选当选的选民，参加的不下万人。教仁登岸，在五师司令部稍为休息一会，即出席各界的欢迎大会。对选举意义及议员对人民所负的责任，作极诚恳的演说，并抨击袁世凯的一切阴谋。词意激昂，听众无不鼓掌。会散了，寄寓于汉阳门外的赤壁。因为教仁此来，是说要游览赤壁胜迹的，所以吴兆麟把赤壁上的僧房收拾干净，并派有卫队守护着。赤壁在城之北角，峭壁屹立，亭阁巍峨，是苏东坡谪贬黄州吟风弄月的所在。历代名人题写的楹联甚多，不可胜纪。教仁游到二赋堂，很赏识丁尚存的一联："胜迹访黄州，曾携鱼酒再勾留，奈烟水苍茫，何处觅泛舟苏子；雄文争赤壁，谁把江山重点缀，想风流豪宕，前身本顾曲周郎。"叹道："苏东坡经纶满腹，不得志于当时，还能够欣赏湖山，纵情诗洒；我们就不能享此清福了。"田桐说："在昔专制时代，做官的贬谪下来，忧谗畏讥，只有韬光养晦，以求自保。哪里像宋大哥在稠人广众的演说场中，公然的侈谈革命，痛骂政府。你看那墙壁之上，不是嵌着苏东坡水调歌头的碑文吗？"念道："明月几时有，把酒问青天。不知天上宫阙，今夕是何年。我欲乘风飞去，又恐琼楼玉宇，高处不胜寒。起舞弄清影，何似在人间。"又道："这一首词，当时传至内廷，神宗道：'苏轼在外，还记得君父吗？'果然因此而感动君心，把他的官职开复了。可见谪官的一言一语，一举一动，时常有人刺探着。宋大哥来到黄州，安知袁世凯没有派出侦探，随你来到黄州。你公开演说，大骂袁世凯，一定会有人打电报到北京报告袁世凯的。"教仁说："你说了大半天，我说你拟不于伦。他也不是皇帝，我也不做他的官，怕他做甚。"田桐道："你说他不是皇帝，我看准了，他一定要做皇帝。"教仁道："他要做皇帝，就是自速其亡了。历史是前进的，决不会开倒车。你放心，再不会有皇帝。"住了两三天，选举揭晓，国民党当选的，有石瑛、田桐、吴寿田、范鸿钧等数人。宋教仁欣然搭着下游轮船，到南京去了。

国民党竞选大胜利　宋教仁真算得是出类拔萃的政治家。他的言论风采，到处都能抓住广大的群众。他由黄州南下，很参加了几区的选举运动，无不奏凯而归。计此次选举结果，众议员总额五百九十六名，国民党所占议席有二百六十九名，共和党一百二十名，统一党十八名，民主党十六名，跨党者一百四十七名，无所属者二十六名。参议院总额二百七十四名，国民党占议席一百二十三名，共和党五十五名，统一党六名，民主党八名，跨党者三十八名，无所属者四十四名。由此计算下来，国民党所占议席之多，即合统一、共和、民主三党，尚不及其三分之二。故当时的国民党员，无不欢欣鼓舞，宣传组织国民党的一党内阁，而以宋教仁为内阁总理。这个计划，预料是一定会实现的。国民党的胜利，当然引起袁世凯的恐慌。他肯甘心吗？他能够坐视政治斗争的失败，而不谋挽救吗？

袁世凯谋杀宋教仁　宋教仁此次南下，到了南京和浙江、安徽等省区。除领导选举运动而外，并召集各地当选的代议士开了很亲密的座谈会，无非是说明政党内阁的必要，以加强同志的团结和信心。他每到一处，就有人刺探消息，以密电报告袁世凯。因而袁世凯终日焦思，有寝不安席食不甘味的状态。洪姨劝他道："着急有甚么用，还是照我从前所想的计划，加紧进行吧。"
世凯道："这件事非同小可。除了你的哥哥和赵智庵两人而外，
不能使其他一个人知道，要秘密，要做得干净。不然，画虎不
成，反而类狗。我的面子，可是蚀不得的。"洪姨说："那是当
然。不过款项一层，要有充分的准备。自古道，重赏之下，必有
勇夫。要人拼命，就不能够惜钱。"世凯说："款项不成问题。
你说赵智庵重用的那个应夔丞靠得住吗？"洪姨说："我家哥哥
说过，应夔丞住在上海多年，认识不少的江湖朋友。刺杀的事，
正要那些人担当。"世凯说："你打电话去，把你哥哥唤来。教
他邀着智庵同来见我。"当天晚上，国务院的秘书洪述祖，同赵
秉钧一路去见世凯，密谈了两点多钟。次日，即由秉钧与应夔丞
商妥，带着大批款项出京往沪。秘密中的暗杀计划，由此开
始了。

　　应夔丞赏识吴福铭　应夔丞到达上海，寄寓在法租界的共和
旅馆。这爿旅馆，是反正后新开的。主人尤老么，是应夔丞手下
的一个把兄弟。从前在黄浦滩头，不过是"小瘪三"一类的
"白相"人物。反正以后，陡然发了横财。夔丞住在这里，他特
为收拾几个大房间，一切供应，非常的周到。夔丞在上海原是玩
过大场面的，孙中山先生由海外回国的时光，黄克强和上海都督
陈其美邀集各省代表举行盛大欢迎会，夔丞就是招待处主办庶务
的人。所有上海的工商界，以及租界上住的地痞流氓，上上下
下，形形色色，都有他的相识。这次再到上海，荷包里有的是
钱，也就展开了"仁义大哥"的局面，对所有前来拜访的人，
招待救济，都表示满不在乎。尤老么说："大哥，你这样有求必
应，恐怕惯了他们，将来应接不暇咧。"夔丞说："我这回到上
海，要多交几个朋友。用几个钱，算甚么，横竖我不久要回北
京。"说着，有一个做古董生意的王阿四来了，夔丞认得他，问
道："阿四，你发了财吗？有本钱做古董生意？"阿四说："我哪

里有本钱，不过替古董店做捎客罢了。应大爷，好容易遇着你，请你照顾我，替我荐一个可靠的差事。"夔丞道："有倒有个差事，不过……"阿四说："只要不是办笔墨的事，其他，我甚么都做得来。"夔丞道："我要用一个马弁。你会放手枪吗？"阿四说："我……我就是不会这……"夔丞说："你不会，我另外再想法吧。看你机会何如？"正在谈时，忽然有一茶房前来报告道："三层楼四门摊的台子上，有一位姓吴的，拿出手枪一支，押在三的独赢上，硬要作洋五百元，声明输打赢要，一点不含糊。掌管台子的正在调停，但是那位姓吴的，强硬得很。请老板示下，看如何对付才好。"老么道："又是那个姓吴名叫福铭的小伙子吗？你赶快打电话报告捕房，将他拿获要紧。"说着自去。王阿四说："你要找会放手枪的人，这个人，才会放枪咧。百发百中，连天上飞的雀子，随便就打得下来。不过他犯了杀人的大罪，怕不能用。"应夔丞听说，叫茶房引路，到三层楼上的赌场去看，果然有一支手枪在台子上面横着，问道："哪一位是姓吴的朋友？"吴福铭昂然答道："我是吴福铭。不找别人，专找尤老板。"夔丞从腰间掏出五张一百元的汇丰钞票，笑嘻嘻地说："我是应桂馨。这五百块钱是我给尤老板垫的。我向来爱朋友，今日趁此机会，来认识一个朋友。"台子上的人说："这是从北京做官回来的应大人。他出面调停，你的面子才玩得十足咧。"福铭道："既是这样，姓吴的不要钱。"当即把手枪插在怀中，扬长自去。夔丞说："他不要钱，事情还没了。不晓得他住在哪里？"阿四说，"我听人谈过，好像是住在大马路孟渊旅馆里头。"第二天清晨，夔丞特往孟渊旅馆访问，果然在十三号房间访着了。相见之下，谈得极其融洽。因为他会放手枪，所以应夔丞想利用他，不惜金钱，拿出种种手段，来交接他。当天邀在一起吃大餐，逛窑子，玩得不亦乐乎。提起尤老么，福铭说："他突然发财，来路太不光明。我老吴是不能饶恕他的。"夔丞问：

"你与他有何仇恨？"福铭说："此时不谈，我干了，再告诉你。"
过了两三天，尤老么从外面回来，刚到旅馆门前，被人一枪打
死。旅馆的茶房和账房，都认为杀人的凶手一定是吴福铭。报告
巡捕房，巡捕房将他拿获了。夔丞听说，连忙到捕房去，会见他
所熟识的包探头，说："吴福铭是我的旧部，和尤老么也是朋友。
因为关系密切，借贷的事，容或有之。说他是刺杀尤老么的凶
手，未免太冤枉了。尤老么做的案子很多，你们巡捕房还不清楚
吗？他还没有仇人吗？"说着，拿出一千元的支票，送给包探头。
案子还没有上交，就私将福铭开释了。从此应夔丞与吴福铭感情
上又进了一步。应夔丞此时在文元坊租了一栋房屋居住，吴福铭
也住在那里。问起吴福铭的身世，和杀死尤老么的原因。吴福铭
才照直讲道："我根本不是吴福铭。我是山西人，原名叫做武士
英，一身落魄，逃到云南。起义的时候，我得了一笔功劳，一跃
而为营长。我年纪还轻，今年刚满二十二岁。在云南娶了一房妻
子，被我的顶头上司一位姓汤的统领占夺去了。我气愤不过，每
天清早，在郊外练习手枪。练了大半年，到了百发百中的程度，
我才下了决心，把我的仇人打死。一口气跑到上海。身边一无所
有，只有一管手枪；没有办法，我只有打劫度日了。在这时期，
我认识尤老么，同他打伙，做了一笔大生意。成功以后，他把钱
一人吞没，将我送在巡捕房，坐牢顶罪。因此我出狱之后，立志
非杀他不可。我不杀他，他也是要杀我的。"应夔丞道："好的，
有仇不报非君子，恩怨分明是丈夫。你做事痛快，实在可敬，我
想同你拈香换帖，结成同生共死的弟兄。你愿意吗？"武士英说：
"你是何等之人，我怎么高攀得上？我的性命，是你救出来的，
你是我的大恩人，几时叫我死，我就去死，讲甚么同生共死。"
夔丞道："快人快语，应桂馨相见恨晚了。"当天换了兰谱，并
且在妓女胡翡云家中大请其客。热热闹闹的，玩了几天。夔丞手
下的一般流氓，都背后猜议道："应大爷对待吴福铭，为甚么这

样的要好?"有的说他用钱如粪土一般，大概是抢劫得来的，这样宠用吴福铭，一定因为他会放手枪，好利用他去抢。有的说他是受了革命党的委任，在这里结纳亡命，准备着第二次革命。这些谣言，应夔丞都听着了，正好一时利用，以淆乱社会的视听，掩护其密探与暗杀的阴谋。他不独把一般流氓都抓在手里，并且对于革命军的退伍军人，也广为结识，俨然以党人自居了。可是他没曾提防着，做古董生意的王阿四，是南京稽察处派来的"水客"。时常藉贩卖古董的名义，来侦探他的行动。

密商刺宋之来去函电　宋教仁由湖北黄州南下，到达南京的时候，应夔丞密派多人，前往侦查其行动和言论。二月一日，应夔丞接得洪述祖由北京来函，云:"桂馨弟鉴:大题目总以做一篇激烈文章，乃有价值。弟须于题前径电老赵，索一数目。"电文用意，是教他做一件惊人的事，并须于事前直接打电给赵秉钧，要他汇一笔巨款。因为这笔款，洪述祖是有分账的。应夔丞用"川密"电码，由程经世转赵秉钧云:"宪法起草，以文字鼓吹，金钱联合。主张两纲:一、除总理外不投票;一、解散国会。此外何海鸣、戴天仇等，已另筹对付。"二月二日，又寄一电，云:"孙、黄、黎、宋运动极烈。民党忽主宋任总理。已由海外购得宋犯骗案刑事提票，用照辑印十万册，发行。"二月四日，洪述祖致函应夔丞云:"冬电到，赵阅外，即交兄手，面呈总统。阅后，色颇喜，说弟颇有本事。既有把握，即望进行。兄又略提款事，渠说将宋骗案及照出之提票式寄来，以作征信。弟以后以川密电寄兄可也。"这个电报，可把夔丞难住了。"宋骗案提票"，根本就没有这回事，要他拿凭据出来，他哪里去找。好在这不过是毁坏宋的名誉，与刺宋的主题无关。因为，宋此时在各处指导选举事宜，尚未到达上海。所以暗杀的事，尚未进行。夔丞与洪述祖来去的函电，只是报告政治运动的一切秘密而已。夔丞在上海住着，与一般市井流氓征逐于花天酒地中，挥霍的金钱，当然不在少数。屡次打电报、发快信，向洪述祖要求汇款。洪述祖回信说："总要在物件到后，但为数不过三十万。"应夔丞怒道："要人办事，不先寄钱来，谁有钱垫出应用？况且区区三十万，做得甚么，我已经用冒了头咧！好在国务院交下的八厘公债，尽可以卖出钱来，不怕他不承认。"当即发"川密"蒸电致洪述祖道："八厘公债，在上海指定银行交足，六六二折，卖三百五十万。请转呈。当日复。"三月十二日，宋教仁由南京到达上海。应夔丞因提票证据无法办到，只得写信一封，说几句激烈的话，表示其秘密工作正在进行。十三日致洪述祖函云："《民立》记者宋钝初在宁之演说词，读之，即知其近来之势力及趋向所在矣。事关大计，欲为釜底抽薪计，若不去宋，非特生出无穷是非，恐大局必为扰乱。"这一封信，还没有寄到时，述祖有"川密"电复应夔丞云："蒸电已交财政总长核办。债只六厘，恐折扣太大，通不过。毁宋，酬勋位。相度机宜，妥筹办理。"十四日，应夔丞又去一电云："梁山匪魁，四处扰乱，危险实甚。已发紧急命令，设法剿除之。转呈候示。"所谓梁山匪魁，即明指宋教仁。述祖接得此电，即往总统府，面呈袁世凯亲阅。并代为进言道："应桂馨办事，很有胆量，很有决断。因为办事要钱，所以卖了公债，好像应该照准的。"世凯说："好，你就回电照准吧。"述祖即以"应密"铣电致应夔丞道："寒电到。债票特别准。何日缴现？另电汇润我若干？今日复。"这封电报，就是说公债票卖了三百五十万，已经由大总统批准了。哪一天可以兑现？并且分润我有多大的数目？赶快回电。十八日，又电催云："寒电应即照准。"十九日，再电催云："事速照行。"在此函电交驰之下，又得了折算二百多万的一笔巨款，不杀宋教仁，应夔丞是难以销差的。他于是把武士英请到跟前，秘密商议。问道："武贤弟，你我萍水相逢，一见如故。我待你总还不错吧。"士英道："大哥天高地厚，小弟永世不忘。"应夔丞说："我拜托你做一件事，但是很危险，你愿意吗?"士英道："我已经向大哥讲过，大哥教我死，我就去死，还怕甚么危险。请问是一件甚么事?"夔丞说："昨天宋教仁演说，我不是邀你去看过的吗？我不是教你将他的面貌认识清楚吗？昨天袁总统有电报给我，要我刺杀此人。我是不会放手枪的。你能替我代劳吗？刺杀宋教仁，你愿意吗?"士英慨然答道："大哥要我做，我当然做。当做不当做，我是不管那些的。"夔丞说："你既愿意答应我，说干就干，明天上午①九点钟宋教仁和黄兴一路由沪宁车站到南京。你可以怀着手枪，到车站去行刺。缓一会，我们到车站跟前，把地势查勘一下，计划看如何派人接应，如何动手行刺，如何夺路脱逃。一切要布置周全，免得临时仓皇，误了大事。"士英说："大哥放心。我的枪是百发百中的。只要有两管手枪，把子弹上满，行刺以后，是容易脱逃的。大哥切不可派人接应，人多手乱，反而容易误事。我有十万分的把握，包管单人独马，奏凯而归。"夔丞道："老弟快人，我深信可操胜算。今天晚上，我们在胡翡云那里，多吃几台酒，恭祝老弟成功。"

宋教仁惨遭刺杀　三月二十一晚十时，宋教仁在上海沪宁车站乘车前往南京。送行者有黄兴、廖仲恺、于右任、陈英士等。刚跨上车门，忽有一个着黑呢军服的矮汉，对准宋放了一枪，击中了他的右腰。教仁大呼道："有人刺我!"那个矮汉急忙向人丛中逃走。因为雨后路湿，滑倒了一跤，马上爬起来，向追的人放了几枪，便在漫漫夜色中，逃走得无影无踪了。于右任把宋教仁扶上汽车，伴送他到靶子路沪宁铁路医院就医。当晚用手术取出子弹，验明弹上有毒，急为剖腹涤肠，伤势立呈恶化。他从昏迷中醒过来，喝了一口水，勉强地吐出微弱的声息，说："我的朋友呢?"于是黄兴、陈英士、于右任、廖仲恺等都赶到跟前，

---

① 原文如此，实际时间是晚上。

各人脸上，都挂着一串串的珠泪。教仁在榻上挣扎着说道："我这番打算北上，意在调和南北，一致对外。不料……"说到这里，又大声呼痛。停了一刻，把脸转过来，向黄兴道："我死后，公等仍须努力国事。替我写遗电。"黄赶快拿了一枝笔，在宋的枯颤嘴唇边，一面听，一面写。写着下面几行字：

伏冀大总统开诚心、布公道，竭力保障民权，俾国会得确定不拔之宪法，则虽死之日，犹生之年。

二十二晨四时，这位至死不忘民权的革命先烈，竟与世长辞了。死时，年仅三十有二。家有老母，因奔走国事，不获侍养。他在汉黄江上所吟的诗有"悠悠此行役，何处是潇湘"，已经有"不遑将母"之感了。陈英士亲为市棺办理丧事。国民党上海交通部，发出通告："本党代理理事长宋先生之丧，各党员臂缠黑纱志哀。"党人之悲痛与愤怒情形，不可言喻。返而观之袁世凯的特务，都欢乐鼓舞，奏他们凯旋之歌。当宋被刺时，武士英回去报告说："人已打中要害，必死无疑。"应夔丞即以"川密"号电，致洪述祖云："二十四分钟所发急令已达到。请先呈报。"二十一日又致述祖"川密"简电云："号电谅悉。匪魁已灭。我军一无伤亡。堪慰。转呈。"这一封电报和宋教仁的遗电及讣电，同时达到袁世凯处。世凯心中暗喜，表面上却对文武官员叹道："宋教仁在上海遇刺身死。昊天不吊，坏我栋梁，其乃国家之大不幸也。"立命下一道通缉电命，有"暗杀之风，尤不可长。亟须严缉正凶，归案重办"等语。应夔丞更异想天开，假造其他证据，以迷乱天下人的耳目，于二十三日，寄函国务院云："沪上发现一种监督政府政党之裁判机关，并附有简明宣告文，杂列宋教仁、梁启超、袁世凯、赵秉钧、汪荣宝等之罪状，谓俱宜加以惩罚，特先判决宋教仁之死刑，即日执行"等语。国务院据此通告全国，反而引起全国的怀疑。正是说"此地失银三百两，隔壁小二不曾偷"，作伪心劳，实足以表现其手段之拙劣而已。

凶手被捕铁案如山　南京稽察处原派有暗探多人，在上海租界常驻扎着。凡是巡捕房的包探，和黄浦滩上的流氓，都是同他们息息相通的。宋案开始侦查的时候，贩卖古董的王阿四，就把吴福铭和应夔丞的一段关系，当众宣布出来，以供研究。大众都认为可疑，即日在湖北路迎春坊二百二十八号妓女胡翡云家中将应夔丞、武士英一齐拿获。同时，在文元坊应宅搜索，搜出大批证件及现洋、手枪等事，一并解交捕房。经过中西的官吏和警捕会同检查，认为人证两获，铁案如山。在捕房审讯时，武士英自承真姓名，以前的杀人案，一切都承认了，惟对于宋案则坚不承认。应夔丞则自承为革命党人，随便乱扯，不归正题。当天夜晚，武士英中毒死了，明明为应的党羽所为，杀之以灭口。捕房因对于夔丞防范极为严密，他有烟瘾，就由他在牢内吃烟了。在夔丞尚未被捕、应宅尚未被抄以前，袁世凯为掩护耳目起见，特电令江苏都督程德全、民政长应德闳穷究主名，务须求得真相，以大白于天下。四月二十六日，案情既得，程德全、应德闳遂联衔电呈大总统，并通电全国，将此案证据，尽量宣布。将应、洪来去函电，在全国各报发表，因之全国震动，一般舆论，均认为证据确凿，铁案如山，不独可以判定国务总理赵秉钧是谋杀的主犯，就是大总统袁世凯也不能不认为是罪犯之一。程德全、应德闳请组织特别法庭审讯，但是司法总长许世英力持不可，于是决定由上海地方审判厅审理此案。开审数次，原告律师金泯澜提出坚决的主张，谓本案主犯，明明为赵秉钧、洪述祖两人，非传洪述祖和赵秉钧到案，就无从审讯了。当时全国各报一致赞同，于是上海检察厅发出厅票，径传赵秉钧。秉钧特向世凯提出辞呈，世凯冷笑道："辞甚么？这也理他吗？他传他的，你干你的，看他其奈你何？暗杀一个人，他们就这样的闹，马上我大举南征，少不得整千整万的杀，看他们其奈我何？"

第二十七章　宋案发生后的政潮

　　武汉各界之追悼大会　宋教仁被刺后，武汉各界在汉口满春戏园，开追悼大会，到者三千余人。所有国民党党员，均臂缠黑纱志哀。场上所悬的挽联，不下千幅。记得杨玉如和刘赓藻共撰一联云："桃源何处寻渔父；博浪翻来击子房。"《震旦民报》有一联云："地下若逢吴大将军，愁说沿边住民无恙；天公不负武平章事，讵令河北逆贼长存。"均针对袁世凯而言。其他皆充满悲痛与愤怒情绪，不及备录。省议会议员詹大悲及烟台卸任都督刘艺舟，均有慷慨激昂的演说，主张通电全国，一致声讨袁世凯，并须发起罢工、罢市、罢课及抗税、抗粮运动，以示与北京政府断绝关系。

　　王治馨口中出供状　北京各界举行宋教仁追悼大会时，袁世凯命京兆尹王治馨出席，向大众解释。王治馨是参加过刺宋秘密的。哪晓得愈是解释，愈是露出马脚。其言道："去年应桂馨到京，向赵总理自告奋勇，要暗杀不利于政府的宋教仁。总理说：'此事太大，须向总统请示。'后来总理偶向总统谈及此事，总统说：'政见虽然不同，暗杀究不是办法。'可见宋案发生，与总理和总统都是没有干系的。"这一段话，分明说刺宋之事袁、赵事前得知。一时报上喧传，又添了一桩证据。袁世凯闻之，赫然大怒。后来他为了五百元的赃案，被袁判处死刑，这是因为他泄漏了宋案秘密的原故。

　　袁世凯制造血光团　宋案发生，袁世凯成为众矢之的。议员的质问，报馆的攻击，他实在太难堪了。用尽脑筋，想不出一个抵抗的办法。忽然接得电报，内称徐宝山在徐州被刺，全身炸伤，凶手冒充古董商，进署时，将炸药装置于古董箱中。爆发时，凶手退出，以电话报告警厅，自承姓字。接着，又有信报告，自称为血光团团员，警厅立派队往捕未获等语。世凯看了电报，捻髯而笑道："有了这一笔案子，我可以抵制他们了。"当即打电话到步军统领衙门说："顷据密报，血光团首领黄兴派遣团员，在各地组织机关，图谋暴动，并刺杀军政界重要人物。除饬令侦缉队加紧防捕外，应即发出通告，俾众周知。"步军统领衙门，不敢怠慢，当即遵命办理。人民读了布告，接着又看见报上载着徐宝山被刺的事情，于是乎"血光团"这个名词，遂成为街巷中谈虎色变的事了。第二天，步军统领衙门的侦缉和警察厅的探员，果然在羊肉胡同破坏一个血光团的机关。更有所谓血光团团长周予儆女士向京师地检厅自首，说她是奉着血光团总团长黄兴的命令，在京进行暗杀和暴动工作，并在京、津、沪、汉、宁、皖各地，均设有秘密机关。步军统领衙门和地检厅、警察厅据情向国务院及总统府报告，更由地检厅票传黄兴来京对质，与上海审判厅票传赵秉钧到案，形成了针锋相对的文字，摆下了旗鼓相当的阵容。黄兴住在南京，接得传票，勃然大怒，立即致电袁世凯，其文如下：

顷据报载，都中军警机关，破获血光团之秘密组织。其中分子，供称受有兴之命令，目的在推翻政府，暗杀要人。旋又接得传票，传兴到京对质，不胜骇怪。兴既蒙有重大嫌疑，在侦察与传讯期间，不能辩，亦不屑辩。惟必需将搜获证件，认为确实与兴有关者，尽情宣布，公诸国人；且移交司法衙门，公开审理。兴当然亲自到案，以求得平允之裁判，决不至稍示畏避也。国法森严，总期无枉无纵。皇天后土，实鉴临之。

袁世凯接得此电，想道："克强倘若认真的到案，怎办呢？他要我拿出真凭实据来，那末，假造的委状、假造的关防和印章，有是有的，是不是算得其实呢？周予儆到了性命交关的时候，是否靠得住她不反供呢？这是做不得的。可是押在步军统领衙门的周予儆，放也放不得，押久了，又恐怕弄假成真。杀了吧？她又有介绍人和担保人。怎办呢？好吧，送她一万元，遣送她出洋留学吧。"这一件惊天动地的恐怖事件，无形之中，竟自烟消云散。可是住在南京的黄兴，又打了两个电报，要追究到水落石出。袁世凯迫不得已，才复了他一个电报如下：

> 血光团破获之罪犯，供词虽牵涉我兄，但明为不逞之徒假借名义，以资拖护。军警机关不察，遂至堕其术中，妄肆票传，殊属不成事体。除严加申饬外，特此表示歉意，即希鉴原。

黄兴接得此电，笑谓程德全道："袁慰庭此电，已经是负荆请罪了。可是他正在准备，一面在进行大借款，一面调兵遣将，步步南移，显然是准备打仗的。我们要想个对付办法才好。"德全叹道："南方的军队，差不多遣散完了。北方的兵力，反而一天强大一天。这回要发动战争，我们很少把握。"黄兴默然。

三党合组进步党　一九一三年四月八日，第一届正式国会开会于北京。其时宋案的秘密，完全在报上披露了。国民党一派的议员，当然表示愤懑。在参众两院八百六十议席中，国民党就占了五百多席，马上要选大总统，于袁世凯自然是不利的。世凯为了冲破这个难关，一定要联合共和、统一、民主三党的议员，并拉拢跨党的及无所属的议员，组织为一个大党，才可以压倒国民党，以求得总统选举的胜利。这个计划，他早已布置好了。五月二十九日，三党合并之进步党，开成立大会。举黎元洪为理事长，梁启超、张謇、伍廷芳、孙武、那彦图、汤化龙、王揖唐、蒲殿俊、王印川九人为理事，林长民、时功玖、王荫棠为政务部正副部长，丁世峄、孙洪伊、胡汝麟为党务部正副部长。政务方面，以汪荣宝、汪有龄、饶孟任任法制；吴鼎昌、解树强、褚翔任财政；林志钧、赵管侯、克希克图任外交；罗纶、王传炯、管云臣任军事；耿臻显、陈廷策、萧湘任教育；张善与、李素、王湘任实业；汪彭年、于元芳、董见瀛任地方自治；张嘉璈、胡源汇、戴声教任庶政。党务方面，以王家襄、凌文渊、祁桂芬任文牍；金还、胡瑞霖、张开屏任会计；黄为基、李文熙、李俊任交际；梁善济、郑万瞻、孙熙泽任地方；张协灿、虞廷恺、于邦华任庶务。其党纲分为三项：

一、取国家主义，建设强善政府。

二、尊人民公意，拥护法赋自由。

三、应世界大势，增进平和实利。

国民党内部的分裂　在袁世凯号召之下组织的进步党，既已大告成功，即开始向国民党为猛烈的破坏运动。首先受其软化的，就是刘揆一。刘本为日知会会员，由日知会以至同盟会、国民党，每个阶段他都参加，资格是很老的。一九一二年六月二十九日，陆徵祥继唐绍仪组阁，他被任为工商部长，曾发出脱离同盟会的宣言。迨宋案发生，刘由京南下，以调停南北争潮为己任，被宁沪党人所拒绝，败兴而返。在京之国民党议员，见之莫不齿冷。刘极其难堪，乃假借调和党争名义，招集同志，组织相友会。自是而后，国民党起了分化，有下述的五个小政团：

（甲）相友会：会长为刘揆一，副会长陈黼辰，干部人物为孙钟、黄赞元、张国裕等，会员共三十名，与国民党不合作。

（乙）政友会：首创者，一为国民党籍众议员景耀月，曾任南京政府教育部次长；一为组织国事维持会、曾任安徽都督的孙毓筠。成立于一九一三年六月十九日，开办经费，系由袁世凯给以五十万元。其政纲标明为发展国力，实行世界的国家主义。其会员国民党籍占五分之三，进步党籍占五分之二，共计六七十人。孙复为"筹安会六君子"之一，是洪宪帝制的倡导者。

（丙）癸丑同志会：此会由湖南众议员陈家鼎等组织而成（陈曾与吴景濂争议长而失败）。干部人物为刘公、张我华、马小进、韩玉辰诸人，会员计十余人。为国民党之别动队，与政友会、相友会之为反国民党者，大不相同。

（丁）集益社：此社为广东人的集团，由朱兆莘执其牛耳，有社员二十余人。其后除朱氏个人而外，皆并入梁士诒所组织的公民党。

（戊）超然社：为国民党议员郭人漳、夏同龢所组织，有社员三十余人。

照这看来，国民党在参众两院所占的议席，虽然多于共和、民主、统一三党的总和，但是在袁世凯威胁与利诱之下，有好多是经不起考验的。党之衰落情形，由此可以想见。

准备作战的大借款　袁世凯任临时大总统后，明知下野后的国民党仍须致力于政治的斗争，为排除异己起见，就不得不需要大批金钱，以扩充自己的军事势力。因命亲美英之唐绍仪出面，以善后名义，举行巨额的借款。此项借款，系继承美国从前发起之四国银行团的线索，由美国代为号召的。日、俄两国，提出满洲除外条件后，亦相继参加，便成为六国银行团了。所议条件内容如下：

一、由六国银行团派代表监督借款用途。这种代表，称为协理洋员。

二、以盐税为担保。由六国银行团设立特别税务机关执行。

三、中国在此借款期间，不能向六国以外的任何银行团借款。

这些条件之外，还有六国公使对于本借款的决议，谓大借款所言监督权，如中国不能实行，则六国须以国力干涉之。可是在进行成熟时，事情又发生波折。三月四日，六国最后所表决的财政监督官中，没有美日两国的名额。日本迅速的请各国帮助在袁世凯其他机关中，获得一席顾问，作为补偿。只有美国落空了，美国没有监督官，就失掉对中国的控制权。他于是一怒退出六国银行团来，进行破坏活动。他劝袁世凯放弃大借款，多举行小借款。袁世凯款借到手，当然是置之不理的。合同上的数额，虽是二千五百万镑，首先经过银行家和债权人扣除百分之十六的利益，只剩下二千一百万镑，再由付款团扣除各种名义的到期赔款和垫款等计一千二百七十余万镑，剩下来的，只有八百万镑。借这样的阎王债，袁世凯要急于用兵，终于不顾一切，而独断独行了。四月二十六日，内阁总理赵秉钧、外交总长陆徵祥、财政总长周学熙等鬼鬼祟祟轻轻悄悄的溜到汇丰银行，签订借款合同。孙中山先生派参议院副议长王正廷阻止，无效；民党议员多人守候在交民巷，被袁的军警驱散。黄兴写信向财政部长周学熙诘问，周学熙回敬了几句言婉而意严的信道："黄先生为手创民国之元勋，一言为天下重。学熙奉职无状，敢不引咎自责？惟有肉袒面缚，敬候斧钺而已。"就是说："事已做了，任你怎办！"此借款签订以后，各报都披露出来。起先攻击政府的，只有刺宋一案，现在又加上大借款，益发增加国人的愤怒。于是各地反对的通电，占满了报纸的篇幅，尤其是江西都督李烈钧、安徽都督柏文蔚、广东都督胡汉民、江苏都督程德全、湖南都督谭延闿措词更加激昂。袁世凯举行大借款，正是要扩充军备，向国民党的实力派进攻。愈是向他说激昂的话，他愈是有所借口。战事就在目前，这不是很明显吗？

岑春煊调停被拒绝　借款成立了，袁世凯决计用兵了。岑春煊见时局严重，特派蓝建枢为代表向袁进言调和，请袁勿走极端，恐战衅一开，则南北分裂，势将不可收拾。袁恼着面孔答道："你是奉岑先生之命，替南方作说客的吗？要晓得今日的时局，并非南北问题，乃是地方不服从中央，应如何谋统一的问题。宋案自有法庭，借款自有议会。我与岑先生，都不能讲话。你是现役军人，尤其不能讲话。不过李烈钧和柏文蔚等，都是中央任命的地方官，他们公然的反抗中央，便是破坏国家的统一，中央是绝对不能容忍的。你可以对国民党的人直讲吧，我已经下了决心，他们一味的毁谤中央，无非是想捣乱；我受四万万人民付托之重，决不容他们捣乱。"蓝建枢碰了钉子，败兴而返。这个钉子，也是给岑春煊碰的。岑春煊与袁世凯，本来很有交情。但是岑与南方的革命党人关系也极其密切，南北议和时，南方有推举岑为大总统与袁对抗之说。倡此议者，为日本犬养毅。事为熊希龄所侦悉，即告密于袁，因而袁怀恨在心。此次宋案发生，又有拥戴岑为总统在宁设立政府以对抗袁世凯之计议，又为袁之特务所侦悉，以报告于袁。故袁于接见蓝建枢时，即面有怒容，这一段话，正是从心内的愤怒发出的。不久，熊希龄发出通电，揭破日本人对华之分裂阴谋，即以拥戴岑春煊一事为其根据。熊希龄后来组阁，正是这一篇通电打响的。

弭祸公会之发起及其主张　弭祸公会，为蒋智由所发起。其中分子多系国会中无所属之超然派议员，主张袁世凯自动辞职，以息兵事。其所发出之通启如下：

窃自宋案证据宣布，中外骇怪，人心愤哗。以民国开始之政府，而有此血腥之奇案，外贻四海之羞，内激萧墙之变。以法律平等而论，无贵无贱，均须到案，免冠对簿，既失政府之尊。若违法自上，不可以为万世之则，亦不足以平天下之心。国民党之与政府，屡相龃龉，本未调和，所以未由决裂者，则以无词可借，惧为戎首耳。今结此大难，授以问罪之据，不为无名之举。一旦发难，见诸兵戎，政府若辞屈而服罪，有伤统驭之权；若顽强而相抗，必成骚扰之局。南北或至分裂，四民陷于涂炭。即不然，而或合数省之都督、师、旅军官，联合以请政府之到案。则神圣不可侵犯，惟君主始有此权，今政府之所承认者，乃民主而非君主，自不得援神圣不可侵犯之律。本会为保全大局，力求和平，惟有求大总统退位，并矢言不再任总统，以示无利其禄位之心，庶可以自白于天下。本会均属超然，不入党派，向与国民党殊其宗旨，亦与宋教仁异其政见。惟国家兴亡，匹夫有责。当此大局动摇，不一设法挽救，民命危、国脉绝矣。为此呼吁大众，共莅此会。救亡图存，实利赖之。

民党要人之重要会议　宋教仁被刺时，孙中山先生尚在长崎，接得讣电，于二十五日赶到上海，抚棺痛哭，其悲愤匪言可喻。次日，在同孚路二十一号黄兴住宅开秘密会议，讨论大局问题。到会者，有孙中山及陈其美、戴天仇、钮永建、居正、黄兴、于右任诸人。柏文蔚以省亲为名，亦由安徽赶到。孙先生说："袁世凯背叛民国，逆迹昭彰，非举行讨伐不可。"黄兴说："此时正在全国愤怒中，诉诸舆论、诉诸法律，不能说没有力量；我们暂以冷静态度持之，以待正当解决，何如？"戴天仇说："袁世凯心目之中，哪里还有法律？还有舆论？"黄兴说："南方武力不足恃。苟或发难，必致糜烂大局。依我之见，不如诉诸法律为好。"这一次会议，是没有甚么具体办法的。及至大借款告成，袁世凯正在调兵遣将的时候，孙先生又召集会议，讨论对付方法。黄兴在会场的言论，还是抱定了"法律解决"的成见，不肯诉诸战争。其时，汪精卫由欧洲回国，也列席，主张国民党应作在野党，勿为泥中奋斗。黄兴说："你既赞成我的意见，主张和平。那末，就请你为调和专使，到北京去一趟，何如？"天仇道："岑西林派代表去，碰了一个硬钉子回来。再派人去，有甚么用？"汪说："我决计去，我不怕碰钉子。"因为这个时候，汪已经得到袁克定的电报，文云："别来经年，想见若渴。弟扶病北来省亲。皙子云兄将来，惟迟行未至，伏枕怅望。尚冀早来，借慰病友。克定。谏。"所以他有把握，决不会碰钉子。正在会议时，忽然接得北京的电报："内阁传出消息，江西都督李烈钧免职命令，已经发表。"孙先生叹道："调和甚么，人家已经打得来了。再让步，只有投降。"孙先生立身庄严，向来不说锋芒话，这时候，也是因为愤怒极了。座中激动了陈英士，奋起讲道："既是如此，我就打急电到江西，教协和赶紧准备，我这里也准备起来。"孙中山先生道："我即刻到南京去，布置一下。"黄兴说："打仗的事，你老不要去吧。到万不得已的时候，还是我去。"天仇说："已经是万不得已的时候了，说去就去。"

第二十八章　南北分裂中之武昌局势

黎元洪向袁递降表　当袁世凯准备南征之日，正黎元洪答应裁兵而尚未实行之时。这时候，湖北的兵力有九镇之多。黎元洪所处的地位，有举足重轻、操纵南北之势。袁世凯出兵江西，非假道武汉不可。假使黎元洪不答应假道，这次战事，就根本打不起来。然而黎元洪并不作此想，他不仅答应假道，他并且披肝沥血，赌咒发愿，向袁世凯表示输诚。其电文有云："元洪惟知服从中央。长江下游，誓死撑柱，决无瞻顾。倘渝此盟，罪在不赦。"他这样赌咒发愿，倒弄得袁世凯于欢喜之余，有些不好意思，也报之以赌誓发愿，表示同盟。其回电有云："世凯若有欺天下之心，利一姓之见，亦罪在不赦。"这两封电报，稳定了武昌和北京的关系，给袁世凯以放胆做去的决心。于是乎立派李纯率师南下，驻满汉口大智门至黄陂、滠口一带，也就是辛亥年他们驻扎的地点。当地的民众，都纷纷逃难，互相警告道："这些队伍，都是前年火烧汉口、占领汉阳、炮打武昌把都督赶跑了的队伍，他们来了，这里还住得人吗?"民众有这样的感想，不知黎洪元作何感想。

杜錫钧奉命办粮台　李烈钧免职，袁世凯命黎元洪兼领江西军务。黎接得电报，心中倒有些皇皇然，惊讶地说："要我兼领江西军务，莫非还要我去打江西吗?"当即电京辞谢，并保欧阳武为江西都督。过了两天，杜锡钧前来解释道："中央的意思，是想借重副总统的威望，好指挥江西的队伍和南下的北军，并不是要副总统到前方打仗的。不过副总统已经明白表示服从中央，此次作战，应该给南下各军以一切给养和军需供应上的便利才是。他们北方将领，想在汉口地方办一个粮台，并且有意思请我担任，我不敢擅自答应他们，特来请示。"黎说："好哇。你是北方人，而又是汉口镇守使。人地相宜，正好担任此事，你尽可答应他们。他们委任你，我也照例加委就是。"这一委就非同小可，打江西的一笔战费，无形中由汉口民众完全负担起来。前方的一切供应都仰给于汉口粮台，汉口粮台还不是仰给民众？这个时期，经过辛亥兵燹疮痍未复的汉口市场，还是败瓦颓垣，荒凉满目。杜锡钧有所诛求，便打起官腔，找商会谈话。商会岂敢怠慢，因此沿门摊派，罗掘俱穷。他个人的私囊，算是填满了，黎元洪对于袁世凯，算是可以销差了，然而吾民苦矣。

党人在鄂运动失败　袁世凯的南征计划布置就绪后，任段祺瑞为第一军军长，以李纯为先锋，攻打江西；以冯国璋为第二军，张勋为先锋，攻打南京。并密令黎元洪从严约束所部，防有乱党煽惑，危害大局。其时湖北党人詹大悲、季雨霖、蔡济民、吴醒汉、丁人杰、王华国、潘康时、钟仲衡、查光佛，山西温楚珩，湖南蒋翊武、杨王鹏、唐牺支、钟琦，河南刘化欧等，分居于英租界国民党交通部、法租界伊达医院及日租界松乃家等处，奉孙中山先生之命，在鄂图谋大举，领来运动费六十余万元，联络汉阳兵工厂工人及各军队的关系人，约定时期发难。任其事者，多系退伍军人。因此时黎元洪正在举行裁兵，军人无不愤怒，故参加秘密工作，大都奋不顾身，不避艰险。惟因警探防范极其严密，机关破获甚多，同志的牺牲亦甚大。钟仲衡同志到驻在铁路线之北军营房联络兵士，被侦探捕获，就义于祁家湾车站跟前。又有一姓张的同志为第六镇统制王安澜之表弟，负责运动该镇，被王安澜察觉，立即杀死。同时汉阳兵工厂工人暴动，被刘庆恩调军警前往，肆行屠戮，遇害者不计其数。由此事机败露，黎元洪乃遍布罗网，捉拿革命党人；并电请北京外交部照会汉口领事团，请将匿居租界之革命党人，引渡归案。首先是英国领事签字，由中国派遣军警，会同英捕房查搜《震旦民报》馆，即将该报封闭。次由法领事签字，查封《民国日报》馆，捕去黄九言、曾毅、杨端六诸人。各同志见此情形，知道在英法两租界万难立足。于是住在国民党交通部之温楚珩、杨王鹏、夏述唐、潘康时等和住在伊达医院之詹大悲、蔡济民、吴醒汉等，都迁居于日租界之松乃家。黎元洪所派的侦探们闻讯，都在松乃家跟前，严密地梭巡着。侦探们站在街上，仰望松乃家的楼窗。党人们凭着楼窗，俯视街上的侦探。侦探说："谅你们不敢出来，出来我就捉你。"党人说："谅你不敢进来，进来我就杀你。"松乃家的后门，紧对着日本陆军司令部。部中的书记，名叫久原，与党人颇多认识。他对党人讲："这几天风声更紧，你们到必要时，可以到我们司令部去，那就安全得多了。"果然湖北都督府请求引渡党人的照会，一天严重一天。同志们得到司令部雨仓的许可，由松乃家又迁至司令部。时为七月八日，武汉各处，不少的机关又被军警密侦破获。军法处处决党人，照例是不要证据，不问口供，也不宣布罪状，杀的人难以数计。黄兴住在上海，派宁调元、熊越飞来汉，察看革命运动的情况如何，宁、熊二人到达日本海军司令部时，征尘未拂，喘息未定，即问道："你们运动军队，究竟有无把握?"詹大悲叹道："满盘都失败了。"宁调元怒道："用去这多钱，一点收获没有，其何以对答孙先生!"言毕，拂袖而去。温楚珩阻止道："你到哪里去?"宁道："我等仍回上海。"温说："外面沿路是侦探，太危险了。就算要去，也要向日本人办好交涉，请他想一个安全办法，送上日本兵船，你们才好去。何必如此之急呢?"宁、熊二人，坚决不可。出了司令部，坐着人力车，径往一码头，准备搭太古商船往沪。刚到江边，就被黎元洪的密探拿获，解到军法处，就遇害了。次日，司令部日人雨仓向同志们说："现在搜查更紧，领事团向我们诘责，不许藏匿党人。此地万难久留了，请你们到上海去吧。我负责，保护你们出险。"于是詹大悲、蔡济民、季雨霖等一行十余人，均由日本军队送上岳阳丸，往沪。

谭人凤致黎元洪书 武昌破获机关，湖南人被捕而遇害者，不在少数。谭人凤愤怒至极，有书致黎：

宋卿仁兄鉴：闻公近日专以仇杀湖南人为事，而其被杀之人，不审罪状，不问姓名，概以"乱党"二字加之，立予格毙。此等暗无天日惨无人道之事，即清吏如赵屠户（按：赵尔丰为川省争路案杀人甚多，川人谓之赵屠户）其人者，未闻狠毒至此。不谓公负忠厚长者之名，又当民国保障人权时代，竟有过之无不及，洵百思而不得其解矣。试问武昌旅馆，禁湖南人居住，旅鄂在公人役，多数命令撤差，岂玉石不分，可一网打尽耶？居处自由权与行动自由权，皆被公剥夺以尽。此等野蛮政策，即施之于渺不相关之秦越人，尚属不可，况辅车相依之两湖乎？公愧偏昏庸，听人播弄，时而曰二次革命，曰三次革命，曰四、五、六、七次革命。自吓吓人，正所谓"天下本无事，庸人自扰之"也。公作威作福，肆虐于我湖南人。试问湖南人何负于湖北？更何负于我公？阳夏之役，救湖北者非湖南人乎？

黎元洪摧残省议会 在赣宁战役结束时，黎元洪之对于省议会，也和袁世凯之对于国会一样，公然致函省议会议长，提出议案，取消詹大悲、梁钟汉、赵鹏飞三人之议员资格，并下命令、发通电，严缉詹、梁、赵三人。越数日，又严令各议员限于三日内登报声明与国民党脱离关系，否则撤除其议员资格。因而汉上各报，增加一笔广告收入，每天报上，必有脱离国民党的启事。其文为："政党祸国，言之痛心。本人自今日起，脱离国民党关系。特此声明。"千篇一律，都是这样登法。共和国家，乃有此压制议会取缔政党之官吏，真乃咄咄怪事！

第二十九章　南方各省独立之一瞥

　　易督令陆续发表　李烈钧的免职命令，是六月九日发表的。接着于六月九日，免广东都督胡汉民职，任为西藏宣抚使。①七月一日又免安徽都督柏文蔚职，改任为陕甘筹办使。②国民党此时还是保持退让的态度，没有甚么动作。李烈钧发出蒸电，有"遵令免官"之语，胡汉民发出铣电，有"请授赴藏方略"之语。假使袁世凯放弃武力，采取政治的手腕，来解决南北问题，事变是不会扩大的。但是他军队既已南下，战争具有决心，他肯半途而止吗？当然不会的。他所派的第六师到达江西后，着着进逼，向李烈钧的部队采取攻势，逼得李烈钧退到湖口，遂与其旅长林虎等，于七月十二日通电讨袁，战事便由此开始。

　　李烈钧孤军苦战　李烈钧于七月十二日，宣告独立。江西省议会，即于十三日开紧急会议，公举李为江西讨袁军总司令，举欧阳武为都督。由李亲往前方督战，扼守湖口炮台。北军进攻不克，死伤无算。卒因放射过多，炮径炸裂，湖口炮台不守。林虎犹督率所部，与北兵作肉搏战，更杀毙敌人不少。由此孤军苦斗，节节退至南昌。至八月十五日，始行放弃。十九日，③北兵入城，袁世凯电令李纯为江西都督，升第六师旅长马继增为第六师师长，团长张敬尧为第六师第十一旅旅长兼南昌卫戍司令。南

---

①　据北洋《政府公报》1913 年 6 月 15 日第 398 号，袁世凯任命胡汉民为西藏宣抚使之日期，是 6 月 14 日。

②　据同上公报 7 月 1 日第 414 号，任命柏文蔚为陕甘筹边使之日期，系 6 月 30 日。

③　南昌失守日期，据郭斌佳《民国二次革命史》、许指严《民国十周纪事本末》及北洋《政府公报》1913 年 8 月 23 日第 467 号所载袁世凯 8 月 22 日"论功行赏"的命令，均记载为 8 月 18 日。

昌危急时，都督欧阳武逃至吉安青原山为僧，号止戈和尚，被捕解到北京，判处徒刑八年。

安徽独立四天　袁世凯将柏文蔚免职，以孙多森为安徽都督。这位孙多森，是孙毓筠向袁力保的。原来多森在清朝时代曾任直隶劝业道，家中富有资财。毓筠穷苦之时，受过他不少的帮助，所以在皖督任内，保他为中国银行总裁，现又保为都督了。不过他的手下没有一个兵。安徽的几个兵，都被柏文蔚带到南京，做临淮关总司令去了。临走的时候，早布置了安徽独立的事。七月十八日，① 安徽独立，举胡万泰为都督。此人在辛亥起义的时候，做过皖军总指挥，当时临阵失踪，现在又卷土重来。独立不过四天，眼见得宁赣战争都不顺利，遂于七月二十二日，与孙多森相约逃走，由宪兵营长祁耿寰继任其职。七月二十七日，柏文蔚在南京失败，回到安徽。逃出的胡万泰又从新出现，将柏文蔚赶走，并通电取消独立，宣布柏文蔚五大罪状。安徽的局势，实在太混乱了；南昌不守，也受了连带的影响。

湖南独立十七天　江西独立，湖南就应该立时响应。假若响应得早，就可以与江西、安徽势成犄角，北军万难取胜。但是谭延闿的态度，太模棱了。孙中山先生致黄兴书，有"组安（延闿字）反复于三湘"一语可为明证。詹大悲等在汉口失败走沪时，党中未了事务，交温楚珩办理。其时谭延闿派人来汉，补助党的秘密费，交温楚珩（系银行兑票一纸，数目为五万元），温见事已结束，未及兑出，仍携往湖南，并代表党人公意，敦促湖南独立。温见谭，将兑票奉还，兼述来意。谭叹道："九江来电，湖口万难守住。湖南独立，还不是同归于尽吗？我想保存实力，以待将来。你年纪很轻，尽可出洋留学。我送你五万元，作为出

① 《东方杂志》第10卷3号（1913年9月1日）中国大事记载，安徽宣布独立之日期为7月17日，郭斌佳《民国二次革命史》谓为7月16日。

洋经费何如？"温说："承都督盛意，此是后话。现在要紧的事，是江西紧急待援。请都督示知，我即刻到上海去，要见孙中山先生，也好回信。"谭说："此事须从长计议，我一时难以答复。"温退出去，见师长陈复初。陈复初很愤慨地说："都督太无决断了。你放心，见了孙中山先生。就说我负责，马上就宣告独立，出兵援赣。"至七月二十五日，湖口炮台早已失守了，湖南才宣告独立。其时湖南有个小规模的兵工厂，正在赶造械弹。不料被袁世凯买出人来，纵火焚毁。本想出兵，因为有此变故，又停顿下来了。四川第三师长熊克武于八月九日在重庆独立，约湘军会师武汉。其时宁赣战争，已告结束，谭延闿于八月十二日取消独立，熊克武亦辞职下野。袁世凯见湘局已定，又送一个假人情，命黎元洪兼领湖南都督。黎去电辞谢。其时，汤芗铭奉袁命令，率楚有等舰入岳州，黎就此顺水推舟，推荐汤为湖南都督。谭延闿交卸之时，因为有黎元洪代为缓颊，仅褫夺陆军上将衔了事。师长赵恒惕，判三等有期徒刑四年。

　　陈其美失败离上海　七月上旬，袁世凯派应瑞、肇和诸舰载北兵三营至上海，其团长为臧致平。以海军中将郑汝成为统帅，布置防御事宜。七月十九日，陈英士为讨袁军总司令，黄郛为参谋，在上海举兵独立。二十二日夜半，陈英士、黄郛、居正、钮永建等，率党员多人围攻制造局。郑汝成、李鼎新等逃至海筹兵舰，即从舰上开炮，猛轰吴淞炮台。钮永建以孤军坚守炮台，忍苦支持，卒因弹尽援绝，势难久守，遂交由红十字会接收。陈其美及钮永建、居正等遂离开上海。袁世凯于七月二十五日，任郑汝成为上海镇守使。[①]

　　南京独立十三天　宋案发生后，袁世凯之攻击国民党，以黄

---

①　北洋《政府公报》1913 年 7 月 29 日第 442 号载，袁世凯任命郑汝成为上海镇守使的日期是 7 月 28 日。

兴为主要目标。其所制造之血光团案，票传的也是黄兴。汉口之
改进团案，为首的也是黄兴。袁系将领发出之通电，痛骂的也是
黄兴。满以为国民党之反抗中央，主战的非黄兴莫属。哪晓得事
实上适得其反，黄自始至终，是迷信法律，反对武力解决之人。
直至江西独立，湖口炮响之时，他才恍然于法律不灵。和平绝望
了，他才奋袂而起，于七月十五日到达南京。其时程德全为南京
都督，绝无独立的准备，诸将涕泣环请，只答应慢慢商量。可是
黄兴一到，已经通电誓师。誓词中有"兴无能力，尚有心肝。如
得死所，乃所尸祝"等语，立志已决，再无商量余地了。程不得
已，即于是日宣布独立。派第八师骑兵团长刘镇藩①出发临淮
关，任命黄兴为江苏讨袁军总司令，柏文蔚为临淮关总司令。但
其时，城内有一部分军队已被袁世凯派人收买了，因而变乱迭
起，无法控制，急令扼守临淮关之第八师返宁防守。而在徐州与
袁军对垒之冷遹所部，也因后路空虚之故，急于退守临淮关。同
时柏文蔚因皖局动摇，势不能不回转安庆，以资镇慑。程德全见
局势已坏，与应德闳离开南京，其所有印信，均付托于参谋长杨
克明，嘱其代理职务。程去之后，杨即与北军勾结，内应外合，
南京焉得不危？七月二十九日，黄兴离开南京，立即由程德全、
应德闳二人名义，出示安民，南京就取消独立。袁世凯由京电
示："取消独立，不咎既往。"只悬了一道赏格："捉到黄兴者，
赏洋十万元；捉到陈其美者，赏洋五万元。"

取消独立再独立　汉口《大江报》被封后，何海鸣逃至上
海，住在戴天仇的《民权报》馆，每天在报上发表社论，声讨
袁世凯和黎元洪。宋案发生，他就抛弃笔墨，要从事于革命的实
际运动了。南京第八师陈之骥的部下军官和兵士，都是湖南人。
何海鸣前往南京，湖南人遇着湖南人，当然亲悦。不过陈之骥的

---

① 郭斌佳《民国二次革命史》记为刘建藩。

妻子却是冯国璋的女儿，表面上虽然是敌人，实际上究竟有翁婿情谊。冯国璋兵扎浦口，陈之骥兵扎南京，在取消独立期间，难道说翁婿不能会面吗？陈之骥渡江，拜见丈人去了。何海鸣趁此时机，来一个再独立。举陈之骥为都督，而何自任总司令。布告发出后，陈之骥由浦口回城，带看护兵，径往都督府。何海鸣降阶相迎，高呼陈都督万岁。陈问道："何先生，你发动独立，有饷多少？"何答："造币厂有的是饷。"陈问："有兵多少？"何答："我和你同心协力。你的兵，就是我的兵。"陈顾左右道："将他绑了。"何笑道："你我是同志，难道能杀我吗？"陈说："我不杀你，程都督回来了定会杀你。"何海鸣被绑了。可是陈的部下，议论哗然，说："他从前不是主张独立吗？程都督迟疑不决，他不是哭了一场吗？现在见了丈人，就变了样。那可不行。"陈听着风声，晓得事情不妙，悄悄的逃出城去，索性的托庇在丈人麾下，不再回营。陈去了，何海鸣松绑了，又来一次再独立。八月十七日，北军进占天堡城，民军囊沙为垒，作殊死斗。十九日，又夺回来。第一师的第三团、第八师的二十九团，全部都是湖南人，都是视死如归的勇士。人自为战，天堡城五得五失，血战不懈。直战到最后一人，狮子山炮声寂然，北军才攻进朝阳门。张勋报捷电刚才拟好，攻入朝阳门的辫子兵，又触着地雷而退出了。两军隔着一道厚墙，又连续血战四五天。只杀得尸成山阜，血满沟壑，彼此还相持不下。北军分几路进攻，用地雷轰炸城垣，才把太平门攻破。同时火烧下关，也和辛亥年火烧汉口一样。辫子兵进城时，尚有三三两两口操湘音的兵士，在南门及鼓楼一带，找着辫子兵厮杀。张勋愤怒至极，发下一道命令说："弟兄们，努力吧。进城后三天之内，由你们打'起发'。奸掳烧杀，尽可自由。"辫子兵还待吩咐吗？沿门抢劫，十室九空。可是打了"起发"的兵，逃亡的也不在少数。张勋本人，挨到第四天才摆驾进城，发出安民的布告。这叫做"屠城三日，下令封刀。"

战火中之铁血鸳鸯　程德全临走的时候，不是将都督印信，交给他的参谋长杨克明吗？克明和北军，是有勾结的。黄兴离开南京的那一天，也是因为内部不稳的原故。取消独立，虽然是用的程德全名义，实际上是他的代理人做的。这一件事，他的兄弟克勤，极表反对。回到家中，向新婚的顾爱珠女士讲道："完了，完了。大哥出卖了党，出卖了这一座城。连我们一家在内，都出卖了。大祸临头，此地万不可住，我们到苏州去吧。"爱珠的娘家，为苏州沧浪亭顾宅。克勤想带着家眷，前往岳家居住。克明回来说："苏州是去不得的。沪宁路上，已经发生战争，沿路是兵，如何去得？南京独立，已经取消，转瞬就平安无事了。何必走呢？"克勤怒道："你会投降，我是不投降的。难道留在这里，伸着头颈等敌人来杀吗？"说时，城内乒乒乓乓，到处放起枪来。外间纷纷传说城内兵变，四出纵火。街巷间贴出传单和布告，声明拥护袁大总统，反对革命党军。由此接连两三天，换了两个都督。南京城内，已经陷于混乱的状态。城内鼓角悲鸣，城外烽烟满地。再想迁徙，也来不及。攻破太平门的那天，都督府派来军队，将克明的家小，接到府内去了。因为北军将领，还怕克明靠不住，将他的家小接进去，作为押头。克勤是坚决不去的，将新妇爱珠送到教堂避难。只见街市间逃难的人民，纷纷如蚁。孩啼妇哭，惨不忍闻。传言临时都督早已逃走了，张勋所率的辫子兵已经进城了，沿路见人便杀，见财便抢，见妇女便掳，随便的闯入民家，在卧房里面开起烟灯，三个五个的横躺着。妇女受其蹂躏致死的，不在少数，秦淮河里，到处漂着妇女的死尸。克勤夫妇，在教堂住了两三天，听说张勋进城，出了安民的布告，街上可以走路。爱珠因为教堂太不方便，同克勤回到家中。次日克明的马弁，带着一个北兵，说克明请克勤谈话。克勤不去，但是有北兵逼着，势不能不去。一去之后，两天不见回来。爱珠着急得很，着厨司黄恩前去打听。黄恩打听回来，报道：“二老爷并没到都督府，大老爷也不曾请他。听得鼓楼刘公馆的大司夫讲，二老爷被杨升和北兵扭到成贤街的竹林里头，一刀杀死。”爱珠听说，晕倒在地。正在哭泣时，克明带着卫队回来，问明情形，向爱珠安慰道：“这是纷乱中常有的事。你不要过于伤心吧。”爱珠也勉强忍着悲哀，不再啼哭，讲道：“他要是跟着大哥一路，就不会出这大的乱子了。”克明道：“是呀。这也只怪二弟的性情过于倔强，我何曾没劝过他？”说到这里，向杨升吩咐道：“你快去买一口大棺木，好去收殓二老爷。”爱珠道：“慢着。我还有话同你讲。”一言未了，从怀中搜出手枪把杨升打死。接着，又向着克明放了一枪，但是没有命中，打碎了春台上的一架自鸣钟。最后，又反手自击，登时死在地上。克明并不悲伤，立即操笔作书，命卫士送呈张勋。其文道：“绍公大帅钧鉴：职归家省亲，突遭重变。缘因胞弟克勤曾任前都督参议，与乱党关系甚深。弟妇爱珠，亦同恶相济。其同谋作乱，自在意中。职归家细心考查，果查得渠等谋乱情事。业经分别处死，以遏乱萌。”等语。可是他虽然这样邀功，还是不能博得北洋军人的信任。张勋做了都督，他终于被撤解职，到上海做寓公。不久被党人刺死，为克勤夫妇复仇。所得的收场，也不过如此而已。

　　张勋之明升暗降　辫子兵进南京城，气焰熏天，横冲直撞。混乱之中，杀伤了三个日本人。袁世凯怕得罪了主子，特派李盛铎前往南京查办此事。李与张为同乡，当然是替他回护的。不过日本驻华的山座公使不肯答应，说非将张勋撤换决不罢休，并且要张着上将服装，带兵九百人到驻宁日领事馆举枪谢罪。张勋不敢怠慢，照样而行。袁世凯原定南京都督一席是要给冯国璋的。这时候，正好借“外交”为名，将张撤换。张说：“宫保不要我干吗？我这功名是性命拼出来的。”袁世凯又怕得罪他，派段芝贵、钱能训二人，向张疏通，授以长江巡阅使名义，他才答应。

于是乎张勋撤职，以冯国璋为江苏都督。

亡命后之党人生活　上海、南京失败后，党人多匿居于租界。袁政府照会上海领事团，列举其所谓乱党重要分子，计为黄兴、李烈钧、陈其美、柏文蔚、钮永建、刘福彪、白逾桓、居正八人，领事团签字许可了。孙中山先生与黄兴等，均于八月上旬东渡。在国内势难立足的党人亦陆续东渡。孙中山先生到东京后，住在头山满的家中，命田梓琴在芝区琴平町组一机关，以容纳无住处的党人，名曰"大田公寓"。又将武人集合于大森，聘日本武官，教授战术，名曰"浩然学舍"。将文人集合于神田，聘日本博士教授政治法律，名曰"政治学校"。更组织一民国杂志社，为党的言论机关。所有经费，都是由孙先生筹措的。孙先生以讨袁失败，由于党纪不严，团结不固，谋改组为中华革命党，陈英士首先赞同。但党中有一部分，欲拥黄兴为领袖，组织欧事研究会，后来的政学系，即多属于这一派。他们尽管分化，孙先生则一视同仁，毫不歧视。其精神之伟大，于此可见。党人个个都穷，因为辛亥革命后党人之任官职者，未闻有贪污情事，焉得而不穷？但是有孙先生维持，虽穷而不至于断绝生活。最感痛苦的，是内地秘密工作的党人，行动既不能自由，生活又完全无着。故在上海、汉口、广州各处，三三两两，伏处在鸽子笼式的小屋中，以一枚烧饼度日者，各处都有。稍一不慎，便会被侦探捉去，或监禁，或杀头。党人的生命，哪里还有保障呢。

第三十章　袁世凯完成武力统一

逮捕国民党议员　赣宁之役告一结束，南方各省，都安置了袁系的私人。于是袁世凯捻髯而笑道："今而后，南人不复反矣。"不过国民党的武力虽然都被铲除，而国会的势力，依然存在。此时总统尚未选举，想解散国会，势不可能。于是再想方法，来致力于国会的控制。自宋案发生后，国民党议员，分为激烈与稳健两派。稳健派主张依据法律，制成完密的宪法，以束缚袁世凯的政治行动；激烈派以为口头竞争，空谈无补，因而相率南下，举兵讨袁。故湖口作战时，张继及白逾桓等早已南下。留京的重要分子，仅有吴景濂、李肇甫、张耀曾、谷钟秀诸人。京师总检察厅写信给代理国民党理事长吴景濂，须从速取消黄兴、李烈钧、柏文蔚、陈其美等党籍，否则就认为是乱党机关，立予封闭。吴景濂唯唯听命，始得无事。然而八月二十七日，袁世凯仍以串通乱党为词，逮捕国民党议员朱念祖、张我华、丁象谦、高荫藻、常恒芳、褚辅成、刘恩格等七人及政友会议员赵世钰。因此两院议员提出质问案，世凯置之不理。九月三日，参议院选举议长，国民党提王正廷，进步党提王家襄。王家襄以一百十一票对王正廷九十三票当选。国民党的衰象，至此已暴露无遗了。

宪委会之党籍比较　民国《临时约法》，规定制宪大权操诸国会。是以第一届正式国会开会后，即以制宪为唯一天职。虽在南北交战期间，而宪法起草委员会，仍于七月初旬积极进行。及各路讨袁军相继失败，更欲据宪法起草委员会，孤军奋斗，以期得到法律的胜利。兹将六十名委员中之党籍人数，列举于下：

甲、参议院

一、国民党议员：计为汤漪、杨永泰、宋渊源、朱兆莘、高家骥、蒋曾焕、段世源、金永昌、张我华、蒋举清、吕志清、向乃祺、金兆棪、王鑫润等十四人。

二、进步党议员：计为王家襄、丁世峄、蓝公武、曹汝霖、陆宗舆、王揖唐、解树强、陈铭鉴、阿穆尔宁奎、陈善等十人。

三、政友会议员：计为赵世钰、王用宾、石德纯、金鼎勋等四人。

四、新共和党议员：计为饶应铭、车林桑多布二人。

乙、众议院

一、国民党议员：计为张耀曾、李肇甫、伍朝枢、易宗夔、褚辅成、彭允彝、谷钟秀、孙润宇、孙钟、杨铭源、徐秀钧、刘恩格、陈景南、李芳等十四人。

二、进步党议员：计为汪荣宝、刘崇祐、王印川、李国珍、汪彭年、王敬芳、李庆芳、孟森、张国溶共九人。

三、政友会：史泽咸一人。

四、超然社议员：夏同龢一人。

上列六十人中，反对政府者，为国民党、政友会、超然社三派的委员共计三十四人。赞成政府者，为进步党、新共和两派的委员共计二十六人。又七月二日，选举参议院十五名与众议院十八名为候补委员。国民党籍又占半数以上。照这样看来，国民党虽说衰颓，而国会存在的力量，还占优势。因此在大选以前，袁世凯是很费踌躇的，故有逮捕议员八人之事。

进步党内部之分化 自从共和、民主、统一三党合并为进步党后，汤化龙以少数的民主党，取得议长地位。同时进步党的职员民主党又占多数。因而旧共和党中的民社派，如张伯烈、郑万瞻、彭介石、胡鄂公等甚为愤慨，提出反对的理由：一、少数的民主党，违背合并原则，垄断进步党的权利。二、共和党开最后协议，系少数出席者独断决议合并。三、共和党隐匿黎元洪及湖北共和党支部请求履行合并原约的电报。持此理由，宣言脱离进步党，仍守共和党名义。是为新共和党，计与统一党之黄金鹏、吴宗慈、王湘等联合，共四十余人。不过共和党的主张并不变更，还是拥护袁世凯为总统，以反对国民党。所以他们尽管脱离进步党，进步党并不感慌恐，这是因为于大选没有影响的原故。

选举大总统之怪现象 赣宁战事终结后，熊希龄出组内阁。国民党的稳健派，竟与进步党提携，进步党亦感觉两党有提携的必要，表示竭诚接受。袁世凯睹此情形，恐中了国民党的离间之计，势将不利于己。乃嘱其秘书长梁士诒别组一有力的御用党，以压抑之。梁氏顺从意旨，因与李庆芳一派的议员同志会司徒颖、黄胄九之潜社，及集益社等小政团，于九月十八日合组为公民党，以适应大总统选举的要求。除用金钱收买而外，并以威力压迫之。十月六日，举行总统选举会，袁世凯授意军警及侦探，化装为公民团，由宣武门至众议院，包围得水泄不通，所有议员，只许进不许出，以免人数不足而流产。那些假公民，高声呼道："不选出我们愿意的大总统，你们休想出院。"议员们被围得没有饭吃，饥火和怒火在肚里燃烧着。连选两次，都是流产。议员共七百五十九人，第一次投票，袁世凯得四百七十一票，黎得一百五十四票，伍廷芳、孙文也有几票，因票数都不合法定，流产。第二次，袁得四百九十七票，黎得一百六十二票，仍然不足法定票数。第三次，袁才以五百零七票当选为大总统。次日，黎元洪得六百十票，当选为副总统。本来都是压迫选出来的，公民党却因此立功，遂为后来的交通系打下基础。其党中干部，为李庆芳、梅光远、权量、陆梦熊诸人。

　　回光反照的民宪党　自公民党组织成功以后，国民、进步两党，感受刺激甚深，更进一步，谋相互的提携，遂于十月二十一日，举行民宪党的创立会。计国民党的议员为张耀曾、谷钟秀、汤漪、孙润宇、杨永泰、张治祥、钟才宏等，进步党为丁世峄、李国珍、蓝公武、刘崇祐、汪彭年、解树强，各脱离其所属的原有党籍，而并为民宪党。其余之国民党议员，有主张解散国民党而悉合并于民宪党者，有主张不抛弃国民党之光荣历史与名义者。争论结果，卒依吴景濂、李肇甫诸人的主张，维持国民党名义，而与民宪党相联络。

　　袁世凯解散国会　袁世凯是早就想解散国会的，因为总统一席，尚未到手，所以忍耐着。及至总统选出，这一个呱呱堕地的产儿，就不问身从何处来，而要学鸱枭之食母高飞了。其时湖北内务司长阮毓崧到总统府谢委，袁问道："你几时到差呢?"阮答道："我是湖北第二区的候补众议员。现在有空缺出来，应该由毓崧递补，正要向总统请示。"袁道："做内务司长多好；为甚么要当议员，那一班议员是甚么东西，我马上要办他们。你还是回湖北上任去吧。"十一月四日，先下解散国民党的命令，粤籍议员伍汉持在天津被枪毙了。同日有军警三百余人，包围顺治门外彰仪门大街国民党本部，追缴国民党证章及党证。五日，军警包围参、众两院，追缴议员证章四百三十八件。议员离京要五人作担保，保其日后不得反对政府。但是候补议员仍以国民党为多。为斩草除根计，非进一步解散国会不可。袁又通电各省，借口民党捣乱及宪法之不适国情，限于五日内呈复意见。各省疆吏当然以袁的意见为意见，所回的电，都主张取消政党，解散国会。汤化龙和梁启超前往谒袁，请缓下令，袁默然。他们去见内阁总理熊希龄，主张内阁总辞职，以阻止下令，熊也默然。去谒黎元洪，请其主张公道，黎更是默然。实则国民党的议员，都取消了，根本就不能开会。十一月十五日，由参议院议长吴景濂、众议院议长汤化龙署名，正式宣告停会，国会就无形解散了。

黎元洪离鄂赴京　由一九一一年十月十日，即武昌起义、建国共和之日起，至一九一三年十一月十五日国会解散，共和告终之日止，这两年零三十五日期间，吾鄂为革命而牺牲的同志该有多少？算是输出了成千成万革命人民的血，培植了一个反革命的黎元洪。黎元洪离鄂进京的时候，正是辛亥年火烧汉口、攻陷汉阳、炮打武昌的袁世凯终于以武力消灭革命党，完成其统一与独裁的一天。凡属鄂省军政党一切问题，为袁世凯所企图解决的，都不劳袁世凯费丝毫之力，由黎元洪代为解决了。黎元洪此次进京，当然是踌躇满志的。不过他是湖北人，生于斯，长于斯，歌于斯，哭于斯，聚族于斯，而且服官于斯。一旦离开故乡，少不得在报上发表文字，作为对于父老昆季姊妹的临别赠言。因而触动了湖北人的悲哀，在当时《大汉报》的楚社日刊上，题诗送别。这一首诗，名曰《楚狂之歌》，是由湖北人蔡寄鸥执笔，体会着湖北人一般的心情而挥泪写出的，歌曰：

我本楚狂人，狂歌声欲嘶。学为泽畔吟，放浪武昌矶。俯仰叹今古，楚人其殆而；昆季不相亲，安望相扶持？昔日有伍员，去国泪如丝。中途遇良友，把酒哀别离；复楚与存楚，意见竟分歧。昔有屈大夫，秉笔作骚词。忠也而获谤，信也而见疑；至今泪罗水，呜咽不胜悲。昔日有陈胜，揭竿举义旗，其徒曰吴广，患难本相依；胡为功未成，背道各分驰，三户可亡秦，独力宁能支？昔日有项羽，拔山山可移。子弟八千人，临去不相随。可怜垓下死，只有一虞姬；四面皆楚歌，英雄泪满衣。昔有陈友谅，相从徐寿辉，起义天目山，勋望何巍巍。胡为君与臣，自己相诛夷；不及牧牛郎，犹能创国基。上下数千年，吾楚忒颠危；往者不可谏，来者犹可追。谁欤在武昌，平地一声雷；大哉黎宋卿，帐前多健儿。拔剑不相下，天颜讵敢违。功狗既当烹，功人安可为？瞻望鹦鹉洲，芳草何萋萋；瞻望黄鹤楼，笛声何凄其〔凄〕。古人不可见，神仙不可跻。万骨皆枯槁，荒凉六大堆（阳夏辛亥战役，无名英雄之墓曰"六大堆"）。一将功已成，掉头去不归。哀哉我楚人，犹自醉如泥。沐猴不可冠，井蛙不可窥。拔剑仰天啸，作此楚狂诗。

这一首诗歌当时登在报上，是一纸风行的。黎元洪读之不知作何感想？他走的时候，曾派其参谋长金永炎代理都督职务，是打算保留这一地位，以便卷土重来的。哪晓得段祺瑞来了，金永炎小心迎候，一见面，段祺瑞就开口问道："副总统待你不错，你为何不随从副总统一同进京呢？"这就是讽令金永炎离鄂的表示。接着，袁世凯下令，任段芝贵为湖北都督，也就是阻止黎元洪回鄂的表示。由此，黎元洪就一去不复返了。他到京之时，袁派自己所乘的金漆朱轮双马车接他。这辆马车，就是壬子八月用以迎接孙中山先生的。并规定副总统月俸一万元，每月公费二万元，待遇也算得优厚。并由汤化龙作介绍，以黎的少女配袁的少子，结成了儿女亲家。黎所住的地方，正是清那拉氏幽禁载湉的所在，名叫瀛台。黎也受宠若惊，大有此间乐不复思乡的意思，因于十二月十九日，呈辞鄂督兼职。呈辞中有云："元洪屡觐钧颜，仰承优遇。恩逾于骨肉，礼渥于上宾。推心则山雪皆融，握手则池冰为泮。驰惶靡措，诚服无涯。"等语。不过待遇虽然优厚，行动却不自由。黎后来感觉沉闷，求袁给以答谢各国承认民国专使名义，藉以周游各国。袁恐其脱去樊笼，吝而不与。可见黎在京所处的地位，也和清末载湉一样，不过是坐的高等监牢而已。

附录　参考书目

《湖北革命实见记》（胡石庵著）

《武汉阳秋》（查光佛著）

《湖北革命知之录》（张难先著）

《武昌两日记》（龚侠初著）

《六君子传》（湖南陶菊隐著）

《革命闲话》（田桐著）

《辛亥札记》（居正著）

《辛亥革命之列强态度》（王光祈译）

《武昌首义纪实》（李廉方著）

《民国政党史》（湖南谢彬作）

《六十谈往》（胡祖舜著）

《民权素》（王双热编）

《鄂之镜》（纪直夫著）

《梅川日记》（居正著）

《美国侵华史》（刘大年著）

《驴背集》（胡思敬著）

《辛亥革命先著记》（杨玉如著）

《张文襄治鄂记》（张春霆著）

《辛亥革命纪实》（吴醒汉作）

《张文襄奏议初编》

《血史》（胡石庵著）

《满清宫闱秘史》

《开国实录》（胡祖舜著）

《马上女儿传》（胡石庵著）

《东方杂志国内大事记》（上海出版）

《谭嗣同传》（唐拂尘作）

《文学社武昌首义纪实》（章裕昆著）

《民报》（日本东京出版）

《国光新闻》（北京出版）

《大汉报·楚社日刊》（汉口出版）

《民立报》（上海出版）

《民心报》（武昌出版）

《震旦民报》（汉口出版）

《中华民国公报》（武昌出版）

《民国日报》（汉口出版）

《群报》（武昌出版）

《大江报》（汉口出版）

辛亥革命先著记（之四）

杨玉如

第八章　鄂省政治模型暨国际动态

第一节　临时中央政府　先鄂后宁

武昌首义各省相继响应，金以军事外交，亟须组织"临时中央政府"统筹办理。辛亥九月二十二日，江苏代表雷奋、沈恩孚，浙江代表姚桐豫、高尔登，通电各省，请派代表赴沪，商组临时政府。并请公认伍廷芳、温宗尧为外交正副代表。二十五日，各省代表有先在沪者，举行第一次会议，决定暂以上海为临时政府所在地。三十日，复一致推定鄂军政府为中央军政府，鄂都督黎元洪为中央大都督。黎以武昌既为中央大都督所在地，各省代表宜莅武汉开会，因派居正、陶凤集为代表赴沪商洽，卒得各省代表一致赞同，遂即陆续到汉，假汉口英租界顺昌洋行为集会所。十月初四日，首次开会，各省代表到者：江苏雷奋、马君武、陈陶遗，浙江汤尔和、陈时夏、黄群、陈毅，安徽王竹怀、许冠尧、赵斌，湖南谭人凤、邹代藩，山东谢鸿焘、雷光宇，福建潘祖彝，广东张其锽，四川周代本，直隶谷钟秀，河南黄可权，湖北则为时象晋、胡瑛、王正廷。以谭人凤为议长。决定会名为"各省都督府代表联合会"，定武昌为国都，并议定《中华民国临时政府组织大纲》凡四章二十一条如下：

第一章 临时大总统

第一条 临时大总统由各省都督府代表选举之，以得票满投票总数三分之二以上者为当选。代表投票权，每省以一票为限。

第二条 临时大总统有统治全国之权。

第三条 临时大总统有统率海陆军之权。

第四条 临时大总统得参议院之同意有宣战、媾和及缔结条约之权。

第五条 临时大总统得参议院之同意有任用各部长及派遣外交专使之权。

第六条 临时大总统得参议院之同意有设立临时中央审判所之权。

第二章 参议院

第七条 参议院以各省都督府所派之参议员组织之。

第八条 参议员每省以三人为限，其派遣方法由各省都督府自定之。

第九条 参议院会议时每参议员有一表决权。

第十条 参议院之职权如左：

一、议决第四条及第六条事件。二、承诺第五条事件。三、议决临时政府之预算。四、检查临时政府之出纳。五、议决全国统一之税法、币制及发行公债事件。六、议决暂行法律。七、议决临时大总统交议事件。八、答复临时大总统咨询事件。

第十一条 参议院会议时以到会参议员过半数之议决为准。但关于第四条事件非有到会参议员三分之二之同意不得决议。

第十二条 参议院议决事件，由议长具报，经临时大总统盖印，发交行政各部执行之。

第十三条　临时大总统对于参议院议决事件如不以为然，得于具报后十日内声明理由交令复议。参议院对于复议事件，如有到会参议员三分之二以上之同意仍执前议时，应仍照前条办理。

第十四条　参议院议长由参议员用记名投票法互选之，以得票满投票总数之半者为当选。

第十五条　参议院办事规则由参议院议定之。

第十六条　参议院未成立以前，暂由各省都督府代表会代行其职权，但表决权每省以一票为限。

第三章　行政各部

第十七条　行政各部如左：

一、外交部。二、内务部。三、财政部。四、军务部。

五、交通部。

第十八条　各部设部长一人总理本部事务。

第十九条　各部所属职员之编制及其权限由部长规定，经临时大总统批准施行。

第四章　附则

第二十条　临时政府成立后六个月以内，由临时大总统召集国民会议。其召集方法由参议院议决之。

第二十一条　临时政府组织大纲施行期限，以中华民国宪法成立之日为止。

是时汉阳沦陷，南京光复。十月十四日复议决临时政府改设南京。于是各省代表纷纷东下，旋即选举黄兴为大元帅，黎大都督为副元帅。黄谦辞，乃改选黎元洪为大元帅，黄兴副之。

南京代表团致黎大都督电（辛亥十月二十九日到）：

昨接黄克强来电，谦辞大元帅之任，并以武昌起义为天下倡，黎都督之功为全国人民所敬爱，应推黎大都督为大元帅等因。代表等以组织临时政府刻不容缓，若往复推辞，徒延时日，深恐有碍大局。当由公众议决，推举大都督为大元帅，黄克强为副元帅。但武昌军事，关系重大，恐大都督万难离鄂，因于组织临时政府大纲内追加一条："大总统未举定以前，以大元帅暂行其职务。若大元帅不在临时政府，即以副元帅代行其职务。"除专员迎逆黄副元帅莅宁外，特推时君象晋、陶君凤集、陈君毅、仇君亮于今日赴鄂趋谒，面陈一切，请大元帅承诺，以慰天下之望。

黎都督复南京代表电（辛亥十一月初一日）：

勘电敬悉。元洪才识凡庸，平时办事，已形竭蹶。此次起义，皆赖鄂中诸君子忠勇之力，元洪何功可言？但愿国事早定，民生乂安，元洪乞骸骨归田里，作一公民，此心已非常满足，大元帅之职，恳公等另选贤能。元洪决不敢受。

又致南京代表团电（辛亥十一月初二日）：

大元帅之职，曾于东电力辞，谅已达鉴。顷准山西代表仇君亮，浙江代表陈君毅，及敝省代表时君象晋、陶君凤集等面称："黄克强君力推元洪为大元帅，元帅又复固辞，长此推让，稽延时日，致临时政府不能即行成立，深恐有碍大局。现代表团公同议决，特推亮等来鄂要求承诺大元帅，并恳黄克强君以副元帅职务，代行大元帅职务，以定大计。"云云。元洪伏思大元帅原为组织临时政府刻不容缓之举。黄君克强宏才硕画，自足胜大元帅之任。乃谦让不居，屡推元洪承乏。元洪才识平庸，何敢当此重任？然勘电所载，若大元帅不在临时政府时，即以副元帅代行其职务，既有此明文，元洪姑顺代表诸公之请，承受大元帅名义，即委任副元帅执行大元帅一切任务。盖大局未定，势机危迫，临时政府急宜成立，故元洪不辞僭越之罪，望黄君兴代表诸君子力任巨艰，急求进行办法，时赐教言为幸。

致沪军陈都督电（十一月初二日）：

长沙谭都督发起组织全国参谋本部，暂设南京，实为联络各省统筹全局切要之图。旋经多省赞成，湘、桂、秦江北各省所派各参谋，已先后到鄂与敝省参谋部会议，决定组织全国本部，由各省选派军事知识完全人员一二员，速赴南京，设立完全机关。敝省当派妥员即日赴宁，凡未经派员各省，请即由尊处电达，催其派定，克日起程赴宁。至各省援军参谋，仍请集合于武昌，并希电复。

上海陈都督复电：

冬电敬悉，派员至南京组织全国参谋本部，甚属紧要，已遵示代电催派矣。此复。

第二节　设立八部　扩充八师　尽力整理政治

一、军务部　　　　部长孙　武　　　　　副蒋翊武　张振武
二、内务部　　　　部长杨时杰　　　　　副周汝翼
三、财政部　　　　部长李作栋　　　　　副潘祖裕
四、外交部　　　　部长王正廷　　　　　副夏维崧
五、交通部　　　　部长熊继贞（原名晋槐）　　副傅立相
六、教育部　　　　部长苏成章　　　　　副查光佛
七、实业部　　　　部长李四光　　　　　副牟鸿勋
八、司法部　　　　部长张知本　　　　　副彭汉遗

黎元洪被举为大元帅后，一面通电各省派员组织参谋团，计划北伐军事；一面改编部队，就原有之各种部队，扩编为陆军八师，计步兵十六协。其编制如下：

第一师师长唐克明　　　　　　　第一协统领石星川
　　　　　　　　　　　　　　　第二协统领刘炳福
第二师师长张廷辅　　　　　　　第三协统领夏占奎

第三师师长窦秉钧

第四师师长邓玉麟（邓辞后蔡汉卿继）

第五师师长吴兆麟

第六师师长王安澜

第七师师长唐牺支

第八师师长季雨霖

第四协统领王华国

第五协统领熊秉坤

第六协统领杨载雄

第七协统领蔡汉卿

（蔡升师长 杜邦后继）

第八协统领马骥云

第九协统领刘佐龙

第十协统领胡廷佐

第十一协统领李锦镛

第十二协统领张厚德

第十三协统领萧国宝

第十四协统领喻洪启

第十五协统领阙　龙

第十六协统领樊之淦

又将近卫军一协扩编为一师，以高尚志为师长，黄申芗为统领，余一统领未详。时宁皖援军亦到达，合中左右三军，复改编为新三军、三支队及守备队。其编成如下：

第一军（原中央军）

总司令官杜锡钧，第二师全部、混成第一协、近卫军第四标、步队第四标第二营、机关枪一营属焉。

第二军（原右翼军）

总司令官李烈钧，宁军第一师、赣军混成一协、鄂军步队第三协（附炮队一队）、皖军混成标、浔军混成营属焉。

第三军（原左翼军）

总司令官赵恒惕，桂军混成标，河南奋勇军混成标、卫生队四分一属焉。

第一支队

司令官张廷辅，步队第四协、马兵六骑、炮兵第一标之一营、工程第二营、卫生队一队属焉。

第二支队

司令官唐克明，步队第一协、马兵六骑、炮兵第二标之一营属焉。

第三支队

司令官罗鸿升，混成第八协（欠步队一标）。

武昌守备队

司令官何锡蕃，步队第二协（欠第四标第二营）、马队第一标（欠一营徒步兵）、炮队第二标之一营（欠一队）、要塞炮队（蛇山、凤凰山）、独立野炮一队、金陵炮六门、测量局、卫生队属焉。

总预备队

近卫军混成第一协、步队第二协。

此外长江舰队以马煟玉为司令官，楚秦、楚同、楚观、江元、湖鹏等舰艇属焉。

同时以胡捷三为兵站总监，办理后方勤务。

壬子元月十五日（时已改用阳历）黎大元帅据诸方面情报，发布明令如下：

一、据各方面报告：汉口、汉阳之敌，现退至于孝感之三汊埠附近占领阵地，其兵力约一镇以上。又武胜关至东篁店敌兵约有四标，信阳州附近敌兵约有一协，另有兵力未详之敌，在颍州附近，与我安徽军对峙。

二、我军为攻击敌人起见，拟准备向甘家店、祁家湾、孝感附近前进。

三、第一军于开战期前，由阳逻经三山铺准备前进，占领甘家店附近，须派一部占领黄安附近，警戒罗山方面之敌。该军之兵站线，利用阳逻三山铺通黄陂之道路。

四、第二军于开战期前，由原地准备前进，占领祁家湾附近。但兵站线利用金口经蔡甸、新沟通孝感之陆路及水路。

五、长江舰队于开战时须游弋于阳逻、青山一带，以任警戒。

六、第一支队利用停战时间，准备完善。俟开战时，即行渡江占领汉口谌家矶、造纸厂、藤子冈、戴家山附近一带，但须派一部占领姑嫂树及长丰附近。

七、第二支队利用停战时准备完善。俟开战时即行渡江占领汉阳兵工厂及赫山附近一带，但须派一部警戒琴断口、三眼桥方面。

八、第三支队于开战期占领麻城附近，警戒我军右侧面。

九、武昌守备队保守武昌省城内外附近之地面，但须筹备野战各事宜。

十、总预备队利用停战期间，整顿完善。俟开战时于左开地点待命：

甲、近卫军城内老左旗营房。

乙、步队第七协塘角附近。

一月十七日，军政府召集各部处会议，决将所有通省巡守各道及佐贰、佐杂、教谕各缺，一律裁撤。并规定除武昌首府外，所有府厅州一律改称县。如黄州府称黄岗县，兴国州改称兴国县，荆门州改称荆门县，鹤峰厅改称鹤峰县，随州改为随县，荆州府改称江陵县，宜昌府称宜昌县，汉阳府称汉阳县，郧阳府称郧阳县。同时制定府县行政暂时规则，计八章三十四条。

军政府札饬内务部转饬各属文曰：

照得本军起义以来，原以扫除苛政，造福国民为宗旨。所有各属辛亥下忙钱漕，一律豁免。其余厘税除海关外，一律裁撤，曾经晓谕在案。顷查各属有不法之徒，托名绅士，串通地方官，擅自招集军队，藉此为敛钱之术；而不肖防营，亦或藉端勒索，扰害地方。尤有不肖官吏，藉治安需款，竟敢擅自征取丁漕，种种恶习，殊堪痛恨。仰内务部会同军务部，出示晓谕，并札饬所属，切实调查，无论何处何人招兵，须确系奉有公文，一切款项，均由部给，勿得勒派。即各属筹办民团，亦须禀明立案，勿得藉端滋扰。倘有以上不法情节，准由地方官绅禀控，严行究办，决不姑宽。除本都督先行晓谕并分行外，合亟札饬。为此札仰该部即便遵照，转饬所属一体凛遵。

军政府更加意整饬吏治，并清厘财务货币，设置过境销场税，同时亦禁蓄辫缠足，以革除陋习。又兴办警察，注重司法，维持企业，勤修堤防，振兴教育，厉行考试，均设立专章，次第施行。

鄂省为萍乡煤矿致南京临时政府电（一月十六日为保护萍矿事）：

萍乡矿产，成效卓著。查此矿证据，尚在盛宣怀之手，而伊已逃匿。闻前总办林志熙，近来曾往来萍沪数次，多造股票，运动股东，减价售与外人。矿中人纷纷传播，不日即挂洋旗，势将不可收拾。且萍煤总局业买有铁矿，早经化验精良。倘萍煤落于外人之手，则此项铁矿，必至相继而失。后患何堪设想。恳速筹办法，庶免缪禢而挽利权是幸。

又致南京政府及参议院电（三月十三日）：

汉冶萍公司产业，前因有抵借之讹，屡经敝处电请尊处阻止在案。查该项产业，关系民国前途，最为重大。只以盛宣怀于满清时代营私舞弊，致丧失一切权利，几于不可收拾。月前饬由理财部收归鄂省，意在消除外患，挽回国权，并借以保守产业，留备全国军民之用。顷闻尊处拟与外人合资开办，藉资挹注。虽系一时权宜之计，但对外政策种种失败，实由于此。刻下民国新建，事事须确求正当办法，万不可再蹈满清覆辙，致以机会均等、利益均沾之说，启外人干预之渐。此间议会全体及各部处职员，均不敢承认此举。贵处如果有合资开办情事，希迅即设法取消，切勿任少数人颟顸为之，致拂舆情而生恶感。并盼从速电复，以定人心为幸。

附南京政府来电：

汉冶萍款，原急不暇择。前途陆续仅交过款二百万，随到随尽。现订仅以此数变为虚抵，而废弃合办之约。一面以招商局借款成立，即可尽力济鄂。前此借款，因清廷与民国互相抵制破坏，故难成就。今既联合，后将易办也。敬复。

又致南京临时政府电（二月十七日）：

汉冶萍矿抵借一节，风声所播，物议大哗。屡经电达尊处。今来电称急不择荫，将以已交之二百万作为虚抵，而弃合办之约。此所谓知二五而不知一十者也。清廷关于财政问题，不知筹划，不知撙节，一旦应付不及，只知持抵押之物求济于外人，所谓丧失权利不顾也，违反舆情不顾也。推其致此之由，何尝非急不择荫之意乎？敝处自起义以来，四月有奇。大兵屯聚，不下十万。军械饷糈，动辄百数十万，接济邻省，尚不在内。非苦心设法，力求撙节，何能支持至今？前某国自愿贷与鄂省三百万，即欲以汉冶萍矿作虚抵。此间同人一闻此事，无不愤气填胸，极力拒绝。诚以汉冶萍矿于海陆军前途，关系至重，利权之损失犹其次也。今合办之约可以作废，即应将已交之款，设法归还，以免无穷之镠葛。至以招商局抵押借款，则民国航权，亦随之而去。敝处不敢赞同。我公于国利民福，研究有素，外人之设心，尤所洞悉。务望极力维持，勿仅为目前之计，勿轻听他人之言。事关民国前途，当不嫌言之过激也。

又致袁大总统电：

查汉冶萍公司，倡自张文襄，本属官办性质。嗣因成效未著，召盛宣怀承办。数年以来，渐臻起色。然以个人承办之故，魄力薄弱，既难展布，借债又陷重息。且凡百事业，必先规模宏具，然后出产旺而获利丰。若枝节为之，势必不能发达。盛氏信用久失，国内所增之殷实股分，毫无着落。外商合资，复召危险。语其流弊，不可胜言。众议纷乘，亦无足怪。窃闻欧美各国煤铁事业，多归国有，即使民办，取缔亦严。国家命脉所关，断无许外人插足者。汉冶萍公司，充其能力，足雄世界，即使盛氏惭于清议，谢绝外人，炉锤再兴，狭隘如昨，何如收归国有，大事扩张。当此民国初建，百废待兴，轨道轮舟，枪炮机械，在在皆资煤铁；及今改良，或者利权不溢，国力可充。且一归国有，即可立时开办，三万工人，即全生计，消弭隐患，莫过于此，其利一。且停工日久，机械锈蚀，矿穴淹没，洋工程师日事闲散，坐糜薪资。若一经兴办，即不至再虞损失，其利二。据最近调查，但得五十万两，已足敷开办之费。至该公司基金，共三千三百万两，其中股票一千万两，日本借款一千万两，陆续所借中外零债共一千三百万两。此种零债，利息重大，受亏甚深。设开办之后，再筹得大宗借款二千五百万两，偿还零债之余，作为扩充之费，假以二十五年，所有债务，皆可清偿。则公司发达，自可操诸左券矣。事关重大，谨就愚见所及，电达左右，伏候卓裁。

又致南京临时政府电（反对以招商局抵押借款）：

二月三日得沪上电，议以招商局抵押借款，不胜诧异。顷复喧传中央政府将此航权向外人押款千万，已将签押。鄂人闻之，群情愤懑，抗议之声，达于道路。内河航权，原不能许与外人，亡清外交失败，此其大端。然犹有招商一局，保留十分之一二，若再落外人之手，交通不灵，影响于政治上甚大。此次光复长江流域，非借招商轮船之运输，万不能如此敏活，援兵时集，饷需常济，民国肇造，深资得力。此后无论有无战事，于建设方面亦不能倚赖无主权之航运。前清屡次抵债，尚顾此区区而不之畀。乃民国新造，反弃此权利，恐满清遗孽，亦当笑人矣。又汉冶萍系鄂赣菁华，皆属民国范围，非如未确定之权利而不必深顾惜者也。盛宣怀欲保私产，不惜断送国权，恳祈顾全大局，勿堕奸计。汉冶萍中日合办之约，决不可允；招商局抵押之议，决不可行。否则国基未固，人心已离，民国前途，不堪复问矣。不揣愚戆，希即惠纳，民国幸甚。

又上袁大总统并致参议院电（反对道胜银行借款）：

接敝处南京代表时功玖等艳电，政府借道胜债百十万磅，以民国赋税作抵，定期一年偿还，且许以优先权。议员四十五人，仅有十七人到会认为通过，等因。阅之殊甚诧异。窃谓政府虽经济困难，但现在战事已宁，从容建设，尚可勉力支拄。况前清借债之失，我辈号呼力争，言犹在耳，遽自效尤，何以谢我民国父老。且我共和成立，列强尚未确认。即今日南北统一，未臻十分稳固。遽因借债之故，自失租赋之权。而予外人监督之渐，一国得利，各国均沾，民国前途，何堪设想。伏乞从速取销，免致干涉。元洪困守鄂中，已历半载，戎马危急之顷，绝不敢言借债抵税，以误国民。敢本此意，为政府告，并盼速复。

附　袁世凯复电：

道胜借款事，前由南京陈财政总长在沪与该行议定签押，昨据道胜京行经理函称，因条款过优，不能照办，已通告南京作废等语。特复。

第三节　制定鄂州约法

武昌首义，旨在推倒清朝专制政府，建立中华民国。实行民主政治，必须有效力等于宪法之临时单行法，方足以应付过渡时代。首义同志，因相与集议，制定《鄂州约法》，为各省倡。推宋教仁起草，公同审订。计七章六十条，正式公布。厥后《中华民国临时约法》即以此《鄂州约法》为蓝本。其条文如下：

中华民国鄂州约法

第一章　总　纲

第一条　中华鄂州人民，以已取得之鄂州土地为境域，组织鄂州政府统治之。

将来取得之土地在鄂州域内者，同受鄂州政府之统治。若在他州域内者，亦暂受鄂州政府之统治，俟中华民国成立时，另定区划。

第二条　鄂州政府以都督及其任命之政务委员与议会、法司构成之。但议会得于本约法施行后三个月内开设。

第三条　中华民国完全成立后，此约法即取消，应从中华民国宪法之规定。但鄂州人民关于鄂州统治之域内，从中华民国之承认，自定鄂州宪法。

第二章　人　民

第四条　凡具有鄂州政府法定之资格者，皆为鄂州人民。

第五条　人民一律平等。

第六条　人民自由言论著作刊行，并集会结社。

第七条　人民自由通讯，不得侵其秘密。

第八条　人民自由信教。

第九条　人民自由居住迁徙。

第十条　人民自由保有财产。

第十一条　人民自由营业。

第十二条　人民自由保有身体，非依法律所定不得逮捕审问处罚。

第十三条　人民自由保有家宅，非依法律不得侵入搜索。

第十四条　人民得诉讼于法司求其审判。其对于行政官所为违法损害权利之行为，则诉讼于行政审判院。

第十五条　人民得陈请于议会。

第十六条　人民得陈诉于行政官署。

第十七条　人民有任官考试之权。

第十八条　人民有选举投票及被选举之权。

第十九条　人民依法有纳税之义务。

第二十条　人民依法有当兵之义务。

第二十一条　本章所载人民之权利于有认为增进公益维持公安之必要，或非常紧急必要时，得于法律限制之。

第三章　都　督

第二十二条　都督由人民公举，任期三年，续举时得连任，但连任以一次为限。

第二十三条　都督代表鄂州政府总揽政务，其在议会未开设前，暂得制定法律。

第二十四条　都督公布法律，但对于议会议决之法律有不以为然时，得以政务委员全体之署名，说明理由，付议会再议，以一次为限。

第二十五条　都督于紧急必要时，得以政务委员全体之署名，发布可代法律之制令，但事后仍须提出议会经其承诺。

第二十六条　都督于法定议会开闭时期外，遇有必要时，得召集临时会议。

第二十七条　都督于会议开会时得出席或命政务委员出席发言。

第二十八条　都督得对外国宣战媾和，缔结条约。但缔结条约须提出议会，经其议定。

第二十九条　都督统率水陆军队。

第三十条　都督除典试院、官吏惩戒院、审计院、行政审判院之官职及考试惩戒事项外，得制定文武官职官规。

第三十一条　都督依法律任命文武职员。

第三十二条　都督依法律给予勋章及其他荣典。

第三十三条　都督依法律宣告戒严。

第三十四条　都督宣告大赦、特赦、减刑、复权。

第四章　政务委员

第三十五条　政务委员依都督之任命执行政务，发布命令，负其责任。

第三十六条　政务委员提出法律案于议会，并得出席发言。

第三十七条　政务委员编制会计预算，募集公债及缔结与国库有负担之契约时，须提出议会经其议定。

第三十八条　政务委员遇紧急必要时得为非常财政之处分及预算外之支出。但事后须提出议会，经其承诺。

第三十九条　政务委员于都督公布法律及其他有关政务之制令时，就于主管事务须自署名。

第五章　议　会

第四十条　议会由人民于人民中选举议员组织之。

第四十一条　议会议决法律案并议定条约及会计预算，募集公债与国库有负担之契约，但基于法律之支出，议会不得减除。

第四十二条　议会审理决算。

第四十三条　议会得提出条陈于政务委员。

第四十四条　议会得质问政务委员求其答辩。

第四十五条　议会得受理人民之陈请送于政务委员。

第四十六条　议会以议员四分三以上之出席，以出席员三分二以上之可决，得弹劾政务委员之失职及法律上之犯罪。

第四十七条　议会得自制定内部诸法规，并执行之。

第四十八条　议会于议员中自选举议长。

第四十九条　议会于每年法定时间自行集合开会闭会。

第五十条　议会除四十六条所载外，有总员三分二以上之出席始得开议。有出席员过半之可决始得决议。可否同数时，议长决定之。

第五十一条　议会议事须公开之。但有政务委员之要求及出席议员过半数之议决得开秘密会议。

第五十二条　议会议员以十人以上之连署得提出议案。

第五十三条　议会议员在会内之发言表决提议，在会外不负责任。但用他方法表于会外者不在此限。

第五十四条　议会议员除关于内乱外患之犯罪及现行犯外，在会期中非得议长许诺不得逮捕。

第六章　法　司

第五十五条　法司以都督任命之法官组织之。法司之编制及法官之资格，以法律定之。

第五十六条　法官非依法律受刑罚宣告，或应免职之惩戒宣告，不得免职。

第五十七条　法司以鄂州政府之名，依法律审判民事诉讼及刑事诉讼。但行政诉讼及其他特别诉讼，不在此限例。

第五十八条　法司之审判须公开之。但有认为妨害安宁秩序者得秘密审判。

第七章　补　则

第五十九条　本约法由议会议员三分二以上，或都督之提议，议员过半数之出席，出席过半数之可决得改正之。

第六十条　本约法自……日施行之。

第四节　成立湖北临时议会

中华民国元年一月六日，军政府会议，佥以中央临时政府既经成立，而地方亟应成立民意机关，以实行民主政治。当即根据鄂州临时约法决议，限期成立湖北省临时议会，以各部总稽查处为选举筹备及监督机关。旋该处拟定选举临时办法要点如下：

一、每县定议员名额一名。

二、议员由各县在省之人士集会，用单记投票法互选之。以得票较多者为当选。

三、若该县在省者不满十人以上，其当选议员须得同府议员公认方为有效。

四、被选资格须年满二十五岁之男子，素无嗜好，得有学校毕业，或同等学力有证明文件者。

选举日期原定自一月二十日起，至二十五日止。按照府次，在指定地点分期投票，由各部总稽查处派员监督。嗣以手续繁重，各县未能按期选出，乃展至二月一日始告完成。其时和议虽在进行，而战事尚未终止，交通阻滞，故所选出之议员多数为各机关服务人员及留省者。各县被选人如下表：

江夏（今武昌）	程国璠（原徐绍五）
武昌（今鄂城）	范龙光
咸宁	黄鹏
嘉鱼	刘心源
蒲圻	黄昌谷
崇阳	刘先钟
兴国（今阳新）	梁觐光
通城	皮晃

大冶	董昆瀛
通山	叶庭瑛
汉阳	陈邦彦（原李逢年）
汉川	刘邦桢
黄陂	胡国玺
孝感	陶　峻（原石志泉）
沔阳	杨玉如（原张祥麟）
夏口（今汉口）	高国英
黄冈	胡作宾（原张泽涛）
黄安	刘彝（原张国恩阮毓松）
黄梅	黄寿彭（原石山倜）
蕲州（今蕲春）	高仲谦
麻城	屈佩兰
蕲水（今浠水）	瞿介蕃
罗田	方汝确（原许光棣）
广济	董承霭（原周荣德）
安陆	辛泽溥（原罗兆鸿）
云梦	周家堪
应山	左德威
随州（今随县）	彭介石
应城	陈大华
钟祥	司寇直
京山	查季华（原刘英）
潜江	蒋羲明
天门	李　法
公安	邱福林
江陵	邓裕厘

石首	傅志时
监利	刘 织
松滋	孔广铨
枝江	周家炳
宜都	刘保粹
襄阳	朱孔阳
宜城	姚 文
南漳	汪 恺
枣阳	邱国瀚
谷城	张鸿翼
均州（今均县）	王家藩
光化	周祖濂（原唐之定）
郧县	孙礼卿
房县	王家楫
竹山	何文烈
保康	吴国弼
竹谿	杨庆汉
郧西	张光廷
东湖（今宜昌）	王道均
兴山	余光国（原彭子丹）
归州（今秭归）	郑万瞻
长阳	邓宗模
长乐（今五峰）	田飞凤
巴东	谭德甫
恩施	唐 燊
宣恩	段守仁
来凤	熊 瑛

利川	吴兆廷
建始	刘汝璘
鹤峰	吴澄清
荆门	陈君慎（原徐祝平）

选举告竣，定期于二月七日召集，八日开谈话会，十日举行开幕式，刘心源为临时主席，黎都督亲临致词曰：

今日为我中华民国湖北临时议会开幕之日，亦即我国民主政治实现之初步。诸君皆我省之人望，将来必大有造于地方。元洪忝为军事行政首长，躬逢其盛，固甚荣幸。然和议成功与否，尚在不可知之数。吾鄂省为首义之区，责大任重，端赖诸君协力赞助。军兴以来，迄今四阅月，大勋未集，地方破坏，百废待举。一切应议应行之事，皆有待于商榷。诸君多参与是役，必能洞悉靡遗，务请体察今日一般情况，以利吾鄂者利中华民国，以树各省民主政治之模范。此则元洪之私愿，敢以期望诸君者也。

云云。

同日选举刘心源为议长，郑万瞻、汪恺为副议长。赓即举郑万瞻、屈佩兰、汪恺起草临时议会章程，并发表宣言曰：

长夜漫漫，待旦何时，金鸡一鸣，顿令旭日东升，光天重睹，此我鄂军起义之景象也。铲除君主专制之流毒，特创四千余年未有之局。人心所向，沛然若决江河。群以共和为惟一之目的，迄于今日，战云将收，国基渐定，行将萃五大民族组成一团体，伟哉！我黄帝之子孙也。惟所谓共和云者，其要旨安在？质言之，亦民主而已。然以吾国幅员广漠，户口殷繁，如人人悉握政治权，其弊也必散漫无纪。分裂之害，殆有不可胜言者。夫谋国权之统一，为政治上活动之本源，于是乎不得不赖有总揽之机关。而握此总揽机关之最高权者，势不得不取法于间接之民主制，此今日临时议会之所由成立也。念吾鄂父老子弟，掷无数之头颅，捐无数之财产，始得此代价之共和。今日一旦付责于我数十之议员，任重材薄，何克当此。但愿众志成城，各尽其力，期无负于我父老子弟而已。而今而后，对于外部言者，若内务，若财政，若军务，若实业，若教育诸大端，自宜作统一之计划，本监督之职权，尽应尽之责任。而我辈所应共勉者亦约有四端：一曰识大体，勿毛举细故也；二曰矢公心，未可涉及私制也；三曰尚和气，宜融化意见也；四曰持毅力，宜贞固任事也。本届议会虽属临时，庄子云："其作始也简，其将毕也巨。"我辈更有不得不慎厥初者，此则我辈所应共勉，亦即所以敬告于我父老子弟之前者也。

翌日通过章程，并选举各股审查委员，当选者法律股吴兆廷等十二人，财政股董昆瀛等十一人，军政股彭介石等七人，教育股田飞凤等七人，实业股王家藩等七人，民政股朱孔阳等七人，陈请股邱国瀚等七人，惩罚股方汝确等四人，审查资格股叶庭瑛等五人。其时南京中央临时政府，因军用浩繁，财政空虚，有议以汉冶萍矿产抵押借款之说。该会得报，一致议决反对，通电否认，并推举董昆瀛、张祥麟代表赴宁力争，其议遂罢。未几，南京临时参议院又有以赋税抵借道胜银行一百五十万镑之决议。该会闻之反对，认南京临时参议院由各省军政府派出，不能代表全国人民，通电各省，发起国民会议，议员由人民选举。旋得十六省同意，卒因时间迫促，民选困难，正式国会不久亦必召集。乃决就原有参议院议员名额，每省三人改为五人，暂由各省临时议会选举。该会遂选出刘成禺、张伯烈、时功玖、汤化龙、郑万瞻五人为中央临时参议会议员。在议会力争借款违法，其事始寝。后黎都督倡议军民分治，限制军人干政，该会立即赞同，乃选刘心源为民政长，其议长席则选董昆瀛继之。屈佩兰当选为副议长。自是民政独立，该会限期各机关提交预算案，并纠弹司法、内务、财政各司司长（时已由部改司）张知本、周汝翼、潘祖裕等。尚能积极行使议会职权。

第五节　各国对于辛亥革命态度

先是瑞、张逃后，张彪求计于日顾问寺西秀武。秀武代为划策，彪不能用（见前第六章第一节）。瑞澂亦派员商各国领事，请炮轰武昌民军，各领事因庚子条约一国不能单独自由行动，乃开领事团会议，法俄等国领事主张不干涉，遂拒所请。所以然者，中国革命形势发展之速，使各帝国主义国家感到用武力直接帮助清军不是一件容易的事，也不是一件更有利的事，因而经数日之踌躇观望，遂即承认革命军为"交战团"，而出示宣告"严守中立"。

当庚戌夏季，英日同盟条约缔结时，东亚大部分英侨，见日本政策与英国自身利益不尽相符，颇感受其束缚。因为英国势力范围，集中于扬子江及中国南部，辛亥武昌义军突起，清军虽在阳夏稍获胜利，而英政府援助清廷之举，却自放弃。上海英侨为保持商业起见，对民党则表示"亲善"，已转变为英国对外政策。其在北京方面所讨论者，已非维持满洲朝代问题，而为变更帝制国体问题，虽共和国体，非英人所乐于赞成，然深信民党排满之势不可遏止，不如外假"中立"美名，暗地扶植忠实走狗袁世凯为其代理人，导演一手打倒清政府，一手消灭革命党的阴谋，较为有利。

日本则自武昌首义之初，即有人主张干涉。闻英方曾温语劝戒，日方又自感单独行动力有未逮。然对此扩大亚洲大陆势力之机会，则不肯放弃。此于驻华德使致其国务总理报告可见。因为日本对华一贯政策，在煽动内乱，破坏统一，而坐收渔人之利。先是成都激变初起，日政府派要人斋藤季治郎赴长江上游调查。武昌首义日，即斋藤行抵汉口之时。曾由其分派秘密团体往上海援助民党起事，然而民军逐渐扩张，东京空气已感不快。十一月间（旧历九月中旬后），日本报纸即开始干涉论。十二月七日

（旧历十月初），日外相内田康哉通知驻日美大使卜莱安，有曰：
"对敌行为如仍继续，日政府认为有考虑干涉必要。"当清廷起
用袁世凯时，日政府向英美建议共同干涉，由列强担保建立一名
义上清廷政权。十二月十八日（旧历十月二十八日），驻美日代
办致美国务卿文，有曰：

中国情形益坏，清廷权力已等于零。而革命党亦派别分歧，
并无真正领袖，如任其继续发展，不但影响商务，恐其暴发类拳
乱之排外举动。加以本年洪水为灾，饥民溃兵，交相为乱，在此
情况之下，革党绝对无力维持占领区域，中国今日正当选择帝制
或共和之歧路。依日政府意见，采用共和制度，实极困难。即使
实行，亦难信中国人能运用之。另一方面则清廷无能，已无可讳
言。则其恢复威权，统治国家一如旧制，实际已不可能。因此适
应中国现状之最善方法，应建立一名义上清廷政权之中国统治。
一方面尊重中国人民权利，一方限制清廷独裁权利。并消除共和
空想，制定宪法，由皇帝矢誓遵守。如此日政府以为应劝告双
方，定立条件，一方使清廷接受上提原则，并认以此为维持政权
之善策；一则使革党了解建设共和不合实际，且得危及中国生存
及人民自身福利，必须维持现在朝廷，并尊重人民地位，交由主
要列强保障。

此为日本主张国际共管中国之建议，英美两国不予采纳。于
是日本又退一步提一方案，主张划中国为二，北部仍维持清廷，
共和制则限于江南，然英政府亦不附和。驻日英使窦纳乐曾三次
奉命向日外务省阻止日本非中立行动，第一次抗议日本驻华公使
伊集院维持清廷声明，第二次抗议日本拟贷款清廷，第三次抗议
日本用武力干涉。窦纳乐尝对英人波莱谈英政府意见，有曰：
"日本当局以为中国革命为一种单纯的地方事情，英国则深信中
国革命正在发展，为一种革命运动，此种运动得成为泛滥之江
河，而日本则视为不过涔滴之水，易于遏塞。"可见英日侵略策

略本不相同，故其对中国观察亦大相悬殊。

美国伸张势力于远东，较列强独后，故对中国主张领土保全，门户开放，机会均等。见俄租旅大、据东三省为己有，深嫉视之。所以当日俄战争左袒日本，且借助巨款。及日本战胜，竟继俄国而独占东三省南部，自召美国反感。于是1909年有诺克斯满铁中立，提议英、美、法、俄、德、日六国借款，收买南满及中东铁路，由国际委员管理，而政治权利则完全属之中国。虽遭日、俄两国联合反对而失败，美国乃又合英、法、德三国组织四国银行团，共同投资，打破日、俄两国独占之局。及辛亥次年，德国闻日本将单独行动出兵满洲，实行武力干涉中国内政，渠以在华利益与美相同，因促美国发出宣言，声明"尊重中国主权，保全领土，开放门户，利益均沾"等语。于壬子年一月三十一日德先以公文询美国对东亚时局之态度，美国答文于二月八日在华盛顿、柏林同时发表，文曰：

……自中国革命发动以来，敝国政府每遇机与列强交换意见，尤其是法、英、意、日、俄及贵政府商讨何法保护共同利益，无不主张一致行动，又于各国报纸上得悉列强互换意见。因此敝政府明了对中国时局，彼此共同协作，不独无单独行动以及干涉中国内政之举，而且与平日和约尊重中国主权保全领土之言相符。现在中国方面，清皇室及革命党皆保护外人生命财产，既不因外力干涉而然，则将来亦无必须出以干涉，倘若将来竟违一切期望，不得已而必干涉，则敝国政府深信先由列强协商然后共同行动。坚定保持其政策，庶一切误会，自行扫除……此外敝国政府尝觉中国贷款，不易轻予，实为严守中立之当然结论。除非对于借款确可保证于战争双方以外之正当事项方可。又觉现在时机，宜特别适应借款政府所抱原则，凡对其国民向华投资，有与自国政府所遵列强协调政策不合者，当加以阻止。

此项声明无异对日本干涉中国之举加以干涉。日本既以英国反对于前，美德二国又激烈反对于后，因此原定"清廷倾覆后，满洲发生骚乱，即藉妨害铁路利益为辞，积极进兵"之政策，不得不暂行停止，进而利用共同行动之美名别作秘谋。

各帝国主义国家之舆论，或示失望于清廷，或寄期望于袁世凯，而大率以揭出中国革命党人之弱点，进言资本家以夺取对中国之控制，乘机渔利为主旨。例如当时纽约《太晤士报》曾著论曰：

满洲本野蛮之族，乘中国不备之际长驱入主最富庶文明之国，凡二百六十余年，残虐其人民，宜乎中国人今日亟起而驱逐之也。

伦敦《太晤士报》北京访员于某日晋见袁世凯，曾语之曰：

（一）此次革命军系救中国之危亡，因见满政府腐败，致国势积弱，故起而革除之以保全主权。（二）奉命进行之目的，力图联络，以增长民族之势力，并非意存分离。（三）现在独立各省，其共同不戴满之心已决，势不至推翻不止。（四）满政府既政乱民离，决不能保全。（五）英国君主立宪，以其君为民所信仰，满清君主既不为民所信仰，自不能与英国并论。

巴黎《迭霸日报》访员亦慨乎其言，据其报道曰：

欧报有惧中国革命致酿排外风潮者，此实大谬。倘细求革命之原因，即可解释此误会矣。中国人民久为满廷束缚，亟思排而去之，此其一也。满廷因专制而坚持闭关主义，中国人民稍有知识者，皆思与外国联络，一变其从前孤立之态度，此其二也。满廷百计愚民，而欧美留学诸人，极力鼓吹自由，如孙逸仙、伍廷芳之流，其最著矣。总之彼等胜利现可决定。即共和不成，亦必为根本上之绝大改革。无论何人为政府，而政策必偏于自由一面可断言也。新政府于财政军事，均须欧美助力。革命之前欧美之与中国，有一大墙为之阻隔，现此墙已经洞穿，不久将全倒去也。就经济及社会两方面之原则言之，拥广漠之土地，四百兆之人民，消费力及劳动力皆为世界第一。而其闭塞宝藏，缺乏资本，亦为世界第一。则其吸收欧美工商文化，本自然之趋势。藩篱既撤，莫之能御。彼之求于各国，不仅资本一面，即于科学经验，亦必大有所需，此其接近或非出于真诚，惟有不得不然之势，且系真政策之所利也。新政府力尚薄弱，基础未固，方求与各国联络感情之不暇，安有从而排斥之理。彼惧外人干涉，若再显示抵触，则各国均将扼之，虽至愚不为矣。世界经济于中国革命后必大增进，共和党（按指革命党）既得势，则内地多数均可发展工商，厘金定可裁去，绝大之公众工程如铁路之类必定大加扩张，所有各项改革，须用资本极大。现时各银行之金融，已有亟须欧美接济之势，后此更可知也。留居中国各地之外人，始终未受危险，间有匪徒扰害，然共和党固以全力保护也。有多数中国人均避居租界内，则租界之安宁可知。此实外人不受恐慌之铁证。其于千九百年时拳匪之乱（污蔑义和团之谓），殆相去天渊矣。总之此次革命，外人不特无所损失，且将于革命后生无穷之希望。吾法之资本家宜速为注意，预备发展事业。否则该英、日、德、美各国占其先著，再无吾法回翔之余地矣。

德国《哥伦日报》则谓：

中国将来政体改为共和，抑仍君主立宪，与德毫无关系。此其中之利害，中国人宜自审度，无劳外人代计。彼其人民大多数之程度已达共和，或其改为共和后于政治及经济各方面有长足之进步乎。在中国必已筹之至熟。此皆关于中国内政，吾德从未思及干预。但愿乱事速定，其主权者无论何一方面，与德继续睦谊，则德之所深愿也。

日本头山满、河野广中、杉田定一、根津一、小川平吉等，则组织日本善邻同志会，发表宣言，赞成中国革命。有曰：

吾人本善邻之谊，照其国利民福热诚，以祷革命军速贯彻其目的，且望列国善鉴时局之情形，无出于干涉政体谬举。

无如日本野心家对于中国革命，认为有机可乘，主张出兵干涉者大有人在。十月初六日其陆相石本新六奏，可令饬名古屋第三师团，在步兵第三十三标及五十一标内选拔步兵一营、机关枪队一队（兵员数七百五十人）编成混成一支队，由宇品乘桦太丸出发，于三十日抵秦皇岛上陆，由守备司令阿部少将指挥，分配于北京、天津、山海关等处。汉口方面亦调到陆军五百人，藉口保护租界。同时并派兵一万三千名由奉天（今辽宁）之大连湾柳树屯登陆。当时外交界怀疑日本派兵或为实行干涉之初步，惟北京外交团原有一致行动之协议，不得单独干涉，美德特加注视。英国虽与同盟，亦与美德密切联络，而民军行动又系毫无可藉口处，故卒归无事。

当时沙俄窥伺满蒙，风云原极险恶，呼伦所辖全境已被进占，俄蒙私约由是成议。

德军方面亦有私售清军械弹之传说。武昌、南京、上海舆论哗然，且有抵制德货之运动。而德国政府极端否认。驻沪德领事曾函各报申辩，文曰：

本总领事据上海德国商务总会禀称，现在各华报指摘德商，谣言甚多，谓为不守中立，专将军火售与北京政府。故德国商会必须特行言明。盖北京政府已于数年以来竭用全力组织陆军，以期成一强盛之军队，以便防备外侵，是以向在华德商屡次购买军火，为数甚夥，此人人皆知也。但德商经营此项生意，实系按照条约办理。盖一面得有价值，一面得有德商交纳最好之军火也。自武昌民军兴起以来，上海各德商实系格外严守中立。不意现有人造谣，谓德国洋行专将军火售与北京政府，以便压制民军，则试问民军现用军火，果系由汉阳枪炮厂与江南制造局所制乎？并确有人以为在汉口官军所用之大炮，系由西伯里亚铁路装运而来者。但此项炮火人人皆知确系数年前由政府向外洋订购，早经运抵中国之物也。总之吾德人远道来华，甚愿与华人和平交易，所有民军与北京政府系属两方面之事，与德商并无干涉。但我德人甚愿中国成统一强盛之国，并出有伟人，将政治改良，俾全国人民得享安康之乐，此区区隐衷也。

同时驻汉德国领事，照会武昌黎都督，要求查禁谣传，文曰：

照得外间有种反对德国之谣言，到处传播，足使中国人民对于德国发生恶感。望贵都督出示晓谕，以免人民误会。敝领事亦当竭力查禁造谣根据也。想贵都督必时接有反对德国及德人之报告。此种报告，以后尚必有继续而至。此不独报告，而武昌报纸上亦时有记载。报纸流行最广，且易鼓动人心，故现在上海有戕害德商买办之事。至于一二商家，或不免有营利私图，然亦不得因此遂概指为全国。敝领事以报纸最有关系，务乞贵都督严饬报馆，将此种谣传申明更正，是所至祷。

迨后清帝退位，共和告成，我侨外同胞纷纷举行庆祝大会，热烈空前。惟日本神户侨胞提灯游行时，曾遭日警干涉限制。而荷兰在爪哇官警，尤为悖谬，我侨胞因庆祝而被杀伤多人，国旗亦被撕毁。鄂军政府闻耗，深为愤怒，致电南京临时政府请严重交涉。文曰：

荷人之苛待华侨久矣。我侨胞水深火热，极堪垂念。此次共和成立，凡属中华民国分子，谁不亟欲登之衽席。况华侨蛰伏异域，尤深痛满清之漠视，冀共和之成功，奔走呼号，牺牲其财产生命而不惜。其所以如此者，不过希得政府完全之保护，而与他国人立于平等之地位，享受平等之权利也。不意荷属华侨庆祖国之共和，即遭荷官之凶暴，藉故寻衅，罗织大狱，撕毁我国旗，杀伤我人民，系累我妇孺，惨无人道，显干公法，闻之愤气，言之寒心。且举行庆典，何国蔑有，升悬国旗，何与治安，乃竟至调遣马步兵队，围掳男妇稚子达于千数。此等暴行，是直以亡国民待我华侨，而藐视我中华民国也。彼习见清朝政府视华侨如化

外，甘自放弃权利，今日似故为尝试，以觇我民国新政府之对外
政策耳……查公法通例，外人受本国保护，与本国人无异，如有
不法之徒，逮捕拘留，外人得抗议之。至于遇内变而受损害，则
本国有赔偿之责，不与内国人同。今华侨升旗庆祝，既不干该国
法律，而该荷人之杀伤我侨民，复不关该国之内乱，且复逮捕拘
留之不已。世界有此公法乎？夫侨胞热爱祖国，自民军倡义，踊
跃输将，其引领望祖国之强，可谓切矣。今民国成立，仍令我热
心之侨民，无辜受荷人之蹂躏，清夜自思，深用悱恻。兹当危迫
之际，人心激昂，若无圆满之保护，不惟失华侨内向之心，亦恐
启外人欺侮之渐。用恳向荷使严重交涉，以保侨民，失今不图，
安见后日华侨之受荷人虐待者，不更甚于今日乎？又安见他国之
待华侨者，不援以为例乎？至于如何交涉之处，请随时电示，不
胜盼切。

第九章　南北和议成　清朝君主退位
中华民国成立

第一节　中央临时政府各省代表会举孙文为临时大总统
黎元洪为临时副总统

中国革命党领袖、同盟会总理孙中山先生，由欧美归国，于
辛亥十一月初六日（12 月 25 日），安抵上海。沪上商民暨各界
人士，皆热烈欢迎，沪军都督陈其美，特鸣礼炮二十一响致敬。

时湖北居正、杨时杰、王正廷、马伯援、胡瑛，江苏陈陶
遗，浙江汤尔和、陈时夏、屈映光、黄群、陈毅，湖南谭人凤、
宋教仁、邹代藩、廖名缙，四川萧湘、周代本，云南吕志伊、张
一鹏、段宇清，山西景耀月、李素、刘懋赏，陕西张蔚森、马步
云，安徽许冠尧、王竹怀、赵斌，江西林森、王有兰、赵士北、

俞应麓、汤漪，福建潘祖彝、林长民，广东王宠惠、邓宪甫，广西马君武、章勤士，奉天（今辽宁）吴景濂，直隶（今河北）谷钟秀，河南李槃，山东谢鸿焘等十七省代表集会于南京，遂于初九日开临时大总统选举预备会，初十日正式选举。到会代表共十七省，每省有一投票权。推汤尔和为代表会会长，王宠惠为副会长。投票结果：孙文以十六比一之大多数当选为中华民国临时大总统。由是各省代表会依据临时政府组织大纲第十六条，代理参议院行使职权。

十二日议决改奉正朔，通电各省，公布以十一月十三日为中华民国元年一月一日。电曰：

各省都督府、各报馆鉴：今日议决改用阳历，并以中华民国纪元。明日即为中华民国元年正月一日。临时大总统即于是日到宁，发表临时政府之组织，即请公布。各省代表会代理参议院公布。文（十二日）。

中华民国元年元月一日（即西历1912年1月1日，旧历辛亥十一月十三日），孙总理携顾问霍马理（美国军官）偕浙江代表汤尔和、湖北代表杨时杰等由沪乘专车赴南京。午后十时，行临时大总统受任礼于江苏谘议局。即以谘议局为总统府。各省代表及海陆军代表毕至。奏军乐，欢呼共和万岁。代表团推景耀月报告选举情形，谓："今日之举为中国五千年历史所未有，我国民今日所希望者，在共和政府之成立，以扫除满洲专制政府，使人人得到自由。孙先生为近代革命之先觉，富有政治学识。今日就临时大总统之职，愿孙先生始终爱护民国，毋负国民期望。并请大总统向全国国民宣誓。"云云。

孙大总统即出席宣誓曰：

倾覆满洲专制政府，巩固中华民国，图谋民生幸福，国民之公意，文实遵之，以忠于国，为众服务。至专制政府既倒，国内无变乱，民国卓立于世界，为列邦所公认，斯时文当解临时大总统之职。谨以此誓于国民。

宣誓毕。代表团授以大总统印，并致颂词曰：

惟汉曾孙失政，东胡内侵，淫虏猾夏，帝制自为者垂三百年。我皇汉慈孙呻吟深热，慕美利坚、法兰西人平等之制。用是群谋众策，仰视俯划，思所以倾覆虐政，恢复人权，乃断头戕胸，群起号召，流血赴义，续美法人共和之战史。今三分天下克复有二，用是建立民国，组成政府。拣选民主，推置总统。佥意能尊重共和，宣达民意，惟公贤；廓清专制，巩卫自由，惟公贤；光复禹域，克定河朔，举汉满蒙回藏群伦，共覆于平等之政，亦惟公贤。用是投匦度情，征压纽之信，众意所属，群谋佥同，既协众符，欢迎拥戴，要知我国民久困钤制，疾首蹙额，望民主若岁。今当公轩车莅止，苍白扶杖，子女加额，焚香拥篲，感激涕零者何也？忭舞自由，敦重民权也。用是不吝付四百兆国民之太阿，寄二百亿里山河之大命，国民委托于公者亦已重哉。继自今惟公翼翼，毋违宪法，毋拂舆情，毋作威福，毋崇专断，毋昵非德，毋任非才。凡我共和国民有不矢忠矢信，至诚爱戴，轩辕金天列祖列宗七十二代之君，实闻斯言。代表等受国民委托之重，敢不尽意。谨致大总统玺绶，俾公发号施令，崇为符信。钦念哉。

孙大总统敬受印绶，即启印钤于宣言书。书曰：

中华缔造之始，而以不才膺临时大总统之任。夙夜戒惧，虑无以副国民之望。夫中国专制政治之毒，至二百余年来而滋甚，一旦以国民之力，踣而去之，起事不过数旬，光复已十余行省，自有历史以来，成功未有若是之速也。国民以为于内无统一之机关，于外无对待之主体，建设之事，刻不容缓，于是以组织临时政府之责相属。自推功让能之观念以言，文所不敢任也；自服务尽职之观念以言，文所不敢辞也。是用黾勉从国民之后，能尽扫专制之流毒，确定共和，普利民生，以达革命之宗旨，完国民之志愿，端在今日。敢披肝沥胆，为国民告。

国家之本，在于人民。合汉、满、蒙、回、藏诸地为一国，如合汉、满、蒙、回、藏诸族为一人，是曰民族之统一；武汉首义，十数行省先后独立。所谓独立者，对于满清为脱离，对于各省为联合，蒙古、西藏意亦同此。行动既一，决无岐趋，枢机成于中央，斯经纬周于四至，是曰领土之统一；血钟一鸣，义旗四起，拥甲带戈之士，遍于十余行省，虽编制或不一，号令或未齐，而目的所在，则无不同。由共同之目的，以为共同行动，整齐划一，夫岂甚难？是曰军政之统一；国家幅员辽阔，各省自有其风气所宜。前此清廷强以中央集权之法行之，以遂其伪立宪之术。今者各省联合，互谋自治，此后行政，期于中央政府与各省之关系，调剂得宜。大纲既挈，条目自举，是曰内治之统一；满清时代藉立宪之名，行敛财之实，杂捐苛税，民不聊生。此后国家经费，取给于民，必期合于理财学理，而尤在改良社会组织，使人民知有生之乐，是曰财政之统一。此上数者，为行政之方针，持此进行，庶无大过。

若夫革命主义，为吾侪所倡言，万国所同喻，前次虽屡起屡蹶，外人无不鉴其用心。八月以来，义旗飚发，诸友邦对之抱平和之望，持中立之态，而报纸及舆论，尤每表其同情。邻谊之笃，良足深谢。临时政府成立以后，当尽文明国应尽之义务，以期享文明国应享之权利。满清时代辱国之举措，及排外之心理，务一洗而去之。持平和主义，与我友邦益增亲睦，使中国见重于国际社会，且将使世界渐趋于大同。循序以进，不为幸获。对外方针，实在于是。

夫民国新建，外交内政，百绪繁生，文顾何人，而克胜此。然而临时政府，革命时代之政府也。十余年来以至今日，从事于革命者，皆以诚挚纯洁之精神，战胜其所遇之艰难。即使后此之艰难，远逾于前日，而吾人惟保此革命之精神，一往无阻，必使中华民国基础确立于大地，此后临时政府之职务始尽，而吾人始可告无罪于国民也。今以与我国民初相见之日，披布腹心，惟我之四万万同胞鉴之。

黎大都督贺孙大总统电：

顷接各省代表会蒸电称，临时大总统之任先生当选，曷胜欣贺。先生识高千古，虑周全球，挽末世之颓风，复唐虞之盛治，使海内重睹汉官威仪，不独四万万同胞之福，即东西各国亦莫不景仰高风，为中华民国庆。专此电贺。中华民国万岁。中华民国大总统万岁。

孙大总统谢电：

武昌举义，四海云从，列国舆论，歌诵民军，无微不至，而尤钦佩公之艰苦卓绝。文于中国革命，虽奔走有年，而此次实行，并无寸力。谬蒙各省代表举为总统，且感且愧。惟有勉为其难，以副公之盛意。武汉为全国之枢纽，公之责任维艰，伏维珍重。

（各省贺电甚多，不备录）

代表会议继议定五色旗为国旗（江浙沪联军攻克南京所用），十八星旗为陆军旗（武昌首义所用），青天白日为海军旗（陆皓东广州革命所用），亦经正式公布。又因临时政府组织大纲只有大总统，无副总统，行政各部只有外交、内务、财政、军务、交通五部，颇嫌疏阔。于是湖南代表宋教仁提议，在大总统外加一副总统，行政各部不加限制，俾有伸缩余地。复经代表会议通过。元年一月三日，代表会开副总统选举会，黎元洪得十七票，当选为中华民国临时副总统。

是日大总统出席代表会，提中央行政设立各部及其权限案，议决后，即提国务员九人请同意案，原案宋教仁长内务，汤寿潜长教育，程德全长交通，经代表会预审，改为程德全长内务，汤寿潜长交通，教育另提。于是补提蔡元培长教育，均经一致通过。内阁于是组织完成。其总次长名单如下：

陆军部长	黄　兴	次长蒋作宾
海军部长	黄钟瑛	次长汤芗铭
外交部长	王宠惠	次长魏宸组
内务部长	程德全	次长居　正
财政部长	陈锦涛	次长王鸿猷
司法部长	伍廷芳	次长吕志伊
教育部长	蔡元培	次长景耀月
实业部长	张　謇	次长马君武
交通部长	汤寿潜	次长于右任

旋代表会依据临时政府组织大纲第七、八条之规定，由各省派代表三人组织临时参议院，月底始告成立。参议员名录如下：

议　长	福建	林　森		
副议长	浙江	王正廷		
议　员	湖北	张伯烈	刘成禺	时功玖
	湖南	欧阳振声	彭允彝	刘　彦
	江西	王有兰	文　群	汤　漪
	福建	潘祖彝	陈承泽	
	安徽	常恒芳	凌　毅	胡绍斌
	江苏	杨廷栋	陈陶遗	凌文渊
	浙江	殷汝骊	黄　群	
	四川	熊成章	黄树中	
	山西	景耀月	刘懋赏	李　素
	陕西	赵士钰	张蔚森	马步云
	广东	钱树芬	赵士北	金　章
	广西	邓家彦	曾　彦	朱文邵
	云南	张耀曾	席聘臣	段宇清
	贵州	平　刚	文崇高	

山东	彭占元 刘景楠
河南	李槃
奉天	吴景濂
直隶	谷钟秀

元年一月二十八日上午八时，各省议员齐集参议院，开正式成立会。孙大总统率同各行政长官暨秘书长胡汉民莅会。致词曰：

中华民国既越二十有八日，参议机关乃得正式成立。文诚忻喜庆慰，揣中情之希望，告参议诸君子之前，而为之辞曰：人有恒言，革命之事，破坏难，建设尤难。夫破坏云者，仁人志士任侠勇夫，苦心焦思于杌陧之中，而丧元断胫于危难之际，此其艰难困苦之状，诚有人所不及知者。及一旦事机成熟，倏然而发，若洪波之决危堤，一泻千里，虽欲御之而不可得，然后知其事似难而实易也。若夫建设之事则不然，建一议，赞助者居其前，则反对者居其后矣。立一法，今日见为利，则明日或见为弊矣。又况所议者国家无穷之基，所立者亘古未有之制，其得也五族之人受其福，其失也五族之人受其祸。呜呼！破坏之难，各省志士先之矣。建设之难，则自今日以往，诸君子与文所黾勉肩任而弗敢推谢者也。矧当北虏未灭，战云方急，立法事业，在在与戎机相需为用。破坏、建设之二难，毕萃于兹，诸君子勉旃，各尽乃心，竭乃智，以奠民国之始基，以扬我族之大烈。则不徒一人之颂祷，四万万余同胞实嘉赖之。

第二节　伍廷芳、唐绍仪代表南北正式议和

辛亥十月十三日（12月3日），武汉既已局部停战，全国和议进行从事开始。经各方函电秘商，外交团居中斡旋，渐得双方同意。十六日军民各省代表公推伍廷芳为议和代表。十七日清内阁总理大臣袁世凯奏准以邮传部大臣唐绍仪为议和专使、全权代表，参赞杨士琦及随员等南下讨论大局。唐奉委后即电驻汉英领

转商武昌军政府，继续停战十五日。自十月十九日上午八点钟起，至十一月初五日上午八点钟止（三次停战期限）。黎大都督许之。

十八日唐绍仪由京汉路专车南下，二十一日午前抵汉。英领葛福及武昌军政府代表王正廷等俱往大智门车站欢迎，相集于汉口英租界公政局。王正廷关于清军由汉北调进攻山陕民军事略有诘责，唐否认之。时伍廷芳在沪，以交涉事繁，未能远离，因电请黎大都督转商唐代表赴沪。

二十三日唐谒黎大都督于武昌下新河毡呢厂外交办公处，叙谈甚欢。黎以伍代表约唐赴沪意转告，唐允之。二十四日唐遂乘舰东下。湖北中央军政府外交部长王正廷同行。二十七日抵沪。

二十八日午后二时，唐绍仪与伍廷芳第一次会议于南京路市政厅。唐之参赞欧赓祥、许鼐霖、赵椿年、冯懿同，伍之参赞温宗尧、王宠惠、汪兆铭、钮永键俱与焉。厅置一长案，伍、唐并占上座，双方参赞则左右列。王正廷代表武昌中央军政府，得列席于伍、唐之对坐。但皆无发言权。伍、唐相继入席，互换查阅文凭，各致简单开会词毕。首由伍提议十九日起停战，凡湖北、山西、陕西、山东、安徽、江苏、奉天各省须一律实行。俟清内阁回电承认后，始可正式开议。开议之后如有擅自行动之军队，彼此均当从严处治。唐允电达袁内阁，伍亦电告武昌黎大都督转告各省查照。

辛亥十一月初一日（12月20日），伍廷芳、唐绍仪第二次会议。决定续行停战七日：自十一月初五日上午八点钟起，至十二日上午八点钟止（四次停战期限）。

唐乃征询伍之意见，伍代表谓："全国人民皆向共和，即知共和政体必能成立。有谓中国人之程度不能共和，只可君主立宪者，不知既可君主立宪，即可共和。共和与立宪所差者只选举大总统与否而已。今资政院、各省谘议局皆可行选举，岂大总统则不能选举乎？有谓政为民主，则于满人不利，不知今日我等欲合汉、满、蒙、回、藏为一共和国，岂有摈斥满人之理？所欲去者一君位而已。关于皇帝之待遇，当可从优。满人汉人，亦必平等待遇。至于其生计，当有法以善处之。是满人亦利于共和也。此意不但各省赞成，且望袁君（世凯）赞成，因彼此皆中国人故也。"

唐代表言："今日欲和平解决，非共和不可，我未尝不有此心。至于如何办法，须彼此详细商量。盖须注意东三省与蒙、回、藏，必完全无缺，方可以保中国。"

伍代表言："所谓共和国，非指十八省而言，乃指全国而言。东三省、蒙、回、藏必须列于共和国之内，决不放弃，以授外人。总之若承认共和，则各事易商。"

唐代表言："我虽为全权代表，但此事甚大，须先电达袁内阁，俟回电后再行通知会议。"

是日午前，驻沪德、美、英、法、日、俄六国领事，各奉本国政府训令，造访伍、唐两代表"劝告"和平。以德国领事婆黎为领袖。先访唐，次谒伍。各陈递本国政府意见文书，唐、伍各答礼如仪。

袁世凯得唐绍仪电告，知民军坚持民主共和甚力。特于初六日开内阁会议，对于共和，已可承认，但君主之位置须加研究耳。嗣复与皇族各亲贵联席会议，陈述财政困难已达极点，万不能再以兵戎相见，只有退让，以维大局。各亲贵未予赞同，抗辩甚力。袁亦无可如何。是时清军进夺娘子关，继陷太原。民军代表伍廷芳向唐代表严加诘责。唐亦据以诘询内阁，袁复电允再严电禁阻。

十一月初八日（12月27日），伍、唐续行第三次会议。伍坚决表示非清廷承认民主共和，不再开议。唐乃提议将君主民主问题，召集国会解决。伍认为尚可商酌，唐遂电达袁内阁，请求代奏。文曰：

窃绍仪前准总理大臣咨开，委充议和总代表等因。当即驰赴汉口。嗣因议和地方改在上海，复由汉乘轮赴沪。与各省民军总代表伍廷芳，于十月二十八、十一月初一等日两次会议。迭将情形电达总理大臣在案。查民军宗旨，以改建共和政体为目的。若我不认共和，即不允再行开议。默察东南各省民情，主张共和已成一往莫遏之势。近因新制飞艇二艘，又值孙文来沪，挈带巨资，并偕同泰西水陆军官数十员，声势愈大。正议组织政府，为巩固根本之计。且闻中国商借外款，皆为孙文向各国说止，以致阻抑不成。此次和议一败，战端再起，度支竭蹶可虞，生民之涂炭愈甚，列强之分裂必乘，宗社之存亡莫卜。倘知而不言，上何以对皇太后，下何以对国民乎？绍仪出都时，总理大臣以和平解决为嘱。故会议时曾议召集国会，举君主民主问题，付之公决，以为转圜之法。伍廷芳谓各省代表在沪，本不乏人，赞成共和已居多数，何必再行召集？当时以东三省、直、鲁、豫及蒙、回、藏等处尚未派员，似非大公折之。伍廷芳仍未允认。现在停战期限已促，再四思维，惟有吁请明降谕旨，命总理大臣颁布阁令，召集国会，以君主民主付之公议，征集意见，以定指归。其汉口、汉阳等处所有军队，并请饬下总理大臣传令各军统等一律撤退，以示朝廷与民相见以诚之意。绍仪自当凛遵阁令，与伍廷芳会议，公决开会日期及民军不得进攻条约，以期和平议结，早息战争，使皇上公天下之心昭然共喻，则皇室必能优待，宗祀得以永存。所有绍仪到沪议和情形，暨请早开国会缘由，谨披沥电陈，乞代奏。唐绍仪叩。齐。

右电到京后，清廷即开御前会议。载泽、载涛、毓朗等均反对，惟奕劻与隆裕太后主张允唐绍仪所请。因于初九日下谕，召集国会，公决国体问题，并命内阁迅拟选举法施行。其谕旨云：

朕奉隆裕皇太后懿旨，内阁代递唐绍仪电奏：民军代表伍廷芳，坚称人民志愿，以改建共和政体为目的等语。此次武昌变起，朝廷俯从资政院之请，颁布宪法信条十九条，告庙宣誓，原冀早息干戈，与国民同享和平之福。徒以大信未孚，政争迭现。予惟我国今日于君主立宪、共和立宪二者以何为宜，此为对内对外实际利害问题，固非一部分人民所得而私，亦非朝廷一方面所能专断，自应召集国会，付之公决。兹据国务大臣等奏请召集近支王公会议，面加询问，皆无异词。著内阁即以此意电令唐绍仪转告民军代表，预为宣示。一面由内阁迅将选举法妥拟协定施行，克期召集国会，并妥商伍廷芳，彼此先行罢兵，以奠群生而弭大难。予惟天生民而立之君，使司牧之，原以一人养天下，非以天下奉一人。皇帝继承大统，甫在冲龄，予更何忍涂炭生灵，贻害全国？但期会议取决，以国利民福为归，天视民视，天听民听，愿我爱国军民各秉至公，共谋大计，予实有厚望焉。钦此。

袁世凯即据以电复唐代表。略云：

承示召集国会，公决君主民主问题，亦为救危之法。但事关国体，必须朝廷允许，方可议及，非凯一人所得擅专。顷经协商，召集国会，须定选举法，必有合格之人选，乃可得正当之公议，切实之信用，断非仓卒所能集事。现值地方糜烂，监督乏人，盗贼蜂起，良善匿迹。宜先设法使地方粗安，方可实行选举之法。且中国幅员广阔，边远省藩，交通不便，计程召集，亦难克期。若边藩不能与会，正予以反悔之隙，自非有数月工夫，不敷布署。希与伍代表切实讨论，如有正当选举办法，即由尊处电奏请旨，庶上下信从，实有效力。

唐代表据袁复电通知伍代表于初十日续开第四次会议，双方讨论。遂即签订四款：

一、现在两全权代表会议，图解释猜疑，以安大局，特订定条款如左。

二、开国民会议，解决国体问题。从多数取决，决定之后，两方均须依从。

三、国民会议未解决国体以前，清政府不能提取已经借定之洋款，亦不得再借新洋款。

四、自十一月十二日早八时起，所有山西、陕西、湖北、安徽、江苏等处之清军，五日之内，一律退出原驻地方百里以外，只留巡警保卫地方。民军亦不得进占，以免冲突。尽于五日之内商妥退兵条款，按照各款办理。其山东、河南等处民军已经占领之地方，清军不得来攻，民军亦不得进取他处。

其他国会开议地点，伍主上海县城或南京，唐主胶州、烟台、威海卫、汉口等处。开会时间，伍主十一月二十日，唐以蒙藏边远不及选派拒之，因未即决。

十一月十二日，伍、唐续行第五次会议，复决定四款如下：

一、国民会议由各处代表组织，每一省为一处，内、外蒙古为一处，前、后藏为一处。

二、每处各选派代表三人，每人一票。若有某处到会代表不及三人者，仍有投三票之权。

三、开会之日，如各处到会之数有四分之三即可开议。

四、各处代表，江苏、安徽、江西、湖北、湖南、山西、陕西、浙江、福建、广东、广西、四川、云南、贵州由中华民国临时政府发电召集。直隶、山东、河南、东三省、甘肃、新疆由清政府发电召集（并由民国政府同电该省谘议局）。内外蒙古、西藏，由两政府分电召集。

此时南北两代表和议进行颇为顺利，以国民会议解决国体问题已获得若干协议。其时正值南京临时政府代表会公举孙总理为大总统，民国有主，军民更为兴奋，清朝君主末光，益黯然无色。而中华民国第一届大总统已选孙总理。袁世凯深感不快，于是暗礁起矣。

第三节　和议忽生波折　各省民军筹商北伐

唐绍仪既于初十、十二日两次会议同伍廷芳签定各约，当即电达清内阁。不料袁世凯忽持异议，连电辩驳，令其再行交涉。唐因其代表全权显被剥夺，遂愤而辞职。袁竟奏请可之。

初，唐绍仪奉议和专使命南下，君主立宪党严复、许鼎霖等，以各本省代表资格，列为参赞。既至沪，愤会议之不获预与，并无发言权，而反革命分子又以民军饷械俱乏，日聒于其旁。于是严、许等乃不俟会终而先行返京谒袁，备述民军之不足畏。并曰："唐绍仪非议和也，乃往献江山耳。"袁默然。严、许等复以其语讦诸亲贵，亲贵转以诘袁。袁本信唐能胜折冲之任，不致如严、许等所云。但因大总统问题有难言之隐，虽正秘密接洽，尚无十分把握，亦利于和议暂时停顿，以遂私图，遂漫应之曰："予遣唐专为讨论大局，他非所知，若果如此，是唐不称职，当罢免。"至是会唐辞，因准之。乃藉口一时无相当继任之人，连电民军代表伍廷芳，申明自后和议进行，由彼此直接电商。一面仍令唐绍仪暗中赞助。故唐名虽辞职，实际仍始终预其事也。同时商请再延长停战期间，并表示唐所签定各约，多有滞碍难行之处。伍复电抗议。原电汇录如次：

袁世凯盐一电(即旧历辛亥十一月十四日)：

此次变乱，各省扰攘。本政府不忍生灵涂炭，特备文委托唐绍仪赴沪，作为总理大臣全权代表，专为讨论大局之利害，其权限所在，只以切实讨论为范围。乃迭接唐代表电开，与贵代表会议各条，均未先与本大臣商明，遽行签定。本大臣以其中有必须声明，及碍难实行各节，电请唐代表转致。嗣据唐代表一再来电请辞代表之任，未可强留。现经请旨，准其辞任。至另委代表接议，一时尚难其人，且南行需时，嗣后应商事件，先由本大臣与贵代表直接往返电商，以期简捷，冀可早日和平解决。特此电达。谨闻。盐一。

袁世凯盐二电：

盐一电计达。现在彼此直接电商，计未商之件甚多，拟再将停战期限展长十五天。自十一月十二日上午八点钟起，二十七日上午八点钟止（五次停战期限）。可否？希电复。内阁总理袁世凯。盐二。

伍廷芳江一电（民国纪元元月三日，即辛亥十一月十五日）：

顷接盐一电，深为诧异。此次唐使来沪，携有总理大臣全权代表文凭。开议之始，互验文凭，本代表即认唐使得有全权。会议五次所订各约，一经签字，即生遵守之效力。来电所称唐使电开会议各条，均未先与声明，遽行签定，本代表实不能承认此言。但知一经唐使签字之后，贵政府即当遵行。今唐虽已辞职，而未辞职前所签字之约，不因此而失其效力。贵大臣深明交涉，谅必能守此公例。至于所称应商事件，先由贵大臣与本代表直接往返电商云云。应商各件，有非面商不能尽者，远隔数千里，仅以电报往返，必有难于通悉之处。故会议通例，必须面商，通函尚不能尽，何况电报。本代表此次与唐会订国民会议办法，已将就绪，只余会议地方及日期，已由唐使电达。中外企望，以为平和解决，指日可俟。今忽有此意外，和局难保不因此动摇。贵大臣如果有希望和平之决心，应先示人以信，宜迅照初十日所订退兵办法，饬各军队于五日之内退出原驻地方百里以外，以昭大信。是所切祷。伍廷芳。江一。

伍廷芳江二电：

顷接盐二电，提议停战期限展长十五天。本代表前与唐使会订国民会议办法，已将就绪，只余会议地点及日期，已由唐使电达，请贵大臣先将此两条迅为电复。如以本代表办法为然，则国民会议指日可开，大局早定，人心早安，诸事皆易商量。如不以此办法为然，则彼此磋商，必非电报所能尽悉。请贵大臣亲来上海一行，以便彼此直接妥商，早日解决，实为至便。再，昨日与唐使签字定约，嗣后两军须得有全权代表电报，述和议决裂，战事重开，始可发令开仗。应再声明，以免误会。伍廷芳。江二。

伍、袁直接电商，争辩甚多，于唐绍仪之职权外，总括其要点如下：

一为退兵问题。袁谓："清军未败，只一面退兵，殊不公平。且湖北辎重甚多，五日内退出，断来不及，应改为双方各退出五十里，而汉口以东至阳逻司一带，及汉阳以西至蔡甸、沌口等处之民军，一律退还江南。"伍谓："各处民军皆系就地起事，只有停止进取，无所谓退。惟清军自北方调来，故商罢兵，请调回清军，方足表示和平。"

一为国民会议选举法问题。袁谓："解决国体，必须普征全国人民意思，以为公断，自应用各国普通选举之法，选出国会议员，代表全国人民，始能收效。倘以少数代表草率裁决，实与专制无异，特举选举法十七条以商。"伍谓："代表既由各处公举，自能代表人民之意思。合各处人民之意思，以为全国人民之意思，何云专制？且各处既有三人，何云少数？若如所开办法，无非故意迁延迟滞。况唐代表所签订之约，万无可以更动之理。"

一为国会开会地点问题。袁谓："北京开会具有三大理由：（甲）以北京久为国都，而民军统一政府尚未为中外所公认。（乙）各省各藩属道里计算，北京最为适中。（丙）以各国公使驻在北京，万国俱瞻，可昭大信。"伍谓："北京系满清故都，民军起义建立共和，不应承认专制政府，尚何国都名义？即以外藩道理计，由北京南来不过三四日，所迁就者甚少。国会无论设于何处，皆为万国所俱瞻，此系国内之事，似毋庸狃于各使驻地之见。"

一为南京组织临时政府问题。袁谓："国体既由国会解决，而南京忽已组织政府，并孙文受任总统，宣示驱逐满清政府，是显与前议相背。设国会议决为君主立宪，南京政府与总统是否亦取消？"伍谓："南京组织临时政府与国民会议解决国体绝不相妨。现在民军光复十余省，不能无统一之机关，此为内部组织之事，为政治上之通例。若以此相诘，请还问清政府于国民会议未解决以前，何以不即行消灭？设国会议决为共和立宪，清帝是否立即退位？盖国民会议所以能平和解决者，在其议决能使两方依从。既经两方签字作准，自应彼此遵行，无须再发疑问。"

当伍廷芳、唐绍仪两代表在沪上和谈开始不久，武昌军政府与北方亦有间接问题发生。辛亥十一月初六日黎大都督通电各省军事机关云：

顷有英领事遣代表来言数次，谓已与北京美使出名担保，欲令武汉三镇不再作为战场。鄙意拟先提出四条：（一）敌兵须令全部退出武胜关以北。（二）该军队退时我兵不得追击。（三）敌军各种辎重，准其携回。（四）两方面如有背约时，担保国须负责任。敝处本知此事奇诡，不宜置议。惟该领言明日又有人来探讯，须措词回复，尊意对于此事何如？乞详加指示，迅即赐复，以便应付。

杭州汤都督复电：

夜半奉鱼电。诚如钧示，四条亦周妥，亦中正，良用佩感。鄂援既固，或托视沪议之成否为和战以谢之。弟寡识，又远隔，仍仗苓裁。

镇江军政分府复电：

鱼电敬悉。武汉不作战场之议，尊处所提出四条，甚佩服。惟鄙意以为尚须提出汉阳管领之权应归我有；武胜关以内除不得开战外，我军一切行动仍可自由。其余各款，敝处均表同情。

桂林陆、王两都督复电：

鱼电祗悉。北京英使出名担保，欲令武汉三镇不再作为战场，我公提出条件四条，颇为周密。惟和议未定，战事尚殷，北伐计划仍不可缓。

扬州徐总司令（宝珊）复电：

通电敬悉。提出四条，还吾武汉三镇，不再作为战场，须指定范围。地点不宜太宽，以碍我军进行。第四条更宜注意。敌人狡诈异常，此次议和期内，屡次违约进攻，可见一般，若担保国非有正式确实之担保状，不可轻许。鄙意如此，尚祈裁夺。

清江浦蒋都督复电：

鱼电敬悉。关于武汉不再作战场之四件，硕画佩极。但一条敌兵既退出武胜关以北，该关以南之铁路及武汉作战基点，仍不得限制我军利用，方称完善。如武胜关以南及武汉英领均视为中立地，将来我军运动进行，非皖即陕，作战机关，极形困难。如能于第一条内添设此节，我军方得以自由行动，不受敌制。刍荛之议，尚希钧夺。

江苏程都督复电：

鱼电敬悉。尊拟四条，甚为妥协，惟第一款敌兵须全数退出武胜关以北句，似应改为退至黄河以北，不准调兵过此界，祈酌裁。

扬州林总司令复电：

武汉三镇以后不作战场一事，敝处筹议，以为无利而有害。现武汉三镇已成焦土，原有商场，早经毁坏，纵立时停战，商务难望恢复。且北军在武汉之兵力，其大部已移于晋皖两方，而我之援鄂各军，正在云集。若乘机进攻，可决必胜。故军虑此，故生诡谋，今准其要求，是堕其术中也。况汉口乃入汴、晋要道，此时既允其不作战场，将来全军北伐即不免受其束缚。愚见宜以此事交上海议和代表并按条协商最善。尊见然否？

上海陈都督复电：

英领提议不以武汉三镇作战场，奇诡异常。愚意北军作战方针，将变换方向。盖武汉易攻难守，得之亦不足制天下。且满清大兵全被武汉牵制，北之秦、晋、齐、鲁，南之皖、赣、苏、浙均无兵力对待。若武汉不作战场之议定时，满清可移武汉重兵以向南京，愚见如此，不知中否？贵处提议答覆四条，鄙意稍行增改如下：一、敌军须全数退出武胜关以北，即以武胜关北为双方战场。二、该军未退武胜关以北时，我兵不得追袭。余二条均可。是否，希裁夺为祷。

长沙谭都督复电：

停战期内英使忽出名提出清军退兵条件，"不宜置议"，极为钦佩。兹推出其原因如左：一、北方有特别变动事件发生。二、因民国军队四集，遂谋厚集兵力，以划分南北界限，藉图以全力注重山、陕等处。三、因满清昔日势力范围条约，而出于外交团之变动。四、为和议决裂之预备。以上四则，当出其一。鄙意民国既经举定外交总长，以应归总长对付，以谋统一，方为正办。但既归外交总长核办，如不承认清军北退，则但当离进取方法而设词对付英领。如允其退兵，则必由总长提出左之条件：

一、北军退出武胜关，所有地点须由民国以兵占领，不得视为中立土地。二、如和议不调，无论何人不得干涉妨碍民国军队之行动。三、武胜关外铁道不得毁坏。四、汉阳兵工厂钢药厂、铁厂内所有军械机件，全交民国管理，不得毁坏掷去。除电达各省都督及外交总长外，谨复。

南京徐总司令（绍桢）复电：

英使保武汉三镇不作战场，将来用兵之地必在江淮，尊电虽提出第一条北军须全数退出武胜关以北，鄙意仍应询问英使，北军既须媾和，则各省概应退出，望详加询问，并电伍部长与唐使接洽。项又接蒋都督来电谓：北军作战计划，以大部兵力合攻南京，以小部兵力据汉阳牵制民军。查北军命脉，首在京汉，次在津浦。若无重兵扼守要害，北军行动自由，南京异常危险，拟请皖都督分兵扼守正阳、六安等处，以防由豫入皖之路。林总司令增兵扼守临淮，以防由徐入皖之路。扬州徐分府（宝珊）会合皖军，扼守宿迁，以防由京入浦之路。如和议决裂，即聚三路军队，夹攻徐州，占据车站。再分大部兵力，直捣开封，断绝敌人后路。等语。措置颇为适当。除分电各处查照外，此间现拟先拨浙军一支队，速往临淮，为各军援应，相机进取，搜索敌情。以目下而论，武汉、南京当可自保，惟皖失利，则首尾不能相顾，且太和已失，北军必有准备，武汉无论如何，南方兵力须设法加增。桢现自编一镇，非一月以后不能完全，时机正迫，尚乞迅示。

黎都督致各省暨外交部伍总长电：

项据浦口柏统制文蔚电称：颍州府失守，守城各员坠城而下，于今日抵浦。据云敌军率兵东下，正阳、寿州危险万状等语。敝处业已在临淮布置一切，严加防御。尊处务妥为筹备，是为至祷等因。查敌军曾经破约，攻陷太和，经我一再诘责，乃以剿匪涂饰。今复破约攻陷颍州，和议岂复可恃？相应电知各处，准备一切，以为后盾。并祈伍先生与唐使严重交涉。

十一月十日九江马都督来电：

清廷于和议期内，犯我颍州，我联袂诸省，兵力虽属可恃，然恐战期延长，多伤壮士，多竭经济。国力徒伤，将来难御外患。毓宝拟聚最优胜之兵力，一举而直捣燕京，敝省精兵均已调集九江，以备待机出击。然兵最贵集结，其集中计划，不可不预定。黎元帅及各都督当亦有所预筹也。惟思滇省平时已编练精兵约四镇，川省编练两镇余，若能抽调该两省之兵以作后援，甚为得力。现敝处已电滇省，尚乞诸公专电该两省，责以大义，必可收效。

黎大元帅复马都督电：

蒸电悉。滇军已屯叙州，昨曾电请蒲都电商蔡都督，会滇蜀之兵，或东下援鄂，或出师汉中，联络秦晋，以作攻豫攻燕之计。深幸与伟画暗合。

十二日九江马都督来电：

现我于金陵建设临时政府，是今后金陵为我民国之政界要点。故清军之作战方针，似又改向金陵。其可供判断之证据者有三：（一）清廷已下明谕，将皖北计划归汴省属辖，是其欲便于运兵皖北也无疑。（二）清廷又运动英使，不以武汉为战场，是其欲抽兵于皖北也亦无疑。（三）清廷已简总兵，攻我颍州，其所领之兵，亦必在一协以上，而决非一小支队也亦无疑。因此三者，可知敌之作战方针，已改向金陵，将来战场必在皖南皖北之间。我若不预于停战期内召集兵力于皖北，待机而动，倘一旦和议决裂，皖南恐非我有。宁、皖唇齿关系，不得不先事预防。以毓宝所见，拟在和议期内各省联合召集兵力于庐州附近，和议不成，即可一鼓北向敌人，尚望格外注意，各省或另有他见，希速赐复。

黎大元帅复电：

文电悉。敝处切盼援师，多多益善。衡其轻重缓急，今日正阳、寿州之兵力，似宜较蕲、黄加厚。倘得刘军驻扎蕲、黄，厚吾兵力，是诚元洪所切盼者。顾以大势观之，敌已攻陷颍州，由颍入淮，计程不过两日。正阳、寿州为皖北门户，似宜分驻重兵，防敌南下。柏军建功金陵，声势素著，不难独捍劲敌，何待他军之后盾。然刘统领（懋政）于皖、豫、淮、兖一带，地势人情极熟，若使之助守，以备进攻河南，间接援鄂，其造益敝省，与驻守蕲、黄无异。目下黄、孝一带屯兵已近一镇，其势尚属坚固，敌兵未必即能东窜。衡其轻重缓急，似宜查照尊处计划，仍使刘军间接援鄂，将来皖、赣之军溯颍以达周家口，敝军攻其侧面，会师郾城，不难克日奏功。高明以为何如？

黎大元帅致南京临时政府并各省都督电：

阳夏敌军，不但不遵约退出百里以外，且肆行射击，反图进攻。顷探得确报，彼军谓民军既奉有总统，同人生计将绝，并谓此后之战，皆为项城（袁世凯），非为满洲云云。鄙意项城胸怀磊落，名满天下，此次以仕清廷，未克与选，识者惜之。方期和议早成，彼此共享共和之福，人望如项城，何至不能与选？若果如敌军所云，不第为项城盛德之累，且以违约见责于友邦，恐非项城所许。为此通告，并乞伍先生速与唐使严重交涉，请其急电项城，饬军队如约退出百里之外，以昭孚信。否则冠裳之会变为干戈，涂炭生灵，端自彼开，我可告无罪于天下矣。元月一日。

同日又致上海伍代表电：

连接来电，云我军违约开枪，实系敌人诡传。据司令部报告云：日昨沌口敌人先开枪击我，我游击队还击，尚系小战。昨午敌人轰击武昌，当毙铜币局二人、粮道街商民三人，显系敌人违约。且据英领云：敌人以项城未选总统，渠等绝望，故决死战。其情形前已电达。现我军已遵约停击，并望向唐使速电，敌兵如约退出百里以外，我军已经申警军令，万不可轻于开枪，如违以军法从事。并恳以此情形转达唐使为要。

连日和议在若断若续之间，敌军虽屡次违约挑衅，但鄂军政府已早有准备。前十一日黎大元帅以第四次停战期限将满，遂发下各军之训令如下：

中华民国中央政府湖北大元帅训令
（十一月十一日午前八时于武昌都督府）

一、综合各种情报：敌军主力，仍在汉口、汉阳一带。黄、孝方面，亦派有军队据守。又黄、孝以北沿京汉线各要地，皆有兵占领。

我广东援军已抵上海。

我南京、安徽军已准备向徐州进攻。

我陕西军已准备向河南进攻。

二、本军拟于明十二日午前八时停战期满，如不续行停战，准备以主力防御武昌附近，以一军向黄陂进展，攻击敌之左侧。以一军向孝感进展，攻击敌之右侧。

三、战时总司令官吴兆麟率所属军队，于明十二日午前八时，仍占领青山至金口一带防御。但派一部占领黄州及簰洲附近，并须援助左右翼两军。

四、右翼总司令官李烈钧率所属部队，明日午前八时，准备由原地前进，向黄陂方面威胁敌之左侧背。

五、左翼军司令官赵恒惕率所属军队，明日午前八时，准备前进，由孝感方面威胁敌之右侧。

六、海军司令官马煅玉率第一、第二舰队，明日午前八时，在阳逻、青山附近游弋，俟我右翼军攻击滠口时，即援助进攻。

七、予在武昌城内都督府。

大元帅黎元洪

时南京临时政府陆军部长黄兴，对于北伐作战方略，已通告各省，组织六军，四路进攻。以"湘、鄂为第一军，由京汉铁路进攻；宁、皖为第二军，向河南进攻，与第一军会合于开封、郑州之间，互为策应；淮、扬为第三军，烟台为第四军，向山东进攻，会师于济南及秦皇岛。沿海以海军援助，合关外之兵为第五军，山陕为第六军，向北京前进。"各省奉令已准备就绪，候停战期满，即一致行动。因接代表续行停战电，均停止。

第四节　袁世凯窃夺政权之阴谋

连日和议，虽在无形停战中，但暗中彼此接洽，进度颇速。因谈判内容重点，转移于大总统问题。国民会议不过作为烟幕，掩外人耳目。唐绍仪卸去政府议和专使，转而为袁世凯个人密使，此时与伍廷芳所私议者，已撇开国民会议问题而集中于清帝退位问题，如优待清室条件等已经具有端倪。盖孙中山先生具世界眼光，抱"天下为公"之心，视总统为国民公仆，只要袁世凯能推翻君主，赞成共和，大总统一席定可以相让。而袁世凯既已挟民军而取得清廷政权，更欲威胁临时政府就其范围。故藉题迁延，迟疑不决，并欲别开生面，主张北京君主政府与南京共和政府同时取消，另在天津设立临时统一政府，以统一美名，为窃国之号召工具。孙总统得窥其隐，遂于元月二十二日剀切表示，电伍代表转达袁氏作最后解决。原电如下：

前电言清帝退位，临时大总统即日辞职，意以袁能与满洲政府断绝一切关系，变为民国国民，故许以即时举袁。嗣就后来各电观之，袁意不独欲去满政府，并须同时取消民国政府，自在北京另行组织临时政府。则此种临时政府将为君主立宪政府乎？抑民主政府乎？人谁知之？纵彼有谓为民主之政府，又谁为之保证？故文昨电谓须俟各国承认后，始行解职，无非欲巩固民国之基础，并非前后意见有所冲突也。若袁能实行断绝满政府关系，变为民国国民之条件，则文当仍践前言也……今确定办法如下：一、清帝退位，由袁同时知照驻京各国公使，电知民国政府：现在清帝已经退位。或转饬驻沪领事转达亦可。二、同时袁须宣布政见，绝对赞同共和主义。三、文接到外交团或领事团通知清帝退位布告后，即行辞职。四、由参议院举袁为临时总统。五、袁被举为临时总统后，誓守参议院所定之宪法，乃能接受事权。按一、二两条，即为袁断绝满政府关系，变为民国国民之条件。此为最后解决办法，如袁并此而不能行，则是不愿赞同民国，不愿为和平解决。如此则所有优待皇室、八旗各条件，不能履行，战争复起，天下流血，其罪当有所归。

袁世凯见孙总理磊磊落落表示，知南方政府已无问题，亦不能再有要求，于是决意实行撤退武汉前方及各战地军队，令其反旆北指。一面授意唐绍仪转知伍代表电鄂军政府，派员与段祺瑞直接交涉退兵程序，从此南北紧张局面，自然日趋和缓。兵气销为日月光，谅亦无难。惟清朝三百年社稷，亿万里河山，一旦拱手让人，其心必有所不甘。此中转变，袁氏不得不大费策画。于是愁云惨雾，笼罩清廷矣。

当唐绍仪齐电到京，清廷召集五大臣、国务员开御前会议讨论时，袁世凯跪奏隆裕，自称："臣奉职无状，罪该万死。请皇太后处治。"隆裕谓之曰："卿勿尔，国家大事，既相付托，当勉为其难；即使挽回无术，吾决不咎卿也。将来皇帝成立，吾必以卿之忠荩艰难困苦情形告之。"言罢，与溥仪相抱而泣。

是时清廷库空如洗，袁世凯虽藉北洋六镇威胁民党，但军饷奇绌，罗掘无方。袁遂商之亲贵云："如能集资千二百万两，足半年战费，臣愿为国尽死力，大局或可粗定。"亲贵喜，隆裕亦苦劝，遂互相筹凑。但数字太小，惟奕劻慨捐十万，余则三万、两万。载泽主战最力，仅允五千两，且系次年三月期票。世凯大愤，云："既促我战，又吝我饷，是置我于死地。"遂面奏隆裕，称兵饥，哗变堪虞。隆裕不得已乃发内帑黄金八万两劳军。

于是内外统兵大员，皆怨怒亲贵。某日姜桂题、冯国璋、王占元、倪嗣冲等数十军人，致书大臣云："前月各营仅发半饷，现更艰难，查亲贵大臣财货寄顿外国银行者数千百万，若不尽买公债，以抒危难，非但财不能保，杀身之祸，且在目前。"亲贵大臣闻之大惧。

未几，东三省总管赵尔巽、直隶总督陈夔龙、湖广总督段祺瑞、热河都统锡良、河南巡抚齐耀琳、山东巡抚胡建枢、吉林巡抚陈昭常，复合词奏言："经费窘蹙，罗掘俱穷；而日使调查各亲贵存储外国银行之银，共三千余万两。并指出某人于某银行顿赀若干，今军界迭电亲贵大臣出银饷兵，武人不惜生命，赤心报国。如再犹疑，祸且不测。且宗室王公与国同休戚，国存则款固有著，国亡则家亦随之。即使善于储藏，犹太富人，亦当引为殷鉴。"其词亦激。各亲贵闻之愈惧，争奏上财产簿籍，自陈家贫，赀只此。于是均主张和平，不敢言战矣。

先是袁世凯以革命势力日渐扩展，清廷命运终恐难保，遂率同阁员奏请清廷速定大计。折云：

窃自武昌乱起，旬月之间，民军响应几遍全国，惟直隶、河南未经离叛，然而人心摇动，异于恒昔。臣世凯奉命督师，蒙资政院投票选举，得以多数同意设立内阁，组织虽未完善，两月以来，将士用命，业已克复汉口、汉阳，收回山东、山西。然而战地范围过为广阔，几于饷无可筹，兵不敷遣，度支艰难，计无所出。筹款之法罗掘俱穷，大局岌岌，危逼已极。朝廷念国步之艰危，慨生民之涂炭，是以停战媾和，特简唐绍仪、杨士琦等前往沪上，为民请命。此万不得已之苦衷，亦从来未有之创举也。屡接该大臣等来电称"民军之意，万众一心，坚持共和，别无可议"等语。现期限已满，展期七日，能否就范，尚难逆料。惟论目前情形，北方一隅，虽能少保治安，而海军尽叛，一旦所议不合，舰队进攻，天险已无，何能悉以六镇堵御京津，而弃各战地于不顾？危逼万分，等于呼吸，宗社所寄，民命所关，早夜以思，良用悚惧。若激励将士，勉强一战，财赋省分，全数沦陷，行政经费，茫如捕风。搜讨军实，饷源何出？惟鲁惟豫，满目疮痍，地方素瘠，就地筹款，为势所难。常此迁延，必有内溃之一日。倘大局至此，虽效周室之播迁，已无相容之地。辽东已为强邻所虎视，库伦早有背顺之萌芽。若悉索币赋，力与一战，未尝不能收复一二行省。然而彼众若狂，醉心民主，兵力所能平定者土地，所不能平定者人心。人心涣散，如决江河，已莫能御，爵禄不足以怀，刀兵莫知所畏。似此亿万之所趋，岂一二党人所能煽惑？臣等受命于危急之秋，诚不料大局败坏，竟一至于此也。环球各国，不外君主、民主两端，民主如尧舜禅让，乃察民心之所归，迥非历代亡国之可比。我朝继继承承，尊重帝系，然师法孔孟，以为百王之则，是民重君轻，圣贤业已垂法守。且民军亦不欲以改民主未减皇室之尊崇，况东西友邦，因此战祸，其贸易之损失，已非浅鲜，而尚从事调停者，以我只政治改革而已。若其久事争持，则难免不无干涉，而民军亦必因此对于朝廷感情益恶，读法兰西革命之史，如能早顺舆情，何至路易之子孙靡有孑遗也。民军所争者政体，而非君主。所欲者共和，而非宗社。我皇太后、皇上，何忍九庙之震惊，何忍乘舆之出狩，必能俯鉴大势，以顺民心。且兵力库藏，悉数盘查，敬缮清单，恭呈御览。以尽有之国力，而定和战之大计，如叨睿训，敢惜微躯。然天下者乃大清帝国一统之天下也。总理大臣，受朝廷之委任，握全权之枢机，治乱所在，去就因之。独至帝位去留，邦家存否，则非总理大臣职任所能擅断。其国务大臣亦只能负其行政一部之责，存亡大计，何敢思及？然为时局所迫，逼于旦暮，臣会同国务大臣，筹维再四，于国体改革，关系至重，不敢滥逞兵威，贻害生灵，又不敢妄事变更，以伤国体。谨合词具陈，伏愿皇太后、皇上召集皇族，密开果决会议，统筹全局，速定方针，以息兵祸而顺民心。

隆裕见此奏，即召开皇族御前会议。贝子溥伦首言："我族再主中夏，似已绝望，即国民会议果开，于我亦决无利益。袁世凯虽力欲保持君主，而势孤党弱，譬之片石置急流，终必动摇，其何能济？目下和议虽未决裂，而南京已立政府，北伐之势，日益加厉。民军四布，与待兵临城下，服从武力，何若自行逊让，爱蒂长留。况优待皇室，系军民商请，公论在人，似不中变。孙文虽暂为总统，岂能支此危局？闻已约定推袁世凯为总统，事若果成，岂但中国之幸，抑亦皇室之福。应请详加考虑。"隆裕与奕劻颇以伦贝子之言为然，载泽、溥伟驳之。争议甚久，无结果。

良弼与载泽、溥伟、铁良、那彦图等，联合陕甘升允、长庚，组织宗社党，以抵抗革命。

某日袁世凯罢朝后，坐马车出东安门。护卫森严，沿途警戒。行至王府井丁字街，忽有炸弹自道左茶楼掷下，炸死袁卫队长袁金标及队士十余人，袁幸免。当拘获刺客杨禹昌、张先培、黄之萌等，皆从容就义，京师大震。

又某日四川党人彭家珍，刺良弼于红罗厂私邸。至时适弼自肃王府归，甫下车，弹发，彭头部受伤先毙。弼左腿被炸断，越二时始苏，旋亦死。

同时天津防务大臣张怀芝，亦被北京党人薛成华行刺未中，薛被拘处死刑。

　　是时革命声势，弥漫京津。贵族官僚极为恐怖，中外人士，佥以国体不决，最足障碍和平，纷纷提议请清帝退位，接受民国优待条件。岑春煊、袁树勋、陆征祥等，及英美驻华教士，先后电请清帝俯就和议，伍廷芳亦以私人名义寓书于摄政王及庆王，劝其赞成共和。奕劻颇表同意，而铁良、载泽忽创议南北分立以难之。蒙古王公则纷纷出京，各回本旗，意谋独立。博尔济、吉特培等，且组织义务勤王敢死队，君主立宪党亦宣告成立。四城遍行反动宣传，宗社党复托名寓书袁世凯，有"欲将我朝天下断送汉人，我辈决不容忍，愿与阁下同归渐灭"之语。最后载泽竟奏劾袁世凯云："前藉口军饷不足，不能开战；后颁内国短期公债，勒捐〔揹〕亲贵大臣，合内帑黄金八万两，款近千万，仍不开战，是何居心？"袁以亲贵激昂，环境恶劣，颇具戒心。其左右有劝其潜避天津者，英使朱尔典且允同行保护。袁以为不妥，仍勉持镇定。后纳靳云鹏、傅良佐与袁克定之议，密调第三镇统制曹锟之一部进驻北京天坛，以图自卫。自是御前联席会议虽常召集，袁世凯辄不到，清廷形同瘫痪，时局终不能解决。

　　斯时北洋第一军总统官段祺瑞，正奉令与武昌军政府磋商实行退兵，以为时机成熟，布置已周，于是联合前方各将领，以洪密齐（8日）电，径达清廷，请求谕旨宣示共和。文云：

　　内阁、军谘府、陆军部并各王公大臣钧鉴：洪密。为痛陈利害，恳请立定共和政体，以巩皇位而奠大局，敬请代奏事。窃维停战以来，议和两月，传闻宫廷俯鉴舆情，已定议立改共和政体。其皇室尊荣及满蒙回藏生计权限各条件，曰大清皇帝永传不废；曰优定大清皇帝岁俸不得少三百万；曰筹定八旗生计，蠲除满蒙回藏一切限制；曰满蒙回藏与汉人一律平等；曰王公世爵概仍其旧；曰保护一切原有私产。民军代表伍廷芳，承认列于正式公文，交海牙万国平和会立案云云。海宇闻风，率土臣民罔不额手称庆，以为事机至顺，皇位从此永保，结果之良，轶越古今，真国家无疆之麻也。想望懿旨，不遑朝夜。乃闻为辅国公载泽、恭亲王溥伟等一二亲贵所尼，事遂中阻，政体仍待国会公决。祺瑞等自应力修战备，静候新政之成。惟念事变以来，累次懿旨莫不轸念民生，惟国利民福是求，惟涂炭生灵是惧，既颁十九信条宪法，誓之太庙，又允召集国会，政体付之公决。可见民为国本，宫廷洞鉴其微，民视民听之所在，决不难降心相从。兹既一再停战，民军仍坚持不下，恐决难待国会之集。姑无论迁延数月，有兵溃民乱、盗贼蜂起之忧，寰宇糜烂，必无完土；即此停战两月之间，民军筹饷增兵，布满各境，我军皆无后援，力本单弱，加以兼顾数路，势益孤危。彼则到处勾结土匪，劝捐助饷，四出骚扰，散布诱惑，且于山东之烟台，安徽之颍、亳境界，江北之徐州以南，河南之光山、商城、固始，湖北之麻城、襄、樊、枣阳，分兵前进。而我皆困守一隅，寸筹莫展，彼进一步，则我之鲁、皖、豫即不自保。虽祺瑞等公忠自励，死生敢保无他，而饷源告匮，兵器摇动，大势所趋，将心不固，一旦决裂，将何所恃以为我战？深恐丧师之后，宗社随倾，彼时皇室尊荣、宗藩生计，必均难求满志。即拟南北分立，勉强支持，而以人心而论，则西北骚动，形既内溃，以地理论，则江海尽失，势成坐亡。祺瑞等治军无状，一死何惜，特捐躯自效，徒殉愚忠，而君国永沦，追悔无及，甚非所以报知遇之恩也。况召集国会之后，所公决者尚不知为何项政体。而默察人心趋向，仍不免出于共和之一途，彼时万难反汗〔讦〕，是徒以数月水火之患，贻害民生。何如预行裁定，示天下以至公，使食毛践土之伦，歌舞圣明，零涕感激，咸谓唐虞至治，今古同揆，不亦伟哉！祺瑞等受国厚恩，何敢不以大局为念。故特比较利害，冒死陈言，恳请涣汗大号，明降谕旨，宣示中外，立定共和政体，以现在内阁及国务大臣等暂时代表政府，担任条约国债及交涉未完各事项，再行召集国会，组织共和政府。俾中外人民，咸与维新，实维幸甚，不胜激切待命之至。谨请代表。第一军总统官段祺瑞，古北口提督姜桂题，提督张勋，察哈尔都统何宗莲，副都统段芝贵，河南布政使帮办军务倪嗣冲，统制王占元、曹锟、陈光远、吴鼎元、李纯、潘矩楹、孟恩远，河北镇总兵马金叙，南阳镇总兵谢宝胜，第一军总参议官靳云鹏，参议官吴光新、曾毓隽、陶云鹤，总参谋官徐树铮，炮队协领官蒋廷梓，陆军统领官朱泮藻、王金镜、鲍贵卿、卢永祥、陈文运、李厚基、何丰林、张树元、马继增、周符鳞、萧广传、聂汝清、张锡元，营务处张士钰、袁乃宽，巡防统领王汝贤、洪自成、高文贵、刘金标、赵倜、仇俊恺、周德启、刘洪顺、柴得贵，陆军统带官施从滨、萧安国谨叩。齐。印。

段祺瑞等通电至京一星期，清廷尚无退位表示。至二月四日（民国纪元元年）乃由段祺瑞、王占元、何丰林、李纯等又向各王公发出第二次通电，并历数皇族败坏大局之罪，而北方各巡抚及河南谘议局，至此亦通电赞成共和，段且亲身班师回驻京保，伫待后命。

第五节　清帝退位　中国君主制度告终

段祺瑞等两次电报要求，袁世凯均据以代奏，隆裕即召示各亲贵。亲贵阅之，惊愕万分，面面相觑，不发一言。隆裕更为于邑，因候奕劻、载沣未至，愀然曰：“姑且退，俟明日与渠二人决之。”

翌日，隆裕复召集王公特开御前会议。各王公仍唯诺嗫嚅，无决断之词。隆裕曰：“尔等反复推求，迁延不定，疑义繁生，将来必演出同室操戈，涂炭生灵之惨剧。此后兹事由我一人担承耳。”辞色甚厉。罢会，特召袁世凯命撰拟宣布共和诏旨尊藏，俟优待条件磋议讫颁布。袁即请近支王公署名诏纸尾备用。

时民军既以民国统一后临时大总统许袁世凯，袁亦与民军磋议优待皇室条件就绪，隆裕乃以明谕授袁世凯以全权，研究退位一切办法，先行与民军定妥各条件。

袁世凯即时与民军代表伍廷芳往返电商，旋即决定优待皇室八条，待遇皇族四条，待遇满蒙回藏七条。

民国元年二月十二日（即旧历辛亥十二月二十五）袁世凯将各项诏稿缮就，率全体阁员邀集王公亲贵，入奏请旨。是日隆裕偕溥仪御养心殿，群臣进宫，行最后一次觐见礼。内侍将各旨跪陈皇案，隆裕阅未终，即泪如雨下。随交世续、徐世昌盖用御玺。时溥伟自请入对，隆裕不许，并传谕云："尔亲贵等将国事办得如此危殆，犹欲阻挠共和诏旨，将置我母子于何地？此时无论何人，均不得进。"有顷，即含泪携溥仪由内监扶掖还宫，群臣遂散。于是清朝之运竭，中国数千年之君主专制制度，于焉告终。

第六节　孙总统向参议院辞职荐袁世凯自代　宣布民国约法

袁世凯出宫后，即电南京临时政府，报告清帝已退位，并表示自己已赞成共和之意。电云：

共和为最良国体，世界所公认。今由帝政一跃而跻及之，实诸公累年之心血，亦民国无穷之幸福。大清皇帝既明诏辞位，业经世凯署名，则宣布之日为帝政之终局，即民国之始基。从此努力进行，务令达到圆满地位，永不使君主政体再行使于中国。现在统一组织，至重且繁，世凯极愿南行，畅聆大教，共谋进行之法。只以北方秩序不易维持，军旅如林，尚须部勒，而东北人心未尽一致，稍有动摇，牵动全局，诸君洞鉴时势，必能谅此苦衷。至共和建设重要问题，诸君研究有素，成竹在胸，应如何协商统一组织之法，尚希迅即见教。

二月十三日孙总理提出正式咨文，向参议院辞职，并附办法。文云：

本总统以为我国民之志，在建设共和，倾覆专制。义师大起，全国景从。清帝鉴于大势，知保全君位必然无效，遂有退位之议。今既宣布退位，赞同共和，承认中华民国，从此帝制永不存于中国之内，民国目的亦已达到。当缔造民国之始，本总统被选为公仆，宣言誓书，实以倾覆专制，巩固民国，图谋民生幸福为任。专制政府既倒，国内无变乱，民国为各国承认，旦夕可期，本总统当践誓言，辞职引退。为此咨贵院应代表国民之公意，速举有能，来南京接事，以便解职。附办法条件如左：

（一）临时政府地点，设于南京，为各省代表所议定，不能更改。

（一）辞职后，候参议院举定新总统亲到南京受任之后，大总统及国务各员乃行解职。

（一）临时政府约法，为参议院所制定，新总统必须遵守。颁布之一切法律及章程，非经参议院改定，仍继续有效。

同时推荐袁世凯自代。文云：

今日本大总统提出辞职表，要求改选贤能。选举之事，原为国民公权，本大总统实无容置喙之余地。惟前使伍代表电北京，有约以清帝退位，袁世凯宣布政见赞成共和，即当提议推让，想贵院亦表同情。此次清帝退位，南北统一，袁君之力实多，其发表政见，更为绝对赞成共和，举为总统，必能尽忠民国。且袁君富于经验，民国统一，赖有建设之才。故敢以私见贡荐于贵院，请为民国前途熟计，无失当选之人，大局幸甚。

当临时政府组织之始，正值革命军事紧张，其大纲规定，颇多疏漏。及和议告成，民国统一，参议院决定修正，另行改订，名为《中华民国临时约法》。自二月十七日起至三月八日止，经过二读三读手续，修订完竣。三月十一日，由孙大总统于未解职前正式公布，俾全国遵守。都凡七章，五十六条。其与组织大纲精神上不同之点，前者采"总统制"，此则采"内阁制"。

第七节　参议院举袁世凯为第二届临时大总统
辛亥革命结束

民国元年二月十五日，参议院开临时大总统选举会，到十七省代表投票结果，袁世凯以十七票当选为中华民国第二届临时大总统。二十日选副总统，黎元洪亦以十七票当选。孙总理即通电各省，文曰：

清帝退位，民国统一，文以革命之目的已达，当受职之始，曾有誓言，幸可以践，此后建设之事，当派素有政治经验之人。袁公慰庭，委曲求全，终达吾人和平之目的，其功莫大。清帝既退，袁公宣布政见，绝对赞同共和。文是以推荐于参议院，参议院既承认文之辞职，今日下午二时，行正式选举，袁公被举为临时大总统。临时政府地点业定南京。以袁公到南京接事日，为文辞职之期。现已派专使迎袁南来，以为我国民服务，特此电闻。

此时又因临时政府地点问题南北意见不能一致，主宁主燕相持不下，函电纷驰迁延甚久。黎元洪乃通电各省，主张建都武昌。其言曰：

清帝逊位，已经浃旬，组织政府，刻不容缓。徒以首都地点，南北争持，迁延未决，人心皇皇，危险万状。夫欲为民国谋统一，规久远，则临时政府自应以地形险要，交通便利，能笼全国枢纽者为适当之地点。居中取远，莫若武昌，有识者类能言之。第值此新陈代谢，情谊未孚，陕、疆有战云未靖之忧，胜国有死灰复燃之虑，蒙、藏诸边，尤为岌岌，倘非假因利乘便之势，从容坐镇，必不能维持秩序，控制中边，稍一疏虞，将至人心动摇，邻邦干涉，内忧外患，迭起丛生。言念及此，深为焦灼。南中参议院诸公，力持建邦金陵之议，原欲改弦更张，从新缔造。宅心未尝不善。然统筹大势，默相舆情，两害相权，必择其轻，两利相权，必择其重。此中关系，屡详各省函电中，毋庸赘述。且即舍北京而论，建业偏安，犹不若武昌形胜，征诸往史，利害昭然。然且以时势所趋，不得不力图治安，勉求让步，若参议院诸公必欲胶执成见，事久变生，诚恐以一时未审之谋，贻全国无穷之祸。倘使后人追原厉阶，悔将何及？谅热心爱国者当不出此。窃谓为暂时权宜之计，必仍规定燕京，藉消隐患，将来宅中建国，仍在武昌。既足涤三百年旧染之污，亦可辟亿万世奠安之局。折中定策，莫此为宜。如蒙采纳，即请从速组织临时政府，规划一切，一面开辟武汉，建筑新都。洪虽不敏，愿董厥成。俟新都告成之日，即为总统移驻之时。胜朝反侧，已就范围，民国感情，亦孚一致，郅治之隆，胥操左券。岂惟我北方父老群相仰望，当亦我南中诸公所乐为赞成也。洪虽籍隶楚北，忝执鞭弭，为天下先，特以事机急迫，稍纵即逝，失此不言，祸患立见。审时立说，概秉大公，既不敢挟权利之心以便私图，亦不忍存畛域之见以误大局。皇天后土，实鉴此心，临颖盼切，神与电驰。

黎元洪以武昌首义资格，民国副总统地位，当时言论，极为国人重视。上电发出，各省表同情者甚多。南京参议院已不坚持建都金陵原议，国都问题可谓解决大半矣。

孙大总统代表中国国民，致祭明孝陵，引起民族观念，以为宋亡于元，惟朱太祖成光复之业，明亡于清，此次武昌首义，全国人民归附，群力响应，又能光复故物，所以励后世不应再受亡国之辱也。政府全体人员及南京军队，皆至孝陵敬谒，礼极严肃。其祭文亦典丽矞皇，词曰：

中华民国元年二月十五日辛酉，临时总统孙文，谨昭告于大明太祖开天行道肇纪立极大圣至神仁文义武俊德成功高皇帝之灵曰：呜呼，国家外患，振古有闻，赵宋末造，代于蒙古，神州陆沉几及百年，我高皇帝应时崛起，廓清中土，日月重光，河山再造，光复大义，昭示来兹。不幸季世傲扰，国力罢疲，满清乘间入据中夏。嗟我邦人诸父兄弟，迭起迭踣，至于二百六十有八年。呜呼，我高皇帝，时怨时恫，亦二百六十有八年矣。岁在辛亥八月，武汉军兴，建立民国，义声所播，天下响应，越八十有七日，既光复十有七省，国民公议立临时政府于南京。文以薄德，被推为临时总统，瞻顾西北，未尽昭苏。负疚在躬，尚无以对我高皇帝在天之灵。迩者以全国军人之同心，士大夫之正议，卒使清室幡然悔悟，于本月十二日宣布退位。从此中华民国完全统一，邦人诸友，享自由之幸福，永永无已。实维我高皇帝光复大义，有以牖启后人，成兹鸿业。文与全国同胞至于今日，始敢告无罪于我高皇帝。敬于文奉身引退之前，代表国民，贡其欢欣鼓舞之公意，惟我高皇帝实鉴临之。敬告。

南京政府派蔡元培、宋教仁、钮永键、魏宸组等为专使，往北京欢迎袁世凯南下就职。二十五日，蔡、宋等到北京。袁表面毫不表示拒绝，且于专使初到时，特开正阳门迎入，以尊礼之，惟暗使各团体纷起反对。及二十九日之夜，曹锟所统第三镇竟起骚动，在东安门及前门一带，整队放火行劫，商民受害者甚众，并侵入专使寓舍，蔡、宋等避入使馆界得免。各帝国主义国家，即以保护使馆为藉口，纷纷调兵进入北京，以武力压迫南京方面。日本首先将山海关及南满驻军一千数百人来京，乘机思逞。蔡、宋等遂于三月二日电请南京政府及参议院，速筹善策，以维大局。三月初六日参议院乃议决通融办法如下：

一、参议院电知袁大总统允其在北京就职。

二、袁大总统接电后即电参议院宣誓。

三、参议院接到宣誓之电后即电复认为授职并通告全国。

四、袁大总统受职后，即将拟派之国务总理及国务员姓名电知参议院求同意。

五、国务总理及国务员任定后，即在南京接收临时政府交代事宜。

六、孙大总统于交代之日始行解职。

此办法自为袁世凯所乐从，三月十日，遂在北京宣誓就职。专使蔡、宋等亦参加典礼。袁之誓词如下：

民国建设造端，百凡待治，世凯愿竭其能力，发扬共和之精神，涤荡专制之瑕秽，谨守宪法，依国民之愿望，达国家于安全强固之域，俾五大民族同臻乐利。凡此志愿，率履勿渝，候召集国会选定第一期大总统，即行辞职。谨掬诚悃，誓告同胞。

袁世凯就大总统职后，提唐绍仪为内阁总理，电参议院征求同意，经多数通过。二十五日，唐赴南京组织新内阁，二十九日新内阁人选确定。唐是日出席参议院，发表政见并提出国务员名单，除交通总长梁如浩否决，暂由唐兼，后改施肇基外，余均通过。各部名单如下：

外交陆征祥　　　　　　司法王宠惠

内务赵秉钧　　　　　　教育蔡元培

财政熊希龄　　　　　　农林宋教仁

陆军段祺瑞　　　　　　工商陈其美

海军刘冠雄　　　　　　交通唐绍仪兼

唐绍仪内阁组成后，孙总统遂率前阁员正式解职。唐即接收南京临时政府，旋参议院议决临时政府迁于北京。

四月一日，孙总理往参议院行辞任礼，即在院演说（演辞另书卷尾），词毕，将临时大总统印交还参议院。于是参议院致辞曰：

中山先生发宏愿救国，首建共和之纛，奔走号呼于专制淫威之下，濒于殆者屡矣，而毅然不稍辍，二十年如一日。武汉起义未一月，响应者三分天下有其二，固亡清无道所致，亦先生宣导指示之力实多。当时民国尚未统一，国人急谋建设临时政府于南京，适先生归国，遂由各省代表公举为临时大总统。受职才四十日，即以和平措置，使清帝退位，统一底定，未忍生灵涂炭，遽

诉之于兵戎，虽柄国不满百日，而五大民族所受赐者已靡有
涯际。

孙大总统即发解职令如下：

临时大总统孙令：前由参议院议决统一政府办法第六条，孙
大总统于交代之日，始行解职。今国务总理唐君南来，国务员已
各任定，统一政府业已完全成立，于本月初一日在南京交代，本
总统即于是日解职，是用宣布周知，此后国中一切政务，悉取决
于统一政府。本处各部办事人员，仍各照旧供职，以待新国务员
接理，勿得懈忽，致多旷废。本总统受任以来，栗栗危惧，深恐
弗克负荷，有负付托，今南北一家，共和确定，本总统藉此卸
责，得以退逸之身，亨自由之福，私心自庆，无以逾此。所愿吾
百僚执事，公忠体国，勿以私见害大局，吾海陆军士，谨守秩
序，勿以共和昧服从。吾五大族人民亲爱团结，日益巩固奋发，
更为宣扬国光，俾吾艰难缔造之民国，与天壤共立于不敝，本总
统亦得以公民资格，勉从国人之后，为幸多矣。此令。

孙大总统在参议院演词：

本大总统于中华民国元年初一日来南京受职，今日四月初一
至贵院解职，自一月一日至四月一日，为期适三个月。在此三个
月中，均为中华民国草创之时代，当中华民国成立以前，纯然为
革命时代。中国何为发起革命，实联合四万万人推倒恶劣政府为
宗旨。自革命初起，南北界限尚未化除，不得已而有用兵之事。
三月以来，南北统一，战事告终，造成完全无缺之中华民国。此
皆全国国民及全国军人之力所致，在本大总统受职之初，不料有
如此之好结果也。深幸以极短之时期，而能建立如此大事业。本
大总统于一个月前已提出辞职书于贵院，当时因统一政府未成，
故虽已辞职，仍执行大总统事务。今国务总理唐绍仪组织内阁，
已经成立，本大总统自当解职，今日特到贵院宣布。但趁此时
间，本大总统尚有数语，以陈述于贵院之前：中华民国国民，均

有国民之天职。何谓天职？即促进世界之和平是也。此促进世界的和平，即为中华民国前途之目的。依此目的而行，即可巩固中华民国之基础。盖中国人民居世界人民四分之一，中华人民若能为长足之进步，则多数共跻于文明，自不难结世界和平之局。况中国人种，以爱和平著闻于世，于数千年前已知和平为世界之真理。中华民国有此民习，登世界舞台之上，与各国交际，促进和平，即是中华民国国民之天职。本大总统与全国国民同此心理，务将人民之智识习俗及一切事业，切实进行，力谋善果。本大总统解职之后，即为中华民国之一国民。政府不过一极小之机关，其力量不过国民极小之一部分，大部分之力量，仍全在吾国民。本大总统今日解职，并非功成身退，实欲以中华民国国民之地位，与四万万国民协力，造成中华民国之巩固基础，以冀世界之和平。望贵院与将来政府，勉励人民，同尽天职，从今而后，使中华民国得为文明之进步，使世界人民均得享和平之幸福，固不第一人之宏愿也。

案：武昌辛亥革命事迹，至此告一结束。先著记所述，亦止乎此。虽政治性质是流动的，不是静止的，厥后变化靡常，已越乎辛亥革命范围之外，言之甚长，未遑叙也。

惜阴堂辛亥革命记

赵尊岳

编者按：*赵凤昌，字竹君，一字惜阴，常州人。住上海南阳路十号惜阴堂。辛亥革命时期，与袁世凯、唐绍仪、程德全等人以及立宪派张謇均联系密切，与革命党人黄兴、宋教仁、章炳麟等亦关系甚密。南北议和的秘密会议，常在他家中举行。《惜阴堂辛亥革命记》是其子赵尊岳的遗作。*

寒家自光绪中叶（甲午年）迁居（上海）以来，迄未他往。辛亥前后，尤幸少有以自效。缅想当日趋庭所见闻，涉年记述，以存其真，供史家采择，独惜失落已甚多耳。寒家榜"惜阴堂"，因以《惜阴堂辛亥革命记》名篇。

先公号凤昌，字竹君，江苏武进人。生咸丰六年丙辰，初任粤藩姚觐元记室，旋入署粤督曾国荃幕府，张之洞督粤调鄂，均留任。后被谗去官，移家上海，虽杜门却扫而意气不衰，感怅清政之不纲，非改弦易辙无可救治，抑且非一二长吏所能转祸为福也。戊戌维新，其友好杨锐及庚子许景澄、袁昶先后被祸，悲愤益切。

庚子以后，朝政日失措，民心日激昂。孙文、黄兴立同盟会，倡导革命。康有为、梁启超犹主君主立宪，从事维新。其两无所预，而贤士大夫之过谈者，所聚益众。若南通张謇，以殿撰弃官，治农工于乡里，时来上海，辄饮于寒家。又山阴汤寿潜、香山唐绍仪、顺德梁敦彦、长沙胡元倓、凤凰熊希龄、闽县郑孝胥、乡人庄蕴宽、崇明王清穆诸君，凡过沪必就谈大计。又湖北年遣武备学生赴日习陆军，往来沪上亦必照料行旅，并钱之，勉以立身许国。如蒋作宾、何成濬、李书城等，先后学成返国，多来起居，述彼邦治道，咸结纳之。盖进图改革，待时而动，人才则不可不预集也。

旋上海有预备立宪公会之设，张謇、郑孝胥等主之，介其入会，其殊不信清廷之诚能立宪。然以为鼓动天下，必当有先开其风气者，譬之涉江，先以舟楫桥渡，立宪庶不失为舟楫桥渡耳，因亦参与会事。惟时新知旧雨，抵掌斗室。宣统继位，载沣摄政，大用亲贵，国人群起诟责。张謇约公等十人因满洲人庆宽上书摄政王，促行宪法，罢亲贵，一新纲纪，终不获报。乃更断言清廷之无可期望，谋国必出他途以制胜矣。辛亥春，黄花岗事起，殉国至七十二人，大吏犹缘以定保案；川人争自办铁路，川督赵尔丰临之以兵刃。则喟然曰，变发当不远耳。

方辛亥八月十九日即公元一九一一年十月十日武昌新军举义旗之夕，其正适宴客市楼，座有商人甫得汉电，约述其事，其闻之有所悟。须臾，谓有他约先引去，宾客初不之异。其径赴电报局以密电致汉口电报局长友人朱文学询其事，又立约沪商人之负重望者侵晨往谈。匹夫兴亡之责，促事功于必成。上海据长江下游，集人力物力，足为武汉之声援也。

翌晨，得武昌复电，知义师已大动，鄂督瑞澂已宵遁。因复电朱，促张謇返沪，时张适去汉口。随往晤商会董事甫人苏宝森，告以革命既起，沪汉商务息息相关，倘使战火燎原，两地均不堪命，急为今计，商会宜召各业会议，请沪地官商人民持以镇静。且电达江督张人骏，固屹自保，万勿轻预上游之事，冀阻江督发兵援鄂。又上海有英法租界，万一牵涉，贻害更大。应再由商会约西人商会开会，陈说民情，使达之领事，上闻公使。其时清廷遇事辄仰外人意旨，外国公使又辄循上海领事、侨商之主张为依归。故复语苏宝森，当私告外商，此际应以保圬护商为主，外人绝不当有所左右。倘为清廷张目，资以饷械，或借租界之力扼制民军，则地方必须致靡。吾辈在商言商，无间中外，求其事速定耳。苏以颇得窍要，唯唯称是。其晚来报，谓中外无异见，领事且持此入告公使。卒之公使团集议，以清廷不足有为，且疾首庚子之役，咸不主助政府。不日即分别宣告，认民军为交战团体，各国严守中立。公知事济，欣然曰：民军自此当不以匪寇见称，足与清廷争一日之短长矣。

然商人尚不足尽举国之人力，则别思策动各省，自莫如各省谘议局与旅沪人士公私交往，因展转约各省籍友好，无论其为赞许共和与否，均来惜阴堂集商。奔走最力者，苏人黄炎培、沈恩孚、孟森、刘垣、冷遹、雷奋，浙人褚辅成等。时张謇为谘议局长，人望所属，函电四出，各省多闻声相应，旅沪人士又纷函知亲，转达地方耆彦，请求来沪计事，或遣代表来议。于是先后至者十余省，晨夕相见于惜阴堂。卒以十余省代表之力，奠南京临时国会之磁基，壮图伟举，共商于惜阴堂斗室之间也。

自兹以降，日事部署。庄蕴宽时同寓寒家，间邀其旧部党人钮永建、王孝缜、赵正平等来谈。旋长沙黄兴、番禺汪兆铭、余杭章炳麟、桃源宋教仁、长沙章士钊、三原于右任先后至，筹事缜密，服劳勤挚，即于役南北奔走其事。若山西景耀月、直隶张继、山东丁世铎、云南张耀曾等，过沪必先来陈说当地情事，征问进止，一堂济济。是时，党人陈其美率子弟攻制造局，不胜被执，事已危亟。制造局会办沪人李钟玉，系公至交，始得士商之力，说于主者释出之。陈再攻上海县署，知县田宝荣逾垣走。上海光复，陈为沪军都督，李为上海民政长，知革命计议多在惜阴堂，亦来与会。汤寿潜时长浙江铁路局，来往沪杭，因介绍浙江光复党人陶成章来会，时陈其美觊觎浙江都督一职，遣蒋中正枪杀陶于广慈医院。

时与十七省代表排日研讨政情，有鉴于清廷任袁世凯为内阁总理，遣冯国璋南征，初战于武汉，民军颇不获利，各地新军数寡，并难策效，自非谋各地响应，不易图功。于是又以各省代表分别导致当地绅商，合群力迫长吏易帜，各地多纷应之。江苏巡抚程德全首以上海既失，宣告独立，易白旗，称江苏都督，苏沪始告粗安。然外省疆吏，犹或惑于君臣名分之谬说，首尾两端，迟迟举事。公即与农工商部侍郎、上海南洋公学校长唐文治洽商，由唐撰共和国体论，引证经义，谓共和非改姓、易帜非降臣可比，以解喻之。满洲人志锜为瑾妃、珍妃胞弟，贵重椒房，而见恶于慈禧太后，夙主维新，知革命得手之误于瑞澂，忽自京师来电，传内意，请讽瑞自裁，以谢朝廷。先公与瑞固还往，所寓尤密迩惜阴堂，惟以死节岂容人劝，且方为革命事日不暇给，安得复有余时为清廷传达使命，即笑置之，瑞卒令终。

初民军发难于武昌，风声所被，举国欢腾，人争自效。然忽闻清廷电调海军赴汉助战。海军萨镇冰素敬事郑孝胥。郑与寒家望衡，过从夙密，时弃湖南布政使职亡归隐晦。先公属其电萨，勿炮击武汉，以重民命。郑缮稿即发。德国向主君主政治，清廷及孝胥亲德。即电外务部大臣梁敦彦，谓国内战争，万不可乞助外力，苟朝廷有所求于德国，务为阻遏。梁电允诺。又民军及各省谘议局四向通电，独遗内、外蒙古。会从叔叔泽时任张家口电报局长，即详电使转内、外蒙旗，同申义举。颇有复电赞许者。又传闻摄政王偶作豪语，谓朝廷尚有好督抚在，何惧于革命。盖指升允、岑春煊辈。由是即请张謇拟一请逊位电稿，同携往谒岑，即日说其签名发京师，以孤清廷之势。类此举措，谋定即动，率出臆见之所及，多不胜记，聊述一二而已。

方苏沪乍告光复，武汉战事未已，南京张勋负固自恃。大江南北，各地自署都督者，林林总总，无所统隶。清廷内茬，尚称用兵。袁世凯又已蓄意盗国柄。于是惜阴堂宾客云集，论政以外，兼及论军，皆以增兵筹饷为言，请缨代伐为志。后黄兴任大元帅于南京，明知饷源无所出，募勇之不胜战，同患束手。常告来者以试先赴寒舍商之，遂历有胡汉民、谭延闿、李烈钧、柏文蔚各都督来洽。以至卸职之第九镇统制徐绍桢、第八师军人张厚琬、李书城、黄葆苍、陈元白、镇江都督林述庆、江北都督洪承点、吴淞总司令李燮和、沪军都督府参谋长黄郛、女子北伐队长林宗素等，杂沓纷至，户限为穿。其明识事理者，彼此推诚喻说，渐审实情。而矜才使气者，犹不免拂然色厉。直至和议初开，始缓其事。所幸黄、汪诸君深知艰苦，能见其大；尤习知江浙光复，多出地方人士之斡略，颇不自封于党籍，于事良便。逮孙文自海外归来，则南中大事已粗定矣。

计武汉义军之发难也，固出同盟会涵濡之深，亦赖地方人士之策力。故孙文匆次归国，抵沪翌日，即来惜阴堂，致词谦挚，曰：革命大业，诸君子功定垂成。愚愿幸偿，犹当勉继全力。海外消息梗滞，百不得一，请详述之。先公遂一一陈说沪汉情事。其后屡至，商统一建国诸要端，尤先以网罗英贤及国家财政事。其时四郊扰攘，各地都督就地课饷，虽病民而不足以存给。即在上海，陈其美来惜阴堂夜谈，竟得《民立报》于右任电话告急，谓民军以无饷且围焚都督府。陈至不敢遽归，可概其余。迨江南差定，计政人才，尚难其选。于是介熊希龄入局。初，熊官度支部，出任东三省财政监理官，钩稽精至，夙著能声。时适屏居沪上，与寒家卜邻，辄共尊俎，偻指财政，如数家珍。然知其秉性岸介，不屑求炫于当世，未易强致，则约日往谈。移暑，似犹未毕其辞，复挽来寒家续话，及入座未几，孙、黄继至，盖夙先约至矣。既相晤，畅论革命事，特重财政。孙、黄并重之，请草订设施纲要。熊窥其意诚，遂尽旬日之力，属稿携至。见者咸以为精析可用。此后遂即资之为探讨之本，卒定财政计划，熊亦以理财闻于时，历任财政总长、内阁总理。

庄蕴宽为吾乡健者，以文人治新军于广西，继郑孝胥为龙州边防督办及教练公所诸职，夙收新军人入旅，盖蓄大志者久矣。时客惜阴堂，凡所计议，无不允当，孙、黄并以为能。南京临时政府肇建，江苏都督程德全不胜任，告罢。公即主庄继之，遂移省会于南京。民党中人咸钦其清刚守法。政府统一，袁任为都肃政史。首劾洪宪筹安会帝制之谬说，以直声见称于世。又浙江光复党陶成章被狙，陈其美无吏才，都督难于得人。其遂举汤寿潜。汤淡泊廉能，素为浙人所敬爱，以劾盛宣怀削官，名动京国，独不乐于仕进，虽孙、黄面恳之，不少顾。公责之曰：君养望有年，举国奉以令誉，绝续之际，乃不为国家少效责耶？汤始勉允，期以三月必退；且谓革命不当囿于种族之成见，若轻杀满洲人，即日引去。众许其言，方襈被就任。既而杭州民军误杀旗城一兵丁，果即卸篆，返告曰：吾守誓言，慎勿轻责矣。南京临时政府初建，汤任交通总长。政府北迁，绝意却袁聘，迄为士流所称许。张謇客寒家，与民党日夕周旋，旋任农商总长。民党在建国求贤之时，亦多询先公意，尤重其有知人之明。是以临时政府筹商人选，孙、黄及汪、宋屡出名单，征询当否。先公以建府开基，既须兼纳众流，更当克副民望，取舍慎重，弥劳神思，片纸提名，钩抹数回，而后定其议。孙且坚邀同赴南京，强以艰巨。章炳麟复于名单书枢密院长赵，而己副之。先公笑曰：此席非君莫属，余固自誓，仅策微劳，不奉公识，诸君子必夙闻之，况屡驱诚所不堪乎。于是卒罢其目，旋改聘为顾问，亦婉却勿就。

袁世凯阴蓄异图者已久，迨清廷以革命事急，起之洹上，初示偃蹇，终主大政。先以冯国璋师迫武汉，而又忽缓兵，一示南中有机可乘，一见指挥之长以自重。于计不为不狡。清廷强弩之末，听之而已。至于南中，则革命成之于民意。义旗四举，初无练卒。所谓民军，除各地仅有之新军改编外，多集学生子弟为之。徒立番号，昌言北伐，实不足与北洋抗衡。凡此情事，孙、袁固两知之。孙知军事之难于幸胜，而不能不作壮语，策励干城，慰藉民望。袁知南征大捷，大位终不我与，故不惜假军事之抑扬，谋进取之捷径。于是南北两方均处于危疑震撼之中，又即此以形成和谈之一线端倪，惟终苦于形格势禁，无可展布。孙、黄固尝踌躇至再，冀能有出奇制胜之术，越此难关而完成大业者。

天下政事相敌，不出和战两途。袁于此彷徨失措间，亦不得不谋与南中传递消息也。会袁部赵秉钧知其属洪述祖与余家为乡戚，又知余家阴策革命事，因由洪以私函来窥意旨。先公立示之孙、黄，佥曰：今日但求覆清，以行共和，不战而胜，奚不可为，且足补南军之拙，惟当得其人而语之耳。于是先公举唐绍仪，谓其能通治体，有权识，既为袁之故旧亲信，又夙厚于私交，倘得唐来，事必易与。孙、黄虽不识唐，以信所言，即加赞许。先公遂缘唐之乡人同学、上海电报局长唐元湛密达京师，与唐通款曲，请为国家戮力，南来协商大计。唐固机智，窥情事之推迁，知安危之所系，甘以身许。袁知计售，私心为幸，即命冯观望于武汉。武汉之围，由以少解。实则武汉苟涉疏虞，南京亦失屏蔽。和固不仅利袁，抑且大有利于南中也。然袁左右无可使者，既知南中属意于唐，终任之为议和代表。

其时，袁以一身总北方之全局；南中则同盟会外，地方人士并参政事。同盟会中，孙、黄以次，又不无同异之嫌，发言盈庭，多所参综，难期制胜。先公因商之宋、章、张、汤、熊等，组设政党。凡国人之主张共和及统一建国者，不问其南北新旧，有无党籍，率可入会。众谋佥同，孙、黄等亦以为然。不日遂成立统一党，地方人士以外，同盟会人汪兆铭、宋教仁、章炳麟均列党籍。唐绍仪旋亦来莅。理事会中选张謇任理事长，章炳麟兼秘书长，先公兼基金监。缘是党人与地方人士水乳益融。事在辛亥十月间，较孙之于次年改组同盟会设国民党为早，实为民国第一政党，且兼容各派，共赴一鹄，直开后来政党联合阵线之先河，弥为国人所乐附。旬月以内，各省入党者数千人，先公按时往治事，迄于统一告成。政府北迁，章主党部随去，先公犹以为应暂留上海，徐觇其后，格于众议而罢，遂立辞基金监及理事职，不更问党事。既而章受拘禁，统一党为袁操纵，改共和党，而沿为进步党，颇与国民党相龃龉，且有附袁之嫌，诚出先公意料之所不及，且非所忍闻矣。

初，北方虽主和议，犹定在武汉开会。先公以武汉军事未已，坚持不可。又密告唐，非来沪开会即罢其议。孙、黄并以为然，袁卒屈允。唐尚自汉口水道来沪，假寓英商卜内门经理李德立家。李迎之于江干，先公未往，唐倚舷频以为问，无应者。其夕即来惜阴堂深谈，即席定以共和政体为鹄的，谓来日所议，仅斡成此局之步骤耳。翌日，先公约孙、黄同来惜阴堂晤唐。孙、唐同乡里，彼此一见，以乡音倾盖，握手称中山，似故交。黄为湘人，则微示礼数，称克强先生。此后，不三五日而一晤，尽掬肺腑，其有不容直率倾吐者，即先公为转达之。唐于名分为清廷代表，一切自不能不于议席有所争持。然阴主共和，谋之至笃，孙、黄咸相敬佩，未尝目之为敌军代表也。

方唐之南来也，南中尚未指派代表。黎元洪以为事发于武昌，应由鄂主和议。民党亦众论不一，尤以唐为清廷显宦、政学前辈，必当择地望相符者与之抗手。久久始物色粤人曾驻美钦差之伍廷芳任之。伍休官居沪，素不问革命事，亦不与党人通声气。而陈其美一日径投刺造访，请出任南方议和代表。伍不识陈，却之再三，陈竟长跪以求。伍感其诚，始允就任。伍居与惜阴堂不远，后辄来晤，为先公面述者如此。逮部署就绪，已定翌日假英租界市政厅开会矣。伍忽念及代表尚无证书，焦迫无计，立移先公函请速发给，备开会时审验之用。先公固不预琐事，得函大以为异，然不能不立为转达，且促缮发，次日始克持赴会场。伍曾就李鸿章幕府，官于北洋，与唐亦旧好也。和议数开，舍双方停战限期以外，凡国体争持及人民投票诸端，均无成就。袁尤遇事挑剔，以求信于清廷。南中则声势日宏，山、陕光复，而实力犹患不充。袁已熟审言战言和之举足轻重也，则益上下其间，便行其私，终免唐之代表，亲负和议全责，而展转示南中，倘属以总统之任，自当翼赞共和，缔措新局。南中时正困于偏安，绌于饷械，百不得已，亦仅有先树政体，再图其次。至袁之异志，人所共见，则冀纳之于宪法之中，因之南京临时国会先制约法，继以孙宣言让贤，选袁为首任正式大总统。约法定责任内阁制，总统无施政之权，且移都南京，袁南下就职，又应以党人为首任内阁总理。袁初勿之允，几在惜阴堂辩论调处，终以唐绍仪加入同盟会为内阁总理，粗偿南北之愿，事始克谐。兹议既决，袁遂致力共和，坐遣北洋军人纷电奉请逊位，又饰词动隆裕太后、摄政王。清廷知大势已去，无可挽回，终承受优待条件，于辛亥十二月二十五日，即一九一二年二月十二日下诏逊位。荡涤五千年专制之瑕秽，计距武昌举义，甫百有余日耳。

方大计既决也，南中计日俟逊位诏书，期释重负。而期之殊不可得，或以为事有中变矣。一日，先公忽有所悟，语张謇曰：明诏未颁，恐京师无大手笔足了此案，君试拟为之。张初笑谢，以为不可，终于著笔，就其案头八行横笺，不具首尾，书数百字，文甚朴雅。先公以为可用，亟电京师。不出所料，北方前拟数诏，均不中体，袁正患无策，得之大事称许，一字不易，仅加由袁世凯办理一语颁行之。方集议朝堂，加此语时，金以袁此日犹为清臣，不宜用"请"字；来日既为国家元首，应存谦挹，又不宜用"命"字。踌躇良久，忽有人脱口而出，谓"由"字宁不适用耶！群相俯首，以为千金国门，信无可易。又以张称言及皇帝长享优游之福，亲见郅治之告成而止，语气似不完整，于是复有人增"岂不懿欤"一语为虚结。雍容宏肆，神理具足，通人之笔，洵可称已。诏下之日，陈其美适来惜阴堂，逐句朗读至"商辍于途，农士露于野，人心所向，天命可知"诸语，叹息至再，曰：亦可伤矣。陈素以骁悍者，感于张文，弥存矜悯。先公每谓其亦谨愿之流耶。张手稿存惜阴堂有年，某年《申报》国庆增刊，属余记辛亥事，因影印以存其真，惟张谱失载其事。至孝若、刘垣载传，始揭出之。先公尝语张曰：朝廷养士三百年，君以文士，策名状头，固不当善为之词，以酬特达之知耶。胡汉民初不知其事，以为别出他手，至孝若传记及影印本出，始爽然自愧失言矣。

统一之局既定，袁任总统，唐任总理，无异词，于是进拟第一任内阁名单。时唐日在惜阴堂与汪兆铭、张謇、熊希龄、宋教仁、章士钊等计议，孙、黄亦间至抒所见，金求融南北新旧于一炉，务使人得其平，官尽其守。唐于革命为后进，于孙、黄、汪、宋诸党人为新交，则遇事常商之于先公；袁多索名额，颇涉自大，非南中所能忍受。而南人又竞求显宦，视若酬庸，虽孙、黄亦穷于应付，其事视前拟临时政府名单为尤难。折冲进退，函电交驰，一拟数改，始勉定议，南北无违言。其间劳心敝舌，左支右绌之苦况，先公殊无以语人也。

综革命之观成，党人茹数十年之艰苦，出生入死，缔建共和，厥功固至伟。然辛亥以百余日倾覆满洲三百年之天下，显见地方人士之效力，初不亚于党人。所幸孙、黄领袖民党，能识大体，与地方人士推诚相见，协力相济，众亦翕然无丝毫之成见，因以致果。然孙、黄二人间固未尝无异同也。为之部属者，更或利其异同而抑扬之，由疑沮以生嫌怨，则启自东京初组同盟会时，其来固已久矣。辛亥事发，黄先抵沪，开府南京，为大元帅，弥孚众望，颇有主推任总统者。孙遄返，必得此席。其左右或不能不抑黄以示崇孙。由部属之间言，酿同辈之歧见。先公知之，引以为隐患之忧。故凡涉机事，必约二人同至商略，且折衷其异见。汪、宋亦每曲旋其间，免为袁所播弄。黄性厚重，辄自抑逊，幸迄不致偾事。其后病殁上海，唐往视疾时，犹执手谓中山负我，可以知之。

党人赤诚革命，躬冒百险，不折不挠，毅勇信非恒流所可及。然蹈厉有余，治术不足，亦为无可讳言之事。方孙之初晤先公也，言及民生凋敝，当有以解其倒悬者。孙即作豪语，谓今当先免全国之田赋。先公立止之曰：信是则军政费安所出？君首归国门，一言为万方所瞩目，慎勿轻言之。又吴敬恒一日与张謇语及刑法，忽扑地叩首，谓匪盗迫于衣食，始陷法网，应勿论死，敢为革命。张愕然至无可置答。其后议及优待清室经费，孙遽谓虽岁给一千万何伤。先公亦止之曰：此当付国会决议，非一二人所可定夺。盖孙以亡清在即，望外之喜，不期溢于言表，终亦仅定四百万两。凡此均足见党人之坦率豁朗，而尚不习于治道，幸多机敏服善，不致贻之祸阶也。

南京临时政府组成，先公固自矢勿预公职。而中国第一矿业汉冶萍，以旧人盛宣怀逃日本，无主持者，势且辍业。鄂中屡电政府维护，孙、黄一再请先公代表国家股份出任董事长，公以商业非官职，勉允之。绝续之际，捆挡另星商款，幸维持冶炉不使息火。汉冶萍产铁，向由盛宣怀定约借日款，而以最低价格售给日本八幡钢厂，八幡日获厚利，汉冶萍支拄维艰。先公固知厂务之困于日款者甚深，遂主别借款项，改定价格，另订新约。日人深患之，厂顾问日人青木屡来见，请循旧价售铁。又谓向借日款，易于续约，若取他图，岂有意排斥日本耶。先公答以借款为商业计，必取息廉而约束少者，兹正分讯中外各银行，日亦可来商谈，择其便我者，决诸董事会，何蓄意坚拒之有。青木无可逞，往谒孙文，谓日必赞襄革命大业，惟汉冶萍向与日有成约，宜续不宜废。孙意少动，以语先公。先公复曰：此商业事，应决之厂中，似不可以政治左右之。卒拒其说。然厂务拮据日甚，借款仓卒难成。董事若王存善等，多秉盛意，难期规复。次年，盛自日本返，谒先公，虽旧交，而议终格格。先公直率语之曰：此时纵惟日款可借，亦待君主之，余任内决勿举日债矣。遂辞董事长职，所有按月车马费五十元，尽输之工人医疗所。初，盛与袁尝以争功名失欢，至是窥南中阴事反袁，矜其理财之长，复谓私蓄已足挹注政府。又每斥袁异谋，孙甘其说，且歆其资，颇以为能，尝为先公言之。先公曰：相知素深，谓贪黩自肥者能公忠体国耶，谢不可信。而盛卒左右汉冶萍事，以其亲家孙宝琦当其名。癸丑二次革命将举事，民党度财力不继，就商之。盛谓下南京当贡二百万元。其后讨袁军建帜南京，迄未斥一文。不旬月，事亦败散。民党有与先公追述之者，先公曰：吾言验矣，其人果足恃乎。

逊位诏下，南京移政权于统一政府，奠定有期。于是先公复与诸君著意于南北绝续之所系，务求匕鬯勿惊。而袁卒不肯南下，南中特遣汪兆铭、蔡元培等往迓。袁竟嗾使曹锟兵变于北京，示非坐镇北方，不足控制。南中既已解体，孙、黄亦叹息无言。及袁就任，遣梁士诒邀先公北行，先公笑而谢之。旋聘为顾问，贻带勋章，均答以一电而已。其后唐任国民党推荐之北洋军人王芝祥督直，袁匆署发命令，唐以为侵责任内阁权，愤而去职。袁旋杀宋教仁，启癸丑二次革命战事，乃至洪宪称帝、宣统复辟诸大端，凡事涉国本者，诸君子仍时至惜阴堂，就先公画策，以非辛亥年事，不著于编。

国事共济会资料

闻少华 辑

编者按：武昌起义后，汪精卫被释放出狱，旋在袁世凯指使下与杨度共同发起"国事共济会"，"要求两方之停战，发起国民会议，以国民之意公决之。"但随着南北和议的进行，袁世凯对该会已无兴趣，故不久即宣告解散。该会为袁世凯搞的反革命活动，所以在该会成立时，《民立报》即斥之为"无聊"。兹从《辛亥革命始末记》及《民立报》中辑录了该会的宣言、简章等文献以及《民立报》社论等，供研究辛亥革命史者参考。文中按语，系原刊报纸编者所加。

国事共济会宣言书（附简章）

中国自有立宪问题发生，国中遂分为君主立宪、民主立宪两党。君主立宪党之言曰：中国之立国，以满汉蒙回藏五种人集合而在成，而蒙回藏人之能与汉人同处一国政府之下者，全恃满洲君主名义羁縻之耳。今世界各国对我政策，方主保全门户开放机会均等，而其所谓领土者，乃合二十二行省、蒙古、西藏、回部等藩属而言；若汉人以二十二行省自立一国，变为民主政体，一时兵力必不能兼定蒙藏，而蒙藏又无独立一国之力，则满洲君主去位之时，即汉蒙回藏分离之时，蒙必归俄，藏必归英，东三省必归日俄；而各国领土保全之策以破，德法不能坐视英俄日之独有所得也，法必得云南等处，德必得山东等处，于是汉人土地亦不能完全矣。欲求领土之完全，满洲蒙回藏之统一，非留现今君主名义不可。以是理由，故惟主张君主立宪。

民主立宪党之言曰：各国革命可以至君主立宪而止，而中国则不能。非谓君主之为满人，必欲以种族相仇之见排而去之也，乃以君民之种族不同，则人民之权利必为君主所吞与〔钦〕。即令一时被迫而尽与之，然使尚有保持君位之力，则亦仍有推翻宪政之力。故君主一日不除去，即宪政一日不确立。根本解决之法，惟有改君主为民主，满汉蒙回藏五种皆平等立于共和政府之下，始有完全之宪政。并非于政治革命之外，别有所谓种族革命也。以是理由，故惟主张民主立宪。

是二党者各持一说，各谋进行，其所争之点无他，君主、民主之一问题而已。此外如确定宪政，发挥民权，则两党之所同也。满汉蒙回藏五种必使同立一政府之下，决不可使分离以与各国保全领土主义冲突，又两党之同也。然则两党共同之目的安在乎？皆不过成立立宪国家以救危亡之祸而已。

近者革命军起，东南响应，北京政府与武昌军政府各以重兵相持，两不相下。设必欲恃兵力以决胜败，无论孰胜孰败，皆必民生涂炭，财力困穷。以保一君主为目的，而使全国流血，君主立宪党所不忍出也；以去一君主为目的，而使全国流血，民主立宪党所不忍出也。设更不幸而二十二行省中有南北分立之事，又不幸而汉人团为一国，蒙回藏遂以解纽，以内部离立之原因，成外部瓜分之结果，则亡国之责两党不能不分担之矣，岂救国之本意哉。

然而两党之政见应何去而何从，非两党所能自决也，必也诉之于国民之公意。用是两党之人联合发起，以成斯会，意在使君主、民主一问题不以兵力解决，而以和平解决，要求两方之停战，发起国民会议，以国民之意公决之，无论所决如何，君主、民主两党皆有服从之义务，不服从者即为国民公敌。法国拿破仑第一执政时，帝政或民政两问题不能决也，由全国人民投票公决之；南意大利诸小邦之属于罗马教皇或撒的尼亚两问题不能决也，由诸小邦投票公决之。国家大事决于国民会议，此先例之可援，而适于今日中国时势者也。

至于实行本会宗旨之时，其对于北京政府之行动，由君主立宪党任之；其对武昌军政府之行动，由民主立宪党任之。总之两党之意不欲背其平日救国之怀，而以相争酿成危亡之祸，故于纷争之际，咸有惴惴之心，此则对于全国国民所共同求谅者也。

附 简章

一、本会以保持全国领土（各省及各藩属）之统一为宗旨。

二、本会依前条之宗旨，要求两方停战，鼓吹组织临时国民会议，解决君主、民主问题，以免全国战争之祸。

三、本会会员平日主张君主立宪者，担任请愿北京政府赞成本会办法；平日主张民主立宪者，担任请愿武昌军政府赞成本会办法。

四、无论何人得本会会员二人介绍，均得为本会会员。

五、本会本部暂设天津，各省及各藩属地方随时得设支部。

六、本会设干事四人，两党各举二人。

七、各省及各藩属地方有赞成本会宗旨者，自行组织支部，一面通告本部。

发起人　　君主立宪党杨　度等
　　　　　民主立宪党汪兆铭等

按：该会之发生，乃著名之政客某为政府所划之密策，袁内阁李议长大赞成之，而革党中如精卫等亦多有中其计者。兹由个中人探得某政客所议该会得力之点，公诸一般舆论，即可以得其真相矣。

（一）该会之召集非两月后不能开会，此两月中各省人心一懈，鄂、晋等要省必可克复。

（二）即一旦开会，主张君主立宪者必占多数。

（三）即令主张共和之票占多数，亦必有许多反对之省分，彼时国民与国民宣战，政府可不劳而致胜。

（四）藉京城恐慌人人逃归之际，密遣议员托词避乱，赍重金回籍运动在籍之议员、军人，令其主张君主立宪，不从者刺之，则国民会开时，政府愈无失败之虞。

《经纬报》九月二十八日（1911 年 11 月 18 日）

杨度呈请内阁代表书

国事共济会会员、君主立宪党、开缺学部副大臣杨度等，为请朝廷明降谕旨，实行停战，速开临时国民会议，议决君主、民主问题，以救危亡而维大局，呈请代奏事：窃自武昌革命军起，全国响应，朝廷号令不出都城。未独立者仅直隶、河南二省耳，宗社之危系于一发。若欲仍恃兵力以戡内乱，非特生民涂炭，财力困穷，且沿江沿海遍竖白旗，亦复战不胜战。与其专为战守之计，何如别求解决之方。用是集合同志，创成此会，意在要求两方停战，速开临时国民会议，而以君主、民主一问题决之国民公意。

议者以为会议必由多数取决，是否必为君主，殊无把握。不知此时欲言完全把握，虽伊吕复生，不敢自信。惟是会议既开之后，则外交内政，利害得失，彼此可以互陈，以期归于一是。比之目前状况，君主立宪之言仅能言于都下，而各省概置不理者，实犹彼善于此。即令决议改为民主，然朝廷既肯以君主、民主问题付之公决，则尧舜至公之心，已为海内所共敬。人民对于皇室，其必优礼相加，而无丝毫危害之意，可以预决。而知和平解决之方，莫逾于此。

拟请明降谕旨，实行停战。一俟武昌革命军承诺停战之后，即将赴鄂军队撤回，以示永远停止战争、不以兵力解决之诚意。并召集临时国民会议，议决君主、民主问题。若能将君主民主朝廷皆乐于观成之意昭示天下，咸使周知，尤足以生人民之感情，为平和之保障。至于临时国民会议之组织与其选举方法，应由会中拟具草案，仍由两方【承】诺，然后据以召集，未便由谕旨遽定办法，致生窒碍，合并声明。所有呈请代奏原由，理合具奏，伏乞公鉴施行。须至呈者。宣统三年十月初三日。

《国民公报》十月初六日（1911 年 11 月 26 日）

资政院第十一次会议纪略

九月三十日下午二点五十五分钟开议……议长谓现议第五提议，陈请保存中国事建议案，请股员长报告。郑议员潢代为说明，谓：陈请书之主旨，即在两面停战。既已停战，乃有办法。又杨度等陈请设立国事共济会，其意以为战争不已，则生民涂炭，无有已时；于此求一和平解决之法，即两面停战，复召集国民会议，仍可表决君主、民主立宪问题。又江宁省陈请书言，江南官军惨杀，殊非人道，宜请旨停战。此事重大，略为报告，请众讨论。

范议员源濂登台发言，谓国事共济会其所希望即在国民会议，其应议问题即君主与民主之政体。或者谓提议民主非本院所宜，但革命党以此为旗帜，徒恃本院持君主立宪之说，未必足以破之。宜请明发上谕，许开国民会议，两面共同研究，主张君主立宪者，详说其真理，以维持君主立宪。盖国民会议在中国为例外，在各国为常举，且为各国办有成效之法；但求此法不壅于上闻，采择与否，听之朝廷而已。

刘议员述尧谓，国家既不以兵力平乱，惟有以此和平方法解决之。国事共济会者，即发表政见之地也。

李议员文熙谓，大局如此，本院对于存亡问题不能不设法研究。盖两面趋于极端，势必出于战，战则生民涂炭，不堪设想。至有谓该会合两党聚为一堂，恐易生冲突者，似无足虑。盖政府与革党及各省三面派人，为共同之讨论，自可和平解决。

牟议员琳登台发言谓，大乱起源即因政治不良所致。现信条颁布，人民之要求极为圆满，故资政院对于政府，但能为君主立宪之请愿，如有国民会议可以发表意见，否则南方纷纷独立，但有民主之说，其势甚危险。又大局糜烂如此，革党已宣布为中华民国，未必肯自行取消。如能开会服从多数，亦未始非取消民主党之机会。即自中国历史地理观之，亦不利于民主。至谓资政院系主张君主立宪者，不能提及民主；但国事共济会非出自本院，但为之上达，亦不至有所违碍。

喻议员长霖、景议员安均谓，与信条有冲突，宜取消。兴〔籍〕议员忠寅谓，我辈既为资政院议员，自无主张民主者。但时势危急如此，不能拘牵法理。凡有可以救亡者，吾辈即当细心研究之。乃者乱事迭起，将及一月，其所以不能即平者，即君主、民主两问题未决之故。自种种方面观察之，既无以兵力平乱之理，则惟有合全国人之意见，以为和平解决之法。本院对于此陈请书，但期以之上达，承认国民会议，将来国家前途乃有希望。不然因内忧而牵及外交，乃至危险之事也，可不惧哉。

时反对者颇持激烈之说，议场大哗，议员亦多退席者。议长宣告展会。时五点五分钟。

《经纬报》十月初二日（1911 年 11 月 22 日）

无聊之共济会

近闻北京共和党人汪兆铭与立宪党人杨度组织共济会，欲各省派代表至京，议决君主、民主两大问题。记者闻之而疑，以为或舆论猜测之词，不必见有实事。而今复见其布告书及草章，始知北京党人竟有此无聊之举动，其根本上见解已属荒谬无理。记者既有所见，安得不词而辟之。

嘻，今后之中国为君主，为民主，尚欲开议解决耶？以全国国民之同意，咸趋于共和民主，帝王一物已不容复现于新中国，而况彼爱亲〔新〕氏无知之孺子乎！且中国革命，本非欲汉族独立组织国家，亦必合满、蒙、回、藏四大民族共立于共和光〔国〕中，同享自由之幸福。今天下光复过半，苟立宪党人能省大势之所归，同心协力，推倒满清皇室，则战祸自然消弭。而其消弭乃根本上之方法，亦无复逾于此者，又何必以五大民族之英秀人群终屈服于一二冥顽无识野蛮皇族之下哉。

即以满族而论，虽与汉族为世仇，亦其不肖酋长遗谋不彰之咎。今吾汉族既消除前嫌，开心剖肺示天下以至诚，则满族亦必企望共和之早成功，而不愿爱亲〔新〕氏一家高踞君主之位，以贻灭类之大祸。矧在吾同种之立宪党人休戚与共，又何必自相歧异，使国是不能早定，而为他人作保卫尊荣计乎。是亦惑之甚矣。盖今日君主之不祥物，断断不容于中国，已不待片言之讨论，又何必作此种无谓之举动，以惑世人之观听哉。

若夫共和党人，其宗旨、目的、手段既以共和为主体，则民主之建施，当无所稍存疑虑之念于其胸。而君主之不及民主，其理解亦复洞谂。则今日革命事业将告成功之际，为共和党人者，亟宜注全神于建设，而巩固中华民国万世不拔之基。奈何复随波逐流，惑于立宪党人一二之谬说，将待于君主、民主之解决乎。

即如汪兆铭，亦鼓吹革命有年，乃党人之有学识者，前此在京暗杀未成，囚锢终身，今清政府施其谲诈笼络之手段，释汪出狱，彼非有爱于汪也，爱其爱亲〔新〕氏万世一系之皇基耳。而一世英物之汪兆铭，竟感虏廷不杀之恩，而为彼满皇说法乎。不然，既纯然主张共和，则不致而有所欲各省代表会议于君主、民主为也。

总之，记者于此敢宣言曰：共济会之设，非吾全国共和党人之同意也。

夫共济会成立之意义，亦不过曰消弭南北之战祸而已。然所谓消弭战祸者，岂在君主、民主两问题之解决哉。亦不过曰，共和目的达，则战祸弭；共和目的一日不达，则战祸一日不得弭而已。在京党人既恐战祸之延长，即当于各种方面尽力使共和目的早日得达，不当妄行要求停战，而作无聊之讨议〔论〕也。

记者最后之一言，甚望吾全国同胞不承认此种荒唐之共济会，而并力于共和之建设，使君主之不祥物，永远不存留于二十世纪之新中国。流无数热血而购得真正之自由，亦爱国男儿所乐为也。战祸云乎哉！

《民立报》十月初二日（1911年11月22日）社论

共济会大不济事

（北京快信）国事共济会发起人杨度所上资政院之陈请说帖，虽经陈请股提出会议，而钦选议员中多数表示反对。日前议场已因之大起冲突。兹闻资政院又因此事开一谈话会，两派仍有争执。闻其反对之理由，则以宪法信条系由资政院奏定，此时若提出君主问题，与宪法信条自相枘凿。且资政院虽系立法机关，亦无议决政体之权力。故两派争之甚激，大有决裂之势。并闻此问题发生之后，议员中又有少数之中立一派，对于此事不赞不

〔一〕词，如关于此事开会即拟托故不到。观此现象，则共济会亦不过徒有其名，毫无济于实事也。

《民立报》十月初十日（1911 年 11 月 30 日）

国事共济会解散宣言书

自战事开始以来，两党之人皆知战事延长，于中国前途有无量之危险，故欲以国民会议解决君主、民主问题，以息将来之战祸。两党之人持此目的发起斯会。一面由度陈请资政院议决，呈请内阁代奏，舌敝唇焦（辛苦你！），以求（求字丑极）主张之通过；一面由兆铭电达上海军政分府转武昌军政府，请求承诺所主张。乃资政院不为议决，内阁不为代奏，而武昌军政府亦无回电，上海回电只承诺国民会议，于停战与否并未提及。今者武汉血战，兵事方殷，平和解决之难，已为天下所共见。在君主立宪党之意，始终不愿以杀人流血解决君位问题，北军进攻实所反对。在民主立宪党之意，则以为若别无平和解决之法，惟有流血以护其宗旨。是共济会之所主张已归无效。用特宣告解散，惟天下伤心人共鉴之。发起人杨度、汪兆铭等同启。

《民立报》十月二十一日（1911 年 12 月 11 日）

新中国武装解决和平记

廖少游

编者按：本文作者廖少游（宇春）于辛亥革命时，秉承段祺瑞之命，以袁世凯出任民国大总统为先决条件，于辛亥年十一月初一日（1911 年 12 月 20 日）与黄兴代表顾忠琛在上海秘密商定推翻清政府、确立共和政体等五条款。为此，袁克定、段祺瑞、靳云鹏等秘密串联北洋各军，胁迫清廷赞成共和，拥戴袁世凯窃取了辛亥革命的胜利果实。本文以日记体裁，详述廖本人及靳云鹏等之幕后活动，所记史实，具有一定史料价值。原书于 1912 年由陆军编译局印行，现已流传很少。今全文刊出，供研究参考。

新中国武装解决和平记序

辛亥冬间，南北和议屡梗，双方坐困，大局岌岌可危。华亭廖君宇春，间关奔驰京、保、汉、沪间，瘏口晓〔哓〕音，以祈达保全大局赞成共和之目的。迨民国基础甫定，海内粗安，越年八月，德全方由苏督任内赴申接收沪军事宜，适廖君邮寄所著《新中国武装解决和平记》见视，嘱为弁言简端。循览既周，乃濡笔以僭书之曰：古今治乱兴衰之故，虽曰天命，岂非人事哉。

使无庚辛后之贤豪俊义，言论锋发，奔走呼号，恐此次军人倡议，不若是之灵且捷也。然使军兴后，无志士仁人，出万死一生之计，探军幕，入虎穴，掉三寸舌以说南北各枢要，化干戈为樽俎，变叔季为唐虞，恐共和虽成，而士女空闾巷，肝脑涂原野，兵连祸结，薄海骚然，其武装解决之肤功，又乌能若是其和平而迅厉哉！方东南扰攘间，德全迫于大义，拯苏民于水火，督师往来宁沪一带，时闻人谈及廖君来南，志在联合两军感情，以冀达共和之目的，窃幸联络内外之有人。今则大势渐趋统一，廖君昔年所抱持之和平主义，卒能使段军统有提挈十四万军人之电奏，以致诏布共和，捷如影响，夫亦可谓有志竟成也乎。虽然，联络南北以赞成共和，破坏之美果也，巩固中央以奠定础礤，建设之首图也。方今党见纷争，强邻环迫，正宜联内外之心志以先固本根，化南北之嫌疑以调融意见。殷忧所以启圣，多难即以兴邦，范蔚宗论东汉之衰，危而弗亡，皆贤人君子心力之为。是所望于海内名公巨卿、哲人杰士，懔被发缨冠之大义，誓抱冰握火之苦心，俾所谓武装和平解决者，常留璀璨庄严之声誉，以垂被无穷焉。是则德全所骧首企踵，昕宵翘歧〔企〕者也。

中华民国元年八月云阳程德全雪楼甫

共和之发轫也，主动于黎军，被动于各省志士，然而其原动则孙、黄诸君也。共和之解决也，主动于段军，被动于各军将校，然而其原动则廖、靳诸君也。昔大禹之治九州也，驱除洪水猛兽，后世颂其德，以禹域名中原。共和之成立也，扫除数千年水深火热专制之遗毒，俾我国民煦煦然如登春台。之数人者，厥功岂在大禹下哉。廖君诚不朽矣。健羡之余，因志数语于简端，以告世之读是编者。

中华民国元年季夏之月津门蒋雁行谨志

　　共和颁布，民国肇兴，鲜不谓黎、黄诸公之力居多，而不知议和时代，南北奔驰，秘密运动，以晓〔哓〕音瘏口，促共和之解决者，其坚苦卓绝之诣，固未易一二为外人言也。吾兄少游，幼倜傥有大志，好吟咏，兼工书画，甫弱冠，游学东瀛，旋充东京使馆随员。回国后，历受知项城袁公、寿州孙公、南皮张公，争相罗致。冯公华甫、段公芝泉，皆兄故人。二公创兴军学，先后襄办北洋陆军学校近十稔，成就学生者数千百人，而独居深念，其愤时忧世慷慨激昂之志，未尝一日稍息，往往发诸咏叹，盖其素所蕴蓄者为已久也。辛亥八月，武昌事起，天下响应，廷议起袁公总国事，冯、段二公督师南下，南北相持，同胞惨杀，大局岌岌可危。又以和议或兴或辍，迄未就绪，而举朝阘茸，咸以革命二字相诟病，卒无有牺牲一身，剖陈大义，为国分忧者。阋墙既久，外侮乘之，势不至酿成豆剖瓜分之祸不止。当此之时，若有丝毫顾惜身家之念，谁肯间关险阻，出万死不顾一生之计而联络南北之感情耶？而兄则谓不有国，何有家，何有身，大有救天下苍生舍我其谁之思。始终抱定尊重人道主义，中夜彷徨，寝食几废，不得已联合同志数人，潜赴汉阳说冯、段，感冯公知遇深，拥护尤力。偕夏君清贻莅宁、沪说黄、程，洞中肯綮，订密约返京华，说当道诸公，洋洋万言，甚于贾生之痛哭。与靳君云鹏数十日奔走骇汗，卒能和平解决，化干戈而为揖逊，俾我同胞，获享共和自由之幸福者，则兄之苦心焦思，有志竟成，以至此也。兄可谓国尔忘家者已。今也民国酬庸，纷纷者半踞高位，而兄独甘浮沉在下，欲齿齐民，其所著有《新中国武装解决和平记》一册，叙次当时情事，皆极清晰简老，言微旨远，殊不欲出以问世。然副总统黎公十害三无之说，天下感泣，而最足为世针砭者，则在无责任心一语。顾亭林曰，国家兴亡，匹夫有责。以下位而谋国事，以书生而靖兵戎，吾兄当之，可无愧矣。是篇主要人物，除黄、段二公外，北军如靳君云鹏、夏君

清贻、孔君庆塘、袁君克定、张君鸿逵，南军如顾君忠琛、朱君
葆诚、俞君仲还，皆议和时代之伟人。吾兄恒曰，此次得运动推
袁之策成功者，皆诸君赞助之力也。余思此册关系民国前途至
重，不欲其秘而不宣，强索其稿以付手民，并为之志其颠末。且
乞名流巨卿之品题，俾览是册者，即有以知兄生平之梗概云尔。
是为序。

中华民国元年五月中浣云间女士廖宇蕙叙于农安女校

缘　起

辛亥夏秋之交，人民积愤清廷专制，政治窳败，已达极点。
大局阽危，改革无望。四千年神明之胄，几如燕雀巢幕，不谋朝
夕。加以贵族用事，骄佚恣睢，民贼专横，甘为戎首。如请愿国
会代表之拘禁，铁道收归国有之风潮，皆足以大拂舆情，遏抑民
气。于是人心激奋，咸欲谋脱君主专制之羁轭，享民权自由之幸
福。始而川乱蔓生，迨八月中旬，鄂变继起，各省骚然响应，如
出一辙。所仅存者，惟豫、直、鲁、东三省，及蒙、藏外藩
而已。

荫、袁先后督师出援，民势益张，半壁河山，相持不决。大
局糜烂，即在目前。非南北裂土而王，即演成豆剖瓜分之惨剧，
事机危迫，间不容发。清廷至此，亦复栗栗危惧，恐一姓之私产
不能保存，乃徇臣工之请，下罪己之诏，颁布十九信条，昭示天
下，并解除亲贵政柄，特任袁项城组织责任内阁，以图解免。无
如人心为大势潮流所趋，虽有贤者，已难为力。挽回之术，不免
告穷。

盖人心愈压制，其膨胀力亦愈大。中西往事，历历可征。此
次民军声势极大，无论其不能扑灭矣，即以北洋兵力，勉强摧
抑，然人心不死，余烬易燃，吾恐第二次革命，不旋踵又将复起

矣。悠悠苍天，曷其有极。

当是时也，北洋各将校学生，亦均纷纷南下，齐集于招贤馆，冀为同胞有所赞助。各省将组织联军北伐，不下数十万人。北军受此影响，其势力益形单薄，此消彼长，众寡悬殊。且也南军得报纸社会鼓吹之力，凡所以励激人心，发扬士气者，罔不周至。北军无此助力，是以汉口焚劫一案，众论哓哓，大不理于人口，南北恶感，因之益深。

南军之对于北伐也，万众出于一致。北军不然，于干戈遍野、将士用命之秋，而忽有滦州、石家庄之变，其足以沮丧士气，摇惑军心，与南军适成反比例，优绌显分，于此可见。

未几复有炸弹团出现。闻其中皆激烈志士，组织而成。自凤山被难以后，继其踵者颇不乏人，局势因之一变。盖兵力可御而炸弹则防不胜防，此风既开，窃恐北政府之具有炸弹资格者，益危乎其危。逆料将来国体之解决，又不在兵而在弹矣。

闻南军敢死队之奋勇，能以血肉之躯，与枪林弹雨相搏。北军则利用机关枪，每一分钟连发至四五百出，可当一大队之战斗力。故南军之死伤独多。盖此次之战，虽系南攻北御之局，然荫昌奉命视师，初无大效。及项城一出，亲劳三军，旌旗居然变色。间尝推原其故，则第一军将士，率皆项城旧部，乐为效命，势所必然。南军虽多死士，卒以新募之军，器械利钝，相形见绌，不免小挫其锋，非人谋之不臧也。说者谓南北之争在满，吾谓南北之争，实不在满而在汉。闻者疑吾言乎？试观项城之用兵，从可知矣。而今而后，项城其为国体解决之枢纽也哉。

先是武汉事起，满起用项城，论者咸疑项城必有良弓狡兔之悲，断不应命，讵竟慨然奉诏。乃甫经就任，而张绍曾截留军火、吴禄贞谋断后路之警，已纷至沓来，项城几陷危地，至是始悟大势已去，断非一人所能挽回。虽表面强为支持，而其中已有转圜之意矣。越日复拜内阁总理之命，论者又疑必不至京，已而入都之报腾布远近。稽其时日，则九月二十四也。于是贵族政府既覆，而项城内阁代兴，时局循环，差强人意。

虽然，项城入阁，则共和解决，愈生困难，何也？项城之权，全由保护满廷而得，既已显膺重寄，即不能不故作声势，以掩众目。一旦而欲反其所为，万无此理。且贵族虽已引避，挟制之习未除，项城势处两难，动辄得咎，内招贵族之猜疑，外启党人之仇视，手枪炸弹，日伺其旁，危险之来，方兴未艾矣。

返观战局，南军一面，黎、黄率两湖之众，扼守汉阳，龟山襄河，皆具天险，北军虽勇，料难飞渡。金陵重镇，有张、铁负隅自固，亦足为中流砥柱。不意北军甫克汉阳，而江浙联军，愤激异常，竟以全力合攻宁垣，张、铁不支，遂为所据。两方至此，又成均势。于是外人集议，以为南北相持，终非久计，乃由汉口英领事出任调停之责，劝令双方停战，议和问题，于焉以起。

和议发起以后，内阁派唐绍仪为议和大臣，民党派伍廷芳为议和代表。其会议地点，先定于汉口，后改于申江。然而此次之结果，吾决其不能成功，以其不能明言项城之心理，虽舌敝唇焦，只门面语耳。

维时（十月十三日）余与靳君云鹏（翼卿，云南总参议）、张君鸿逵（志中，保定陆军预备大学堂总办）偶遇于京汉车中（是日由京赴保），二君皆关怀大局，忧时志士也。而靳君尤发扬踔厉，有不可一世之慨。然是时朋侪相见，无敢昌言共和者，余等乃别寻密室，促膝而谈。余谓二君曰：时至今日，危亡即在旦夕。二君以为君主愈乎？共和愈乎？请一言决之。二君曰：十九信条，果能实行，君权既废，责在内阁，中国不难转弱为强，与共和无异也。

余曰：十九信条若颁布于革命起事之前，诚足以餍人心。乃不于其前，而于其后，际此天下扰攘，排斥君主之时代，虽百信条，亦不足取信于人，况区区十九信条乎？此等空言，何补中国之危亡？

靳曰：吾亦知十九信条，于议和恐无效力，然欲北军服从共和，谈何容易？

余曰：南北终于决裂，势必两败俱伤，同归于尽。目前虽有和意，然政体解决，目的不同，分道而驰，各宗一说，排解之术，尚待研究。

靳曰：余于共和，素所赞成，余于大总统一席，则不能无犹夷，窃揆北军之趋向，必不甘听命于南政府耳。

余曰：君之所虑，吾亦云然。吾辈所当研究之问题，正在此耳。以当代中国人材而论，新学界不乏坚卓环奇之士，然能操纵一切，有军事上、政治上之经验，威望素著，兼得外交上之信用者，无项城若。

靳曰：北军之主动在袁，北军将士之感情亦在袁。倘南军果能赞成推袁之举，则最后之问题，某虽不敏，尚可以利害陈说当道，从此迎刃而解，亦未可知。但保护满清皇室，及恢复各省秩序之条约，似不可不预行议订。

余曰：吾等所筹之计画，果能如愿，匪特中国可保，皇室克存，即项城与北军诸将士之生命名誉，亦不至有所丧失，所谓一举而三善备焉。但入手之策，须以国利民福为前提，游说于两方面，必可得当。且南军已改变其最初方针，主张人道主义，注重政治革命，倘清帝能效法尧舜，宣布共和，则优待皇室，自是应有之义。今吾试立一假定议和条件，以质二君。

（1）保存皇室之尊荣。

（2）组织共和政体，公举袁项城为临时总统。

（3）优待战时之将士。

（4）恢复各省之秩序。

以此四条为标准，然后共谋进行，无所顾虑，誓非达此目的不止，二君以为何如？

靳曰：纲举目张，颇得要领，吾等敬如君约。

余曰：此事关系大局存亡，我辈须具决心，虽死不能中变。

靳曰：英雄任事，一言取决，若首鼠两端，直伧父耳。君其毋虑。

张曰：靳君为运动北军之主力，廖君为运动南军之主力，各尽其责，何患无成。吾则勉附骥尾，遥为二君之后援可耳。

靳曰：吾在云南，殊憾蔡锷辈不谋于我，为排北举动，余受创不死而生还者，幸也。本当披发入山，不复与闻天下事。第念袁、段二公，既陷绝地，且大局糜烂至此，若恝然坐视，漠不关怀，区区此心，良所弗忍。吾当先作汉渚一行，兼酬段公数年知遇之雅。段公天分绝高，不同流俗，必当有以报命。

余曰：天之留君北来，正所以救中国。存亡之机，唯君操之。仆不日当偕同志夏君清贻，赴南一行。南北两方，彼此分任利害祸福，在所不计。

张曰：计画既定，靳君可先成行，吾与夏君尚须谋面，以取南军之信用。廖君其速为介绍，商订会晤之期，届时当在京践约也。

于是三人乃共述誓词，珍重而别，此即运动北军赞成共和之缘起也。以后逐日事件，另具记述如下，以供当世君子之粲正焉。

日　记

自宣统三年十月十五日迄十二月二十八日

十月十五日　余由保定府属姚村陆军小学堂，专足致书于北京同志夏清贻君。夏君江南名下士，现充京师红十字会员，其略曰：

颂莱姻兄同志：大局纷纭，吾辈当求最后之解决。执事其大发宏愿，出而为排难解纷之举。吾侪或联袂南行，同谋大计。国势岌岌，已危若累卵，岂志士闭门韬晦时耶？志中亦渴欲与君一谈，君意云何？立盼惠复。附上意见书一纸。又草莽小臣私议吁恳皇上效法尧舜奏疏一篇，无聊之文字，顺博一粲。宇春敬白。

附　调停两方战事意见书

两月以来，南北两军，战祸愈演愈烈，其影响所及，足以覆亡中国者，约有数端：战端一开，金融骤滞，外债期限，迫于燃眉。且南北多一次战争，人民多一番涂炭，即经济界多一层损失。农工商贩，常陷于不确实之地位。精华既耗，元气大亏。此战事之影响于经济者一也。各省盗贼蜂起，假革命之名义，扰乱治安。农事失时，哀鸿遍野，闾阎涂炭，民不聊生。民军本欲弭乱，而适所以召乱。此战事之影响于生计者二也。各国阳号中立，阴主干涉，如接济军火，灌输外债，助拿租界革党，占据海关税权。且各处陆续进兵，以图有所劫制，是以蒙藏之警耗方来，滇辽之警电踵至。而日皇对于议院之愤言，其心尤为叵测。瓜分之祸，逼于目前。此战事之影响于外交者三也。各省分崩离析，已呈无政府之状态。试以现象观之，或一省各举都督，政出多门。或内部互争主权，自相残杀。或朝推而夕贬，如孙都督之取消。或既戴而复仇，如焦都督之被杀。扰扰攘攘，秩序已紊。虽欲恢复，无从著手，徒授北军以口实。此战事之影响于内政者四也。四者有一，已足以亡其国，况俱备乎？无怪君主党人之谰言，以共和为不足恃，同胞无此程度，而笑人听闻也。总之，君主、民主之问题不能解决，则屠戮惨杀之祸日深，官民两军之仇，益固结而不可解。在政府欲以一旅之众，扑灭南方勇敢之师，固属万难奏效。在民军值此天寒地冻之际，遽欲兴兵北伐，亦恐未易成功。然则南北相持，伊于胡底？愚意北军既据汉阳重镇，南军已夺北固雄关，势均力敌，就此结局，最为善策。闻英人有意解纷，劝令双方停战议和，自是正当办法。特目的能否达到，尚属疑问。盖政府派员，必系主张君主。民军派员，未有不争共和。试问两代表能以个人资格，变其固有宗旨，而归附于一方面之权利乎？吾有以知其不能矣。既曰不能，则和议终归无效，势须重整旗鼓，再角雌雄。尔时北军胜，则南军流离溃散，将变为流寇而不可制。同胞所希望之共和，定成泡影。南军胜，不但君主归于消灭，满族恐无噍类。即北军将士之效忠于清廷者，亦将被池鱼之祸。万一人心不死，旗籍勤王，祸结兵连，更无穷尽。列强当此，岂肯旁观，协议既成，危亡立至。波兰、天竺，俱在意中。呜呼！来日大难，隐忧未艾，仰天挥涕，哀不成声。宵旰彷徨，罔知所措。丁此存亡绝续千钧一发之际，吾党南北志士，正宜萃精竭力，急起直追，亟筹和平解决之方，共负旋乾转坤之责，挽回劫运，此其时焉。况乎民军所要求者，在推翻清政府耳。今者摄政逊位，亲贵全黜，大权入于汉族之手，倘再戎衣相见，是不啻自残同种，岂仁人志士之本心哉。吾党于此，不欲调停则已，苟欲调停，当先忠告两方枢要人物，开特别密议，疏通感情，陈说利害，终以推袁为指归，则滔天奇祸，不难消灭于俄顷之间。所谓不战而屈大敌，正此之谓。而吾同胞寤寐萦怀之共和政体，亦可如愿以偿。从此拨开云雾，重睹蔚蓝，吾党对于亿兆同胞，应无愧色。黄帝有灵，定邀默赞。书不尽言，唯希公鉴。

草莽小臣吁恳皇上逊位奏疏一篇

中国草莽小臣，奏请大清皇帝陛下，效法尧、舜、华盛顿，以成千古之美德，而拯中国汉满同胞事：窃小臣审机观变，怵目恫心。慨种族之沦亡，痛神州之将陷。瓜分之祸，迫于眉睫。势将汉满仇杀，同胞流血无已时。而外人鹰瞵虎视，乘隙而入，两败俱伤。陛下仁慈隐恻，何若顺天应人，效法尧、舜、华盛顿，以存危亡之中国。汉满同胞，将涕零感激，讴歌皇仁，千秋万岁。且天下者，天下之天下，非一人之天下也。子舆氏曰："民为贵，社稷次之，君为轻"。以是观之，昔尧舜以揖让，而成官天下之美德；华盛顿以血战，而创共和合众之先声。其光明磊落之襟怀，大公无我之伟抱，较诸后世之君主，以天下为一姓之私产，其名义之广狭，相去奚啻霄壤哉。我中国人民，蜷伏于专制政体之下久矣。晚近以来，民智渐开，国家政治之思潮，种族强弱之观念，蓬蓬勃勃，有不可遏止之势。朝廷果能见机，早应幡然变计，实行易姓废旗之方策，变法自强，则汉满之融化已久，尚何种族之可言！朝廷不是之务，而自贵族政治发现以后，汉满之畛域愈深，政事日趋窳败，致演成二十世纪中国革命之惨剧。匝月以来，鄂乱蜂起，天下云响影从，声势滔滔，有一日千里之观。若川、鄂、吴、越、皖、赣、秦、晋、闽、桂、粤、湘、齐、滇、黔诸省，或称失守，或号独立。环顾四周，几无完土。国将不国，试问陛下将何以自存乎？袁世凯一代伟人，陛下不能用，其心之觖望，非一日矣。一旦事急，畀以全权，相依为命。先不问其心之真伪如何，第观其进退失据，未必能有只手回天之能力。陛下独处深宫，四面楚歌，谁为股肱，谁为心腹，台城之惨，可为殷鉴。为陛下计，与其顾惜宗庙，虚与委蛇，势将生灵涂炭，同胞流血，种族相仇，愈不可解，而终蹈灭亡之危机，何若效法尧、舜、华盛顿，慨然让位，徇革军之请，改为共和，不但与前圣后先媲美，吾知各省革命同胞，将弃甲曳兵，同声欢颂。而王位亦可永袭于万祀，化汉满为一族，杜外族之觊觎，实行民主立宪，不血刃而天下平。则陛下之圣功，弥天地，亘古今，岂不懿欤，愿陛下三思。非惟四万万汉满同胞之幸，亦陛下之幸也。草莽小臣，泪竭声嘶，罔顾忌讳，冒死谨奏。

十六日　接夏君颂莱复函如下：

少游姻长执事：仟来，披阅来书，极佩伟见。惟愧螳臂，不能攘大树，有负推许，奈何。我辈所图，尤宜秘密，意见书不可宣布。执事与张君何日来京，面商一切。极盼极盼。尊拟草莽小臣奏疏一篇，已见报章。惟与狐谋皮，适恐为狐所噬耳，一笑。清贻叩。

十七日　学生赵麟书，拟赴汉口第一军投效，因致冯军统国璋处秘书长陈紫笙一函，交赵生密藏赍〔赍〕去。其略曰：

紫笙老友执事：京华握别，不觉黯然神伤。南北风云日亟，戎马倥偬之际，而一老书生徘徊其间，其神情惝恍，慷慨悲怆，为何如耶？大树于北京出征时，春尝规以危言。不料曾几何时，汉口焚杀之案，喧腾报纸。大树居然为丛怨所归，众口铄金，积毁销骨，吾不能不为大树危也。迨日前与马统制锦门遇于京汉车中，始悉大树之冤。春曾一再登报，为之剖白，聊答平生知遇之雅。惟大树数年悃悃，一旦当革命锋镝之冲，乃慨然欲牺牲生命，挽此狂澜，可谓壮矣。虽然，以春之审机观变，期期以为不可。盖天下大势，为革命风潮所趋者十余省，人心涣散，已达极点。政府虽有召集议员之令，然势力微薄，罕有应者。新内阁一付空场面，机关已失，万难支持，虽有圣贤，亦将束手。识时务者为俊杰，应天顺人之举，即为福民利国之媒。以清廷之存亡，与中国之存亡，两两相较，孰轻孰重，无待蓍龟。吾恐欲救清廷，转危中国，本求建勋立业，适所以杀身赙名，区区报纸之攻击，犹其末焉者也。老友与大树亦道谊交，何不乘间进以危言，能于此时上书枢府，密陈危亡大计，请皇上效法尧舜，俯顺民情，以揖让而布共和。事成则为首功，不独前嫌尽释，即天下后世，饮水思源，有不颂德歌功，馨香祷祀者哉。万一不成，急流勇退，至公之心，昭然若揭，亦足取谅于世人。倘计不出此，妄肆武力，以仇杀同胞为事，甘冒天下之不韪，为人民之公敌，身败名裂，为天下笑，窃为大树不取也。春二十年辛苦，积有微阶，岂不欲帝政长存，为纡紫垂青之地。无如世变日亟，祸悬眉睫，嫠妇尚不恤纬，况爱国男子乎。书不尽言，晤大树时，祈郑重致意。国事危迫，端赖老友善言挽救。翘首汉南，千万珍卫。春顿首。

十八日　余赴京寓泰安楼旅馆，同志张君志中自保定来，孔君文池（云南临元镇总兵，印〔字〕庆塘）自云南来。夏君亦来寓，志同道合，密计进行之手续者良久。大抵吾策须求王、冯、段三公之赞成，王公在京，而冯、段二公皆在鄂。当日议定，孔君赴汉为靳君之后援，张君在京、保间游说军界，余与夏君则先往汉口，再作南行。

十九日　偕孔君文池谒陆军大臣王士珍、副大臣田文烈。

二十日　偕孔君文池、张君志中，再谒田副大臣，密陈大计，田似首肯。

二十一日　复谒陆军王大臣。未晤。闻王屡萌退志。文池已略陈意见，未加可否。

二十二日　田副大臣遣人持刺招饮。是日闻议和大臣唐绍仪等已启程赴鄂。

二十三日　偕孔、夏二君，乘京汉兵车，连夜遄行。过保定、正定、彰德、信阳、广水，沿驿均设兵站。其兵站长多陆军速成学生，见余咸来问询。途中与孔、夏二君讨论时局，佥谓满清于数年前，果能立意振作，易汉姓、废旗制，化除畛域，实行宪政，荡涤积弊，与民更始，人心不至涣散若是；乃计不出此，匪独因循玩愒，又复变本加厉，致令贵族专横，怨毒日甚，致酿成今日革命之祸。呜呼！所谓天时人事者非耶。可见一国之君，必有正当之资格，如英、日国民，皆能忠爱发于天性。我国皇统杂出，爱根已除，倘再乏君人资格，不亡何待。现在欲改政体，宁改国体，与其戴汉人为君，又不若易立宪为共和，庶国基可期巩固，不至覆辙相寻。所患人民程度不足，尚恐另生枝节。将来大局奠定，民国肇新，必宜多方提倡，间取急进主义，俾人人皆具国民资格，始足以立于竞争之世，而永保生存也。

二十五日　早五时，抵大智门。晨光熹微中，先访军司令部。有军士擎枪盘诘。适遇总参谋张君馥卿，惊问余曰：君长途仆仆，贪夜而来，有何要事？余曰：仆无要事，惟趁此停战时机，来观诸公之战绩耳。问冯军统何在。曰：军统甚矣惫，中宵假寐，尚未醒也。继晤其副官李君壬霖、郑君士魁。李君拥衾畅谭第一军进攻汉阳事，士气如何奋勇，历历如绘。而南军战死投江者，不可胜计，言之可惨。并探悉冯军统业已交卸，段军统以湖广总督兼统第一军。冯即于本日午后回京。十时偕文池谒冯公，相见甚欢。因行色匆匆，未能密陈计画，诚憾事也。维时在座者，为二镇统制王占元、四镇统制吴凤岭、六镇统制李纯。略谈数语，出晤同志靳君翼卿（现充第一军参议）。靳君密告余曰，吾侪之计画，可以实行，此间参谋，徐君树铮、曾君云沛，亦颇赞成。旋谒段公密陈大计，且述与夏君南行疏通之策。文池亦在旁怂恿，极言此行关乎大局。段甚韪之，并订密码电本，交靳君收藏。是日闻议和大臣已赴申江。晚访陈君紫笙，兴辞后，门生张孝慈（第四镇执法）招饮。席间晤民军将校胡捷三、陈成城两君。此时已吴越一家矣，夜寓金台宾馆。

二十六日　午后四时，与孔君、靳君面订议和期内应办事件，并发冯军统一函，多规讽语。当以时机急迫，万不可缓。是日即偕夏君附乘美利轮船启行。舟中遥见长江两岸，皆有南北兵哨，相距数十武，结一团瓢，彼此遥遥相对。闻船中人语，皆自称民国矣。

二十七日　午前四时过九江，午后五时经安庆，八时半至大通，入夜一时抵芜湖。九江为马都督毓宝驻节之地，安庆则三易都督矣。闻孙都督毓筠，近与大通分府黎宗岳，因兵饷事，大生冲突。兵匪乘机勾结，四出劫掠，因之市面萧条，景象甚惨。愚谓孙、黎皆不应以小怨害大谋，以私仇败公义，均可谓不识大体。然探诸舆论，多不直黎。

二十八日　早八时舟抵江宁，下椗登岸，换乘宁沪火车，沿途搜查囊箧甚严。闻民军系十二日据金陵，后于北军据汉阳仅四日耳。是役济军勇略最著，首夺乌龙、幕府诸险。浙军继之，全力攻克天保城。然后诸联军始能破关而入。并闻镇军统带陶浚保，以扣留军械，不顾大局，惟知利己；苏某以入城之际，擅杀旗民，纵兵劫掠，均经徐总司令查究得实，处以死刑。又巡防统领米占元，率众归附，照旧录用，仍领原军。由此观之，民军决不仇视满人及反正之将士，可以金陵之役为左证。是日获瞻紫荆、龙潭诸胜，皆新战场也。午初过镇江，金、焦分峙，极据形胜，即海军十余舰降革军处。午后经丹阳、常州、无锡、苏州、昆山等处，车中纵眺，风景依然，而举目有河山之异。回忆满清当勃兴之际，八旗劲旅，以弧矢威天下，明辽东经略杨镐，集兵二十万，于辽阳一战，被其挫折，全军几复。后复进规中原，渡大凌，略真定，破济南，擒德王，攻锦州，明廷请和。迨三桂乞师，多尔衮率大兵长驱入关，遂垂手而得天下，抚有区宇，垂三百年。降及今日，卒以专制过甚，大拂民心，遂至土崩瓦解。俯仰今昔，不禁感慨系之矣。七时抵上海，民军复搜索。是夕寓三马路旅泰旅馆，因该处交际往来，最形利便也。探悉黄大元帅与程大都督德全均莅沪上，议和大臣唐绍仪等，已于昨日午后二时抵申。

唐大臣寓戈登路洋员李德立之家，随员刘若曾等二十余员，皆系各省和议代表，均驻静安寺沧州旅馆，外人保护甚严。民军公推外交总长伍廷芳为议和总代表，温宗尧、王宠惠、汪兆铭、钮永建为参议。又黎元洪派胡瑛、王正廷等为武昌代表，参预和议。唐之参议为许鼎霖、赵椿年、冯懿同、欧赓祥四人。本日两方面总代表、各参议均备具凭照，会议于英界市政厅，以笔代谈判，极为严密，并订十一月初一日续行正式会议。

二十九日 见上海街市改悬五色国旗（红黄蓝白黑横道五），闻系由军政府制定颁发，以示合汉满蒙回藏五大民族组织共和之意。

自议和大臣抵沪以来，民党言论，颇持强硬，金以为和议万不可恃，非接续准备战斗进行方法不可。持议异常激烈，其原因甚复杂，兹择其最重要者胪列如下：

一、党人激于义愤，流血独多，抛掷头颅，牺牲财产，无非为共和代价，以谋同胞无穷幸福。倘功亏一篑，决不甘心。

一、前日上海党人，追悼革命先烈，莅会者不下万人。有女子军事团，捧诵诔词，声泪俱下。士女演说，莫不痛憾袁内阁以汉杀汉，此次议和，务先杜绝君主，誓达共和目的，以慰诸先烈在天之灵。人心感动，势力为之一振。又广东北伐队三千人，于昨日抵沪，主张激烈，气焰甚炽。

一、党人均言袁内阁此次一面倡言议和，一面进攻秦、晋，且指民军为土匪，进兵皖北，为远交近攻之计，其居心险诈，决无诚心。各报纸鼓吹尤烈。

是以民党倡言于众曰，吾宁亡国亡种，绝对不认君主政体，有背此主义者，吾党当以颈血溅之。以致与议各员，心常惴惴。余于是日遍访北来诸随员，均不遇，仅晤唐君宝锷，畅叙良久。据云，此行殊无效果，吾等虽参与其间，几如仗马寒蝉，一鸣即斥，且有性命之忧，惟有噤不发声，尚堪自保。余叩以最后之让步如何？唐曰：当先将民军所要求者，电达政府。至如何让步，除唐使外，恐无一人知者。向询刘君浩春（即前赴武昌劝降者）寓所，知在法界名利栈，兴辞后即驱车访之。而刘君适出，未获谋面，怅然而返。复持第一军曾云沛君介绍函访严几道先生，亦未遇。闻昨日午后二时，伍总代表偕参议等，与唐大臣晤面。互阅凭照毕，伍总代表首先提议，请唐使电致内阁，自十九日起在停战期内，各省均应一律休兵，不得再行进攻，俟复电承诺，再作正式之讨论。唐使允之。伍亦允电告武昌、山、陕各处民军，严守信约。先是各省代表，曾在武昌预期集议对于议和大臣最要条件。其目有四：一、清帝逊位。二、建立共和政体。三、允给清帝岁俸。四、汉旗实行平等。并闻唐使道经汉口时，曾与黎都督相见。黎曰：使君远来，倘能赞成共和，实为四万万同胞造福无量。唐使唯唯。是以此次会议，即由民军提出四款，内容与武昌议决各件，大略相同。当经唐大臣电致内阁，请其裁答，并声明系属极端要求，碍难更改。旋得内阁来电，俟斟酌妥洽，即日作复。风传袁总理对于二三两款，极为踌躇。

又连日各省都督及军政分府纷纷电致伍总代表，略谓民国创建，群情激烈，誓达共和目的。倘清使不能承认，当以武力解决，请即毋庸开议。众志已坚，断不容留君主余孽，以作第二次革命之资料，而令同胞再相残杀也。其余措词，大同小异。

同日内阁来电，已饬各省一律停战。惟民军必须遵约，务望切实宣告，以免冲突。民党则扬言曰，停战期限，瞬将届满。倘共和政体，有解决之希望，尚可展期从容商酌。否则仍当诉诸兵力。

统观以上情形，唐大臣已陷于困难之危境。万一和议决裂，则前途定不堪设想。安危之机，间不容发。余与夏君密计，当此稍纵即逝之际，吾侪为国为民，不得不行最后之手续。决定以个人名义，疏通两方主要人物，而求适当之解决。成败利钝，一听诸天。是晚即与夏君造访民军机关部，当由南京先锋队联队长朱君葆诚介绍，得晤苏军总参谋顾君忠琛，及元帅府秘书官俞君仲还等十余人。订开秘密议会于文明书局之奥室，并表明余等此次南来，实因大局摧残，恐有覆亡之惨，爰以个人名义，为同胞请命。其宗旨在疏通南北感情，以求平和解决。同志诸君，素以利国福民为务，谅邀赞成。

众曰：甚善，极表同情。

朱君曰：廖君向在北洋办理学务。夏君系北京红十字会员，于北军不负责任。此事大可讨论。

余曰：春之此来，虽以个人名义，实为多数同志之代表，始愿所在，不仅空言讨论，要期见诸实行。不然，彼此坚持君民两说，各执一词，势必再启衅端，自取覆灭。是以吾辈首须破除成见，以顾全大局为本。即夏君办理红十字会，亦以郑重人道主义，保全同胞生命，为唯一之宗旨。而北军将校中之洞达时局，深明大体者，亦多赞成斯旨。

俞君曰：冯国璋焚掠汉口，何独不省人道？

夏君曰：汉口之劫，理由甚为复杂，言人人殊，或曰系铁忠复仇所为，或曰由两军炮火所炽。而据北军兵家之言，则谓房舍密集，有碍战线，两军利害相同，皆因取便动作，各有必烧之势，非一方面之咎也。又闻当时民军，曾有多数掩藏民家，乘隙狙击北军。兵士大愤，纵火报复，官不能制，遂使七八里繁盛市场，顿成火烬。余至汉皋，目击惨状，几不忍睹。访诸居民，始知本地流氓，亦有纵火图劫之事。可见穷兵黩武，大非国家之福。

余曰：此案据民军之言论，及各报纸之鼓吹，似皆归罪于一人，然而吾甚为冯冤之。仆素主持公论，向无阿好，独于名誉所关，有不得不代为剖白者。汉口克复之报，为荫昌所电奏。可见当时荫尚未经交卸。迨冯接统北军，已在火起数日之后。且吴禄贞奏中，所请严行治罪者，只及荫昌、易乃谦、丁士源三人，而并未及冯，是其明证。试一寻绎，当可恍然。众均首肯。

顾君曰：吾夙知冯之为人，尚不至残酷若是。但此等恶感，皆由其首当革命锋镝之冲，甘为共和人民之敌，丛怨所归，亦固其所。

余曰：仆与冯公同游日本，共事多年，实为性情道谊之交，习知其人饶有肝胆，非卤莽灭裂者可比。

顾君曰：闻段军统颇有儒将之风，惜未一面。冯则于太湖大演习时见之矣，曾联缟纻之欢。

余曰：冯、段二公，在北洋资格最深，声望亦最著，而满廷以为袁党，忌而不用。当凤山专权纳贿，滥鬻官爵时，二公独守正不阿，为世所仰。迨贵族弄权，二公益复佗傺无聊，朝廷虚与委蛇，置诸闲散之列。北洋将士，咸抱不平。

俞君曰：如君所言，二公非全无国家人民思想者。此次民军倡义，无非为改革政治，以富国强种为宗旨。各省闻风响应，足见性情虽异，好恶无殊。二公与项城皆一世之英，岂独于好恶同民之理，尚不了解？今试问满清恶劣政府，果足有保存之价值乎？古语曰："天下者，天下之天下。"又曰："君之视臣如草芥，则臣视君如寇仇。"先哲垂训，足以昭示万古。昔汤放桀、武王伐纣，在迂儒视为非常之举，而亚圣则谓之诛匹夫，以其无君人之资格也。本朝入关窃据神器，而多尔衮复史可法书，明言得之于闯贼，非得之于明朝。其欺天下后世，至今读之，令人发指。不料三百年后，以袁、冯、段三公之为人，犹甘助纣为虐，为虎作伥，诚不知其是何居心。

余曰：中国人民无爱戴君主思想，已非一日，其故一由皇统无血族之关系，一由君主无爱戴之价值。今民军进种族革命而为政治革命，用意极为正大。若夫中国之兵素知有将，而不知有国，更不知有君。此次北军所以誓死与民军为敌者，亦由其心理中不知有满廷，而唯知有项城耳。

夏君曰：吾于袁、冯、段三公，皆无一面缘。特以鄙意揣之，不但北军将士与满廷无丝毫感情，即项城之于满廷，亦何独不然。庚辛之间，畿疆糜烂，项城联合江鄂，保障东南，厥功甚伟。嗣复经营燕赵，煞具苦心，乃两宫甫经升遐，即遭摈斥。若非南皮从中营救，几撄不测。良弓狡兔，令人寒心。项城决非愚呆，或坠诸渊，或加诸膝，而谓其绝无芥蒂，甘为满廷鹰犬，似可决其无是心理。但目前所处地位，有不得不然之势耳。

俞君曰：项城既与朝廷无毫发感情，现在权贵已黜，摄政逊位，皇统仅止一线，若存若亡，大权悉操项城之手，则南北所争者，已不在满而在汉。吾恐民军将移其仇视满族之毒，而加诸项城一人之身，毋惑乎举世疑其意欲篡取天下于孤儿寡妇之手之非无因也。不然，彼独深拒共和，又果何为哉？

顾君曰：民党中人，大都光明磊落，以国利民福为主，决无自私权利思想，但求共和成立，即便弃甲归田。黄、黎二公，亦皆如是存心，是以日前公举总统，均力辞不就。

余曰：项城之国家人民思想，亦未尝不加人一等，况现在人心大势所趋，如长江大河一泻千里，稍加遏抑，便成溃决。项城身当其冲，岂不欲挽此狂澜，归于底定？而顾迟疑不决者，实因各国政治进化阶级，大都由专制而进于立宪，由立宪而跻于共和。中国人民程度，正在幼稚时代，教育尚未普及，一切征兵、纳税之义务，亦未实行。一旦躐等而享共和，恐人民不就范围，妄行不规则之自由，适足以扰乱治安，破坏秩序。此所以深思熟虑者一也。各省独立，党派纷争，如湖南都督两次被杀，安庆都督三易其人，九江马、徐之倾轧，芜湖孙、黎之自哄，攘夺相寻，意气用事，义务未尽，权利先争，不能为共和之福，转足为共和之害。万一大总统所举非人，大局更难收拾。此所以深思熟虑者二也。有此二端，不得不踌躇审慎者，大约为此。至篡取云云，石勒且不肯为，而谓项城为之乎？

顾君曰：然则廖君亦不赞成共和乎？

余曰：仆于共和非不赞成，前说特发明项城之心理耳。

顾君曰：法苦于路易专制，而创共和；美欲脱母国苛政，而建共和。皆事之显见者也。大抵人民文化程度，遏抑愈深者，其膨胀力亦愈大。若悠悠岁月，顾虑太深，中国永无自强之一日。况事已如此，急则治标，虽有小疵，不暇顾及。总之，现在大势非共和不能立国，非共和不能保种，否则饮鸩止渴，只速其死。至于各省都督，攘夺利权，紊乱秩序，尚不足虑。果使共和一旦解决，确立统一机关，大局自不难敉平。若勉强补苴，养痈贻患，将来再起第二次革命，则为祸更烈矣。

余曰：高见诚然。惟现当和战之交，大势已万分危殆。无论治标治本，均须一言解决，先救目前之急，俾全局不致终于糜烂。是仆之所望于诸君者在此。

夏君曰：北军欲扫荡南省，南军欲北伐中原，固是两方面心理中应有之希望。然细加推测，万难实行，其原因甚多，而大纲有四：一财政之艰窘，二外交之棘手，三军火之匮乏，四人心之厌乱。今者侥天之幸，北军甫规复汉阳，南军已陈师北固，势均力敌，两无大伤。乘此时平和了结，节同胞之热血，为一致之进行，中国尚可为也。否则鹬蚌相持，列强坐收渔人之利。吾恐四百兆神明之胄，将为奴为隶，万劫不复矣。追原祸始，伊谁之咎？

顾君曰：二君之希望和平，关系大体，深可钦佩。安得项城亦同此心理。总之，项城赞成共和，则中国存；项城保持君主，则中国亡。存亡中国之权，悉系于项城之手。项城而以保皇为重也，必出于战；项城而以保国为重也，须归于和。和战之机，实惟项城操之。现在反正者十余省，联军北伐者数十万，决无屈服君主问题之理。项城果能颠覆清廷，为民造福，则大总统一席，南军愿以相属。

夏君曰：项城只可居于被动地位，其主动须由北军将士合力行之。所幸北军中人，近来赞成共和，颇不乏人。顾不能无所疑虑者，正恐南军所举总统为何如人。倘有畛域之分，将来即难免于冲突，是以观望不前。苟公推项城，君知天与人归，北军定当乐于从事。特迟延非计，应速请廖君北旋，密为运动，但得各方面之同意，则大事谐矣。

众曰：吾党欲公举项城，正苦无阶。此事全仗廖君毅力行之，可造中国无穷之福也。

余曰：仆与夏君，以保国救民为宗旨。是以联合两军同志，委曲疏通，力求融洽，虽躬冒危难，所不恤也。但吾辈私相计议，恐不足以取信于人，倘得黄元帅与程都督之同意，颁一纸证书，以为凭信，并订立草约，携之以归，则进言较易，而实行可期。众以为然，乃请之于顾君，君慨然允诺。

十一月初一日　顾君暨诸同志复来会晤。顾君曰，黄元帅与程都督均极赞成廖君之手续，可以保全中国，并可以消释两军已往之嫌，善莫大焉。元帅且云：前次各省推举某为临时总统，某所以坚辞不受者，正虚此席以待项城耳。前黄公致汪精卫书，颇主推袁。余曰，见之。言次当以黄元帅之委任状付余。余受而藏之，乃与夏君提出四款，请众讨论。今述其条文如下：

（一）优待皇室。（二）组织共和政体，公举袁项城为大总统。（三）优待满汉两方面之将士，并不负战时害敌之责任。（四）开临时国会，恢复各省秩序。

顾君与众人讨论再四，决议袁项城一层，无须明言，改为五条如下：

（一）确定共和政体。（二）优待清帝。（三）先推覆清政府者为大总统。（四）南北满汉出力将士，各享其应得之优待，并不负战时害敌之责任。（五）同时组织临时议会，恢复名省秩序。

以上条件各书一纸，与顾君彼此签名画押、互换，欣然而别。一切未竟事宜，则托夏君留沪办理。是日致汉口军司令部靳参议一电。其文曰：春、贻到申提议各条，黄、程二公均极赞成，请即如约实行。春即北旋，贻留申。春、贻同叩。发电后，余即乘沪宁火车启行，午后一时开驶，七时半抵宁，寓万华楼。民军监察甚严，一夕无眠。

初二日　清晨冒雪而行。七时半登隆和轮船，直指汉皋。

初四日　午后四时抵汉。仍至金台宾馆，与孔君晤谈别后情形，始知和议又展限七日（由初五日至十二日）。靳君因公赴黄陂未回。孔君阅余日记，乃大欣慰曰：吾辈进行方法，得其半矣。两君之劳，不可没也。余遂晋谒段军统于军司令部，段公扣予协议情形甚悉。余先以日记进，继陈述江南民气激昂，所谓革命狂热，已达极点，断难和平解决；以大势而论，保存君主，南军必不甘心，势必仍出于战。当此民穷财尽，饷源已竭，战则两败俱伤，同归于尽，能赞成共和，和局自易就绪。又恐北军不能屈于南军势力范围之下，必有反抗举动。惟推举项城，则民军之希望可达，北军之威权不坠，两方感情，自能融洽，救时良策，无善于此。段公曰：项城焉肯出此？余曰：项城只可居于被动地位，而主动者，即在公耳。段公意甚动，然犹阳以军人不便干预政治为词。余向之略辩数语而退。

初五日 复上书于段公曰：

宇春两月以来，惕于时局阽危，南北奔驰，焦虑苦心，寝食俱废者，无他，实以民心为治国之本，国家存亡之枢纽，视民心向背为转移。现在民心既去，势难挽回。财政外交，毫无所恃。万一饷源不济，哗溃堪虞，列强乘虚，立将瓦解。待至束手坐毙之日，虽欲亡羊补牢，亦不可得，非过虑也。盖今者中国安危问题，不过和战两途，其事至明，一言能决。然以大势观之，与其战而两败俱伤，招豆剖瓜分之惨，曷若和而同心协力，为福民利国之谋。况此次议和之初，春以个人名义前往长江一带，悉心体察。窃见民党虽逞血气之私，迹似近于卤莽，然本原所在，无非歆美欧美之郅治，欲步先进之后尘，雪数十年丧师失地之仇，为四百兆吐气扬眉之计。是以一唱百和，举国若狂，佥曰：民党不死，共和不生，破釜沈身，等于孤注。虽其中主张君主立宪未尝无人，而为大势潮流所趋，如康梁一派，亦惟有改变方针作助澜推波之举。否则稍生异议，必遭不测之殃。春小住沪滨，惊心动魄，知专使之和议已陷于种种困难之危境，效力已失，险象丛生，倘有违言，便须决裂。若复干戈相见，必致沦胥以亡。际此一发千钧，不得不求最后之解决，遂偕同志夏君清贻毅然与民党最要机关开诚布公，陈说利害，并因势利导，委曲疏通。而推崇项城一言，实先出诸彼党之口，至优待北军将士一节，亦皆乐于赞成。当因事有端倪，爰即星夜遄返。惟是个人私约，何补时艰，大力回天，非异人任。若夫军人不能干预政治，春私心熟计，窃不谓然。盖聚人立教，原有经权，自古贤哲秉钧，必达变通权，而后可以决大疑、定大难。若墨守常经，拘牵成例，事机坐失，虽悔何追。不然，为臣当忠，汤何以有放桀南巢之事？为子当孝，禹何以有过门不入之时？无他焉，亦量其缓急、衡其重轻而已。况乎我公兼膺疆寄，固有可以干预政事之权者哉。国事艰危，有如累卵，存亡二字，唯公择之。泪竭声嘶，继之以血，临风怆悼，不知所云。

书既上，是夕夜阑人静，私谒段公于寝室车中。公曰：所言诚善。但项城立于最危险之境，不可不慎耳。余曰：只要我公居于主动地位，项城之厄，不难解也。公然之，遂兴辞而出。惟见满天星斗，忽黯忽明，野宿貔貅，若隐若显，阴风飒飒中默诵古战场文及赤壁赋，不禁悄然以思，一时上下古今，存亡祸福，万感交集，殊不知处身何地也。午夜十一时归寓。

是日发上海夏君一电。其文曰：春抵汉，议订条件，段公极满意。靳赴黄陂未回。拟候一二日，偕文池赴京运动枢要。春。微。

初六日 晤各将校王芝春、蒋仲材、南辅廷、崔雨农、罗仲芳诸君，略谭南行宗旨。旋偕罗君乘车至中国街，遍览兵燹遗迹，烟火万家，均付咸阳一炬矣。租界均极完善，惟街口则用拦阻戒严。是时南北军将士往来络绎，俨然一家。而南军中人，亦有藉此演说革命理由，以冀摇动北军者。余于双方留心察看，南军固多缺点，然北军纪律，亦颇紊乱，较在保定一带驻扎时大相径庭。闻前攻汉口时，尚有掳掠之事，外人谓中国军队以利为战，然乎否乎？是日并晤满人昆吉（湖北陆军小学堂教习）。言革命起事时，漫无人道，伊全家在鄂，都及于难。谈次，其容甚戚，殊可惨也。又晤第四镇参谋某君，言北军将校士卒，全以禄位财货为第二生命，若毫无国家人民思想者，且军纪已紊，不可收拾，近复疑南人为奸细。仆南人也，故辞差而去。余窥其意，似甚不平。又晤该镇马队某管带，亦言兵心甚骄，夜间赌博，官长不能禁止，稍加裁制，辄抗言曰：军统、统制尚向吾等下跪，尔何多言？盖前次革军纵火焚烧药库，某军帅曾经屈尊求救。嗣攻汉阳，某统制亦曾下跪促其进兵也。或云当事机万分紧急之秋，成败在呼吸之顷，将帅屈膝，未尝无效。虽然，从此威严扫地，名分荡然，号令不行，军心解体矣。其言亦颇近理。某君又言此次南北交绥，北之所以胜南者幸也，武胜关、黄河桥、三道桥均天然险要，倘敌人据关扼守，或将桥梁拆毁，则我军万难通过。不意守关之某某，首先投降，铁路桥梁又皆无恙，一幸也；历届秋操，向不携带炮弹，乃此次永平秋操，四镇炮队标统蒋仲材，忽携炮弹数十枚，因之攻汉口时大为得力，二幸也；机关枪本系湖北所有，特因秋操借用，岂料以湖北之枪即用以攻湖北，转移之间，获效匪浅，三幸也；北军从前皆隶项城麾下，项城奉命督师，人心为之一振，四幸也；吴禄贞计画若成，北军后路必将断绝，全师覆没，亦在意中。乃忽出一马蕙田，其危立解，五幸也；攻汉阳时，正攻必败，而冯军统独用侧攻，且有奸细愿为向导，并将地雷引线切断，炮台射击亦复中止，得以奏捷，六幸也。由此观之，或者天尚不欲亡清欤？至于北军兵士，体力强壮，亦其特色，且能忍苦耐劳，似为南军所不及。然南军中如学生队、敢死队袒裼而前，临难不屈，于枪林弹雨之中，而有视死如归之乐，其一种勇往无前之气概，亦可谓壮矣。是日静候靳君，仍未见返，急不能待，爰与孔君约日先后赴京。

初七日 检点行装，与段军统暨各将校兴辞回京，乘军用专车出发。孔君则拟明日先赴彰德会晤袁芸台君（项城哲嗣），面议进行方法，并探项城确实意旨。闻芸台促之归里，孔君运动芸台，曾在项城左右运动共和，遭左右疑忌，项城可谓探骊得珠。晚过驻马店。

初八日 晚过彰德，晤友人志元君（兵站长），时同车之第一军卫队在彰德因购物与巡警交哄，几酿祸端。军纪之坏，于此可见。

初九日 过石家庄，至正太铁路局，略一瞻望，盖即吴禄贞死事之地。曩者吴闻张绍曾截军械挟武力以要宪法，辄皇皇然曰：好题目，莫要给人做去。遂自请说降晋军，单骑出入娘子关，参荫军，断路后，竟为部下马某所杀。吾于吴仅一面缘，曾于京保车中披襟而谈间岛事，以手枪要日人，扬扬颇自得也。人极有材，惜锋芒太露，想其英风飒飒，死事之惨，不觉凭吊低徊，流连不忍遽去。下午九时抵都，有北京探访队向余盘诘至再，并尾随至西河中西旅馆始去。

初十日 友人何君仲勇来谭和局事，言民军近日异常激烈。唐大臣来电，谓南省一致主张共和，毫无让步，并新从欧洲运到飞艇两只，预备空中战斗之用。孙文已由海外归来，物望允符，人心愈奋。势屈词穷，无从置喙，惟有请开国民会议，取诸公决。倘君主可以保存，固属幸事；即改建民主，皇室亦必优待。枢府得电后，于是内阁全体相率辞职，未准。乃开国务大臣会议，继皇室会议、御前会议，仍依违未决，且发言多不中肯。最后内阁再开会议，始由民政大臣赵秉钧提议，谓时局危迫，祸悬眉睫，生灵涂炭，了无穷期。神州奥区，素称天府，究不能因保全皇室，倾覆国家。侃侃而谈，倾动四座。乃决议全体上奏，请开国会取决君民政体。奏入，遂有召集国会之懿旨。

先是内阁因财源将竭，欲战无饷，曾向各亲贵要求集资千二百万，尚可再战半年。亲贵鲜有应者，惟庆邸认筹十万，余则三五万不等。独载泽仅允五千，且系大清银行次年三月期票，最为可哂。内阁因大恚愤。

是日，入城谒王公（聘卿）、冯公（华甫）、田公（焕庭）、段公（香岩），均未晤。

十一日　唐大臣来电，言民军已认可国会公决，惟会议地点须在上海，即以南省现有之各省代表组织。并展限半月停战议和（自十二日至二十七日），北军应由战线起退出百里以外，南军仍在原地驻扎。其意盖因南军所驻系起义之地，而北军则进攻者也。

十二日　孔文池、袁芸台二君均由彰德来京。孔君力疾奔驰，特挽芸台同来运动项城。

十三日　偕孔君见禁卫军冯军统，详述南行密议情形，并将日记呈览。彼此辩论国家存亡问题，历数时之久。冯曰：我总疑革军不能成事。现在各处秩序紊乱已达极点，一班佻达少年，意气用事，各争权利，势必自相残杀，终招外人瓜分而后已，名为共和，实较专制为烈。即如此次议和，必令官军退出百里以外，公理何在？

孔君曰：君不得志于满廷，而郁郁久居人下，满廷之待我辈，含垢忍辱，以至于今，而君犹以为未足耶？何一旦手握兵权，竟欲效忠清室，岂高官厚禄，果可以歆动素心乎？

冯曰：满廷何德于我，我又何必效忠。但予终觉中国人格太浅，程度不齐，善泳者随波自如，善割者迎刃而解。否则未有不伤、未有不死者。今以不知立宪之国民，而谓能享共和之幸福，吾不信也。

余曰：如公所言，中国国民非但不知共和，抑且难言立宪，试问中国尚有自强之一日乎！黔首何辜，长遭桎梏，谁无血气，其何能堪！我辈出洋归来，迄今几二十年，岁月不为不久，虽魂梦中无时不希望政府改良。岂料屡经变更，竟演出一作福作威之贵族政治，非驴非马之立宪政体，曩日愁城坐叹，公岂忘之？春尝与公言变通旗制，竟成虚设。倘圣明在上，废八旗，入汉籍，开国会，节君权，黜亲贵，驰〔弛〕党禁，起项城，召康梁，旁求俊乂，尊崇舆论，剪发易服，兴学育才，实行征兵，改良风俗，俾天下耳目为之一新，中国何患不强？有不赞成君主立宪者，吾弗信也。乃计不出此，徒饰外观，骄侈自肆，萎靡腐败，日促其亡，致召此次革命之变。是所谓革命者，乃满廷自革其命，非汉人革之也。然既有此举，本属死中求生，天下滔滔，人心已去，倘犹顾虑程度，妄思取消，止沸扬汤，因噎废食，坐待其毙，有是理乎？驽马日行三十里，加以鞭策，尚可倍之。促进文明，亦复如是。至于秩序紊乱，乃由人心不靖。人心不靖，根于国体未成。国体定矣，人心安矣，尚何紊乱之有？今者存亡中国之大权，惟公操之。春与公固感恩知己，且值利害生死之交，区区愚衷，敢不尽言。

谈次，王大臣（士珍）、段翼长（芝贵）、贵胄学堂刘监督（恩源）、禁卫军王协统（廷桢），先后毕集。寒暄数语，王、段二公绝口不言国事，问之亦佯为不知。冯留晚馔毕，复谒陆军田副大臣，夜谭良久，文池亦在座中。田曰，袁内阁食少事烦，而诸亲贵又全无心肝，吝于助饷，大有听其覆灭之意。惟隆裕太后颇明事理，昨日国务大臣要求君民政体付诸国会公决之后，曾开御前会议，内阁自奏奉职无状，罪不容诛。太后慰之曰：卿勿尔尔，国家大事，既相付托，卿当勉为其难。即万一无术挽回，吾决不稍加责备。将来皇帝成立，尚当以卿之忠荩谋国、艰难困苦情形告之，令其明悉底蕴。言罢，遂与今上相抱而泣。诸臣睹此惨状，亦皆涕不可仰。袁内阁出语人曰：吾何以对孤儿寡妇？闻者黯然。

十四日　谒民政大臣赵智庵君，由丁君孔彰（名汝彪，齐人，亦志士也）介绍。晤谭移时，聆其言论，大有倾向共和之意，且推诚布公，深明大体，以余所见当道诸公，均所不及。是日闻中山已被举为大总统，黎宋卿副之。

十五日 余恐推袁之举中途失败，心甚焦灼。亟访唐君天喜（字云小，卫队统带），幸获晤面。与议秘事良久，唐君慷慨激昂，谓项城左右，多怀富贵利禄，不顾大局，不畏危险，焉能有济。言次愤形于色。继又曰：芸台与项城父子之亲，尚有人进谗，以生离间，致令父子参商，不能一见，其他可知。余曰：民党炸弹队伏匿都下，实繁有徒。君能拥护项城，宣布共和，可免于难，倘告成功，当推奇迹。唐曰：君其转达民党，幸勿暴动，终有以报命。余诺之。乃嘱同志何君仲勇暗达党人。

十六日 至贵胄学堂晤刘文泉君。适浙江统制刘君询新从南来，人极忼爽。谭及南方情形，亦颇接洽。是日同志夏君由上海来函，言沪、宁两处重要机关，运动均已成熟，金表同情，请速实行。

十七日 偕文泉往晤芸台，畅论大局。芸台曰：文池由彰德邀余来京，诚属解人。吾父子之隐衷，惟文池知之最稔，特不能为外人道耳。吾不知举朝之人，皆严君旧属，而罕有明其心理者，冯、王二公，其最著也。两君曷弗剖陈利害由二公之前，以促其醒悟乎？芸台由大局利害，独具只眼，曩派朱君芾煌于武昌运动民军，朱几为第一军所害。盖于项城左右，屡次几谏，早为所动矣。此次与文池密计之后，即遣人四出游说，如张勋、齐耀琳、倪嗣冲等处，皆有专足赍函往劝。

是日复上海一电，其文曰：俞仲还、夏颂莱二君鉴：京师各方面渐次就绪，不日实行。春叩。

晚偕文泉晋谒冯军统，辩论许久。余谓冯公曰：中国存亡之枢纽，在和与战两者而已。公欲存中国、保皇室则和，否则战。冯曰：君以为中国之存，皇室之保，胥资共和乎？余曰：惟和则可存可保。不然，中国或尚有望，皇室断归消灭，且不独皇室为然也，即项城与各将士，亦恐有不虞之祸。春之疏通两方面，正所以联络感情，合为一致。故首以推尊项城为北军保持势力，并要求优待皇室，及出征将士皆不负害敌责任，以争固有之权利，其所以为大局计者，至周且备，非空言也。春于此次南行，固与黄克强代表顾君忠琛已订密约，于以上诸节，皆有明条。冯曰：顾君为熊成基一案所累，前太湖秋操，顾为安徽参谋处总办，余曾阴为之助，今居何职？余曰：现为元帅府总参谋，晤面时尚谭及我公，颇为感激。冯曰：项城断不赞成此举。余曰：项城居于被动地位，心中已以为然，特口不能言耳。冯曰：何以知之？余曰：芸台尝为余言，且即不言，观其屡欲言和，且允北军退驻百里，皆赞成共和之明证。冯顾谓文泉曰：我欲战，君以为何如？文泉曰：战必须款，果筹得否？冯曰：尚可勉强筹之。文泉曰：勉强二字，殊难经久。且大局未定，人心不安，和战之间，最宜审慎。今既以热血所易之汉阳，甘于弃掷，已不知内阁是何居心。而犹欲以已退之师，无饷之众，贸然言战，非有十分把握，似不可冒昧从事。冯曰：若言退兵，亦战略上应有之义，恐其三面包围，第一军将处绝地，已成不得不然之势。惟出之革军要求，余气愤填膺，已累日矣。文泉曰：北军将士皆欲战乎？冯曰：诸将之意甚坚。张怀芝来电，已联合姜桂题、张勋、曹锟、李纯、王之春、陈光远等，一致主战，并向亲贵要求军饷，绝无异议。余曰：以大局利害而言，决无再战之理，战则自速其亡耳。冯曰：文天祥、史可法非人为之耶？余曰：惜乎辛亥以后之历史，断不认公为文、史一流人物，虽一死究何以谢天下？冯厉声曰：人各有志，吾志既坚，虽白刃在前，鼎镬在后，所不惧也。余笑曰：公勿怒。一室之内，言论自由，庸何伤。吾闻暗杀党人，将有暴动之举。皇室与项城及公，皆处危地。吾不忍见公被其祸，今日之言，正所以报知己。听受与否，其权在公。冯曰：君意可感，然欲吾委曲相从，则有所不能。是时喧嚣之声，达于户外。冯之卫队往来频率，足音跫然。文泉以目示余行。正纷唆间，文池适至，大笑而入，曰：吾来解围，公之真意，旁人前自不肯吐一字。我与公老同学，平日颇称相得，无心不谈，今彼此且为长夜之饮何如。冯曰：善。即命置洒〔酒〕，余与文泉兴辞而出。冯忽转嗔为喜曰：今夕之言，幸勿为外人道，事苟有可为，吾亦决不拘执。余曰：公出此言，为斯民造福不浅。遂别。回寓后，发第一军参议靳君翼卿一函，如下：

翼卿老哥同志：汉皋把晤，快慰良深。初四日，由申返桴，适驾赴黄陂，拱候两日。嗣以事关紧要，未便逗留，遂于初七匆匆就道北上。濒行曾将一切详情，告诸仲芳，并留数行，倩其转达。初九傍晚抵京，即寓中西旅馆。翌日，各处探访，始悉和议急迫。奉懿旨，略谓：内阁代递唐绍仪电奏，民军坚持共和，不肯开议，然此等问题，于对内对外，关系甚巨，非人民一部分所得而私，亦非朝廷一方面所能专决，自应召集临时国会，付诸公决。并经垂询国务大臣，及近支王公，亦皆赞成此意。着即迅速电令唐绍仪转告民军代表，预为宣示，准备召集国会，彼此先行罢兵云云。此等上谕，因王公不助军饷，内阁暨国务大臣有辞职之意，故迫而出此。十一二等日，唐来电云：国会公决，须在上海，即就现有之各省代表组织。北军退出百里以外，南军仍在原地停止前进。内阁复电驳之，令唐再与切实磋商，张怀芝联合诸将反对甚力。当轴诸公，弟与文池分别晋见，痛陈大计，无如大半非利禄熏心，即堕入君主魔障中间，有一二似能默会，然顾虑太深，毫无定力。此辈贻误大局，殊非浅鲜。大约此事除由第一军主动，断难收效。用特函达左右，迅速主持一切，密订大计。

时机已迫，万勿再延。执事登高一呼，众山必应。大局成败，在此一举。终夜徬徨，无任盼伫，老哥何以教我？

十八日　上项城书，余与文池具名，大旨谓："时机日急，迫于燃眉，中国存亡，决于和战。宫保躬操政柄，身系安危，舆望所归，群生托命，正宜力维大局，幸勿为左右所惑，致蹈危机。盖中外古今，断无独背民心，而可以幸然成事者。神机默运，端在此时。侧闻京师暗杀党人日增月盛，诚恐一旦暴动，致令宫寝受惊。谁非人臣，讵能逃责。拟请速派禁卫军，保护两宫，暂幸热河驻跸。其大内留守事宜，即交世、徐两太保会同管理，庶几有备无患，巨变可弭。倘荷施行，中国幸甚。"书交芸台。

文池今日奉项城命，前往山东，调停官绅军队意见。余送至车站。临别，文池谓余曰：吾运动数日，效果甚微，惟赖君力，继续进行。余曰：一息尚存，此志不容稍懈，君其勿虑。文池曰：亦须审慎，究不可轻于冒险。余诺之。晚见芸台畅谈，言冯处尚须婉言相劝。

十九日　同志靳君翼卿由孝感第一军来京，言：二、四两镇已退至广水、信阳一带，经余多方运动，赞成共和者，将校已达二百余人。此次代表第一军来京，联合各军，要求共和，拟订三种办法：

（一）运动亲贵，由内廷降旨，自行宣布共和。

（二）由各军队联名要求宣布共和。

（三）用武力胁迫要求宣布共和。

以上三种，自以第一种，最为和平，最为允当。特时机万变，究竟主用何策，尚未可定。

二十日　靳君谒见袁内阁，力陈大局利害，不能再启争端。况宫保一身，关系国家安危，尤宜俯从民望。袁曰：某为大清总理大臣，焉能赞成共和，以负付托？靳曰：人心为大势潮流所趋，非共和不能维系群情，必致瓦解土崩，存亡莫卜，宫保负旋乾转坤之任，自当好恶同民。袁曰：南人希望共和则有之，北人恐未必然。靳曰：宫保误矣，人同此心，心同此理。南北程度，容有不齐，而其图谋幸福、好安恶危则一也。袁曰：段军统之意若何？靳曰：第一军全体一致，主张共和，并议推举宫保为临时大总统。袁惊曰：军心胡一变至此，将置余于何地？若欲使余欺侮孤儿寡妇，为万世所唾骂，余不为也。靳曰：宫保为四百兆人民代表，现在大局已危急万分，共和尚可图存，倘绝对主张君主，必致国亡种绝而后已，宫保试思保全中国为重乎？抑保全一姓为重乎？且民军倡言共和告成，皇室必加优待，正系两全之计。倘听其糜烂，外侮纷乘，国且沦亡，虽优待亦不可得，奴隶牛马，同听诸人，谁秉国钧，实阶之厉，宫保扪心自问，咎何可辞？袁曰：冯军统、张军门均极力主战，军队宗旨，断难一致。靳曰：宫保勿忧，某当凭三寸舌，以游说之，必令联为一气。言竟遂退。

二十一日　靳君谒军部王大臣（士珍），力陈大计。王曰：余本不欲居官，迫于宫保敦促，辞不获已，始勉强出山。今初志既违，仍当引退，以避贤路。靳曰：如学生之微贱，可以藏拙，尚不甘遽自菲薄，期为国家稍尽义务。公居显秩，一言足为苍生造无穷幸福，何乃竟出此言？窃恐公欲归而不得归，且亦无家可归耳。王闻其言，但庄严自持，默然不答。

是日同志张君志中赴禁卫军，与相知将校陈说利害。

二十二日　靳君谒冯军统曰：天下安危，惟在公之决心。冯曰：战耳。靳曰：战不能救危亡。冯曰：死耳。靳曰：死有重于泰山，有轻于鸿毛，公何所择？冯曰：吾为国而死，名正言顺。靳曰：死生问题当以利害决之。公苟为天下人民谋幸福，虽生犹荣，否则徒欲以一死塞责，虽死犹辱。望公勿以一人生死为念，当以国家存亡为念。彼此辩论三时之久。余谓靳曰：君之三寸舌，胜于十万兵矣。

二十三日　晤杨度君（号皙子，湘潭人），由芸台介绍来访。余耳其名已久，闻其在东，曾与日人嘉纳治五郎论中国学理，预料将来有不可免之革命。其眼光如炬，令人可佩。惟比年以来，以宗旨反复，稍不利于人口。近复倡言为君主立宪党人，谅之者，谓其具调停之苦心，不知者，竟有指为共和公敌者。今聆其议论，畅言南北大势，尚非暗于时局，且谓吾朝夕以共和聒于项城之耳，其如人之不亮余心何。连日和议问题，愈难解决。伍代表提议，国民会议定于十一月二十日在上海举行，内阁复电驳之，谓须移于北京，开正式会议，外藩蒙藏一体列席。旋接唐专使来电，仍坚持在申。内阁复电，谓民党欲以寡人专制，惟有停止和议，整军以待，至是唐遂陷于困难地位，电请辞职。内阁乃致伍代表电云：本政府委托唐绍仪赴沪，作为本总理之代表，专为讨论大局利害，本无裁决之权。乃迭据电开，与贵代表所议各条，均未先与本大臣商明，遽行签押，殊不合理。本大臣当以议案中，尚有必须更改之处，电令该专使切实会商。现据该专使一再来电辞职，未便强留。嗣后应商事件，即由本大臣与贵代表直接商办，以期简捷。伍复电谓：召集临时国会，贵政府既不愿以在沪少数人取决，本代表亦不必过于坚执，希即电知办法，要以和平了结，不使生民涂炭为准。内阁电答略谓：国体问题，付诸国民公决，贵代表既经承认，自应征集全国意见，其选举额每县一人，蒙回藏亦当划分区域一体选举，不得歧视，方为正当办法；今国会未开，国体未定以前，而民军竟组织临时政府，并以少数人选举大总统，显与公决宗旨相背，究竟是何意见？以后国会召集，倘仍赞成君主，则临时政府，是否取消？伍代表复电略谓：如果国民公决仍存君主政体，临时政府暨大总统自应取消。倘竟主张改建民主，则清政府及皇室亦应在取消之列，始昭公允。袁总统得此电后，颇以南政府成立为不然，决意宣明唐使所签条约，未经本大臣允许者，不能发生效力。伍代表一再电驳，不直其言。而南方报纸，复极力鼓吹，谓清廷议和，毫无诚意，既取消唐使资格，又于选举法规、会议地点，任性坚持，固执不下，其居心叵测可知。于是两方抵触，态度极为强硬，和议之事，遂无希望。

二十四日　同志夏君清贻由上海来，报告南方近状，并谓民党专候北军举动，履践前约，乃迟之既久，消息沉沉。黄、顾诸君，颇疑我辈无运动之能力。仆甚焦灼，是以兼程来京，一探究竟。

是晚靳君来寓，面晤夏君，畅谭各方面进行成绩，煞费经营，幸获告成，夏君甚慰。余乃转询前订推挽之约，民党尚能实践否？夏君曰：曩者定议，系在孙中山未经归国之先。迨孙任总统，黄克强君曾以吾等成约，转告孙公。是以孙于被选时，即向参议院声明暂行就职，俟政体解决，仍当逊位。并一面致电袁公，宣布此意，似不至有违约之举。特事机瞬息万变，余自沪至京，已历七日，此七日中，未知有无变局，尚难预料。靳君曰：夏君仍应回南一行，可将吾等运动三策达诸民党，并告以不日即能收效，以坚其信，夏君诺之。

二十五日　晤第一镇炮队标统褚瑞甫君，劝其赞成共和，当荷慨允。并晤第二镇协统鲍贵卿君，谭悉袁芸台、靳翼卿所嘱授意各方面军队赞成共和之函已发出矣。

二十六日　接山东孔文池君来函，附录于下：

少游仁兄同道：弟此次奉项城命来东，调和官绅，昨已抵济。旋与各当道绅士接洽，极力疏通，颇见成效。五镇吴统制，经弟剖陈利害，亦能仰承项城意旨，不致稍生阻力。京事时蒙怀抱，所幸吾兄与翼卿热诚毅力，劳瘁不辞，近来各军队想已通过。此局若成，实为同胞造福不浅。弟在津与张君怀芝晤面，亦曾规以不应提倡反对，令项城转处危地。渠虽口头强硬，然微窥实际，如果项城赞成共和，亦断不至显然为难，有反抗之举动也。大树想常晤面，拘执之见，有转圜否？见唐筱亭兄时，望即转告，切勿轻举妄动，必须事机成熟，然后一鼓作气，即日实行，固不可操切图功，亦不可游移寡断，相机行事，纵有少数反对，亦不暇顾。倘遇诚心破坏，妨害和平，此等冥顽，已为人道公敌，即以严厉手段，制其死命，亦无不可。鄙见如是，未识高明以为然否？弟为东抚所羁，委令接统中路巡防各队，急难摆脱，有初鲜终，愧对奖似。大局收束，惟在二君，想一切手续定能智珠在握，井井有条，无俟鄙人赘言也。临池怅触，诸维亮察不宣。庆塘上言。

余得书后，即作复函，其略如下：

文池老哥左右：京华握别，吾道顿孤。幸翼卿兄为第一军代表来京，朝夕晤谈，共谋进行方法，尚不寂寞。顷奉手札，祗悉种切。执事回东，为桑梓造幸福，亦即为中国建殊勋，况疏通军队，正为目前当务之急。独怪举朝衮衮诸公，惟知保全禄位，竟置生民涂炭、国家存亡于不顾。求如执事深明大体，始终以利害警醒痼顽，毅力热诚，殊不多觏，遥忆英风，莫名倾倒。夏君前日由申抵京，南方关节，均已通过，静候北方实行。惟民军继续进攻，诚恐构成恶感，未免于进行方法横生阻力，殊切隐忧。弟与靳君筹商，仍倩夏君回南一行，向其枢要交涉，并重申前约，务使项城位置，勿因孙氏中变。夏君慨然允诺，吾辈目的当能达到也。第一镇、第二镇将校，弟等已分投说项。靳君则连日谒见项城，及王、冯诸公，痛陈大计，舌敝唇焦。项城幸已拨开云雾。王仍唯唯否否，模棱其词。冯则外强中干，如电光火石，忽明忽暗。盖其所处地位不同，君主一关，不易攻破，缓以图之，未必无济。闻阮斗瞻、马锦门、袁芸台皆往游说。所可虑者，近日宗社党势力颇为膨涨，并有日人某某为之应援，或倡君主立宪，或倡南北分治。以致大树之门，民主之苏张，与君主之随何，络绎不绝，其脑筋十分复杂，解决之期，遂难预定矣。兹拟运动亲贵，合请内廷降旨，宣布共和为第一着。如无效果，则由第一军发起，纠合各军联名要求为第二着。倘仍不成，则用协迫之第三着。利害相权，自以第一着最为和平妥协，特未识能如愿以偿否也。匆匆。顺候起居曼福。春顿首。

二十七日　由芸台介绍，访朱君芾煌于西河沿中西旅馆，畅谈良久。朱君性沉毅，能识大体，不念旧恶。此次受民军委托，与内阁秘密交涉，于两方面疏通之力最大。谭次叙及大树之事，余颇曲为剖白。朱君曰：吾曩在武昌，与民军订推袁之约。过汉口，往见冯，几为所害，芸台力电营救获免，否则久为泉下人矣。虽然冯为公，吾决不置念，匪惟无修怨之心，且有保全之意，冯果赞成共和，则名誉所关，吾当完全负责。谓予不信，并可电达民军要求承认，倘始终执迷不悟，则吾亦无可如何矣。

是日，致上海文明书局俞君一电。文曰：

俞仲还君鉴：运动计划，大致就绪，不日可以和平解决，由内廷降旨宣布共和。请告芰臣（顾忠琛君）、惕生（钮永建君）诸君，转达枢要，务祈克践前约，以国利民福为重，勿酿南北私争，大局幸甚。贻即南旋。春叩。

午后偕翼卿谒赵智庵、杨皙子，竭力怂恿二君，运动庆邸及诸亲贵。二君慨允。旋由杨君介绍，晤电报局总理杨君采南（印士钧）。允余凡致南方密电，均不纳费。并谓如有要事，尚可提前速发，亦忧时志士也。闻上海各洋商团，有电致庆、醇两邸，要求早日宣布共和。庆邸询之外交团，知非假冒，乃奏陈隆裕太后，订于次日召集王公内阁御前会议。

二十八日 余乘马车，将赴田大臣宅，甫至东华门，群情恐慌，颇呈乱状，并有多人坌息而至。询诸途人，曰：袁世凯被炸。余闻之惊曰：有是哉？亟命返驾，驰至编译局，发一电话，问之田宅。旋得复曰：宫保无恙。心始安。嗣探得袁内阁系赴御前会议，道经东华门外丁字街，突遇人猛掷炸弹，幸车已驰过，误中卫兵数名，伤十余人，管带袁正卿亦歼焉。暗杀者旋就获，讯知一名黄天鹏、一名张先培、一名杨禹昌。数人中以张之一击为最猛，均律以绞刑。京师寻戒严，凡剪发者，皆以嫌疑而被搜索。事后揣测，有谓系革命党人之举，有谓即宗社党人所为。何物狂奴，几败乃公大事。倘项城不幸殒命，吾恐大局立将瓦解，乃独幸免，中国之福也。盖项城此时已微露赞成共和之意，今日御前会议，即为解决问题而设。此等炸弹，亦可谓无价值矣。虽然烈士殉名，究较含辱偷生，人格悬绝，平心而论，似亦未可厚非也。

二十九日 伍代表来电，略谓：讨论旬余，尚无头绪。今本代表承认提议，再行展限十四日，自十一月二十七日起至十二月十一日午前八时止，由两方面同时通告，一律遵守。

闻御前会议时，庆邸、伦贝子极力主张共和，经各亲贵暨蒙古王公讨论辩驳，争议甚烈。旋以关系极重，未易取决，乃订于初一日再开会议，以决从违。

是日，各外交团佥至内阁慰问，孙中山总统亦来电探询，咸以袁氏存亡，关系匪轻。即吾同志四十日之奔走骇汗，亦几成泡影，险哉！与靳、夏二君，谭论洋商团一电，大为吾等助力，似由内廷解决国体，当可告成。即万一横生阻力，亦尚有第二、三著，可以补救。吾等宗旨，必能达到。夏君应即速行与黄克强君接洽，是否能照原约办理，迅来一电，时机迫切，万不容缓。夏君允于明日即行。

十二月初一日 夏君首途，乘榆关车绕秦皇岛进发。

是日，庆、醇、恭、肃、那诸邸，及洵、涛、熙诸贝勒，伦贝子、泽公等，齐集内阁会议（系由原定御前会议所改）。

国务大臣一律列席，惟总理因在假内，未经与议。庆邸口吻一变，大反前日所言，似受人唆使者。恭邸持之尤力，那王等仍主前说，众情一致，愤激异常。各国务大臣相对默然，惟赵大臣秉钧、胡大臣惟德、梁大臣士诒相继发言，其词意间隐言本非主持共和，特恐人心已去，君主终难保存耳。嗣因意见不一，未能立时表决，遂拟定再与内阁协商而散。

蒙古博尔济吉特培等，组织义务勤王敢死队，君主立宪党亦宣告成立，公举冯国璋为会长。闻岑春煊由上海分电内阁暨诸亲贵，力陈利害，请速赞成共和。近来各亲贵协同宗社党首领良弼，运动第一镇禁卫军合力反对共和。王金缓等和之，遍发传单，以冀耸动众心。

初二日 传闻宗社党人运动成熟，京中将有暴动，袁内阁已处于危地。余偕靳君翼卿同赴内阁，面晤芸台探访消息。芸台曰：现有多人，力劝宫保初三日赴津，暂避其锋，某公使并允同行，任保护之责，各部酌派数员留守。顷已电调驻滦曹军，编为卫队矣。翼卿惊骇，竭力劝阻，期期以为不可，恐出之过骤，京师秩序必将扰乱，尔时牵动外交，更难为计。余曰：宫保出京，曩日亦曾经主张此议，然以现在情势观之，似不宜有此举动。日来外间纷传，预备花车，已尽人皆知，倘再遇狙击，将如之何？且各部大臣，谁愿留守，吾见途中已纷纷迁徙，顿呈慌乱之状，窃恐京师立时糜烂，亦在意中。愚见不如从速调兵入京镇摄，然后宣布共和，决料无人敢生异议，可断言也。芸台曰：此计甚是。但调兵入卫，又恐亲贵见疑，不免犹夷耳。余曰：此事岂容犹夷？翼卿乃进谒宫保，宫保曰：出京一层，本非我意，特左右暨某公使之怂恿耳。芸台曰：此事尚待计议，务须秘密，不可宣布。余然之。

初三日　内廷召见庆、醇两邸。庆因连日为君主党人所恫吓，不敢再言共和。乃于八时呈递假牌请假。醇邸以庆不应召，亦于中途折回藩邸。余于是日晤外部副大臣曹汝霖君，劝其运动政界，赞成共和。复晤朱荓煌君，谭及民党炸弹不可妄施，恐激他变。朱君谓此次丁字街狙击，乃个人无意识之举动，决非民党所使。盖其所最注意者，尚须审慎出之，未肯漫然一试也。

初四日　内廷复召集亲贵开御前会议，取决国体。庆邸因请假未到，余则赞成君主立宪者，十居其九。恭邸等更力谏太后，勿为外人所惑。太后曰：吾亦以逊位之事，非常重大，是以商之尔等。既均不赞成，吾又焉敢擅专。言毕大哭，诸亲贵亦歔欷不置。

闻冯国璋向内廷要求军饷六百万，并声明已派妥员前往河间招募精壮二十营，以备战斗。

初五日　宗社党上书袁内阁，其词旨极为严厉，略谓欲将我朝天下断送汉人，我辈决不容忍，愿与阁下同归澌灭。袁内阁览之，恍若芒刺在背，意不自安。

日友雨森良意来谈，主张南北分治之策。余曰：君为中国计，可谓煞费苦心。但民党决无此心理，宁为外人割据，万不自相瓜分也。雨森一笑而去。

是日，袁内阁特邀荫昌、王士珍、姜桂题、冯国璋诸人密议大计。冯主战，王附会之，姜似不愿战，而荫则主和。袁内阁太息良久曰：诸君既不避劳，惟有战耳，遂颁各军整备再战之通电。

初六日 恭邸、泽公主借外兵，以抗共和。蒙古王公则纷纷出京，各回本旗组织独立。本日往晤刘文泉君，恳其运动君主党人王金绶等反正，刘君允之。

阅某报载宗社党将以激烈手段对待靳君及余，此耗既传，多有劝余引避者。余曰：此次出而任事，早置利害于不顾，区区手枪炸弹，所不惧也；且芸台欲运动项城，于初三日赴津，吾辈阻之，今若舍之而去，何以对人？乃谓靳君曰：第一策既已失败，当筹第二次进行方法，偶然小挫，幸勿自馁。靳以为然。遂电第一军曰：内廷降旨，已为亲贵所阻，全归无效。请速谋第二策，联合各军上奏要求。事机急迫，万勿延缓云云。

本日由朱君茚煌交来孙中山一电，内言皇室推翻之后，袁内阁须发表实行共和意见，文即向参议院辞职，再由参议院选举袁内阁为临时大总统。其清政府当与皇室同时取消。袁内阁即来南京政府就任，且须遵照参议院所定宪法履行，誓不违背云云。语极强硬，但取消北政府，而南政府并不取消，大有绌北伸南之势，盖欲以袁氏为傀儡也。倘北军愤懑，仍难和平就绪。靳君阅电，意殊不平。以为历尽艰辛，事仍无济，几欲披发缨冠，绝意进取。余激之曰：英雄任事，当具不折不挠之概。昔拿破仑不知难字为何物，是以功成名立。倘事皆易办，则人人优为之，何必英雄？孙电固强硬，可与抗议，但不遽徇其请可也。

初七日　清晨，接同志夏君清贻来电如下：

北京廖少游君鉴：贻到沪宁遍谒当道，赖汪兆铭、伍廷芳两君极力调停，推袁一节，南中确已承认。惟清内阁应与皇室同时取消，袁以公民资格，由众公举。电到即行，万勿迟滞。停战期限，断难再展。贻。虞。

旋赴丁君孔彰之约，在座者为陆君建章。彼此筹计疏通各方面之事，畅谈数时之久。陆君、丁君力任其艰，诚属难能可贵也。

靳君连日奔走过劳，其形甚惫。本日早九时赴保，稍资休息，顺与第二镇协统鲍廷九君商议军队联名事宜，并订密码电本。今晨接第一军来电，内开：鱼电已悉，第一策失败，本在意中。此等大事，岂能过求完全。本军即日发起，通电各军联名入奏，希将各军人名地点从速查示为盼。

近日谣言四起，宗社党勾结禁卫军步军统领游缉队，将合而谋袁，同人大惧。时袁之卫队，仅止一标两营，约计不足三千人，势力甚薄。余与傅君清节谋，乞师于滦州。议既定，即携傅君之函乘车赴津。

初八日　早十一时，由津启行，车经芦台、唐山、开平、雷庄均稍停。雷庄即三营谋倡独立王怀庆收复处，曾斩烈士王金铭、白毓昆、何尚达、陈宏度于此，惨哉。午后五时到滦州，乘驴车至师范学堂，谒镇司令曹统制锟。半晌始由阍者延入，晤曹于高楼上。曹衣短褐，班荆道故，既而惊问余曰：戎马倥偬，军书旁午，君长途仆仆，来此何事？余曰：君知宫保之危乎？泽、恭、良弼等，将鼓动禁卫军诛戮汉人，以泄积怨，宫保已临险境，恐二三日内必有巨变。况宫保近日颇主和议，亲贵咸疑其不忠，必欲去之而后快，闻将举赵尔巽为内阁总理，幸世中堂竭力调停，始姑容忍，又将以一等侯爵以牢笼之，宫保必不受，恐恶感愈激愈深，为患更速。君如率所部入京，不独救宫保救同人，且可以救天下。革军流血数万而未成，君提一旅之师，身入国门，即能解决，君之功名震全球矣。言次出傅君书，曹大愉快，欣然允诺。即电内阁曰：锟闻西匪猖獗，拟即统兵入卫。余曰：无论宫保允否，君须执将在外君命有所不受之义，决然一行。曹以为然。其秘书刘子宽君，亦从旁怂恿之。夜将午，内阁复电至，启视之，略云：京师纷扰，人心汹汹，恐有仇洋举动，速统混成一标入京，在天坛附近驻扎，以资镇摄。余即请其从速布置。曹曰：已于日间传令准备。余曰：君用兵神速，诚堪佩服。曹曰：余实不知宫保之意主张共和，若早知之，我进兵娘子关何为哉！

初九日　早十一时，偕曹君登车向北京进发。闻昨夜陈协统文运来访，余已熟睡，未获晤面，甚歉然也。车经开平，通永镇王怀庆来会，言：接段电后，踌躇终夜，不得要领，君曾奉内阁电乎？电真乎伪乎？曹曰：阁令安得有伪。其仓皇失措情形，可见一斑。午后七时抵津，余与曹别下车，至电话局，电告北京内阁参议处刘询君，言滦军今晚十一时可到，驻天坛附近，望速派人前往照料。

本日第一军总统段公祺瑞，发起联合各军队十四万人，电奏朝廷，请颁布共和政体，以巩皇位，而奠大局。折中大意，谓待遇帝室皇族暨满蒙各条款，至为优渥，从此皇位永保，真国家无疆之庥。是以薄海臣民，无不仰盼纶音，早日宣布，改建共和政体。乃闻为恭亲王傅伟、辅国公载泽等一二亲贵所厄，事遂中沮，贻害大局，莫此为甚。姑无论兵连祸结，情见势绌，不能再启衅端；即此饷械告穷，亦足以摇动军心，令人解体，一旦一蹶不振，窃恐丧师失地，宗社随倾，尔时尊荣，必将颠覆。祺瑞等治军无方，一死何惜，特捐躯自效，徒徇愚忠。君国永沦，追悔何及。况默察人心趋向，即由国会公决，仍不免出于共和。何如默运先机，预行裁定，速颁明诏，改建共和，示天下以至公，拯生民于水火，中国前途，实深幸焉。临颖悚惶不胜激切待命之至。折内署段祺瑞、姜桂题以下四十七人，皆陆军中重要人物，诚千载一时之盛举也。余等同志之希望已达，心胸为之一快。

本日伍代表复袁内阁电云：停战屡次展期，原筹和平解决，前与唐使签定各款，不意贵大臣食言反悔，致失人民希望。本代表不忍决裂，力劝临时政府，以最优之礼待遇满清皇室，已承贵大臣允许一切，乃于事机将定之时，忽尔中变，实为全国上下所共愤。目前大势，异常危迫，距停战届满之期，仅有三日，万不能再言展限，空误时日。贵大臣如果实心主张共和，祈于此三日内，速令清帝逊位，以安人心，而定大难。否则衅端再启，其咎不在满廷，而在贵大臣一人也。袁内阁得电后即复之云：唐绍仪所允之款，本大臣并未承认，不能视为有效。至逊位一层，本大臣亦未公然与贵代表商及，请勿误会。伍代表又致黎副总统电：日前唐代表电劝段君祺瑞赞成共和，讽令清帝退位。昨接段君回电，前因政体由内廷会议解决，是以静候，乃至今尚未定议，瑞已电内阁痛陈利害，并联合各军奏请俯顺舆情，以维大局等语。段能如此，洵明大义，祈尊处速派心腹代表，与之接洽。是所切盼。

前禁卫军协统、军谘府军咨使宗社党首领良弼，由肃亲王府议事回宅，有一军人自称崇恭，登门求见，良信之。追晤面，突以炸弹猛击，中良股，股折，烈士当场毙命。良晕绝复苏，延日医救治，锯其一足，闻受伤甚重，性命难保云。烈士姓彭名家珍，号席儒，四川人，隶奉天军籍，崇恭盖其伪托也。人谓彭烈士之炸弹，能于革命史中放一奇彩，厥功伟矣。

天津防务大臣张怀芝，接段总统发起联名具奏电，来京请示。项城曰：第一军与尔电，余不知情，何庸问？且余口中又何尝宣言共和耶？张惭而退，即回津，甫下车，忽有革党掷以炸弹，未中，复以手枪击之，仍未中，卒被警士擒获，发交营务处审办。闻烈士姓薛名成华，号敬臣，北京人，寄籍南京，年甫二十有五云。

初十日 袁内阁致伍代表电：现在筹商优待皇室条件，尚有少数亲贵，把持反抗，又虑禁卫军等或有无意识之暴动，则北京秩序扰乱，牵动外交，为害匪浅。刻正密为布置，未可以停战期满相逼。

昨日段军统电奏到京，余刷印万张，派人分布京师全境。《国风报》亦印号外随报附送，人心称快。说者谓彭、薛二烈士之弹，段军统之电，足以夺禁卫军之魄而褫宗社党之魂，实乃祛除共和障害之二大利器也。是日余派发传单之人，两次为巡警拘去。闻君主党人多指段奏为伪造，王士珍亦言于项城，恐系段之左右青年所为，项城疑不能决，使人发电询段，段不答，始信之。赵秉钧、梁士诒、阮忠枢、傅良佐等，亦力言无伪造之理，项城于是入奏。

余于本日电告南京顾忠琛、夏清贻、俞仲还三君曰：北军联名要求宣布共和，今日入奏，大功可望成，希速代达枢要。春。灰。

十一日 洪自成率巡防队三营，来京保卫。京师一律戒严。良弼因伤毙命，袁内阁赙银一千两，并遣员往吊。内廷得北军联名电奏，太后以示各亲贵，皆相顾愕眙者久之。徐曰：此电未可尽信，尚须斟酌。不欢而散。

闻天津革党大放炸弹，攻击督署，当场擒获数人，并有一日人死焉。

是日余访禁卫军田标统凯廷不遇。闻靳君已早与接洽，田言决无反对项城之理由，况四标兵士皆汉人乎？

十二日 各亲贵特开御前会议，虽无正当之解决，然相对欷嘘，已无复从前之强硬矣。议毕，隆裕太后传谕内阁曰：段奏已悉，朝廷深愿和平解决，该大臣等宜仰体此意，从速布置。嗣又召袁内阁入内，嘱之曰：诸事听卿裁处，但求能保全余及皇帝之尊荣，亦无他求。并令拟宣布共和之诏，先交内阁尊藏，俟优待条件议妥，再行颁发。

此次段军统联名奏章内，无冯国璋、张怀芝、王怀庆、冯麟阁、张作霖诸人之名，而有姜桂题、张勋、倪嗣冲、吴鼎元，人多疑之。其实皆由事机急迫，仓猝举行，有未及通知者，有不便列名者，有虽通知而无确实赞成之意者，是以未能全体一致也，闻未列名者随后又补列名。

闻张作霖、冯麟阁俱以不获列名为憾，岂料后日忽又反对。姜桂题始而列名，继复向亲贵申辩。张勋则列名后仍攻革军，变幻离奇，皆足惹世人注意者。

是日访张君志中于西城，促其再疏通禁卫军官长，张诺之。晤刘文泉君，颇为余危，屡次劝戒，心甚感之。

十三日 接夏君清贻来电，略谓：灰电已悉，伟功告成，同声欢庆，已由顾君代达临时政府矣。皇室已推未倒，以会议为延宕计，事机松懈，恐人心因之解体，可危孰甚。应速设法，以兵力胁迫，一举成之，勿再延缓！贻。文。余拆阅后，即携电至参议处，与傅君商之。傅云：已告急于第一军矣，闻段军统将带队入京，以清君侧云云。余遂电复夏君曰：已另筹办法，不至有变。冯军统国璋赞成共和，日日向禁卫军将士演说，多方劝导，大有倾向之意。其幕府陈君光宪，与有力焉。

是日傅君良佐与余议订组织军界统一联合会，余草拟宣言书，以电告于南军曰：

此次人民要求共和，始终依赖军队之力，以南军种其因，以北军结其果。所谓武装解决，由专制而进于共和，诚数千年莫大之盛举，四百兆同胞之幸福。但共和政体，不日颁布，南北公推临时大总统，组织临时新政府。内政外交，万汇待举。吾军界同人，自应振刷精神，首先提倡，化除私见，讲求公益，辅助大总统，确定坚强完全政府，立于地球之上，为最有权利最有势力之中华民国，岂不懿钦！所虑者南北军界万一意气用事，各树党援，互相残杀，不但足贻君主党人之口实，且糜烂大局，牵动外交，其祸较君主尤烈，岂吾军队希望共和之本心哉。同人等怒焉忧惧，寝馈难安，以为值此推翻与建设过渡时代，吾南北军人，必须协力同心，组织团体，先以三大纲领为范围，胪列如下；

（一）宣布共和后之安宁秩序。

（二）担任恢复各地方，中央统一新政府成立时，务须全国一致服从统一政府之命令。

（三）担任保护外人之生命财产。

以上三纲为吾南北军人应尽之义务，完全之天职，均应一律遵守。所有一切手续，拟俟本会成立后，由两方将校，讨论详细条件，由统一政府核定。有不遵者，当认为文明军队之公敌，实于中国共和前途，大有裨益。倘表同情，希即将赞成诸君衔名电知为盼。南北军界统一联合会发起人公具。

余与靳君云鹏更虑政界学界不能统一，爰创设共和宪政统一会。余草拟宣言书电告于南省曰：

窃维中国人民蜷伏于四千年专制政体之下，处二十世纪竞争激烈之交，欧化之激刺愈深，民权之膨胀益力，一日崛起于水深火热之余，一夫发难，九州如响斯应，南北为大势潮流所趋。其究也，终以武装解决共和，超蒙昧之域，发自由之天，此等幸福，世界环球各国多有流血数十百年，求之不得者。而我老大帝国，竟以数万健儿之铁血，三四十日之时期，而购得之。是诚千载一时之际会，将与唐虞争治，法美比隆。奴隶之性既去，瓜分之说不闻，事出望外，岂偶然哉。可喜哉吾中华，可爱哉吾国民，虽然当此破坏建设之过渡时期，化吴越为一家，联南北为一体，业经两方枢府公认。吾同人痛定思痛，于河山溃裂之余，环顾四周，秩序已紊，元气大伤，褊急之士，竞享自由，夸大之伦，妄争权利，甚至动辄暗杀，人道不存，风云诡谲，推波助澜，铜胎斯孕，厉阶已成。说者谓此为亡国之征，非共和之福，此志士之所以扼腕，同胞之所以忧惧也。盖推翻已过，建设方兴，共保和平，亟谋统一，化南北兵争之夙怨，捐兄弟阋墙之私争，实为当务之急，扼要之图。同人有鉴于此，公谋组织南北共和宪政统一会，联络两方机关重要人员暨深明大局之士，南北设总会各一，成健全之机关，为共和新政府之中坚。各省广设分会，为之后盾。以联络南北声气，主持和平，恢复秩序，讨论共和宪法，为政党之基础，作国民之指导。以宣布共和之日，作斯会成立之期，即由两方总会，派员协商，提议两方协商条件，以期机关敏活，意见融洽，以介绍于两方枢府，见诸实行。总以公天下之心，尊重人道，共谋国利民福，化除种族南北之私争，为第一要义。与军界统一联合会、共和促进会、南方之民社、国民协会等相辅而行。凡有意气用事，不顾大体，扰害平和，妄肆残杀，各会当视为文明共和之公敌，为吾同胞所不容。一切可危之弊政，当永远立为大防，毋授君党之口实，为列强所腾笑，则吾中华新民国之前途，幸福为何如耶？盖将来能否享受完全优美之和平，胥视吾同胞道德心之厚薄以为准绳。苟能协力同心，具洁白高尚之道德，各尽天职，则猜嫉俱消，嫌疑悉泯。吾知风声所树，南北志士必能声应气求，固结团体，以组成坚强完美之中央机关，然后雄视五洲，磅礴大陆，指顾间耳。凡我南北志士伟人，其共襄斯举而观厥成，大局幸甚。

云云。此会订立章程，经营草创，同人何君仲勇、门人张君孝慈，与有力焉。

十四日　余致同志靳君翼卿一函如下：

翼卿老哥健者：君去保之日，神情疲苶，面目枯槁，皆剧心劳形之结果也。此次第一军以武装倡导和平解决共和问题，其功业之大，虽鲁阳挥日之戈，女娲补天之石，均不足仿佛万一。铜像巍巍，其庶几乎？君尚忆及曩日京汉车中之言否？吾不但为同志贺，且为同胞贺也。弟见京师兵力单薄，彼党叵测，时复抗拒，且到处煽惑，万一禁军暴动，京师糜烂，牵涉外交，立召惨变，宫保恐遭不测之奇祸，则我侪不能为功之首转为罪之魁矣。是日弟与傅君秘议调兵之举，而项城投鼠忌器，犹豫不决。弟不得已奋身前往滦州，以利害游说曹军。曹公解人，慨然允诺，先调混成一标入卫。弟于初九日随队到京，往返仅止两日，可谓神速。但兵犹火也，共和宣布之后，局势稳固，仍以调出为是。盖四镇之事，可谓殷鉴，老哥以为何如？南北共和，畛域未除，意见难化，又虑夸大嚣张之习为扰害和平之媒。军政两界，要以亟谋统一，为当务之急。昨与傅君提议，拟组织南北军界统一会，又前次议及创设南北共和宪政统一会，以期联合两方，其公电宣言书皆弟所草，已电告南方，请其协赞矣。惟内容办法，尚祈健者筹之。又前者弟与执事、文泉议定托外交团调停，已得允诺，专候驾到，会商一切。何日来京，以了此未竟之功，盼甚。顺颂勋祉。弟春上言。

是日驻京曹军、毅军、巡防队、禁卫军各官长联合开茶话大会。陆建章、马龙标、曹锟相继演说，颇极恳切。居然吴越一家，嫌疑悉泯，人心为之安谧。

孙总统电告北方将士，劝其反正。一时如冯国璋、张怀芝、姜桂题等，皆有复电，赞成共和，惟要求优待皇室。

上海伍代表致南京孙大总统、武昌黎副总统、国务总长、参议院、各省都督、北伐联军总司令公电，略谓：

廷芳自阴历二十八日与唐代表议定条件，一为两方休战，停止进攻；一开国民会议，取决国体。甫经略有头绪，而袁氏忽尔中变，撤销代表，自与廷芳直接电商。廷芳当以议和之事，必须面决，已定条件，尤难更动，始终坚持未允。迨停战限期满，解决无期，袁复要求继续展限。廷芳适接驻沪洋商团希望和平之忠告，复得临时政府之同意，再允展限十四日，并声明以后决不再展，以误时日。幸此期内清帝有逊位消息，彼此切实筹商优待皇室及满蒙回藏条件，以示民国并包兼容之度。继由孙大总统通告袁氏，倘能于清帝退位之后，发表赞成共和政见，由驻北京外交团转达临时政府，则当即日辞职，由参议院推举袁氏以继其任。凡此皆足表明民国竭力让步之真意。只期共和目的达到，毫无私见存乎其间。乃清廷少数亲贵把持，屡接内阁来电，均谓禁卫军意图反抗，恐秩序扰乱，牵动外交，已密为布置，未可以停战期满，前来相逼等语。是延宕战局，显拂舆情之咎，实在清廷，非民国政府始料所及。现在段君祺瑞联合统兵大员四十余人，奏请早日宣布共和，以定大局。段君总统第一、二军，处武汉前敌，廷芳已屡电黎副总统，与之接洽，如能联为一气，则武汉方面，当不致再有战事。至皖北、徐州两处，清军迭次违约，而反以违约责我，已严词驳诘，袁已允饬张、倪等遵照办理。其陕西一面，袁亦派员绕道持函贵赴升允军前，阻其再进。递料停战期满，可望和平了结。万一彼先决裂，则非衅自我开，民国政府，外对友邦，内对国众，可告无罪。廷芳谬承委托，忝任代表，谨将和议始末大概情形通电布告，尚祈鉴察。廷芳。陷。

十五日 余致陈君子笙一函如下：

子笙老友执事：在京畅谈为快。弟以国事冒险进行，致累家慈抱恙，内疚实深。大树经执事诤劝，实具回天之力，佩甚。不识禁卫军近日部署若何？前代筹假外人为名，以主体为辞，亮蒙大树采择，执事与王、姚两君，已接洽婉词疏通否？昨闻大树在海甸，召集将士，讨论赞成共和，竟得多数同意。深愿趁此时机，发表意见，并上陈内廷请旨，即日宣谕，改建共和政体，以安人心，为各军之后盾，此举必能歆动民军，挽回恶感，所成全者甚大也，执事幸促成之。再，同胞争战未足云功，执事能言于大树，取消汉阳保案封爵，首为之倡，以示大公，民军益将闻风钦仰，意见更为融洽。敢布区区，希亮察不宣。

袁军遍发传单，声言闻某党人将与内阁为难，我等北方军队，皆出自内阁部下，倘有损其毫发，誓当诛灭种族以报复之。

北京蒙古联合会那彦图等，电致伍代表廷芳，表示赞成共和，结合五大民族，捍卫国家，抵御外患。

本日接同志靳君翼卿复函如下：

少游仁哥左右：手示祗悉，统一会亟应组织，昨已函陈，请兄与诸同志详商发起办法为盼。此次吾兄以局外毫无关系之人，热心大局，不避危难，不辞劳瘁，南北奔驰，以解同胞倒悬之厄，方之鲁仲连，何多让焉？古今人不相及，岂其然耶！和局能早成一日，人民即早沾一日之惠，尚望与任事诸公，速促成之。弟甫经发汗，不可以风，一俟小瘥，即到京面商一切。外交团本拟乞其助力，现在既可自行办到，亦无须再烦之矣。惟不必谢绝，以为万一不成，仍可为协商地步。昨读《民视报》载君主党人传单，谰语连篇，可发一笑，不知近两日气焰如何？该党内容，有无妨害大局实力，祈商之唐云亭兄，详侦为要。保定经此次电奏，军民和洽，潜伏之患，可望全消。加之鲍、张诸公，夙夜维持，当可无虑。此复。即颂筹安。弟云鹏顿首。

十六日 东三省总督赵尔巽反对共和，宣言如果逊位诏下，当不辞而去。冯麟阁、张作霖附和之，其焰甚张。内阁拟派张锡銮为东三省防务大臣，以为接收东三省之准备。

闻冯麟阁假名勤王，要求入都，内阁不许。段军统则声称带队晋京，陈请迅颁共和诏旨，并有挥涕登车、不知所云等语。

本日得陈君子笙复函如下：

少游道兄鉴：禁卫军就范，煞费苦心。大树先之以诚，继之以术，椎心泣血，开诚布公，招其极不安静之官兵，日日与之言利害。盖大树与若辈言，以势力不及，而始迫而为此，若竟上折陈请，必与若辈大生冲突，殊于大局有碍。然其隐微之中，实已赞成共和。彼自云我尽我心，他非所计者也。优待之争，势所必然，亦不得已而思其次之意。王处弟未预闻。姚处委婉陈说，幸不辱命。弟于此局固始终愿效尺寸，不敢告劳。谬辱奖饰，何以克当。至取销封爵一层，弟当乘间讽以微言，以副雅命。匆匆布复，惟照不宣。弟宪顿首。

十七日 闻蓝天蔚率军自鸭绿江口登岸，即有奉天清军迎拒接战，蓝军获胜。并闻连日亲贵，如恭、肃、那、泽等，均纷纷出京，潜往奉天运动独立。内阁电召靳君由保阳来京，商议要政。

十八日 内阁因南军无诚意，有主张由北方军队公推袁内阁为总统者，同志靳君翼卿沮其议。余复与傅君良佐、贾君昆亭等讨论数时之久，其事遂寝。盖恐重伤南军感情，破坏大局也。袁内阁提出优待皇室条件，已经民国临时政府参议院修正议决，其大意谓清帝必须退位，至于待遇皇室，不妨从优。又满蒙回藏，一律平等，自为诸族赞同共和，协建民国，当然有此办法云云。

十九日 闻南北电商优待皇室条件，尚小有更动。如第二款岁费四百万两，永不减少。又特别大典经费，由民国政府担任。及禁卫军编制俸饷，皆仍其旧，并不隶属陆军部各节，正在磋商。

本日接夏君清贻由南来电。其文曰：

廖少游君鉴：铣电悉。尊处提倡南北军界联合会，及共和宪政统一会，各方面极表同情，拟即照办。余函详。贻。皓。

二十日 上海来电，参议院议决清廷帝号不废，以外国君主之礼待遇，仍暂居宫禁，稍缓再移颐和园。岁用四百万两，俟银币通行，即改为元。禁卫军关系戎政，应归陆军编制。其余优待条件，均可通融照准。

余见袁公子芸台曰：此次告成，皆君神机默运之良果。芸台曰：仆何功之有，君之功诚不朽矣。余曰：其实皆匹夫应尽之责，但求中国保存，即属第一幸事，若以是居功，品斯下矣。芸台首肯。继而曰：禁卫军近已疏通，尚无违言，不致有变。惟陕甘有升允，奉天有赵、冯、张，亲贵中有恭、泽、肃、那，皆恐为共和心腹之患，君其与朱君莤煌计画长策以消弭之。余诺而出，晤朱君于北京饭店，朱遂电达南方枢要，速筹抵制。

二十一日 闻袁内阁前致伍代表电云：优待条件，事关皇室，本大臣前以职在行政，未便与闻，是以两接来电，碍难答复。现本大臣已得全权，商办此事，请续停战，以便协议。旋得伍代表电云：北军全体赞成共和，毋须再议停战。近日段军统与黎副总统各派代表协商，已经妥洽，他军当可仿行。应一面由阁下电饬张勋、倪嗣冲，一面由临时政府通告皖、徐民军，迅速选派代表，互相接洽，以期安辑。至山、陕等处，亦应一律照办。如此南北联为一气，俟优待条件议定，概归中央统一，即可永泯猜嫉矣。特复。袁又复电允之。

连日外交警报迭至，日本派兵一万三千名，由奉天之大连湾柳树屯登岸。俄人则率师进占胪滨府一带，呼伦所辖全境，几成土崩之势。或云系皇族所召。然大局一日不定，此等险象，且百出而未已。有谋国之责者，其知所警乎？

余因组织共和宪政统一会，特约朱君芾煌，共同发起，朱君曰：此事颇关紧要，但鄙意破坏既将告终，即仆义务已尽。至建设之举，自有人才，非仆所敢希望。仆但求作一共和闲人，优游盛世，于愿已足。且仆近因调停和议，顿处嫌疑地位，颇受南方攻击，谓为变心，实则仆为大局计画，不得不委曲求全。区区此心，惟天可表。倘再联名，更贻口实，君系解人，谅能恕我。

二十二日　第一镇统制何宗莲电致孙大总统，请捐除南北畛域，调和双方意见，化敌为友，以维大局。并谓倘仍彼此观望，列强必来干涉，窃恐西北边境，蒙藏外藩，将入他人之手。大势既去，虽悔何追。公秉国钧，咎无可卸，幸留意焉。孙复电甚谦，并有退避贤路之语。

余偕卫队统带唐天喜君谒段总参议芝贵。段曰：吾之探访队，屡欲拘君，言君系一大革命党，问居何职。曰学堂总办，候补道也。吾先不知为谁，及细侦之，始知为君。君非吾虽不死，亦当在囹圄中矣。余曰：某之不死，公之赐也。虽然大革命党之称谓某不敢当，某之本意，特希望同胞之生，是以不暇顾一身之死耳。南北磋商临时政府地点问题，北方闻袁内阁须至南京就大总统之职，大生反对，颇为激烈。

二十三日　民国优待皇室条件呈进后，亲贵要求将逊位字样，改为致政。又大内不愿迁让，以太庙尚在其中，请袁内阁竭力磋商。

伍代表通电各省云：

顷接广东陈都督庚电内开：和议订定，清帝仍居北京，不去帝号，王公仍旧袭爵，此耗传来，全粤愤懑等语。案此次北军赞成共和，由袁内阁与廷芳协议清帝退位后之优待皇室条件，往返电商，尚未决定，是以暂缓宣布。廷芳受议和全权总代表之任，而于关系重大之事，必先商诸临时政府，得其同意，始敢承认。至于各处，未能一一先行预谋，实由事机迫切，必为诸公所体谅。现在磋商优待条件，廷芳始终坚持，必清帝宣布赞成共和，然后中华民国于其退位之后，予以优待。如此则中华民国统一，南北之基础既立，对于前清皇室及其家族，以报酬而论，亦属应有之义。帝号虽存，待以外国君主之礼，其分位已明示区别。至王公爵号，纵不取消，而公私权利，均与国民同等，亦于共和团体，毫无妨碍，似无须过于争执。法兰西为民主国，至今尚有世爵，是其明证。廷芳受任议和，此中困难曲折，诸公或未能相喻。惟无论如何，必不使我中华民国，稍留遗憾也，务希鉴察为幸。廷芳叩。

二十四日　黎副总统致南京政府电：

顷接段军统电开：祺瑞今日抵保，昨在信阳续发一奏，力催解决，当已入览。优待条件，所争者仅在虚名，希执事从中主持，以定大局。但政体既定，善后纲领，亦须预筹，方免紊乱秩序，杜外人干涉之渐。顷已电询孙、黄、伍三君，略谓政体解决，已有端绪，善后手续，自应先期准备。鄙意共和宣布之日，两方政府同时取消，临时大总统，并须预先推定，临时政府重要人员，以及暂设地点，亦应由两方公同决定。即以退位之日，为临时政府成立之期，庶统治机关，不致中断。诸公如以为然，请将以上各节，迅速筹办，即日电示，俾与北方军界公议，以杜猜疑，而期融洽。祺瑞才疏体弱，决无希图，一俟国利民福之目的告成，即当解甲归农，借藏鸠拙。区区微忱，统希鉴原云云。事关全局，希速议决电知，以便转达。元洪叩。

二十五日 夏君清贻来函云：此次优待皇室各款，皆委曲以求和平，人所共谅。而粤军独极端反对，经伍秩庸、汪精卫两君，竭力解释，调停其间，始克就绪。

顺直谘议局致电内阁，言时局趋向共和，已经大定，而迟至今日，尚未宣布，道路传闻，群疑朝廷或有他变。若再迁延不决，恐内患外忧，同时并起，不但无以自存，且恐朝廷欲求如今日之优待而不可得。恳请钧阁代奏，迅速宣布，以弭乱源，而维大局，实为至幸。

孙大总统向参议院宣言，现在和议大致就绪，无可再延。倘一二日内，清廷再仍不宣布共和，民军决计取消优待皇室条件。

北京政府传述，明日必颁共和诏旨。

二十六日 宣布共和上谕（略）。

本日又颁布承认优待条件谕旨：

朕奉隆裕皇太后懿旨：前以大局贴危，兆民困苦，特饬内阁与民军商酌优待皇室条件，以期和平解决。前据复奏民军所开优礼条件，于宗庙陵寝永远奉祀、先皇陵制如旧妥修各节，均已一律担承。皇帝但卸政权，不废尊号。并议定优待皇室八条，待遇皇族四条，待遇满蒙回藏七条，览奏尚为周至。特行宣示皇族满蒙回藏人等，此后务当化除畛域，共保治安，重睹世界之升平，胥享共和之幸福，予实有厚望焉！钦此。

附录优待条件如下（略）。

今日共和诏下，南北人心，为之一快。南京孙大总统得电后，即开阁议，决定向参议院辞职，并促袁大总统速来南京，组织临时新政府。

二十七日 袁全权通电直、鲁、晋、汴、奉、吉、黑等省，略云：此次朝廷辞政，与历代禅让不同，皇帝尊号仍存，优待各条，中外无不满意，各省官绅商民军警各界，务当深明大义，勿为谣言煽惑。倘有不肖之徒，秘密集会，托名反对，即是有心扰乱和平，应即严加捕办。

二十八日 南京参议院致袁大总统电云：袁慰庭先生鉴：昨孙大总统辞职，经本院承许，业已电知尊处。本日开临时大总统选举会，满场一致，选定先生为临时大总统。查世界历史，选举大总统，满场一致者，只华盛顿一人，公为再见。同人深幸公为世界之第二华盛顿，我中华民国之第一华盛顿。统一之伟业，共和之幸福，实基此日。务请得电后，即日驾莅南京参议院受职，以慰全国之望。共和万岁！中华民国万岁！参议院叩。

复致各省通电云：民国统一，共和目的，完全达到。孙大总统，坚请辞职，经本院承认，昨已电达贵处。本日开临时大总统选举会，满场一致，选定袁君世凯为临时大总统，已电请袁君来宁就职；袁君未就职前，孙大总统，暂不解职。谨此布闻。参议院叩。

南京由孙大总统提议布告各省，于今日举行中华民国统一庆典。

结　　论

忆自京汉车中，余与靳君翼卿、张君志中，决议游说两方，运动共和，其时正十月中旬，迄今凡七十余日。此七十余日中，南北奔走，敝舌焦唇，鬓发斑白，无日不在忧急危难之中，即无日不有可记之事。今者共和发表，大局化险为夷，几如千钧重负，一旦释去，事后追思，邈然一梦矣。

此次自北军赞成共和，联名上奏，袁氏及隆裕太后，幸均承认，只以顾虑太深，不肯骤然宣布，譬之沉沉阴霾，闷人欲损。一旦拨开云雾，重睹蔚蓝，心神为之俱爽。又见通国报纸，累牍连篇，皆往来祝电。从此吴越一家，嫌疑悉泯，谓非盛事？而海外华侨，亦复喁喁向望，贺电争传，爱国之忱，溢于言表，阅之不觉热泪迸流。若夫朋辈周旋，谈及大功告成，靡不欣欣色喜。偶一入市，触处皆五色旗高悬空际，津门士女，且提议举行提灯会，大伸庆祝。耳目所接，一番新气象，则又令人喜跃欲狂。

英雄任事，往往失败，而靳君、夏君，运动改革，竟能如愿以偿，庸非天乎。然顾君忠琛、孔君文池、张君志中、俞君仲还、朱君葆诚诸人，赞助之劳，亦不可没。或谓此次北军解决共和，乃自然之结果，余不之辩。但夏不赴南密为运动，预定推袁之约，焉能见信于北军，从何发起共和大请愿乎？倘北军自行主张，不与南谋，新政府岂能统一，大局又将如何收拾？且靳君到京运动时，几无一人不在君主魔障中，攻破此关，伊谁之力？特此辈居心，光明磊落，义务既尽，即天职无亏，决不与庸俗者流，竞一时之功利也。

月余以来，因游说当道，进谒军政两界巨公：王大臣落落寡言，凝神敛气。田大臣谦而有礼，和蔼可亲。段军统出辞虽简，而赞成之意，颇形于色。段翼长曩为同学少年，今也磅礴之气，咄咄逼人。冯军统慷慨激昂，嬉笑怒骂，拒人于千里之外，然于私交，仍有杯酒往还之雅。惟赵大臣利害了然，能识大体，其气概直可压倒廷臣。政界中如杨度、曹汝霖、李家驹诸君，亦时相晤谭，赞成共和，颇多建白。袁君芸台，恢廓大度，气宇冲和，然往往忧形于色，每遇密计，辄折柬相招。君于项城，虽有父子之嫌，然间接维持，婉言几谏，故能收效无形。君与朱芾煌君交最密，余识朱君，亦袁君介绍。朱君出死入生于议和时代，而事成口不言功，令人心折。共和宣布之后，余谒项城于迎宾馆，谦光下逮，温语慰劳，至为优渥。虽数年不见，老境苍然，然精神矍铄，当可为民国造无量幸福也。

此次共和问题，得以和平解决，扫除四千年专制之遗毒，廓清三百载恶劣之政治，碌碌如余，何足言劳？而靳君代表第一军，发起联奏，促成共和，其气魄之雄，精力之健，行事之果，见理之明，与诸大老破釜沉舟，痛陈利害，奔驰骇汗，急起直追，大有亭毒八荒，左右世界之气概，卒使中华民国，涌现于二十世纪东半球上，洵一代之伟人哉！我四百兆享受共和幸福之同胞，允当馨香祀之。

夏君颂莱，热诚毅力，奔走南北，往返数次。且于大庭广众之中，神采奕奕，慷慨陈词，剖说利害，娓娓不倦。文明书局、旅泰旅馆之会议，大有诸葛公舌战群儒之概。而下笔千言，著作等身，江南名望亦颇著。十二月十二日，上海《时报》所载《运动北军反正记》一篇，即夏君投稿，而匿其名，可谓不矜不伐矣。

顾君忠琛，本名忠深。余赴申江时，中山先生未回国，黄君克强，以大元帅统摄大权，顾君方任参谋，与余订密议。黄书委任状时，误作忠琛，于是顾君遂易名忠琛。顾君之更名，殆以是为吾党运动共和之纪念乎？余异日当质诸顾君。

余此次南下，本欲与曩日门生故旧接洽，不意于无意中，与朱君葆诚邂逅于沪宁车中。春申江上，仅勾留两日，不费手续，遂达圆满推袁之目的，是朱君介绍之功可感也，中心藏之，何日忘之。

运动北军反正记

夏清贻

编者按：本文作者与廖少游共同参加 1911 年 12 月 17 日在上海与黄兴代表顾忠琛的谈判活动。当时夏清贻驻沪负责与南方革命党人联系，所记可与《新中国武装解决和平记》相互补充。原文刊于民国初年报纸，现据 1912 年 2 月上海有正书局出版《中华民国大事记》第二册录出。

旧历十月十五日，少游（直隶陆军学堂总办廖宇春）自姚村专差来函，略谓战祸未有穷期，我辈亦筹最后解决之策，治中①（陆军预备大学堂总办张鸿逵）亦竭欲与君一谈，尊意以为何如等语。当即作复，请即日来京一谈云云。此其发端也。

十月十八日，少游、治中到京，即访之于泰安楼。少游介于孔君文池（云南临元镇总兵孔庆塘）晤谈甚畅，并闻靳君翼青（第一军参议靳云鹏）亦表同情，是日谈判之结果如下：

一、南北两军兵力相当，北不能镇定南省，南亦不能歼灭北军，其结果非南北分国，即永无了期，全国人民，万难堪此。

二、南军宗旨不外革命与排满，只要确定共和，但成汉族之

① 前文《新中国武装解决和平记》中为"志中"。

政府，即已达到目的，北与南利害相同，并不反对。

三、北军与南为敌，只系为袁总理出力，并无效忠清室之意，只要南军不排斥袁，北军决不仇南。

是日议定，我侪当循此方针，各就力之所及，以图进行。翼青在汉，尚须与之接洽也。

十九日以后，文池、治中陆续见陆军王大臣及田副大臣，密陈解决之策，王、田均赞成，田并允助力。

袁部诸将以王士珍、冯国璋、段祺瑞为领袖，我侪进行方法，必须约此三人之同意。王现赞成，冯、段皆在汉。于是决定偕文池、少游赴汉一行。时议和唐使已往汉，倘和议有成，则我侪之策可用也。

十月二十三日，由京赴程，二十五日早五点钟抵大智门，知冯已交卸，将于十点钟北上，少游即往见冯。冯傍午甚，少游欲密陈计划，竟不得闲。嗣偕文池见段，段闻策，首肯者再。是晚晤民军将校胡捷之、陈成城等，与我侪之计划，胡、陈等均赞成。

二十六日，偕少游访翼青，商榷意见，诉合无间，文池已任第一军稽查营务处事，于进行计划亦殊有益也。是日商定之条件如下：

一、确定共和政体，推翻清政府，仍优待清皇室；

二、举袁为临时大总统，以安北军将士之心；

三、南北军出力将士一律优待；

四、从速恢复各地之秩序。

翼青谓上开办法，南军是否同意，尚未可知，且唐使已赴沪，亦须至沪方知和议情形。质诸段，段然之。乃属偕少游赴沪，是日即下驶。

二十八日早，由宁上车赴沪，途晤朱君葆诚。抵沪后，由朱君介晤顾君忠琛，并晤俞仲还诸君，即将我侪计划，相与商榷讨论处颇不少。鄙意谓，节约流血之量，缩短兵争之期，实为我侪惟一之宗旨，他非所问也。顾君允以此意转达黄副元帅。

二十九日，顾君得黄副元帅之同意，即委任顾君为代表，历经讨论，其结果订条件五条如下：

一、确定共和政体；

二、首先推倒清室者即举为临时大总统；

三、优待清废帝；

四、南北满汉各将士各享其应得之待遇，并不负战时害敌之责任；

五、同意组织临时议会，以恢复各地之秩序。

条件即定，少游返汉，留仆驻沪为两方之机关。自少游既行，随将此策达知诸同志之在南中政界者，俾当事诸君得为备一。一面通知翼青、文池促其从速进行。嗣后少游讯知段极满意，少游已偕文池入京，进行方法又进一步矣。

十一月十五日，以北中尚无举动，焦盼之下，殊不自安，不得已绕鄂北上。二十日抵汉，则北军已退，念一赴孝感访翼青，知已于十八入京，知此举又进一步矣。二十四晚抵京，二十五晤翼青、少游，始悉着着进行，十已通过八九，其大略情形如下：

一，北军各镇标统以上悉已赞成我侪计划，所未通者仅三数人耳；

二，冯初不赞成，经少游、文池、翼青三人尽力解说之后，已允不反对；

三，袁总理幕府中要人及其关系最密切者，均已赞成此计划。

嗣后，翼青即将此意直接陈诸袁总理，袁始骇，继而疑且怒。经翼青激烈之舌战，乃慨然曰：汝曹握兵权者，亦复如此，我尚何言，但使我得有面目与世人相见足矣。翼青谓果爱君者，谁不愿君早卸重任，惟北军之知识见解与君之感情，固君所知，诚救君此时归田，各将士必多疑惧，反惹起意外之变端。一俟大局数定，君乃遂初高蹈，不可白此心于天下后世耶。袁乃首肯。

至此，事已垂成矣。顾军界而外，尚有政界、外交团及南中之三方面，因先访外务部之当事者，历述前此所经营，大得其同意，允于外交团一方面担保其决无阻碍。且曰国务大臣中赞成此举者，必逾半数，可断言也。

南中方面，即订有条件，且黎元帅及各都督亦早将此意见诸文电，自无庸疑。惟南中政府，斯时成立，举定总统，亦系订立条件后发生之事，究竟是否如原议，不能不加审慎。于是议定翼青任军界一面，少游任北京政界一面，而仆则至南中，文池先赴山东，对付军绅两界矣。

实行方法，拟分三种，第一由庆、醇诸邸进内陈说，俟其自行逊位。袁幕诸人所主张也。第二由袁要求逊位，宣布共和政体，政界诸人所主张也。第三各镇标统以上、各防营统领以上联名上奏，要求逊位，确定共和，我侪所主张也。仆濒行矣，政界中人谓第一种办法已有效，行且宣布，姑俟之。日复一日，不见明文，而丁字街之炸弹发，自行逊位之举，益复无望，乃与翼青、少游决用第三种办法，而仆于初一日绕秦皇岛南行。

初七日抵沪，初八日偕顾君忠琛赴宁，黄总长曰：一切如约，乃电达少游、翼青。十一日得游灰电，军队联合要求共和，今日出奏云云。当即转由顾君忠琛电知黄总长。

辛亥记事

王锡彤

编者按：王锡彤，河南汲县人。1905年以三峰实业学堂山长名义，在河南禹州办三峰山煤矿。1907年起又与刘绍岩、袁克定、王肖庭等办洛潼铁路。1909年以后成为袁世凯的亲信，为袁世凯经营北京自来水公司、唐山洋灰公司、滦州矿务公司；1911年又为袁世凯筹办罗山银矿。王锡彤将其经历用日记体裁写成《抑斋自述》一书。《抑斋自述》之三，题名《燕豫萍踪》，记1905年到1911年事。其中辛亥年八月十八日到十二月的部分，记述辛亥革命时袁世凯的态度和行动，如袁世凯和清政府的矛盾，其如何依靠帝国主义支持以控制清政府，如何策划河南与北方各省"请愿共和，却不独立"以维持其势力，以及如何阴谋破坏革命等等。

八月十八日，赴彰德，谒袁宫太保。

二十一日，闻武昌有乱事，人心皇皇然，群以为袁公必将起用。二十二日，果有督鄂消息，因力劝其不必应命。二十三日，庆王派阮斗瞻（阮忠枢）来劝驾，袁公谢恩折上矣。惟余与云台（袁克定）主张不应清廷之命，因更进迭劝。杨皙子度与斗瞻同来，其主张与余与云台同。晢子言，革命初起，袁公督师，必一鼓平之。清之改善，殆无希望。余则以为乱事一平，袁公有性命之忧。侍坐再三言之，袁公忽怫然曰："余不能为革命党！余子孙亦不愿其为革命党！"余知藐小之身，牵及云台矣，默然退，拟即返里避之。适赵智庵（赵秉钧）、张金波（张锡銮）来云，陆军部尚书荫午楼（荫昌）南下督师，将过彰，嘱候续息。二十五日，荫至，袁公仍称病，荫谒于寝室，语秘不得闻。二十七日，遂返里，邻里咸来问讯。余告之曰："不闻乡里旧传有八月十五日之谚乎，此即是也。各宜镇定，不可惊惶。"

九月一日，接袁公来电，促返。初二日，赴彰，谒袁公。袁公曰："余甚稳健，对于革命党决不虐视，请公放心。"初三日，途遂返京自来水公司。云台已先到京矣。

京中闻鄂讯，大惊扰。京官眷属出京者，途为之塞。

初八日，偕云台赴彰，以袁公督师赴鄂，往送也。京汉车上拥挤甚，妇孺尤多。远隔三千里而逃难者已如此其多，群众心理，皆知清之必亡矣。余偕云台、仲仁（张一麔）在一头等房间，闻赵智庵在车役室中，乃邀之来。又齐震岩（齐耀琳）、照岩（齐耀珊）亦蹀躞无坐处，并邀之入室。

袁公札派余随办营务，实亦无事可办。初九日，袁公南行，送至车上，袁公独招余上车，问有何嘱。余曰："凡事留有余地步。"袁公颔之。初十日，偕云台回京。

张敬舆将军绍曾，二十镇统制也，联合将士通电主立宪。朝廷骤闻兵谏，惶恐甚，降旨立宪，并声明不以亲贵任内阁，信条十九，告庙颁行。友人杨少泉来曰："如此天下可太平乎？"余曰："战争方始耳。"少泉愕然曰："何也？"曰："朝廷之所以号召天下镇慑群庶者，威信而已，今朝廷失信之事已更仆难数。此诏一出，更示天下以弱。现任兵官尚可追胁，何人不可追胁乎？威严尽失，何以立国。乱事之起，靡有涯已。"因相与欷歔不止。

九月十三日，偕云台赴彰德。十四日，祝袁夫人寿。王聘卿士珍时驻袁宅，主办袁军后路。

十六日，回里省视。十七日，仍返彰，病痢卧袁宅。忽传第六镇统制吴禄贞被刺。吴军有来彰者，询之。据云，吴统制调兵来袭袁宅，车已开火待发矣。部下卒皆袁公旧部，闻之愤怒，结合数十人，刺吴死。故来告。余思死生命也，吴果来袭，余以久病之身，葬身炮火中无疑。且彰为后路粮台，彰德如失，大局将不可问。吴未行而先死，袁公之德泽在军人深矣，余固在庇荫中也。

十月初，袁宫保回京任内阁总理。过石家庄，抚谕吴禄贞之乱军，其尤黠者携之来京，任守卫，地方遂帖然无事。汉口前敌交冯华甫国璋统率。

齐震岩巡抚河南，初六日，偕同乡京官公燕之于嵩云草堂。

时各省纷纷独立，王肖庭回京。肖庭本饶州府知府也。巡抚江西者冯星岩名汝骙，亦河南同乡，为革命党所窘而死。肖庭得脱，亦云幸矣。

十七日，偕张仲仁赴彰德，时河南乱机四伏，留学日本归来之学生，殆无一不主张革命者。张钟端者，与敛儿同班肄业日本大学，归河南谋独立，齐巡抚捕得诛之；敛儿亦预其谋，届时得免。敛儿在上海偕同盟会谋北伐。余以清运已终，颇主张恢复汉族主权，云台与余同志。革命军中有曾可楼者，亦敛儿日本同学，为北军所获。可楼乃告以余实召之，北军遂送以来，其实余初不知也。既来见，因详询革命种种情形。转告云台，纵之返，俾通南北关键。

二十九日，袁宅两女教习皆告假以去，参预革命。盖革命之风气沁入青年男女脑中矣。

十一月三日，回北京自来水公司。四日，谒袁公。时摄政王已革去摄政名义，政权一归内阁，英使朱迩典实助袁公以成之。

此中国国运旋转之始机也。

袁公幕府分两派：一拥旧清，一复新汉。虽未必有何势力，然谣诼既多，其中危险不无可虑。云台主张复汉者也，以锡拉胡同宅抵借数千两，作运用费。旧派人捕风捉影，益觉洋洋盈耳，谓余与沈小沂佐之。友人张笃生一日张皇谓余曰：“幕中人云，汝辈佐云台为灭门事。袁公与云台父子也，将来必杀汝辈以示惩。”余一笑而已。

二十二日，至天津启新洋灰公司，开股东会，组织完全商股，被举为清理人。二十三日，签字接收。

二十四日，滦州矿务公司开特别股东会议，开滦合并为中英公司。二十五日回京。

二十八日，袁公入朝，至东华门街口，有暴徒投炸弹，马被伤，卫队管带袁振标死焉。亟往视之，袁公安然无恙。暴徒捕得，讯系革命党，命优待之。袁振标之弟痛兄惨死，刺杀之。公命厚为之葬，树石农事试验场，谥为烈士。又数日，良弼炸死。汉人革命之热，不可遏矣。

汉口战胜，北洋二、四两镇作战最力，皆袁公亲督训练之师也。主战派锐欲渡江，袁公亲以长途电话勒止之。当日议论纷然。余曰：“革命之气已盈海内，若再以兵力蹂之，后患方长。况为袁公计，亦殊不值得。盖专制国之大臣，立不世之奇功，结果只有两路可走，一为岳武穆身死而国危，一为曹孟德风利不得泊也。此二者，非君杀臣，则臣弑君，将何以处袁公乎？”闻者咋舌，益呼余为革命党不置。

冯华甫军统汉口凯旋，以段芝泉祺瑞统其事，冯则任京城禁卫军长。张馨庵（张镇芳）主后路粮台，设局于南横街，邀王肖庭助之。余与李敏修日夜过从，论及河南局势，余力主张独立，敏修和之。肖庭独曰：“独立险事也。余方自江西来，知之甚悉。盖既独立，必须与中央断绝关系。各处土匪纷起，假借革命者，不能不认为同志。地方官逃者逃，换者换，民居必扰，秩序难保，非桑梓福也。"议论数日不决。最后乃思及请愿共和而不独立之法。先授意海上报纸鼓吹之，继令同志往来奔走。若胡石青、王搏沙、刘孚若、张忠甫，各处奔走，渐渐成熟。

十二月十一日，先慈初周忌日也。先数日敏修来谈，约结伴归里，已请假矣。是日夜十二钟，袁公电约次早往见，且阻余行。余遂负敏修之约，并先慈周忌亦不得预。吾人一身许国，乃行动不自由如此，殊可叹也。然中国大势，近数日中实有急转直下之势。先是汉口战胜，督战之冯国璋赏男爵，一切将士暨随营之人均有保奖，独袁公无一字褒。近日醇王忽谒袁公，袖出太后旨，封袁一等侯爵，促袁公立即偕同入宫谢恩。袁公愕然，再三辞谢。次日谓余曰："昨日封侯君知之乎？"曰："知之。"曰："君以为何如？"曰："此岂怀好意者。满人第见戏剧上萧何赚韩信入未央宫故事，故欲重新搬演耳。"公曰："近日为君主、民主，余力竭声嘶，为保皇室之尊严，不意其竟以此相待。国之将亡，殆无能救。公辈愿如何即如何尔。在河南久有筹划，即归河南做去可也。"彤曰："近数日我辈宗旨变矣。"公以诧曰："何故？"彤曰："河南公桑梓邦也，决不能独立，独立则损公威望。况河南既独立，山东独立虽取消，亦仍是独立。直隶亦要独立。果省省独立，纵京城能保，而号令不出都门，公之声名，将一败涂地，故决决不敢独立也。"公首肯者再，曰："诚然诚然！虽然，此事将如何？"彤曰："近日与肖庭、馨庵、敏修已研究一种办法，请愿共和，却不独立。直隶、山东、河南皆照此办法做去矣。"公微笑曰："是也。河南即归阁下办去可矣。"彤又曰："不能。"公曰："何又不能？"彤曰："此种滑稽办法，当然由河南大官领衔，彤未尝做过一日官，安能即任河南封疆。"公曰："然则谁可者？"彤曰："愿保一人任之，必能办好。"公问其名，以王肖庭对。公曰："所举甚得人，第渠不肯任耳。"彤曰："愿往强之，必使应命。"公曰："好极。渠已到天津，速偕以来。"十三日以电话约王肖庭来京，肖庭不应，盖此时张馨庵初放直隶总督，肖庭方为筹度一切也。十四日早车，余赴津与肖庭再三订约，并得馨庵敦劝；馨庵且亲笔致齐震岩信，与之说明崖略。又得胡石青、方干周、张忠夫诸君助之，肖庭乃即日晚车同余入京。至京车站，袁公已派车相迓，即入袁邸晋谒，畅谈到汴各种应行之事。肖庭曰："临敌易帅，古人所忌。齐巡抚当留，但任藩司可矣。"袁公亦允之。肖庭又要余亲往送之，袁公亦以为然，并允送之至汴，俟接印后，余仍回京。

十五日，偕肖庭出京，方干周、张忠夫同行。晚至彰德，访袁云台，备述一切，并由云台授意前敌将士，照请愿共和不独立之策进行。

十六日，至开封。张子厚来迓，即寓高等学堂。当夕即访齐震岩，告以来意。震岩先接袁公密电，告以派极有势力之豫绅来汴。盖袁公亦以余与革命党有特深关系也。震岩初颇惊讶，闻余等至，传巡防营设防而后请见。余与肖庭守旧例，先到司道官厅候见。久之，乃知余等孑身来，亦遂释然。比谈及请愿共和不独立之意，震岩亦赞成，但须豫绅联名呈请，始为代奏。余力任之。

十七日，在汴诸友均来晤，余为说明请愿共和不独立之理，各欣然以去，以为宗旨既定，祸乱可弭。既而干周告余曰："幸而吾辈适来，若再迟几日，张钟端之祸，不知又演几次矣。"余亦悚然，遂联合诸友作请愿共和公呈。

十九日，肖庭接河南布政使印。绅民请愿共和之书，齐巡抚亦据以出奏。二十日，余遂离汴垣北返。肖庭殊恋恋，然余决不能留以助之也。

二十五日，至彰德。二十七日，回京自来水公司。二十八日，谒袁公，报告到汴一切情形。其时共和政体已于二十五日发表，袁公为临时大总统。其所以如此之速者，得力于段芝泉率前敌将士一电，请愿共和之最有力者也。

云台嘱余电召攽儿来京。余因致电山东蓬莱县攽儿营次，告以国体已更，速解甲来京，并电召王月波于上海。月波名印川，与攽儿同志者。

孙中山抵沪情形

曹家俊 辑

编者按：1911 年 10 月，武昌起义爆发，孙中山这时在美国中部科罗拉多州，闻讯立即动身返国，于 12 月 25 日到达上海。关于孙中山抵上海情况，1928 年 12 月 16 日常熟《虞山晨报》第 277 号上署名邃盦者①，撰有《民元先总理抵沪情形》一文，作者系亲身经历，记述颇详，可供参考。

辛亥举义，先总理返国，欢迎至吴淞者，仅宗仰上人（即黄宗仰），坐小轮，抵淞口。同先总理至沪者，仅胡展堂、居觉生、田梓琴等数子。时余备员沪督署，预雇汽车共六辆。除捕房派马巡与捕探外，商界仅王一亭，政界仅李平书，其余仅英士与余两人，而西报记者、日本记者却有十余人。迨小轮抵埠，先总理与上人先登岸，乘上人所备汽车，径至爱俪园。抵园后，握手共道寒暄，并垂问光复上海情况暨湖北现状。时经济竭蹶已达极点，而报纸轰传总理于华侨处募得三千万金镑，亲携来沪。其实除随身行装、手提皮包三件外无他物。夜膳时，谈及经济问题，总理

---

① 邃盦，即徐宗鉴，字粹庵，号邃盦，常熟人。辛亥革命时追随孙中山参加革命，后曾任伪江浙绥靖第四区参谋长。

笑曰："我有钱，人将谓我吹牛吹得来的，我所以还是无钱的好。现在需要，总有法想的。"闻总理言，阖座相视而笑，意谓沪报所载，总理已知其端倪矣。但彼时景象，殊未有若现政府欢迎要人之盛举也。否则，以多年远离祖国之首领，一旦由海外归来，自必有大规模之欢迎，何以仅此寥寥数十人哉！即赴南京就总统任时，克强先生先期赴宁，欢送于沪宁车站者，亦惟有于右任、蔡孑民、陈英士、沈翔云诸先生，与军乐一队、卫兵一连。余追随于后，任布置车上一切应用物品之役。宋遁初、徐固卿、沈同午等，随同赴宁而已。盖其时民众，仅知受清廷专制之苦，致异族主政，少数民族欺压多数民族之不平，而未解革命之真精神，故对于革命伟大人物淡漠视之，不加注意也。

孙中山采访记

〔法〕莫耐斯梯埃 著　王国诤 译

编者按： 武昌起义以后，孙中山立即从美国转道欧洲回国，1911 年 12 月 25 日抵达上海。第二天，孙中山在寓所接受了上海法文报《中法新汇报》总编辑莫耐斯梯埃（Monestier）的采访。孙中山在谈话中明确提出了汲取美国和法国的长处，选择介于二者之间的政治体制的思想。12 月 28 日，该报以头版一个版面的篇幅，全文刊登了这篇《孙中山采访记》（Une Visite chez Sun yats-sen）。今将采访记全文译出，对于全面了解和研究孙中山的活动和思想或有裨益。

许久以来，我就听说孙中山既是位来无踪去无影的人物，又是位无处不在的人物。而这次，千载难逢的机遇终于来到了。他不是一个神话般人物。我没有失去这样一次对于记者来说近乎神圣的任务。

在我的两位朋友的陪同下，我于他到达的次日便去他的寓所。他的朋友为他准备好的住处在法租界，或更准确地说，在租界旁的波尔·布里纳大街 408 号。

庭院铁门和房子门口各站了两名持枪卫兵。

大院四周停了数辆轿车和"西克桑"（Sicshans）车。我们立时知道，屋内有许多来访者。不去理睬这些，我们应该去碰碰运气。出示名片后，我们便被引到一间由餐厅临时改为办公室的屋子。

孙中山不在这里。他的亲信接待了我们，请我们稍候片刻，孙中山正在另一间屋内，抽不开身子。

能在这里等一会更好，仔细观察这里的情况也是件乐趣事。

和在伍廷芳家里及武昌的黎将军那里一样，这里也是年轻人的天下。毫无疑问，这场革命的命运掌握在一批年轻的大学生手中。

一位和蔼可爱的年轻人在来客登记本上写下了我们的名字：王、苏珊塞、莫耐斯梯埃。

他说着一口流利的法文。这人曾在布鲁塞尔学习，不久前刚从那里返回国内。这里还不止一人学过法文。另外的二位大学生，一位毕业于军事学校，另一位是矿业工程师，他俩也说着标准的法文，穿着时髦服装，也是从布鲁塞尔赶回国内的。

一位戴着眼镜，身材矮胖的人在那边说个不停。他是从美国回来的大学生。在美国时，这人就是孙中山的主要合作者之一。从他的仪态和说话的口音看，他已经美国化了。看他那副模样，人们都会说：好小伙子！他大谈一通伟大的理论，表明他是位善于抽象思维的人。

另有三位衣着讲究的年轻人来来回回在屋里走动。

这些人在言谈中，不时地说出"高野"，这是孙中山乔装打扮从欧洲赶赴日本时用的一个化名。

除了这几位似乎和孙中山关系甚密的人之外，屋里还有一位便衣警卫和几位等待接见的来访者。

桌上放着几份当地报纸和几本荷马李将军的著作《无知的价格》的中译本。

我们顺手拿起一本，翻阅了一下，发现里面夹了一张孙中山的照片和一张他儿子的照片。他儿子，现年 22 岁，正和母亲一起呆在新加坡。此时，门口传来响声，是孙中山一阵风似地走进来，活生生地站在我们面前，我们立即认出了他。还是像我们多次在照片上见到的那样，他的脸庞充满了智慧和力量。初次接触，乍一看来，他是谨慎的，但目光深邃，炯炯有神，上唇蓄着细而密的小胡子。

我们立即表示了我们对革命成功的祝贺，用英文对他说：

"我们并不是来对你采访的。我们知道你现在很忙。我们仅仅为了立即向你转达你们的事业在法国人中产生的极大热情。"

孙中山答道："谢谢。我十分了解你们对我们事业的真挚感情。我刚刚离开法国，对在那里所受到的欢迎感到十分高兴。我知道，在那里，会有许多人支持我的事业，我同时也希望伟大、美丽的法兰西共和国将成为第一个承认中华民国的国家。"

"法兰西共和国一定会热诚地向在远东诞生的一个姊妹共和国表示祝贺。"

又问："你对所建立的那种共和体制有明确方向了吗？"

"我个人赞同汲取美利坚合众国和法兰西共和国的各自长处，选择一种间于二者的共和体制。我们很想鉴借其他民族的经验。"

"我们希望，你的到来将平息存在着的某些内部争吵，使共和阵营重新协调起来。"

"大家必须目标一致是重新协调的条件，我将尽心尽力地为这一事业奋斗。否则，我们将看到的是互相诽谤的情景。如此情况，我宁愿离开国土。而现在，我们已经胜利在望。所有的个人利益必须服从共同利益。"

"你打算提出社会政治纲领吗？"

"有这打算。但必须先提交给为我们铺平道路的军事权力。哟！你看看，黄兴先生来了。他会和你们谈谈他的计划的。"

说到这里，孙中山起身告辞。他连声致歉，耽误了大家时时，便迈着军人的步伐离开大厅。

当然，孙中山并不是一位涵于沉思的人，也不完全是一位能"呼风唤雨"的组织者。从他的仪态、他的表情看来，他属于坚强、果断的人。不远的将来，他在迎接艰难困境之中便一定会表现出他那真正的素质。

这位黄先生是孙中山的右膀。他历经险境，出生入死地投身到这个事业中来。

他在今年初奔赴广东，亲临一场战斗中，失去了右手的两个手指。

他中等身材，腰圆背壮，看上去充满力量。他的目光亲切、温和。此外，他还给人以谦和、勤恳的劳动者的形象。

我们高兴地对他在广东、汉阳的两次战斗中的出色表现表示敬意。由于他只会中文，偕同我们来这里的经济学博士王先生便向我们转述了他的回答。

这位黄兴先生向我们道谢后，继续说：为中国的解放而战斗，这个美好的事业能够振奋起人们的精神。

我们对他就近来的军事行动提出许多问题，但这位汉阳战役的英雄对此极为谨慎。也许由于近来发生的内部纠纷，他已辞去武昌军将军职务一事更使他变得小心翼翼。我们问他是否有许多外国人加入了共和军。他说，对此一无所知。不管怎么说，他是很清楚的，在汉阳城里，有德国人为清军服务，其中两人至今留在那里。

这时，身穿西服、年仅 35 岁的广东省都督胡汉民进来了。他曾在日本留学。他身材瘦小，脑袋精明，戴着一副金丝边眼镜，笑容可掬。与其说他是军人，倒不如说是位书生。

大家知道，都督的头衔只授与一省的最高指挥。有了都督头衔，他便大权在握了。

随后进来的有：汪兆铭，29 岁，曾作为伍廷芳助手参加了南北议和国际和平大会。他曾在皇宫门下①放置了一枚炸弹，旨在谋杀摄政王；J. W. 陆将军，约 32 岁，曾为与革命活动保持联系的穆克洲将军。

至此，谈话涉及面广，也深入到了许多细节。而且每人都是来这里拜见孙中山的，所以，他们不时地离开，且又有新的客人来到这里。

大家说到了机场、矿山、刑事法、财政、政治……还有什么没有谈到的呢？黄兴已经走了很长时间，去接受我们的一名同仁、美国记者的采访。

此次谈话，印象极深。我们起身向对我们礼貌备至的主人言谢告辞。

---

① 原文如此。

孙大总统的近卫军始末记

李葆璋

前　　言

　　辛亥年推翻清廷，成立民国。论及辛亥革命，使余记忆起民国成立时孙大总统的近卫军，过去很少记载，今特将其始末记出。他于辛亥年萌芽，产生在无锡园地时，那时我方少年，也曾与他发生一些关系，了解一些事实，今将五十年矣。以我衰老的精神，岂能全部记着。辛前年到沪，遇当年从编沪军先锋营起至癸丑南京卫成总司令部止的书记官华炳鋆（叔鹏），尚白发苍苍地健在着，不免闲话当年，温习过去旧课，促进我的追忆，加以印证和补充。但我文化毫无根蒂，新理论又未尝学习，写出安能适当。且对历史人物的估价，更非我所敢妄能衡量。姑以我所亲见亲闻到的事实，今昔之湮没不闻者，不论巨细，率直地来记下。今回忆辛亥革命时孙中山总统致力于革命，缺少基本武装力量，又念及革命事业与武装力量有共同存亡的关系，不禁不自惭不文，而据实记之。罣漏处，谬误处，还望同志们指正。

1959. 8. 1

一 孙总统就任和选任近卫军

1912 年元旦的前一星期，孙中山先生抵达上海。起义各省代表选举孙先生为临时大总统，在南京组织政府。

元旦那日，上海沪宁路局备一列专车停北站。孙先生于早晨八时搭乘这列车去南京，沿途受到全体民众踊跃欢迎。当天到达后，宣言就临时大总统职，宣告中外，成立中华民国新政府于南京。

总统府既已组成，这拱卫总统府的责任——武装力量谁来担任呢？此时南京虽有不少队伍，都是起义各省所派来，或须调回本省，或须北伐。经斟酌再三，乃以大元帅黄兴任为近卫团的新编二十六团为总统府近卫军，担任拱卫总统府周围的禁卫和孙中山大总统近身禁卫的重任。于是就以命令任吴浩为总统府近卫军团长，所部为近卫军。

近卫军团长吴浩，字虎臣，又号中和，乳名细阿福，无锡西乡富安区（与武进交界）之陆区桥人，农民出身。幼时到城学习小商业，性好武艺拳术，拜北门外泗堡桥前清武举杨振海为师，学成一身武艺，矫健异常。清廷招募新军，应征入伍，编入第九镇三十六标为正目。第九镇统制徐绍桢在清时号称开通而进步者，厌恶清政府之腐败，倾向革命。先烈赵声早在该镇活动，而且曾任三十六标标统，散布革命种子，因此几乎全镇弟兄都怀着革命思想，吴浩即是接受革命思想灌输的一个。

二 无锡光复

1911 年 10 月 10 日武汉起义，消息很快传播到全国，第九镇中接受革命思想的同志们活跃了。吴浩由原防地潜返无锡本籍，设秘密机关于北门外黄泥桥西堍直街之大吉祥旅馆内，先招集团结与他同习武艺的一班工农出身的勇士，从事积极活动，又联系部分巡防营兵勇，倩吴朴臣司筹款和出纳事。不多几天，怀着革命信念的同志们，接踵而至者四百余人，拟起义。这时，无锡城内秦毓鎏也密约同志，准备响应起义。他策动地方绅士出面，请得无锡县知县孙友夔、金匮县知县何绍闻①同意，以办保卫团为名，招到民团团员三百余人，驻在老城隍庙，由邑中从前陆军学校和武备学校毕业人员来训练。这时顾忠琛也返回无锡，与秦毓鎏联系暗中领导这些民团。吴浩与他们各不相谋地进行起义活动。

余以吴浩从弟宗秀（朴臣子）之介，10月16日晡识于大吉祥旅馆。翌日又到城内小娄巷秦毓鎏家，秦正与钱鼎奎等集议，指挥周公鼎、沈楫等分头接洽当地商团和无锡县知县孙友夔所请来镇压地方的巡防营，以及孙的亲兵民壮等，而对于大吉祥旅馆内吴浩之一小组革命集团，忽而未知。余因与秦素识，将吴方情况告之，并建议应相互联系进行。秦殊趑余言，表示去人联络。余时在北乡张泾桥泾皋小学代教职，即返乡。下个星期六，再至大吉祥旅馆时，吴浩向余言："效鲁（秦毓鎏字）处你去谈的么？他已托伯康（秦元钊字）来过，与我接洽。我是武人，只知革命打仗，此间无锡地方事，由效鲁去搞，我编好军队，北伐去。"（按：秦元钊系毓鎏族弟，原住泗堡桥附近亮坝上，以贵公子身分而性好武艺，尝与杨振海辈平日一起练习拳术武艺，故一经联络，即告成功。）盖当时秦毓鎏与吴浩约定，吴对秦在无锡举义作臂助，事成，秦资吴完成军队组织，率部向外。《无锡光复志·匡复篇》（钱基博著）记"毓鎏命吴浩、秦元钊募死士都四百人，为守望队，巡行道路，用靖地方不轨。"（见《辛亥

---

① 前清时无锡、金匮两县同城分治，故知县官乃两人。

革命》第七册页 58）所云四百人，即此大吉祥旅馆中吴浩所团结的习武的小集团，而秦元钊则系毓鎏始初派与吴浩联系之人。迨后吴浩率部赴苏，内有部分为家室关系，不能离锡，则编为锡军第三中队，由秦元钊统率。

11 月 6 日，秦毓鎏率众于无锡公园之多寿楼宣布起义，光复无锡。吴浩当时任守望队队长，所部为守望队。吴同所部每人都臂缠一个"军"① 字的白竹布臂章，或驻四城门门口任守卫，或持"大令"② 在城内外巡逻，不分昼夜的维持地方治安，盖此队多有桓桓武士也。是日夜晚，大吉祥旅馆的吴浩机关部内，忽接一报告谓："黄埠墩地方逗遛着一部分巡防营兵勇三十余人闹发饷，势汹汹，不处理，将哗变。"吴浩立嘱吴朴臣去筹款处理。及吴朴臣至竹场巷一家顾姓富户取得现大洋三百元来，已过午夜矣。即派其师杨振海之子锡根偕其从弟宗秀携款去黄埠墩地方点名发饷，将闹饷之三十余人收编到大吉祥旅馆机关内，事乃安然。

在无锡光复（11 月 6 日）之前夕，上海民党总部招顾忠琛赴苏州规划苏州起义。及 11 月 5 日苏州独立，江苏巡抚程德全为绅士拥护为江苏都督，顾忠琛任为参谋厅厅长，掌握部分的军事权。此时南京方面张勋顽强负嵎，上海民党总部方谋集中各处义军，全力援宁。于是秦毓鎏、顾忠琛、吴浩三方面往返协议，由顾以江苏都督府名义电调吴浩率所部赴苏候编，援宁、北伐。吴浩得电乃率所部赴苏，其部分不随同赴苏者，则由秦元钊编为锡军第三中队，至此大吉祥旅馆之机关撤销。

---

① 这"军"字竖出了头，在军字上盖锡金军政分府印信，作为当日工作者符号。

② 大令：军队和军事机关所用之令箭，凭此而作为执行工作之证。此时之大令，乃临时以白竹布做成，长约两尺余，上端阔约四寸，下端阔约三寸，形似狭长之夹袋，正面上书"锡金军政分府——令"，盖上印信，内挺竖一支竹木干。

三 攻宁之役

吴浩率部到苏，先驻在道前街县台衙门（即江苏高等法院原址），由参谋厅发给饷械服装，编定番号为沪军先锋营，委任吴浩为沪军先锋营营长，将所部加紧训练。训练开始方十三天，因南京方面军事紧张，急需支援，吴乃自告奋勇，向参谋厅厅长顾忠琛要求率队驰赴南京作战，即经准可。吴乃将营底留驻苏州外，擎起沪军先锋队之旗帜（营即大队之名）开拔赴宁。吴浩率队到达南京城下，立时加入作战。经一昼夜短兵相接浴血冲锋之鏖战，把张勋守天堡城之江防营击溃，12月2日进入南京。

吴浩既率领部队进入南京，即驻扎在太平门内小营里陆军中学，将留苏州的营本部迁移南京，派所部组织巡逻队，维持地方秩序。此时沪军先锋队已扩编为一个联队（即团），以十二人为一棚，三棚为小队，三小队为一中队，四中队为一大队，三大队为联队。同时，南京各部队开始整编。吴浩的联队，改编为二十六团，属于第七师十三旅，师长为洪承点，旅长为夏尊武。三个大队又改称为三个营，第一营营长许绶培，第二营营长郭德玺，第三营营长华璞。团部移至李相府，饷械均由第七师补充发给。

黄兴到达南京后，群推为大元帅，组织元帅府。吴浩所部的二十六团，被任为元帅府近卫团，即黄兴的卫队。

四 拱卫孙中山大总统

吴浩所部二十六团，既被黄兴大元帅任为近卫团，而后又被孙中山大总统改任为总统府近卫军，吴浩立即指派第一营营长许绶培和第二营营长郭德玺均率领所部全营士兵，驻扎在总统府大礼堂前东首一带廊房内，团部和一、二两营营本部也驻在这里，第三营营长华璞率领全营士兵和营部则驻在总统府西首间壁（西花间壁）一个营房内。命令三个营轮流值勤，每个星期轮值着担任府内外周围的站岗，和孙大总统近身的禁卫工作。在大礼堂后面，设一值日办公室，轮值担任值勤的营，派副官一人，书记官一人，传令兵七人，日夜经常在办公室工作。吴本人则督率所部始终小心翼翼地尽心于保卫方面的职守。饷项从此由总统府来支给。

三月底，南方屈从袁世凯的计谋，孙大总统毅然离任时，对于近卫军团依依地惜别。为寄以无限的革命情谊，为奖励他们工作勤慎，特赠与近卫军全体官兵每人米色卡其军服一套，又以白竹布制成手帕，每帕中间印两行黑色寸余方"汉族存亡，在此一举"八个魏碑体大字，下旁印"大总统孙文书赠"一行小字，随着军服赠给近卫军官兵每人一方，作为纪念。全体官兵在接受孙中山大总统奖励的纪念品后，欢声如雷。谁知癸丑讨袁以后，在牺牲同志身上，固已不可问了，即幸存者，也都在兵乱中丧失掉。1954年我遇着当年的老书记官华炳銮，问及这可贵的纪念品是怎样失去的，他痛惜地说："当时是全团同志们每个人都得到而保存着，及癸丑讨袁失败，在南京大家相约决不向袁世凯派来的冯国璋投降。到散亡时，人处客地，时在夏天，孤身单独，无法藏匿，而且从南京乘江轮东下，驻扬州徐宝山部队已降顺北军，派军队在镇江——扬州江面搜查，如被搜出，即被指为乱党，而遭杀死，在这样的环境下，实难保存而弃掉了。"

五 孙中山大总统离任后近卫军之演变

当孙中山大总统离任后，近卫军即改为留守府卫队团，担任保卫留守府的任务。随后，南京留守府取消。江苏都督府由苏州迁南京，此留守府卫队团，又改名为南京卫戍团，团长一直是吴浩。

袁世凯登上大总统宝座后，在裁兵、整军政策口号下，把南方军队，大刀阔斧的予以裁撤解散，而暗地里却使自己系统的反革命兵力，大量的扩充。近卫军后身南京卫成团，当时幸未被解散，但南方军队数量受着这样压力变化大大地缩减。苏北——徐州方面土匪猖獗着，驻防军队的兵力，感到单薄，南京卫成团在癸丑春天先调到六合等处去剿匪，随后即调赴徐州去填防和协助剿匪。自调到徐州后，就归驻徐州的第三师师长冷遹统辖指挥。

六　癸丑讨袁之宁方尖兵

袁世凯在削弱了革命力量以后，他的反革命阴谋，日益暴露，民党方面至此不得不举兵讨袁，李烈钧首先宣布江西独立。黄兴在七月十日进入南京，迫使程德全也宣布江苏独立，一面组织讨袁总司令部。黄兴为讨袁总司令，十五日宣布讨袁。黄兴既宣布讨袁，首先即电令驻徐的南京卫成团团长吴浩率部去驻利国驿，防御北军南下。吴奉电后，立即遵照电令调集全团士兵率领了去驻防徐州北面津浦路沿线的利国驿，防止北军直冲南下，将津浦路轨折去一段。而袁世凯所派的军队，主帅是冯国璋，先锋司令官靳云鹏，以一师之众，向吴浩所部一团包围着压下来。吴浩乃督率所部南京卫成团抗御反革命军队，剧烈鏖战亘三昼夜，目不交睫，屹然不动，坚守阵地。迨后前线指挥部派队来接替，令卫成团退下火线，到临淮关休息。

吴浩率领本团退到临淮关，向津浦路工作人员商调到车辆，将阵线上退下的负伤同志，担架到后方，由各营连分别派人护送去南京后方军医医院治疗。安徽都督柏文蔚则送酒肉等犒劳物资到临淮关来向全团同志们慰劳，并亲自赠送予全团的军官佐以柏氏的六寸戎装照片一帧作纪念。休息数天，又奉到南京方面电令开拔回南京。此时，津浦路上车辆，多数被扣留在北方，军运发生困难，只可徒步行军。有部分营连为了辎重等行军所需向民众借了大车，退军到了百里以外，他们长官还责令原借车的人将车子仍必送还。又当时这个季节津浦路南段有些地区涝水盈积，更加上行军的艰困。所以吴浩率领卫戍团到南京，迟延了时日，及抵达，黄兴已离开南京。

七 联合友军卫戍南京

黄兴在南京组织讨袁总司令部任了讨袁总司令后，在军需上需要协饷，要求江苏都督程德全筹款接济。而程德全之宣布独立，原非出于本意，与革命方面，同床异梦。遇到要代筹饷接济要紧时候，他就以亲自赴苏州筹饷为名离开南京。到苏后，即通电宣布取消江苏独立。此项消息一经露布，大大影响前方军心，讨袁革命，顿呈恶化。黄兴看到形势不利，秘密离宁。袁世凯所派各路反革命军队，正大肆压力南下的时候，遇到这样时机，更加进逼，前线各路革命队伍，逐步退下。吴浩所部到南京时，已呈群龙无首现象。于是将前方退下来的零星部队加以收容，整理和扩充自己队伍，改称自己所部为南京卫戍军。如第二师、第八师等有上级将领领导者，则予联系。各路军队退集到宁后，中下级军官和士兵的士气异常兴旺。各方推举吴浩为南京卫戍总司令。

南京城内则在此时发生多种多样的变化：有一个报人何海鸣，看到南京城内尚有数万革命武装，士气甚旺，以为大可以投机搞一下，进入南京，联系部分军官就撰篇文章，再宣告江苏独立，继续讨袁。一时革命阵线上的中、下级军官和士兵，凡遇着继续讨袁而革命的，都同意他，拥护他，所以何海鸣进入南京后，就轻而易举地取得了这颗讨袁总司令的帅印，又称为讨袁总司令。而袁世凯所派的队伍，已由冯国璋、张勋、雷震春分三路南下，对南京取大包围之形势。冯国璋尤诡谲，逗留在对江，暗地派间谍入城，勾结混在革命阵营里的他的女婿第八师师长陈之骥，唆使他叛变来破坏革命阵营，涣散革命阵营的团结。陈之骥受到他丈人峰的密命后，就秘密地以会议为名，诱骗何海鸣到第八师司令部，将何拘禁起来，通电声明取消独立。到了翌日，大家不见了讨袁总司令，很诧异。及至知道被第八师师长拘拿在第八师司令部，这第八师士兵尤愤慨万分，一时不约而同赶赴自己的司令部，冲进去，将何劫出，反而要拿师长陈之骥。陈之骥在混乱中已偷偷地逃跑了。革命的武装同志们又再一度声明讨袁，发表通电取消前天"取消独立之通电"。①

当冯国璋使陈之骥在南京城内制造成叛变的时候，另使张勋率辫子军拼命向南京进攻。一方面又以袁世凯封他的"宣抚使"名义树起"宣抚"旗帜，对南京城内的革命武装同志招降。蠢顽的辫子军，企图重占南京。南京卫戍军的吴浩所部，当与以狠狠地狙击，使辫子军受到极重大的伤亡。

南京卫戍军同南京城内的兄弟部队们，守至九月一日，已粮尽弹绝无可抵抗时，才被迫放弃南京。是时何海鸣已先逃了。可是吴浩和他一部分部队还留在城内三牌楼附近，准备巷战。那时德国领事馆极力出而斡旋，使冯国璋之进攻部队停止进迫，一方面担任护送吴浩和其部分部队出城由江轮而到上海。

八　尾　声

吴浩既离南京而到上海，全国讨袁革命结束了，国内之革命

---

① 《石叟牌词叙录》所记"南京城自克强去后，尚有两度独立"，即指此时此事。其下所记"充军长者为孟浪的韩恢，充都督兼司令者为瞎闹之何海鸣"，则与此记两歧。据我所知韩复炎（韩恢）这役不在南京城内任军长。

火焰，也一时被反革命的独裁者袁世凯以武力镇压下去。孙中山先生所领导的革命党人们，有的流亡海外，有的销声匿迹，有的被逮入狱，有的卖身投靠。这辛亥年发展起来的近卫军武装全体同志们，则牺牲成仁的牺牲成仁了，其存在的则散亡而匿迹，吴浩是隐避在上海。过了一时期，他到南京八卦洲去垦荒，带着一部分旧部，作农庄上农民，农庄垦荒以种乌桕树为主，时常往来于沪宁两地。

是时南京已由袁世凯的心腹冯国璋镇守着，上海则委郑汝成做镇守使。他们对以前的革命者，如去屈从投降，则予收买；否则常雇鹰犬式的暗探特务，环伺于上海租界内外，或加以乱党之名而明捉，或竟狙击而暗杀。1915年初冬的一个晚上，吴浩在上海行经福州路中段一条弄口就有一个暗杀狙击者，跟随在后，袖出手枪从背后向他打去。他中枪了，击中了腰部倒卧在血泊中，凶手扬长而去。幸而送医院医治得快，留在残生。

1916年，袁世凯叛国称帝，遭全国人民的反对，南京的冯国璋与袁世凯已有了内在的矛盾。江苏沪宁路上民党方面利用其矛盾，四出活动。吴浩于此时到苏州活动。在阴历三月间到苏州，可是他在阊门外阿黛桥畔苏州旅馆的机关，被苏军第二师师长朱熙部下所破获。由朱熙会同苏常镇守使殷鸿寿联合饬水陆军警兜缉他，他无法进行，只得仍返上海隐避。此后各军阀先后统治了国内政治。吴浩乃返回无锡陆区桥家乡，蛰居农村，一直到日寇侵入之后，老死牖下。

孙中山与袁世凯的斗争

张国淦

编者按：张国淦在辛亥革命时随唐绍仪参加南北议和，后在北京政府任国务院秘书长。本篇系其据当日见闻撰写成，供给研究近代史者参考。

孙中山是旧民主主义革命的领袖，袁世凯是反革命的官僚。这两人代表着敌对的阶级，根本不相容。在辛亥革命中，袁世凯打击孙中山，是反革命向革命的攻击，其阴谋是非常狡猾的，事实经过是非常错综复杂的。今就自己所知，特作比较有系统的叙述如下。

一　袁世凯在北洋的势力

袁世凯站在封建统治的立场，一向是挟有北洋实力而又依靠帝国主义以自重，这是人人皆和的，不待赘述。到了光绪三十四年十二月（1909 年 1 月）回籍养疴，他的政治上野心仍是无止境的。他在彰德洹上村，一直是在不断的和各方面进行拉拢，注视着国内外的一切政治情况，迫切的期待着有利的机会，准备东山再起，夺取政权。在政治上的主要联络对象：在朝的有清室亲贵奕劻等，满族大员那桐、荫昌等，汉族大员徐世昌等；在野的有君主立宪派杨度、张謇等，革命党人朱芾煌等。在军事实力方面：他的旧部布满各地，当时北洋六镇，虽然归陆军部直辖，但统制仍是第一镇何宗莲，第二镇马龙标，第三镇曹锟，第四镇吴凤岭，第五镇张怀芝，第六镇段祺瑞（宣统二年十二月换吴禄贞），而且还有姜桂题、张勋等人所率各军，都是他当时一手提拔起来的旧部。这些军队，心目中并不知有国家，只知有他们的"袁宫保"。他在彰德时，这些将领没有一个不是岁时馈遗络绎不绝的。在国际方面：各国使馆他都有人进行联络，特别是英帝国主义驻华公使朱尔典，他们经常保持着联系。在这种情况下，洹上村俨然成为当时政治、军事、外交的一个中心。

袁世凯这种活动，从他所拉拢的对象，可以看出无论君主专制、君主立宪或资产阶级革命，在他都无所容心。他所希望的是无论什么主张，只要能给造出一个机会来达到自己夺取政权的目的就好。武昌起义后，各省纷纷响应，清室政权已经陷于不可收拾的地步，同时中国资产阶级还是比较幼稚的，起义军的内部分子又非常复杂。这些方面的情形，袁世凯看得很清楚，这是他期待已久的机会，他要利用来夺取最高统治权。他的部下很了解他，都曾积极的向他献策。他的亲信幕僚张一麐，在民国四年密陈大计呈稿中，说明了在辛亥革命时就对袁世凯实行过"劝进"。他说："当大总统视师萧家港时，一麐曾驰电劝进，是时天下大乱，民无所归。"（《心太平集》卷一，页十二）袁世凯这样想，他的部下又这样劝，为什么到民国四年才发生"洪宪帝制"呢？这种事实，徐世昌了解的很多，曾和我谈过当时的大概情形。他说："辛亥革命，项城起用，武汉督师，入朝为内阁总理，此时权势，无与抗衡者。其左右亲昵即有以利用机会，取清而代之之私议。而项城不出此者：一、袁氏世受国恩，在本人不肯从孤儿寡妇手中取得，为天下后世所诟病（袁贼说谎）；二、旧臣尚多（如张人骏、赵尔巽、李经羲、升允等），亦具有相当势力；三、北洋旧部握有实权者（如姜桂题、冯国璋等）尚未灌输此等脑筋；四、北洋军力未能达到长江以南，即令自为，不过北方半壁，内部或仍有问题，而南方尚须用兵；五、南方民气发展程度尚看不透。所以最初他在表面上维持清室，其次始讨论君主、民主，又其次乃偏重民主，最后清帝退位而自为大总统。此时南北和议，北方代表唐绍仪主民主，杨士琦主君主。其所谓民主，袁本打算由清室受禅，故清帝退位诏中，袁仍加有'由袁世凯以全权组织临时共和政府与民军协商统一办法'之语，其用意在高踞题颠，以北方势力支配民军。不料南方先选举中山为总统，项城的总统且由孙中山推荐，非项城所逆料也。至杨士琦等之所谓君主者，人人以为维持清室，实则非宣统，乃项城也。同时汪兆铭、杨度组织国事匡济会，杨度所谓君主者，与杨士琦亦同，但两人各不相谋耳。项城是不肯冒险的，终由稳着走民国一途。"

由于上述的原因，他不得不改换方式，先夺取民国大总统的位置；看风使舵的部下们自然又都转变方向在这个新题目上想办法了。民国元年，赵秉钧在国务院向我推誉洪述祖的时候，曾告诉我，洪述祖替袁世凯所想的办法，也是袁世凯自己所采取的办法。赵秉钧说："唐绍仪到北京，住在东交民巷六国饭店，当时还在考虑是否就袁阁邮传部大臣的问题。直隶候补道洪述祖，在北洋时与唐有旧，力劝唐不就职，趁此机会仿照美法等国情形，将中国帝制改造成民主。进行方法是一面挟北方势力与南方接洽，一面借南方势力以胁制北方。对于宫廷、亲贵、军队、外交、党人也都可加以运用。并谓，照这办法去做，清帝退位并不甚难，可与宫保（袁世凯）详密商定。创建共和局面后，宫保为第一任大总统，我公可做新国内阁总理。"后来实际情形，大概不出这个计划。

二 帝国主义者干涉和议提出总统问题

在袁世凯再出督师，未派蔡廷幹和刘承恩去武昌以前，就曾直接和黎元洪电信来往。从黎氏复函中可以看出，在革命军方面也了解袁世凯夺取权利地位的企图，并可以看出他们对袁所持的态度。所以回信说："……公果能与吾徒共扶大义，将见四百兆之人，皆叛心于公。将来民国总选举时，第一任之中华共和大总统，公固不难从容猎取也……果能翻然速来，则息壤具在……何必屡出甘言，思以诈术懈我军心，转为公利……"这封回信，并不是一句空话，后来进行谈判即始终以此相周旋。所以袁世凯在打下汉阳给南方一点颜色看以后，便由他的共同策划者，有着四十多年的交情的英国驻华公使朱尔典电汉口英领事，向民军提出议和三项条件。马君武、雷奋等（各省都督府代表联合会广西和江苏代表，亲与共事者）和我谈过当时情形，现将旧日所记马君武等谈话摘录如下："鄂中首义，各省响应。清室起用袁世凯，袁遂利用机会，一方面派冯国璋率队南征（冯国璋率第一军南下，是奉清廷谕旨，其时袁尚未出督师），镇压党人方张之气，使其易于就范；一方则利用杨皙子与汪精卫通款，想尽方法以威逼清廷，软硬兼施以遂其推倒清室取而自代之野心。先是各省因无临时统一机关，对内对外均感不便，由鄂督黎元洪电邀各省派遣代表赴鄂会议。各代表抵汉口之次日，已由北京英公使电致汉口领事转告各代表，提出三项条件：一、双方即日停战，二、清廷宣布退位，三、选举项城为大总统。并谓如能照办，则共和即可成立。各代表讨论之结果，又征求黎元洪、程德全、黄兴等人意见，均认为可行。南北议和就是在这个基础上开始的。"

从马君武和雷奋等谈话中，可以看出南方是需要一个统一的决策机关来指挥各省的革命活动，并代表各省进行对外交涉。同时，袁世凯一方面想藉这个机会夺取最高统治权，一方面又怕被人诟骂"夺天下于孤儿寡母之手"，所以一时还不好从自己口里提出"禅位"的要求来。因此他就想利用南方各省在不妨碍自己取得最高权威的范围内，给"孤儿寡母"增加压力。具体的办法就是让南方成立一个临时机构以威胁清廷，使清廷知道已经无法再维持其统治。但是这个机构只作为一个形式的、表面的欺骗工具；这个工具绝对不应该有具有很大声望的最高领导。因为在他看来最高的领袖除他自己以外任何人都不应该考虑。但出乎他意料之外的是由于孙中山回国，这种情况改变了。

三　孙中山回国当选临时大总统

由于孙中山长期从事革命活动和同盟会同志的酝酿，各省代表就准备正式组织民国政府，并选孙中山做第一任临时大总统。但因最初双方已有清帝退位即选袁世凯为大总统的协议，所以这时对于选举孙中山的问题，确曾费过不少考虑。十一月初七日（12 月 26 日），南方各省代表致黎元洪电，略谓：代表团决议于十日（29 日）开选举临时大总统会，再由被选者电告袁内阁，如和议成立，即当避席。次日，黎复电："希望和平了局，无论何人为总统，皆所欢迎。"其意就是因有协议在前，恐怕和议破裂。选举临时大总统会，即于十一月初十日（12 月 29 日）在南京正式选出孙中山为临时大总统（孙中山十六票，黄兴一票）。

关于孙中山回国的情形，居正《辛亥札记》中曾有记载："辛亥八月（1911 年 9 月）同盟会总理（孙文）在美洲游历，得克强密电报告武昌新军举义事，决由欧洲返国。抵伦敦，径驶香港，广东首义同志谢良牧等候之，告以国内情形，须急应上海之请，组织统一之政府。广东都督胡汉民等亦先后来港。总理即从同志之议，携胡汉民等径驶上海。总理到，即寓宝昌路四百零八

号（沪都督府先期预备），日不暇给。时有传总理携带若干款项
并购置军舰归来以是否属实为问者，总理笑答：'余携全副革命
精神以归，款项其余事也。'"（孙中山于十一月初六日（12 月
25 日）下午乘香港船到沪，见《民立报》）

四　袁世凯反对孙中山为临时总统

当时南北双方仍处于战争状态，情势还是相当严重。南方也
很明白袁世凯的企图，因此孙中山当选后对就职问题还经过了一
番考虑，诚恐北兵并力渡江动摇南方的基础。当时我以湖北省代
表的资格和汪精卫、魏宸组等随唐绍仪在上海，因为这个问题
汪、魏曾约我和孙中山直接谈过当时的情势。现将我和孙中山会
晤时的谈话，据当时日记摘录如下："孙中山到上海，与唐绍仪
一同来沪参加南北和议之汪兆铭、魏宸组时来报告消息。孙选为
临时大总统，盛传北方将派大兵渡江。十一月十一日（12 月 30
日）深夜，汪、魏两人仓皇来言：'中山先生拟日内去南京就
职，北方果用武力，倘有危险，如何下台?'我言：'外间传中
山有若干兵、有若干饷。'汪言：'纯是空气，但带有革命精神
耳。'① 我言：'北方多年根据，项城又老于兵事，即使有兵有
饷，此时亦不足与抗。须知项城以北方兵力威胁南方，又以南方
民气恫吓北庭。如大兵渡江以后，便无文章可做。中山去宁决无
危险，但出项城意外，其心中不痛快耳。'汪、魏约我到孙处。
我是初次见面，又剖切言之。孙频点头称是。孙态度和蔼，说话
极诚恳，一再介绍我加入同盟会，并邀同去南京参加政府。我
言：'本人向在北方，未曾公然作革命运动，忽而加入，不知者

---

① 从这一段记载，可知袁世凯制造"北方派大兵渡江"的谣言，汪精卫藉谣
言以阻止孙中山先生去南京就临时大总统职。

以为猎官，于个人做人极有影响。好在革命事业，在党外亦可帮忙．'孙决定去南京就职。"

自孙中山当选，即与袁通电表示"虚位以待"，上款为"北京袁总理"。袁复电称之曰"孙逸仙君"，即表示不认他的总统。孙再复电，即改称"袁慰亭君"，针锋相对。此是双方意见的开始。袁世凯在孙中山被选为临时大总统以前，比较相信南方对他的推举和清帝退位后选他做大总统的约定，所以在这一时期间，他只想利用南方威胁清帝让位，自己还装做是清室的忠臣。经过这一事件，他感觉南方的推举是不太可靠了，因此对南方表示极大嫉恨。一九一二年一月二日（孙中山就职第二日），袁致南方代表伍廷芳（其时唐代表辞职，南北和议由袁、伍直接电商）电云："国体问题既由国会解决，乃闻南京忽已组织政府，显与前议相背。此次选举总统，是何用意？"可谓情见乎词矣。同时对清室的态度也随着改变了，他自己开始积极的、公开的对清室直接使用压力。具体措施有下列几点：一、以军费迫胁亲贵王公，二、以驻外国公使电奏退位胁迫清帝，三、以内阁合词力奏恫吓要胁皇太后（隆裕）。此外更用优待条件来诱饵清室。到一月十九日，更由胡惟德等在御前会议上提出在天津另组政府的问题。袁世凯想以这样一个凌驾南北政府之上的政府实行对全中国的统治。关于在天津组织政府事，胡惟德曾和我谈过当时的经过，大致情况如下："宣统三年十二月初一日（1912 年 1 月 19日）开第三次御前会议，本人（胡自谓）和赵秉钧、梁士诒代表内阁列席。是日，赵秉钧等提出内阁解决时局办法：将北京政府与南京政府同时取消，另于天津组织临时统一政府。各亲贵王公与议者均反对，无结果。据赵秉钧言，自清帝退位之说日紧一日，各亲贵王公等异常愤激，在有形无形中有一种结合，一时所指为'宗社党'者是也。此时南京选举孙文为大总统，而清帝退位又不能急转直下，故有天津组织临时统一政府之提议。是时

陈夔龙为直隶总督，只知袁受清室劫持，十分危险，即赶速秘密
布置，预备袁到津，至有主张即日微服去津者（陈督幕中人亦
云）。其实亲贵愤激，亦无力足以制袁，禁卫军属冯国璋，讵肯
变叛。袁之出此，一方面胁限亲贵，一方面撇开北京与南京，在
天津另行组织政府以支配一切。其后不出此者，以清帝退位急转
直下，而交民巷某使方面亦不以此举为然。"

同时，袁并电伍代表将在天津另组织临时政府办法转达南京
政府，要求清帝退位后，南京政府即行解散。孙中山即令伍代表
电袁，提出办法四条：

一、清帝退位，放弃一切主权。

二、清帝不得干预临时政府组织之事。

三、临时政府地点须在南京。

四、孙总统须俟列国承认临时政府、国内改革成就平和确立
方行解职，袁世凯在孙总统解职以前不得干预临时政府一切
之事。

据第一、二两项，即针对清室禅位；第三项即后来国都问
题；第四项是双方未经妥协，则南京政权可以无期的延期，言外
亦便是对袁世凯表示抵制。

孙中山又于民国元年一月二十二日，令伍代表电袁提出最后
办法五条：

一、清帝退位，由袁同时知照驻京各国公使请转知民国政
府，或转饬驻沪各国领事转达亦可。

二、同时袁须宣布政见绝对赞成共和主义。

三、文接到外交团或领事团通知清帝退位布告后即行辞职。

四、由参议院举袁为临时总统。

五、袁被举为临时总统后，誓守参议院所定之宪法始能授受
事权。

同时将前列各项送交各报馆披露，并附以说明，大意谓：袁

能断绝清政府之关系变为民国之国民乃能举为总统。在袁世凯方面，对于未来的总统本早由唐绍仪与南方代表互有默契，而袁彼时所处地位对清廷及北方尚有种种做作，表示他谋国之忠、用心之苦，以掩饰其逼胁"禅位"之真面目。不料孙中山已洞烛其隐，完全给宣露出来，叫他不能躲闪，更无从两面玩弄手段，且使知"事已垂成，位无他属"，亦可料其不能就此翻脸。袁世凯对此已无较好之对付办法，况外交团亦不赞成在津另组政府，因此这个计划遂成一番空话，对北对南皆未能起预期的作用。

孙中山在南京就职的当天，袁世凯即利用北洋军人反对南京选出总统的嫉恨情绪，密令段祺瑞、冯国璋、段芝贵等有力的军人，联名电请内阁代奏，主张维持君主立宪，极端反对共和；又联名电伍廷芳，谓："若以少数意见采用共和政体，必誓死抵抗。"张怀芝亦曾于一九一二年一月九日发通电，企图联合各军做最后之准备（原电见《中华民国大事记》卷一，第29页）。同时，袁又密令前线军队破坏停战的约定进行军事挑衅。经过一再解释，和议才得继续进行。事实上袁世凯这种态度只是其篡夺手段的另一种表现。从他的根本的最后的利益来看，南方对清室是很好的一个压力，他还是要设法加以利用，这是和议继续的基本原因。

孙中山首次与袁通电后，袁的复电堂堂皇皇提出君主、共和问题，又公私分明的提出"国民公决无从预揣"。但表面上这些空腔，无论如何也掩盖不了不可告人的真实企图。他只怕有了孙中山这样一个大总统后，影响自己筹划已久的（袁大总统）被选问题。从二月十日段祺瑞致孙总统电，可看出这位"万不愿以个人地位致坏全局"的袁世凯所以要胁抵赖的症结所在。段电的主要内容，不过"善后纲领亦须预筹"几个字。再说得明白一点，只是要求"临时大总统并须预行推定"一个目的而已。这个目的，在同日蒙古王公联合会的电文中说得更明显，他们在袁氏的指使下已经直接把项城提出来了。这也就是给南方一个暗示，将来总统只有用袁世凯才成。

五　袁世凯攫得临时大总统职位

宣统三年十二月二十五日（1912 年 2 月 12 日）清帝正式宣布退位，袁即电告孙中山表示赞成共和。略云："共和为最良国体，世界所公认。今由帝政一跃而跻及之，实诸公累年之心血，亦民国无穷之幸福。大清皇帝既明诏辞位，业经世凯署名，则宣布之日，为帝政之终局，即民国之始基。从此努力进行，务令达到圆满地位，永不使君主政体再行于中国。"

此电到宁后，孙中山一方面反对袁组织临时共和政府，一方面根据清帝退位及袁世凯发表政见这两个事实，于二月十三日向参议院咨请辞职，并附办法条件如左：

一、临时政府地点设于南京，为各省代表所议定，不能更改。

一、辞职后，俟参议院举定新总统亲到南京受任之时，大总统及国务各员乃行解职。

一、临时政府约法为参议院所制定，新总统必须遵守颁布之一切法律章程，非经参议院改订仍继续有效。

同日，中山咨参议院推荐袁世凯为临时大总统。

孙中山任临时大总统完全是过渡性的，因为在汉口所召开的各省都督府代表联合会，在十月十二日（12 月 2 日）的会议上，已经根据朱尔典的意见决定如果袁世凯反正，当公举为大总统。各省代表准备于十月二十六日（12 月 26 日）在南京召开临时大总统选举会时，即因唐绍仪向浙江代表陈毅说明袁世凯主张共和而延缓选举。十一月初十日（12 月 29 日）选举孙中山为临时大总统的时候，这种情况并没有改变。

六　孙、袁对待帝国主义的态度根本不同

　　孙中山在辛亥革命时所注意的中心问题是推翻清朝。这一点在当时一般人的看法更是这样，觉得推翻中国几千年的专制统治实在不是容易的事。所以对袁世凯的态度，有些人认为他能一变而使清帝退位，免去流血惨祸，总算是有能力的人，因此相当看重他，对于他的本来面目还是后来逐渐认识的。这种思想情况反映在对外问题上也是软弱的、妥协的。孙中山在元年（1912 年）就临时大总统的第二天（1 月 2 日）发表的对外宣言书就是一个明显的例子。只觉得推翻清朝是重要的，帝国主义对半殖民地的中国控制得那样利害，取消不平等条约更不是简单的事情。而且非常害怕帝国主义会直接帮助北方加强他们的力量，这样一来推翻清朝就更困难了。所以当时还是承认了帝国主义在中国的持权，对外宣言书是由外交代表伍廷芳根据大总统命令用洋文缮发。

　　事实上这种对外政策是早已决定的。一九〇五年孙中山在日本组织同盟会，所拟定的"同盟会革命方略"中，包括"对外宣言"，已声明"中国前此与各国缔结之条约皆继续有效，应偿还之外债照旧担任，外人之既得权利一体保护"。这些宣言可以表明了孙中山当时对待帝国主义的态度，而且这种态度一直延续到护法战争时期。

　　孙中山对袁世凯妥协、对帝国主义妥协，现在回忆起来，大约是因为：孙中山只看重了军队的力量。辛亥革命时袁世凯掌握着训练已久的北洋六镇。而孙中山在他的革命进行中，只能就现成的军队着手运动，武昌新军革命成功了，各地新军也有许多起义了，可是在孙中山回国以后，这些起义的军队，还不能实行统一编制和统一调动。孙中山单以现有的军队来较量短长，就向袁

世凯妥协，因之亦就向帝国主义妥协。

其次清朝政府依靠借款度日，自武昌起义各国约定不借债给南北政府，但袁世凯可向外国商洽借钱，南方政府却借不到外债。当时各国就曾表示愿意借与少数款项给袁世凯以作为"维持北京市面"之用，美国公使芮恩思更竭力这样主张。他说："倘北京政府因财政困难不能维持，则中国或将陷于无政府状态。且列强合作借款与袁世凯，亦可对南方领袖之气焰予以打击，不致要求过奢致中国南北两方和议不能成立。"就这些话来研究，已可说明帝国主义对南北两方所持的不同态度了。而南方政府急需军费，又把经费来源放在借款方面。元年二月，陈其美在招商局借款会上说："筹款之法，至今日已势穷力竭，一言以蔽之曰借款而已。"（见《中华民国大事记》第二册，第 4 页）孙中山致广东陈都督（粤路借款）电："各省代表必要临时政府，此'临时'字样断难使各国立即承认，数处虽有成议，亦因之而阻迟。故现时借款必当以私人名义，尚不能用国家名义。"（同上第二册，第 24 页）后来在华俄道胜银行借一百五十万镑，先交华币三百万，已签草合同，终归无效（同上第三册，第 112 页）。革命党把财政看作只有借款一条路，于是向袁世凯和帝国主义妥协了。

再次英、美、法、德、日本和沙俄等帝国主义国家，他们使用着侵略殖民地的惯技，在中国进行掠夺。到了辛亥革命期间，各国相约所谓"中立"了，而日本之于东北，帝俄之于蒙古，英国之于西藏，还是想乘机侵占，不肯放松。日本更于南北两方播弄离间，企图从中取利。当时北方政府是从清室继承下来，各国对他既得权利，袁世凯可以根据这种继承的关系取得各种方便。清帝退位诏下，他就以全权名义照会各国公使，在北京以外务部首领继续办理外交，在国外则以现驻出使大臣改称临时外交代表接续办事（见 1912 年 2 月 13 日《政府公报》）。从法律来讲，南北政府各国都未承认，然事实上各国是已承认北方政府了。

北方政府依靠帝国主义，到了一九一三年十月，袁世凯就任正式大总统后，即向各国公使外交团宣言："本大总统声明，所有前清政府及中华民国临时政府与各外国政府所订条约、协约、公约必应恪守，及前政府与外国公司、人民所订之正当契约亦当恪守。又各外国人民在中国按国际契约及国内法律并各项成案、成例已享之权利并特权豁免各事，亦切实承认，以联交谊而保和平。"

从以上种种文件可以看出北方政府完全倒向帝国主义。南方政府也承认不平等条约继续有效，但是与袁世凯依靠帝国主义不同。我还记得孙中山就职后六七日，胡汉民、汪精卫约我和章宗祥、冯耿光到南京，当晚胡、汪在魏宸组住室中和我单独谈话。谈到南京政府承认清朝政府所有条约一事，胡说："北京政府和各国有几十年关系，我们这次新政府刚才成立，他们还没有承认。虽说中山在外多年，同英法各国感情不错，但是个人不是国家。各国在中国既经夺取的权利，北京政府尚在继续，我们倘宣布取消，他就完全帮助北方，我们恐怕就站不住了。"汪说："这次武昌起义，瑞澂逃走，德领还想帮助他开炮轰击民军，嗣因鄂军政府于八月二十二日依据同盟会宣言发出正式照会，于是各国严守中立，即其明证。"我说："我认为对于以往条约不外：一、承认，一、废除，一、修正。新政府成立，为何不表示修正？"这一点，胡答："承认或废除是我一方面的事，修正是两方面的事。彼没有承认我们，我们就没有资格正式提出。就是提出，彼亦未必接受或不作答复。中山尤其注意到此。这次宣言，第一条说"认为有效，至于条约期满而止"以及第五、六条都含有不是完全承认的意旨。魏说："对于废除或修正，总须国家完全统一，国内有相当办法。日本明治维新后才能修改条约，是其明证。"汪说："此次革命，只希望推倒清朝成一统一政府，合力建设，再谋对外。"汪又说："老实说，我们此时没有真实力量，所以对于北方政府以及对于各国外交，不得不容忍迁就，正在于此。"从这段谈话，可以看出他们关于对外问题的态度虽然和袁世凯一样是承认了帝国主义的侵略条约，但这一方面是由于迁就让步。也就是因为有这样的不同，所以孙中山于一九二三年在上海便提出"力图改正条约，恢复我国在国际上自由平等之地位"的主张，一九二四年更提出"反对帝国主义"、"废除不平等条约"的号召。而北洋派的政府到这时却仍坚守着一贯的"外崇国信"卖国政策。孙中山革命和袁世凯反革命的不同，从这里也可以看出来了。

辛亥革命由于向帝国主义侵略者和官僚地主阶级妥协而很快的失败了。但这种妥协并不是没有斗争的，而且这种斗争并没有随着中山的辞职而结束。

七　孙中山公布临时约法

民国元年三月十一日孙中山所公布的《中华民国临时约法》，就是继续和袁世凯进行斗争的一个很显著的例子。原来各省都督府代表联合会已于十月十三日（12月3日）在汉口议决临时政府组织大纲二十一条，第一任临时大总统的选举和临时政府的成立都是以此为依据。这个组织大纲是在战争吃紧的情况下匆促制定的，没能经过详密的研究，随着政局的渐趋稳定是需要加以改订的。但后来公布的临时约法却不完全是基于这个原因而制定的。在立法者的思想中更重要的是企图以这样的方式达到限制袁世凯的目的，所以当时他们所注意的中心是总统职权的问题。组织大纲所采取的是总统制，大总统负有实际政治责任，是政府的主持者，它能操纵议案并握有军权、战权和设立法院权。

袁世凯取得这种地位，无疑的对共和政体是极端不利的。因此随着南北和议的进行，南京政府便在孙中山领导下，积极的针对即将代孙中山而为大总统的袁世凯，修改组织大纲。自二月七日开始至三月八日，经过三十二天的期间，临时约法全部通过。临时约法变总统制为内阁制，把大总统规定成一个不负实际政治责任的国家元首，想以民党的国会多数，利用内阁制限制袁世凯反共和的企图。这一措施也的确给了袁世凯很多束缚。但袁掌握着北洋实力，很快的就开始披露了真面目。以内阁总理自任的宋教仁，就牺牲在袁世凯魔爪之下。在官僚地主阶级掌握政权的国家内，想实现资产阶级的民主政体自然是不可能的。

八 袁世凯制造北京兵变

清帝宣布退位后，孙中山于二月十三日即电袁世凯，表示推让，十五日参议院开临时大总统选举会，袁世凯被选为临时大总统。

这时以孙中山为首的革命派和袁世凯之间酝酿已久的建都问题的斗争便很快的表面化了。孙中山等想让袁南下就职，改变他拥兵自重的情况以便使他稍就范围，袁则于这紧要关头决不让步。正在这两种意见对立时，黎元洪又有建都武汉的主张，当然更不会实现了。

当时也有人觉得北京比较合适，所以这个问题在参议院投票表决的时候就发生过很大周折。始而大多数赞成北京，及孙中山交付复议并经过尽力的解释，又多数主张南京，前后的意见已不一致。然而从事实上所看到的各方面电报材料，其主张建都北京的，包括各种政治派系的人物，如同盟会的蓝天蔚，光复会总会，立宪派的谭延闿、蔡锷，及其他中间派如庄蕴宽、蒋雁行、蒋尊簋、朱瑞、姚雨平、柏文蔚，以及上海各团体、各报馆、回族教掌等都是这样说法。至于直隶之张锡銮、张怀芝等本是受袁世凯之直接指挥，列举各项理由认为必须建都北京，在他们的立场更无疑义了。

国都问题尚在争执未定，而请袁世凯南下就职的电报已纷至沓来。袁当然有他的固定的方针，表面上满口应承极愿南行，实则以种种藉口来抵制。其复黎元洪电有云："与其孙大总统辞职，不如世凯释政，拟商请南京政府将北方各省及各军队妥筹接收，接收以后，凯立即退归田里……已请唐使绍仪代表此意赴宁协商。"试问这种办法如何能够实现呢？其要挟之意，亦言外可见。

在这种情况演变之下，孙中山亦很了解袁世凯的用心，所以于袁当选之后，即通电各省说："临时政府地点今定南京，以袁公到南京接事日为文辞职之期。"已有你不来我不走之势。对于袁的要挟电报，当然认为滑稽，无可置论。一方面仍即派蔡元培等北上，欢迎袁世凯南下就职。

二月二十七日蔡元培等到北京，袁世凯表面上自然是热烈招待。但到这时候对于南下就职及北京或南京建都的选择问题，已经不是口头上、电报上所能解决，而要立即付诸实践了，因此发生了北京兵变。孙中山又一度向袁妥协，结果袁世凯在北京就职了。

表面看来，此次兵变是在威吓专使，阻止袁世凯南下，但据了解内幕的人说（徐世昌亦这样说），实际情形还不只是这样。据说，这事是袁克定做的。他感觉南方民党不好对付，原计划耸使第三镇到清宫里去把宣统赶走，立刻就把袁世凯拥到宫里去做皇帝。但何以没有这样进行呢？因为清帝退位后，守卫宫门仍是禁卫军，这一部分军队是冯国璋所率领的。策动这次兵变的人是不能和冯直接谈这类事情的（当宣布共和之前，冯国璋召集全军官兵讲话，以身家性命担保两宫安全及尊号仍存不废，所以他当时还不能走这条路）。由于第三镇和禁卫军方面没接头，所以变兵一到东华门即遭禁卫军抵御，因之就没能进宫，整个计划也就没法实现。

为什么他们能鼓动第三镇这样做呢？因为这一部分军队才从前线打仗回来，自以为是有大功的。军队上前线的时候都是每月发双饷，但回来以后，双饷被陆军部给裁了，他们不平，所以容易鼓动。北京兵变以后，天津、保定也继之而起，到处鸣枪焚掠，商民遭受巨大损失。张一麐《五十年国事丛谈》有下列一段的记载可以印证："当南京政府之议决请袁项城南迁践位也，时则专使蔡元培、宋教仁入京就馆。某公子（袁克定）者素选事，召各镇中下级军官开会密议，议决以兵入东华门，夺清帝位，效黄袍加身故事。是时禁卫军为冯国璋所统，不与谋，故火焚东华门，禁卫军抵御不能入。兵无所泄，遂大掠东西城以及于天津（此事有某君相告，暂隐其名）。"（《心太平集》卷一，第26页）

其时袁世凯调第三镇约一团来京，驻城外。是夕攻朝阳门而入，事前当有接洽。兵入城，攻禁门不克，遂大掠东城。彼时驻城内者尚有姜桂题所统之毅军，见三镇兵之饱载而扬去，亦跃跃欲试。翌晨即传闻毅军将继抢西城，果于夕间发动。至津、保之相继兵变，亦不过效三镇兵之故智，意在发财而已。

事变既肇，袁世凯须维持北方秩序，一时断难南行，更振振有词。于是专使蔡元培、宋教仁、汪精卫一再会商，拟定：一、取消袁南行之要求，二、确定临时政府之地点为北京，三、袁在北京行就职式。将以上各节电达南京。南京政府根据蔡等来电提出办法六条交参议院议决，于是一场波澜就此平静，而袁不南下就职之目的居然达到了。

九　孙、袁协定内政大纲

袁世凯既在北京就职，孙中山亦实践诺言辞职下野。及元年八月二十四日，孙中山入都，两人始相聚一堂。据《梁燕孙年谱》有一段记载，撮录如下："中山先生自南京解临时大总统职后，周历各省宣传主义。袁总统迭电邀请晋京，晤商要政。至是抵北京，留约一月，与袁会晤共十三次，每次谈话时间自下午四时至晚十时或十二时，更有三四次谈至二时后者。每次会晤，只孙、袁及梁士诒（原作先生，改用姓名，取便阅者）三人（就可知者，有二次国务员在坐，有三次总理在坐，府、院秘书长同在坐），屏退侍从，所谈皆国家大政中外情形，论事最为畅洽。一夕，孙语袁，请袁练成陆军一百万，自任经营铁路延长二十万里。袁微笑曰：'办路事君有把握，若练精兵百万恐非易易耳。'"

关于孙中山来京，我当时也有日记，抄录如下：

中山到京后第三天，袁世凯在迎宾馆设筵为盛大之欢迎，到者有四五百人。在大厅布置冂形餐案，孙及其随员北面南向坐，袁及内阁阁员及高级官吏皆北向坐，北洋一般军官坐在东西两排，孙、袁在正中对坐。入坐后说了一些普通客套话，吃过一个汤，第二个菜方送上来，便听到西南角上开始吵嚷，声音嘈杂，说的都是"共和是北洋之功"，随着又骂同盟会，认为是"暴徒乱闹"，随着东南角也开始响应，并说"孙中山一点力量也没有，是大话，是孙大炮"、"大骗子"。这时两排的军官已经都站了起来，在吵嚷的同时，还夹杂着用指挥刀碰地板、蹬脚和杯碟刀叉的响声，但都站在自己的座位呼喝乱骂。中山态度还是从容如常，坐在他旁的秘书宋霭龄等也不理会。仍照旧上菜，只是上的很慢。

我当时想袁或段（陆军总长）该说一说，你们不能胡闹，但他们始终没作声。闹了有半小时左右，似乎动作很有步骤，从当时的情形看，显然是预先布置好的。起头的是傅良佐等，想在吵闹时等中山或他的随员起向答辩，便藉机由北洋军人侮弄他一番。但出乎意料的是中山等始终没加理睬，若无所闻。筵宴终了，孙、袁同到厅旁休息室，厅内便又大乱起来，北洋军人离开座位肆意乱吵，非常得意，很久才逐渐散去。

中山来京时，我每天在上下午国务院办公后都到迎宾馆，经过这一场的第二天，我到他那里向他表示：北洋军人都是老粗，程度太不够。但中山却仍和往常一样，并对我说，这没什么关系，态度丝毫没变。

中山在北京期间，我每见面时，他总劝我参加同盟会，并表示在十年内将致力于修路工作。我说："现在中国情形办十万里铁路，非筹巨款不可，是否用督办名义全权去筹？政府能否切实作主始终信任？必须坚定没有动摇才能着手。趁这回结结实实的商量明白，这事不是空话所能做的，不然督办全国的名义也只等于零，结果一个款也筹不着，一条路也不能办。"中山说："袁总统意见很诚恳的，不会有虚假的。"我说："还是趁你在北京的时候把这些说结实些！"（以上我当时日记止此）

九月九日，特令授孙中山以筹办全国铁路全权。

二十五日，由总统府秘书厅通电，承大总统命宣布内政大纲，大意谓孙中山、黄克强两先生先后莅京，因协定内政大纲，电询黎副总统征其同意，复电赞成云云。

一、立国取统一制度。

二、主持是非善恶之真公道以正民俗。

三、暂时收束武备，先储备海陆人才。

四、开放门户，输入外资，兴办铁路矿山、建置钢铁工厂以厚民生。

五、提倡资助国民实业，先着手于农林工商。

六、军事、外交、财政、司法、交通皆取中央集权主义，其余斟酌各省情形，兼采地方分权主义。

七、迅速整理财政。

八、竭力调和党见，维持秩序，为承认之根本。

以上所列大纲，只能说是办法，谈不到主义，不过对外表示政见相同而已。

十　袁世凯刺杀宋教仁

孙、袁会面后，商榷国事，在一般人看来，觉得是"推诚相与，融合无间"。然而如袁之机谋权诈，孙中山那能窥其底蕴。及宋教仁之案发生，而双方的裂痕已显然暴露。孙中山公开反对袁世凯，实以宋案为导火线。除在上海公布文电及各报纸登载案情外，就我当时日记中所记摘录如下：

唐绍仪内阁辞职，袁世凯对于宋教仁、王宠惠、蔡元培一再慰留。虽非本意，然因政局不定，颇欲党人仍任阁员以撑门面。其时国民党人在内阁者，以宋教仁为骨干。党人有主张不离政局以待时机者，宋初意亦为所动，后来决定以政党内阁为号召，在选举时争胜，魏宸组主持尤力，于是同时去职。

宋教仁去职后，住农事试验扬。每于夜间进城，到国务院秘室，与国务总理赵秉钧私人对谈，至天明始返。据魏宸组言，宋以政客手腕，推崇赵无所不至，许以国会成立后举其为内阁总理，甚而选为总统；赵亦推许宋为大党领袖，应组织政党内阁。宋之更事，究不如赵，有时将党中秘密尽情倾吐；赵告以北洋底细，似亦无所隐讳。由是两人交欢，惟是否彼此推诚，抑系利用，均不得而知。

后来宋教仁因国会选举，自京返南，在各选区周历演说，以政党内阁为号召，并抨击北方政府颇厉。结果国民党在两院议席占大多数，自为北方当局所畏忌，于是掀天巨浪之上海车站刺宋案以起。

民国二年三月二十一日，国务院正开国务会议（星期二、

四、六日国务院例开会议，总理、各部总长、秘书长出席，旁设一席，以秘书记录)，国会选举事务局长顾鳌突进会议室向赵总理报告，前门车站得上海来电，宋教仁昨晚在沪车站被人枪击，伤重恐难救云云（宋之被刺，北京得信以车站电报为最早)。总理大惊变色，当即离座，环绕会议长桌数次，自言自语："人若说我打死宋教仁，岂不是我卖友，那能算人？"各总长相顾，均未发言。少顷，府中电请总理，总理即仓皇去府。司法许世英问："院中近来曾接上海特别密电否？"记录秘书恩华答言："本年似在一月间某日深夜，上海来'应密'急电，电务处向秘书厅取密本，厅中查未有此'应密'。是夜本人（恩自谓）在院值班，即到总理处取来'应密'本。此本皮面，原写'洪密'二字，'洪'字涂去改'应'字。译出，只有'某日到沪'数字，下款当时不甚注意，已记不清。"当时译电并原密本亲呈总理。总理谕："以后如有特别密电来院，其密电本不在秘书厅者，即将原电径送我处自译。"电务处人言以后亦未接有上海特别密电。（四月二十□日赵通电，有"应密电本即分属洪述祖"之语。事后人言，赵秘密事由内务部洪述祖等秘书办理。）总理去府谈话，不知其详，一时街谈巷议，莫不以宋案为一重大事件也。（宋被刺在三月二十夜，二十二日因伤重身故。）

宋案出后，举国哗然。除公布文电外，空气紧张，日甚一日，府方正筹对策。适四月三十日，府秘书长梁士诒自沪返京（在宋案前，梁以私事去粤），建议："此事只有先免赵职，改任唐绍仪另组内阁以平民党之气。至赵有无嫌疑，再待国民评判，庶可缓和。"其时赵辞职呈文已递多日，总统采用梁说，即令府秘书办赵秉钧免职、唐绍仪为国务总理命令。当电召我到府，嘱将命令带院，由总理署名交印铸局发表。时有一人在座（不识其人，年约五十岁以上），力言"汉杀晁错，不能止吴濞之兵，总统能始终迁就，即可牺牲晁错；若果有决心，今日万不必出此"

云云。袁迟回半晌，将命令收回。至五月一日而陆军总长段祺瑞代理国务总理之令下矣（内务总长以次长言敦源代理）。

同时财政部于四月二十六日签订五国银行团借款合同——中国一九一二年善后五厘金币借款，以做对南用兵的资本。内容规定中国财政须受银行的监督。南方攻击宋案，并连及借款，财政总长周学熙因此案辞职给假，以梁士诒署财政次长代理部务。

刺宋案究为何人指使，本有线索可寻，非空言所可抵赖。至我未任院秘书长前，袁与我评论新人才，曾数及宋教仁、李烈钧、蔡锷、汤化龙、张耀曾、李国珍诸人。迨任秘书长，每日因公进府，偶谈及宋等，亦多推许之词。迩〔尔〕后各省办理选举，其选举人在各处言论登载报纸者，由府秘书每日剪呈。宋在黄州演词，甚激烈，袁阅之言："其口锋何必如此尖刻？"只此一次露出不满之意。宋案出后，在京国民党开会，要求赵秉钧到会说明。赵派京兆尹王治馨代表前往。党员群起质问，王答词中有"杀宋决非总理，总理不能负责，此责自有人负"云云，登载各报。次日，袁以此剪呈报纸给我看，说："如此措词，太不检点，王治馨可恶，赵总理何以任其乱说，登报后也不声明更正。"言时词色甚厉，在我所得于府方者如此；赵对我从来不提宋一字，宋被刺后，除于国务会议时自言自语外，次日递辞呈，移住法国医院，数日后又回本宅。某日约我往（相处年余，此是初次），见面时，神色张皇，对我连揖不已，言"有一事要君帮忙"。问何事，赵言"此时只求免职，才可免死"。我说"何至如此"。因欲得知宋案内幕，即问宋案究竟如何。赵言："此事此时不能谈，但我不免职非死不可。芝泉（段祺瑞）军人，事事好办。"我茫然不解。次日，赵又亲笔致我一函，更反复言之，在我所得于院方者如此。又院庶务秘书程经世曾对人言，洪秘书奉总理命去沪，临行前进府谒见总统，洪到沪密电由程转过数次。（宋案未出时，程自言。）宋案出后，程畏祸避至青岛。程系赵私人，或可略知真相，有人事后问之，亦不肯道其详也。
（以上我日记止此）。

据张继的回忆录，有一段记载宋案发生后北京方面情形，兹摘录如左："民国二年三月二十九日，偕程仲渔（克）访赵治安〔智庵〕（秉钧）。王奇裁（治馨）亦来。王云：洪述祖于南行之先，见总统一次，说：国事艰难，不过是二三反对人所致，如能设法剪除，岂不甚好？袁曰：一面捣乱尚不了，况两面捣乱乎？话止如此。遁初被难后，洪自南来，又见总统一次。总统问及遁初究竟何人加害，洪曰：这还是我们的人替总统出力。袁有不豫色，洪出府即告假赴天津养病。仲渔加一句说：那里是养病，藉此逃脱耳！王治馨，山东人，任京师警察总监，为人豪爽，不久在京兆尹任内，以坐赃五百元处死。余始终疑与宋案有关。奇裁好言不谨，袁氏杀以灭口也。"（见《国史馆馆刊》第一卷第二号）

张继所记如此，可与我前说互相发明。盖袁世凯之为人，最忌人能窥其隐，更不愿人揭发他的阴谋，王治馨适中其忌，焉得不死。

十一　二次革命——赣宁之役

宋案发生，其时南方各都督，如江西李烈钧、广东胡汉民、安徽柏文蔚同隶国民党，通电攻击。袁世凯不顾一切，悉予免职。七月十二日，李烈钧在江西湖口独立，组织讨袁军，粤、皖等省继之。十五日，黄兴到南京，宣布讨袁，是为二次革命，又曰赣宁之役。

我据当时所闻，曾记有事实的概略，抄录如下：

宋遁初为黄克强心腹。宋被刺，黄之悲愤迥异他人。但南北两方实力，黄知之甚谂。当时南方各省兵权，除鄂、浙外，虽半为同盟所握，然兵皆未经训练，饷械两乏。黄熟思深虑，如鄂、浙能同意，尚可一试，倘不肯合作而轻率举事，必遭覆灭。正犹豫间，中山一派利用机会以压迫黄之讨袁；时流言四布，谓黄已受袁贿三百万元（张謇传记说是二百万为袁所收买，不要替宋报仇）。黄受此刺激，含冤无以自白，遂一发而不克自制矣。

在宣布讨袁之前，黄曾派章行严（士钊）游说鄂、浙，刺探黎、朱两督之意旨。行严向黎、朱力陈"项城野心，志在完全消灭革命元勋，不早划除，终必被其各个击破"。黎、朱对行严之言，绝无一语反对，但亦绝无进一步之表示。行严复命时，以为"鄂浙必能合作"。苏省某君（陈陶遗）时参预黄之机密，闻言心以为疑，星夜赴杭访朱。朱言："我在原则并无异议，但军事重要，非仓卒所能决定。"某君回沪以语黄，黄亦颇踌躇。终以受孙派压力，遂仓卒赴宁，径至都督府，召集八师师长陈之骥、一师师长张梓、三师师长冷遹、七师师长洪承点会议，地位各殊，一筹莫展。会议尚未决定，而南京通衢已遍贴讨袁独立之宣言，且已通电各省，此皆孙派所预为布置，而黄遂成骑虎之势矣。（据张謇传记说，宋被刺后，党员异常愤激，促黄兴迅往南京，号召各省独立。其中最为激烈者，则为其湖南同乡某名士，而陈陶遗则痛哭流涕力劝黄忍耐，若轻于一掷，即不土崩亦将瓦解，以后恢复诚恐更难着手。）

段祺瑞代总理，除国务会议外，不到院（有时会议亦不到，闻之参谋次长陈宦言，段每日在居仁堂西偏小楼上处理军事）。一日，袁谈及"南方情形，近来调集军队，将图不轨，不得已，只有用武力镇压"。我言："以军力论，南北比较，此时不难制胜。但是民气澎湃，不可遏抑，潮流所趋，匪仅中国。若专靠武力，总不能根本解决，何不从政治方面求一永久妥洽办法？"袁言："副总统与二庵（陈宦）电，亦主张武力。"我言："副总统与我通信说，本意不是如此。"袁嘿然有不愉之色（与袁共事有年，只此一次）言："你可向总理说明，于国务会议时提出讨论。"至国务会议，我本此意提出，语尚未竟，段当时板起面孔，大声言："军事非你文人所知，不应干预。"教育范源廉为调解，余愤然退出，即递辞呈。袁派秘书张一麐来挽留。段对我不满，许辞。袁不允，盖仍欲藉我与副总统作桥梁也。于是段以院令派秘书卢弼代理秘书长。其后，袁既决计用兵，则与副总统商洽，参谋次长优为之矣。（以上我日记止此）

兵事既起，孙中山曾致电袁世凯云："文于去年北上与公握手言欢，闻公谆谆以人民国家为念，以一日在职为苦。文谓国民属望于公，不仅在临时政府而已，十年以内，大总统非公莫属……何图宋案发生，证据宣布，愕然出诸意外，不意公言与行违，至于如此。而公更违法借款以作战费，无故调兵以速战祸。异己既去，兵衅仍挑，以致东南民军荷戈而起，众口一词集于公之一身……公今日舍辞职外决无他策，公能行此，文必力劝东南军民，易恶感为善意。若公必欲残民以逞，文必以前此反对君主专制之决心，反对公之一人。"

袁得电后，遂下撤销孙中山筹办铁路之令。

天南电光集

周钟岳 辑　谢本书 整理

编者按：此集为辛亥云南起义后，1911 年 12 月至 1912 年 10 月云南都督府军政电文，反映了这一时期云南的基本形势，不仅是研究云南辛亥革命的重要史料，也为研究蔡锷其人提供了有价值的资料。本次编辑中对各电标题略有修订。

1　致贵阳军政府电

辛亥冬月初六日（1911 年 12 月 25 日）

贵阳军政府鉴：东、冬两电悉。荩筹甚佩。承推锷为北征都督，愧何敢当。北虏一日不摧灭，中原一日不肃清，北征之军，实不容缓。惟连接援蜀滇军电，成都于十月十九日宣布独立，端诛赵遁，蒲翁都督又因秋饷被戕，仇杀相寻，势益糜烂，可为悯念。近闻北虏又有窥秦、晋之势，恐潜师东出，与赵贼余党相联，以扼我军之吭，而拊鄂军之背，为患滋大。现仍拟以全力先戡蜀乱，巩固我军势力，恢复蜀土安宁，再图悉师北伐，庶北虏无窜扰之地，而我军无后顾之忧。尊意如何，尚希赐复。锷。鱼。印。

2　致罗佩金等电

辛亥十一月初九日（1911 年 12 月 28 日）

　　蒙自罗总长、何道台，开化夏统领、张太守鉴：前于阳日由军务部电致豹翁，文曰：李大松来省，请领银四万两。除该员亲领一千两外，余三万九千两，初一派员解送到蒙。嗣蒙饷紧急，故着暂留蒙用。查开广边防国民军及本防保卫队计二十五营两哨六对汛，除陆督带六营饷由蒙河领发，广南王督带所部各营业由盐款拨领，尊处九营六对汛以第九、十两届薪饷及统领等费，共应领银二万六千六百六十余两，前由会办拨发银四万两，又开化盐务局拨交尊处四千余元，除发九、十两届外，尚应余银一万七千余两，以之充贵部第十一届饷项，有余无绌云云。旋接豹翁虞电，略谓：九月望夜，开化之变，石守殉难，开饷被掠，乃设法筹挪划理饷项，以定军心。本蒙饬河口许副办拨饷四万两，除解费水等项，实收银三万七千四百两，又收到开化盐局先后拨交银四千余元，所有开边各营、麻栗坡副督办及所辖各汛，第九、第十两届薪饷，均已照章关发清楚，其余赏需、杂费、夫马等项及郡城各署局应支之款，亦已垫发。现张守到任，即请自十一月初一日起由张守仍管支发。初一以前因各营有借支十一届伙食者，仍由广昌和商号借款浥〔挹〕注。昨实业司电饬广南府，由盐款拨银三万两解开。据桂守复电，仅拨银一万五千元，如能解到，除还广昌和借款外，余悉解交张守查收。已饬各营、汛、局、所，自十一届应领之款，仍照旧赴府请领等语。查开饷向系由开化府支拨，现张芗翁业经到任，仍归该府经领，以专责成，自系正办。惟查开饷自九月以来，由河口拨发四万两，又由开化盐局拨交四千余元，又李大松新领一千两，除发豹翁所部各营、汛薪饷及统带等费，又加河口汇款解费等项，尚应余银一万五千余两。广南盐款解到，应共存银二万五千余两，几足拨充第十一、十二两届饷项。兹接豹翁虞电所云，各营借支十一届伙食及垫发各署局应支之款，未审共支若干，请将何营何署局及支发数目先行电知。又查向章，勿论新军、防营，皆有存饷，无庸垫发伙食。豹翁电谓各营预支伙食一层，似宜仍照通章办理，并希示及。锷。佳。印。

3　致张世勋电

辛亥十一月初十日（1911 年 12 月 29 日）

开化府张芗翁鉴：参、密两电悉，夏豹翁磊落光明，深顾大局，此间同人均极钦佩。前因蒙自关道缺，关系重大，密商豹翁往任此席。嗣接复电，以开化士绅恳留，亦遂不复相强。亦念坐镇南防，诚非此公莫属也。更动之说，实属谰言。至蒙饷截留一事，缘九月以来，拨解开饷已合五万数千两，曾饬军务部核算，豹翁所部各营应支饷额，已足关发至第十二届。适接蒙电，需饷甚殷，不得不先其所急，故着暂留蒙自，并无成心。乞将此意转达豹翁，以免疑虑。滇省夙称贫瘠，近复协饷停解，厘税短收，政费日增，饷项奇绌，故各处新招之营，多令裁撒〔撤〕。虽强为遣散，稍觉为难，而强为留存，终多隐患。繁饷难继，则哗饷立生，不容不早为之虑。执事为保守饷银起见，自可暂准拨营，将来仍须设法节裁，以省经费。又前因调嵇祖佑来省办铁路警兵，不能不用知兵之员承其后，故调张宗靖赴麻栗坡副办差。遗缺安平，亦关紧要，乃委王君充任斯缺。王君热忱，当不因难见阻，并请敦促早日赴任。无任盼祷。锷。灰。印。

4　致武昌、上海暨各省通电

辛亥十一月十三日（1912 年 1 月 1 日）

武昌黄、黎两元帅，上海伍外交总长，各省都督鉴：滇反正后，内部谧安，即派一师团援蜀，拟蜀定后赴鄂会师。援军师长为韩建铎、梯团长为谢汝翼、旅长为李鸿祥等，自九月下旬以来，已先后出发，前军现抵叙、泸。迭据谢梯团长叙府电称，成都皓日反正，内乱频仍，同志会良莠不齐，颇扰治安，叙属尤甚。又称，成都反正，由将军饬赵尔丰交出政权，推蒲、朱为正、副都督。赵带兵窜藏，所过屠杀。成都兵因放饷激变杀蒲。自是仇仇相寻，排外尤烈。渝都督得邻兵助，尚能自守。泸州温、刘亦称都督，仅保一城，故泸属及自流井一带极糜烂，叙州无一寸干净土。同志会志在财货，纷争扰乱，迄无宁日。川兵无一日可用，新军、巡防、公会匪无纪律。又称，成都巡防队、同志会、新军，先后三次哄争，公私交困，秩序大乱。省外土匪麇集，必成流寇，恐牵全局。又据韩师长昭通电称，成都独立，端方在资州被杀，赵尔丰逃入西藏，土匪假同志会名，乘虚窃发，四处劫掠。又接驻滇法交涉委员韦礼敦交来电函称，四川建昌地方土匪暴动，戕杀教士，外人甚危。又据李旅长威宁电称，贵州威宁代表同称，贵州土匪四起，商旅不行，破城之谣，一日数惊，请留兵驻防，以定人心。又贵阳密电称，黔兵骄横，土匪愈炽，黔省糜烂过半；杨都督出巡至龙里即被劫，恐碍大局，恳滇援助各等语。窃意滇省毗连黔蜀，唇齿相依。今黔蜀匪势猖獗如此，万一蔓延，不惟阑入滇疆，恐大局亦为牵动。滇虽竭蹶，自当以全力协助，以期恢复治安．现在派出韩、谢、李诸君，皆智勇深沉，娴习军事，此间已电嘱其慎重将事，相机办理。事关大局，谨此通报。又滇处边远，各省电甚迟，且黔湘、黔蜀各线，现为土匪砍断，消息尤不灵通。此后关于重要事件，请用海线为感。滇都督锷。元。印。

5　致赵藩、李根源电

大理赵樾老、李师长鉴：月密。元电悉。出师宁远，以进取为消纳，非但为蜀，亦以为滇。惟此间连接会理州杨德修、宁远自治局公文暨建昌董镇、宁远王守等来电，公云川省独立，各属均已遵照反正，地方安谧。滇川唇齿相依，自应力主共和政体，请滇军无庸入川。又谢旅长由叙府来电，内有川人对于我军外虽欢迎，内实疑忌等语。又闻相岭、渡河之间，痞首罗某屯兵甚众，我军过此，设有抗拒，胜之不武。而宁属贫瘠，乱离之后，元气大亏，设施为难，得之足为滇累。此间迟回审慎，职此之由。榆军久屯，诚如尊虑，拟饬钟湘藻率领来省，以备北伐。现调□军一标与工程二营编为北伐队，派唐次长继尧为司令官，率之入蜀，或假道湘黔，即会师武汉，直指黄龙。如以榆军编入此队，较为有用而少顾虑。尊意如何，仍希裁复。又滇边远辽阔，逼处强邻，土司蠢蠢，不能自立，间多外向。经营西防边务，以巩固滇疆，亦一大事业。印公到腾永，能竟此公，尤所盼望。而腾永善后各事，非慑之以兵威，难速就范，兵力似又难以遽分也。锷。寒。印。

6　复张文运电

腾永代表张君览：来电具见恳诚，无任欣慰。此次西事，始因电线断绝，声气不通。继因陈云龙听信金壬，妄图侵扰。诚恐陈军一出，蹂躏生民，故特命榆军迎击，事非得已，心实恻然。幸腾军翻然改图，调陈回永，使迤西之民不致重罹兵燹。屡接李师长、赵巡按使来电言，令弟文光颇明大义，本都督亦心谅其无他，故特委充腾永国民军统领。此实推诚相与之意，期全滇联络一气，得以早日罢兵息民。今北虏未灭，国难犹存，释此内讧，共御外侮，非独云南之福，实大局之幸。腾永代表诸君来榆，当能共喻斯旨。至会议条件，如裁兵勇，缴枪械，停苛捐，置官吏，收纸币，扎缅盐，惩首乱等，以弭后患而保治安，代表诸君均已承认。本都督当电嘱李师长、赵巡按使到腾永后切实整理，以图补救。可先函告令弟知之。军都督府。删。印。

7 致尹昌衡、颜楷电

辛亥十一月十五日（1912 年 1 月 3 日）

成都军政府尹硕泉、颜雍耆两君鉴：接援蜀滇军电，知成都光复，欢慰无涯。自蜀路事起，满清蹂躏民权，致激天下公愤。武昌倡义，各方景从，独赵尔丰盘据成都，仇视军民，惨加屠戮。滇蜀谊切唇齿，诚不忍秦越相视。爰简劲旅，星夜赴援，不独以酬蜀省协济之恩，亦借以伸天下同仇之义。现蜀告独立，滇军本可长驱武汉，直捣黄龙。惟闻蜀中匪徒乘虚窃发，四出劫掠，扰害商民。蜀苦苛法久矣，岂堪重罹涂炭。故电饬前军与蜀军联络，荡平匪乱，恢复治安。今道路流传，蜀人颇疑滇军入川，志在侵略。此不特不谅滇军之隐情，亦不察世界之趋势。我国激于时势，急欲扫除专制，建设共和，已为中外所公认。将来中央政府成立，则各行省自当隶于统一机关之下，岂独滇军不能侵略他省，即蜀军亦岂能割据一隅？滇军虽愚，决不出此。第以蜀省幅员既广，反正之初，兵力恐难遍及，土匪跳梁，重为民累。且滇蜀境地毗连，土匪窜入滇边东、昭、武、楚、永、丽等属，警告频来。又外国教士为建昌匪徒戕杀，驻滇领事时以为言。万一外人借口保护，致生衅隙，滇省首当其冲。故不惮征缮，分兵应援，期匪乱胥平，交受其益。至于经营善后，整理内政，皆蜀士大夫之责，非滇军所敢与闻。两君在蜀，物望所归，乞将滇军援蜀宗旨，一为布告，俾父老子弟释此疑虑，共济艰难，大局幸甚。如果无需援助，即希裁酌赐复，则滇军或会师北伐，或振旅而还，均无不可。抑更有进者，中国地大人众，而势力未雄实，省界为之梗阻，欲图恢张国力，宜破此藩篱。若省自为谋，必有分崩离析之祸。粤、蜀、滇、黔于国务上尤有密切之关系，将来如何通力合筹，以巩固西南屏蔽，芜筹所及，尚希时有以教之。滇于重九反正，秩序尚属严整，各属地方均令举办民团，并派巡按使分途抚慰，境内谧安。前蒙自稍有匪乱，立将首要缉办，现俱安堵如常。知注谨闻。弟蔡锷。删。印。

8　致赵藩、李根源电

辛亥十一月十六日（1912 年 1 月 4 日）

大理赵巡按、李师长鉴：蒸、元电悉。滇边辽阔，逼处强邻，南界早经划分，尚无异议。西北境既袤远，界限未清，履勘数回，蹙地千里，皆缘视为滇边荒漠不置意，致启戎心。若非及早经营，不特土舍居民永沦榛狉，且外人耽视，浸假藩篱日紧一日。去岁片马之役，已为前鉴。印公规模宏远，熟习边情，将来抚辑绥使，皆四面内向，较之率师援蜀，其功尤伟。尊意以为如何？又昨接张文运来电，意颇诚恳，然腾军仓卒号召，势涣党分，裁兵善后一切事业，断非张文光等所能得束；亦须两公前往示以诚信，临以兵威，方易就范。前电劝止入川，意即为此。援军到川，蜀人颇怀疑忌，而宁远、会理阻止滇军之文电，乃一日数至。盖蔡管太无纪律，贻人口实。然蜀人心理，亦可概见。故出师宁远之说，不能不熟筹也。锷。谏。印。

9　致韩建铎、李鸿祥电

辛亥十一月十七日（1912 年 1 月 5 日）

　　昭通探送韩师长、毕节飞送李旅长鉴：列、东密。接谢梯团长佳电称，齐日在叙驱假同志会，枪毙匪首罗子舟及统领、管带二十余名，匪党四十余名，搜获枪支二十余杆，穷追三十余里。我军亦无损伤，军纪甚严，叙人敬服。拟俟韩军至，联络一气，分进资、嘉，然后再规成都。又蒸电称，自流井为会匪周鸿勋所据，横虐万状。我军迭得井属绅商请援报告，于江日黄斐章率支队，微日抵井。麻日午后六时，我军大获全胜，夺获快炮三百余支，洋抬炮数门，马四五十匹，铜钱七千串。我军小队长陈占先力战阵殁，兵士二名受轻伤云云。

　　查四川会匪多假同志会名，分踞劫掠。我军系援蜀，不能不代为驱除。惟地广匪多，黄军深入，尚非安全。亟应分驱嘉、泸，互相策应。我军所至，尤宜严守军纪，力保治安，万不可淫掠骚扰，致贻口实；亦不可贪功幸进，轻启衅端。总须妥慎筹商，相机因应。其蜀军之宗旨正大、军律严明者，亦宜与为联络，既可以明我军援助之意，亦可以释蜀军疑忌之怀。此事关系至重，切宜注意。张开儒擅用权威，应即撤差，已派张子贞接替。郭、陈两巡按皆正派，且悉川情，正资以通蜀中声气，务望推诚待之。现组织北伐队，以唐蓂赓为司令官，不日出发。姜聘卿已到，委充志愿兵大队长，并闻。锷。筱。印。

10　致谢汝翼电

辛亥十一月十七日（1912 年 1 月 5 日）

昭通专弁飞送叙府谢梯团长鉴：幼密。佳、蒸电悉。川匪假同志会名目，分踞劫掠。我军既系援蜀，自当代为驱除。惟地广匪多，黄军深入，尚非万全。亟应分驻泸、嘉，互相策应。已分电韩师长、李旅长速进矣。我军所至，宜严守军纪，力保治安，万不可淫掠骚扰，致贻口实；亦不可贪功幸进，轻启衅端。总须妥慎筹商，相机因应。其蜀军之宗旨正大、纪律严明者，亦应与为联络，既可以明我军援助之义，亦可以释蜀军疑忌之怀。此事关系至重，切宜注意。郭、陈两巡按，人皆端重，且悉川情，宜资以通蜀中声气，现已至雷波抚慰，相晤幸推诚与之。现组织北伐队，以唐冀赓为司令官，不日出发，并闻。锷。筱。印。

11　复方声涛等电

辛亥十一月十八日（1912 年 1 月 6 日）

昭通专送叙府谢梯团长转方（声涛）、叶（荃）、姜（发选）、赵（康时）、董（福开）、郭（松岭）诸君公鉴：惠电敬审。组织中央民军，维持全局，愿力宏大，无任佩仰。惟鄙意有欲奉商者：蜀中土匪蜂起，扰攘盘踞，各属糜烂，成都政府无力维持。诸君发此宏愿，期欲拯此生灵。更远而推之苗蛮夷族，此真第一伟业。惟现驻川境而名以中央，则名不协，推及边疆而名以中央，于义亦未宏。宜酌一。孙君逸仙，海内仰望，将来各省或推为大总统，固在意中。然就今日而论，则孙君于中国尚无一席之地，孙君既未便遥为节制，中央军亦未便遥为禀承。宜酌二。各省独立虽非长局，然反正之后，有土有人，饷械当易筹措。中央军浮寄孤悬，欲劝集则恐呼应不灵，欲公派则违义师本志。而各省恢复之初，人心未定，匪警时闻，亟图自保，其有余力者又以援鄂伐燕，急需饷械，欲望协济，亦觉为难。宜酌三。各省义举，多由新军，官长兵丁均有职务。今中央军别树一帜，此项人员，搜求不易。若从新召募，则训练经时，急切难用。宜酌四。川省兵丁，多系会匪，志在劫掠，饱则扬去。今于四川组织中央军，招川兵以平川匪，犹以涂涂附，缓急容不可恃。宜酌五。蜀军政府，势力薄弱，然既已宣告独立，只宜辅助之以戡乱，不宜抗衡之以生嫌。滇军援川，即以助鄂，已为各省公认，进退尚可裕如。若别自成军，易生疑忌。万一利害冲突，转贻操戈同室之讥。宜酌六。诸公毅力热诚，夙所钦佩，凡所计划，自当赞同。惟与诸君既有相知之雅，又负同仇之谊，愚虑所及，辄敢奉商。如以鄙意为然，拟请诸君或来滇赞助，或联合我军一致进行，共维大局，尤为企祷。尚希裁复。滇都督蔡锷。删。印。

12　复李根源电
辛亥冬月十九日（1912 年 1 月 7 日）

大理李师长鉴：月密。巧电悉。腾永善后，正费经营，应烦公与樾老一行，妥为布置。惟大理为西防重要之地，匪党尤多潜踪，非有得力将官驻兵防守，不足以资坐镇，请遴派妥员留守榆防，免生他虞，是为至要。又钟、王两大队即令如期出发，所余之六米八枪及附件并背囊、水壶、饭盒、外套、毛毯等项，一并运省，以备北伐队之用。锷。效。印。

13 复谢汝翼电

辛亥冬月二十日（1912 年 1 月 8 日）

昭通飞送叙府谢梯团长鉴：尤电悉。成都政府助匪残民，惨无人理，殊出意想之外。前接俭电，已将蜀匪蜂起、仇杀相寻情形，通电各省。原冀各省忠告该政府，令联合滇军，早平匪乱。乃该政府如斯黑暗，实不足相与有成，亟宜联络渝都督府，赞助其戡定川乱，以副我军援蜀之初心。泸、叙二府，经会党骚扰，民何以堪？我军克服泸、叙，应切实布置民政，以为全川模范。叙、泸以外，为会匪攘踞地方，亦宜代为驱除，节节进取。凡攻克之地，即交渝都督接理，俾蜀人知我军援助，并无侵占蜀土之心，亦可以省我军经营善后之力。其自流井、贡井既经黄军克服，宜派熟习盐务之员，切实整顿，期浚利源而供军饷，并可以分济渝军，不必稍分畛域。惟期渝军同心戮力，俾蜀乱早告肃清，是所望耳。都督府。效。印。

14 复李鸿祥电

辛亥冬月二十日（1912 年 1 月 8 日）

东路行营李旅长鉴：筱电悉。蜀乱未平，我军自当援救，但须相机因应，不必轻开战端。请先调查泸军内容，如宗旨正大，尚有秩序，可劝其取消都督名号，归渝节制，与渝军一致进行。或所驻粤兵系胡文澜统率，尤可与为联络，共向成都。设未能自保治安，又抗拒我军援助，亟应联络渝都督府助平匪乱，以副我军援蜀之心。我军节制之师，戡匪固自易易。然蜀方怀疑忌，一起冲突，收束为难，故联络一层，实为最重要关键。现在清廷未倒，战事方殷，此间已续发第三梯团，预备北伐。蜀事如于我无碍，听其自行勾当，不必多糜吾兵力也。锷。哿。印。

15　致张培爵、夏之时电

辛亥冬月二十日（1912 年 1 月 8 日）

重庆张都督、夏副都督鉴：顷奉惠电，借审成都独立，欣慰无涯。惟迭接蜀中报告，土匪蜂起，仇杀相寻，成都、泸州两军角立，岌岌不遑自保。而匪徒乃假其名义，以行劫掠，民不聊生。独尊处秩序谨严，军民安谧，将来勘定川乱，惟渝军是望。

滇省于重九恢复，境内一律敉平。时值赵尔丰盘踞成都，残民以逞。滇军谊切唇齿，不忍坐视其摧残，乃派一师团前往援助，已陆续抵叙永。原拟蜀事一定，即东下武昌，会师北伐。今赵、端逃毙，而匪乱未平，诚恐祸事蔓延，致碍大局。故电饬前军与蜀军联络，共平匪乱，以副援蜀初心，而清援鄂后路。惟现在蜀中各都督府分立，事权不一，党派纷歧，几成割据之势。曾经通电各省，公认尊处为蜀军都督。其继起之成、泸各处，亟应联为一气，照各省成例，将都督名义取消，庶可统一事权，维持秩序。至滇派援军，志在平乱，凡匪徒扰攘之地，自当协力廓清。其内政诸端，仍归贵军整理，滇军未便干预。前因土匪盘踞自流井、贡井等处，横肆苛扰，商民请援，已由援军第一梯团分兵援救。旋据报称，已除匪党。即饬令严守军律，毋扰商民，并选妥员整顿盐务，分饷渝军。近因电报不通，恐生隔阂，特此奉闻，并希裁复。蔡锷。哿。印。

16　致贵阳军政府等电

辛亥冬月二十日（1912 年 1 月 8 日）

贵阳军政府、枢密院、立法院诸公鉴：筱电敬悉。前闻黔省土匪横行，杨都督被劫。私念粤、蜀、滇、黔，于国防上有密切关系，故饬援蜀军及北伐队过黔境时，有土匪骚扰居民，即联络黔军协力扫荡，期复治安，初无有干涉之心，亦不识黔省党见未融，稍存偏助之意。兹悉杨、张两公出巡，诸事就绪，佩慰良深。惟改革之初，人心未定，即将来中央政府成立，而整理内治，胥赖地方绅士，似宜消除意见，一致进行，或于应办事宜较易措手。愚昧之见，敬希裁择。锷。哿。印。

17　致李根源、赵藩电
辛亥冬月二十日（1912 年 1 月 8 日）

大理李师长、赵樾老鉴：成都独立后，土匪纷起，仇杀相寻，官蜀者尤岌岌不安，多因苛派荡产。我军援蜀，原期共平匪乱，恢复治安，至善后经营，则仍归蜀中人士。乃蜀人多怀疑忌，辄阻进兵。昨接谢梯团长电称，齐日在叙驱假同志会，毙匪颇多，军纪甚严，叙人敬惮。拟俟韩军至，联为一气，进取资、嘉。又称，自流井、贡井为匪党所踞，骚扰万端，商民请援。黄斐章率支队于麻日到井，匪徒顽抗，我军猛攻，大获全胜。当经电饬约束军人严守纪律，不得滋扰商民。想我军自能遵守。惟成、泸、叙永，均有都督，角立雄长，匪徒益得乘间劫掠，非急谋统一，乱象不止所底。樾老在蜀多年，绅民钦服，如有平乱方略，希详告为祷。锷。哿。印。

18　致赵藩等电
辛亥冬月二十一日（1912 年 1 月 9 日）

大理赵樾老、孙统带暨机关部诸君鉴：永昌李昆田等电称，腾、永各军已遵赵安抚使示，回驻永昌。腾、永全体同志请李印泉令尊蔚然，并张尉臣、张鲁香、李昆田赴榆调和，祈告慰机关部，经过榆界，力为保护等语。又接李师长印泉电谓，得樾老电，略同前由，并有源系公仆，难顾私恩，应如何电复办理，抑或另委贤能负担此事，以免两面困难云云。查腾越一军，实由陈云龙构衅。屡经此间劝阻，该匪反肆野心。诚恐其长躯〔驱〕东向，蹂躏生民，始檄榆军迎击。事非得已，心实恻然。兹得李蔚翁率腾永诸军出而调停，苟可以罢兵息民，使迤西生灵得安衽席，自无不共表同情。惟该军窜扰云龙、喇井一股并须一律撤归，方可以免人民之惊疑，而相安无事。否则，既止东向，又肆西封，祸结兵连，何所底止。已将此意电达永昌，并嘱印泉剀切电告，倘一律撤退，我军亦可收回。陈云龙一人系首衅端，仍应惩办外，其余概免株连，庶此事早得结束。请由尊处电询李太翁启行日期，即派委员前往漾濞，先行接洽，并饬沿途力为保护，至为企祷。办理情形，并祈随时电告。都督府。箇。印。

19　致程德全暨各省都督电
辛亥冬月二十一日（1912年1月9日）

苏州程都督、各省都督鉴：成都独立，匪乱未平情形，迭经电闻，想均登鉴。近据叙州来电称，重庆义举最早，尚有秩序。泸州继起，仅保一城。惟成都最分〔纷〕扰可虞，蒲、罗皆负人望，蒲既为匪党所戕，罗亦避匿，尹硕泉、颜雍耆诸君亦为匪党胁制，任意横行。且一省有数都督分立，事权不一，威令不行，匪徒益得四出劫掠，糜烂不堪言状。现北虏窜扰秦晋，势甚披猖。若川乱不早勘〔戡〕平，恐西北岩疆均非我有。滇军援蜀，已派出一师团，然地隔情疏，联合亦颇费力。窃念程都督威望夙著，又系桑梓之邦，拟请回川主持，此事当易收束，果使川事早定，则滇军即可与蜀军联为一气。或东下援鄂，或西出助秦，当共戮〔戮〕力中原，扫出□虏。万望各省电商程都督，并赐复为祷。

20　致贵阳军政府等电
辛亥冬月二十二日（1912 年 1 月 10 日）

贵阳军政府、枢密院诸公鉴：前接庚电，以李军门方资坐镇，必唐君省吾回黔接替李公，始能回滇。又接真电，以川乱迭兴，盐务梗绝，淡食堪虞，拟销滇盐各等因。时值唐君省吾出省，戴君循若回黔，拟俟同返滇垣，商定办法。旋接唐君来函云，愿承办兴义销岸。又接安顺来电，李公删日起程回滇，当即与同人等筹议，金以贵州茅口河以西各属距川较远，可销滇盐；而土匪出没无常，亦且有知兵之员以为坐镇。如得唐君为西防统领兼办滇省济黔盐务，于两省边防、财政，均有稗〔裨〕益云云。特此奉商，即希裁复，并催戴君循若早日来滇协商办法为盼。锷。养。印。

21　致赵藩电
辛亥冬月二十三日（1912 年 1 月 11 日）

大理赵樾老鉴：我公为人望所归，同人等于反正之初，早经电请来省主持大计。嗣因陈匪披猖榆、蒙，岌岌不得已，乃请公坐镇西陲。幸赖老成硕画，匪挫民安，使大局不致糜烂。繁维我公之功，居外流言，何足介意。现在腾军就范，然喇井之捷音甫报，云州之警告又来，匪患未平，遽难歇手。乞忍辱负重，始终维持，大局幸甚。锷。梗。印。

22 致陆荣廷等电

辛亥冬月二十三日 （1912 年 1 月 11 日）

桂林陆都督、王副都督、龙州军政分府陈鉴：敝省前因边防重要，镇慑需人，拟邀龙子诚、龙怡庭昆仲两君回滇赞助。时怡庭方镇右江，子诚移镇钦、廉，皆地当重要，未敢遽请。兹接敝省开化夏镇函称，桂省系桑梓之邦，反正以来，屡接乡函，劝归佐理，拟电商桂都督，与龙怡庭君对调，庶得各回本籍，稍尽义务云云。查云南开化一郡，逼处强邻，夏君坐镇，南疆深资倚仗，曾经函电慰留。而夏君以滇桂连壤，无分省界。惟改革之初，人心未定，土匪窃发，妨害治安，如用本地情形熟习之人，戡定较易为力。所言深中肯綮〔綮〕。特电商尊处，可否准予龙君与夏君对调，尚希酌裁赐复。锷。漾。印。

23 致孙中山电

辛亥冬月二十四日 （1912 年 1 月 12 日）

南京孙大总统鉴：接各省代表蒸电，知公哀然举首，可为民国前途贺。神州光复已十五省，扫荡北庭，可计日待。惟蜀独立后，军府分立，成都先有蒲、朱，后【有】罗、尹，重庆有张、夏，泸州有温、刘，川北有李，雅州有傅，各称都督，党竞势分。土匪复假同志会名，四出劫掠，全川糜烂。滇省毗连蜀境，警告频来。又闻北虏袭取太原，潜窥秦蜀。英于卫藏日益添兵。设蜀乱纷纭，日久未定，内为民祸，外启戎心。滇蜀唇齿相依，未敢漠视。先于赵尔丰盘据成都时，派一师团赴援。本拟蜀平赴鄂，乃蜀难未已，不能不暂留以相援助。惟滇本瘠壤，筹饷维艰，而逼处强邻，不宜稍疏防守。现在出省军队已及万余，兵力亦难再分。且蜀中方割据纷争，于援兵转生疑忌。故滇军援蜀，亦种种困难，诚恐祸势蔓延，妨害大局。拟请尊处通电各省，妥筹办法，以期川乱早日肃清。川虽一隅，关系全局，有可尽力，滇纵竭蹶，不敢告劳。前曾电请苏州程都督回川主持此事，当易收束，请尊处一敦促之。如何，希卓裁赐复。滇都督蔡锷，敬。印。

24　致黎元洪电

辛亥冬月二十四日（1912 年 1 月 12 日）

武昌黎元帅鉴：罩电悉。项城宏才远略，实近代伟人，即孙中山先生亦曾有民国大总统宜推项城之论。徒以清廷关系尚未脱离，故此次选举不及项城者，非不愿举项城，实不能举清廷之内阁总理大臣也。要之，中国有必为共和之时机，而项城亦自有被举总统之资望。如果大局早定，此事自在意中。设北军必出死力以抗民军，徒为项城树敌，恐非项城之所愿闻。且建设共和，正以求国民平等之幸福，亦断无大总统为南人，则南人占优胜，大总统为北人，则北人占优胜之理。若北军只为个人争利害，而不为全局计安危，当与天下共弃之。滇简精兵为北伐队，已出发，惟公马首是瞻矣。滇都督蔡锷。敬。印。

25　复李根源电

辛亥冬月二十五日（1912 年 1 月 13 日）

大理李师长鉴：月密。敬电悉。陈势穷蹙，勉就范围。然野心未戢，防范且周。所拟带兵赴腾，自是要着。以鄙意可将榆标中第一营及第三营所余之两队带往腾、永，以第二营归刘联长或孙联长留榆防守，较为合宜。榆标所剩军械、器具，省中待用正亟，速前①电派专员解省，并将数目及启解日期电复。川事及省中均望樾老前来赞划。惟兄既赴腾、永，宜留樾老坐镇大理，专办一切善后事宜，俟事大平，再定进止。刀安仁已来省，此间仍优礼以羁縻之，能否乘此时机，将干崖土司改流，乞卓裁密告。锷。有。印。

26　致杨毅廷、张耀曾电
(1912 年 1 月 18 日)②

天津英租界张家庄杨毅廷、上海顺天祥转日本东京帝国大学张耀曾君鉴：接南京代表会电开，临时政府成立，照章各省应派参议员三名组织参议院。其职权在参与立法、监督政府，关系甚巨，应选精通法律、文言并妙之人。参议员未到以前，暂由代表摄行职权。滇省道远，宜速派来等语。当经开会集议，佥以上格，惟公足膺其选。除电达临时政府外，特行电闻，请速赴南京为祷。川资百元，由北京、上海天顺祥汇用。行期请先电告，余函详。滇都督蔡锷。巧。印。

27　致吕志伊等电
(1912 年 1 月 18 日)

南京代表团吕莘农、张云搏、段叔全鉴：支电悉。参议员关系最巨，佥推莘翁及张耀曾、杨觐东两君。除分电外，特此电闻。锷。巧。印。

---

① 原文如此。
② 以后各电，多用新历，以公元为纪年。

28　致程德全电

（1912 年 1 月 18 日）

　　海线。苏州程都督鉴：前因蜀势未靖，连电商请台驾回川主持，计邀亮察。苏省光复，公绩甚伟，善后经营，想苏人必挽公驾。然为大局计，公之回蜀，急于留苏。顷闻公辞苏督，如果能返蜀，请遵海而先到滇小住数日，俾得一聆伟教，并奉商蜀省事宜。如何，请先电知为祷。滇都督蔡锷。巧。印。

29　致孙中山及各省都督电

（1912 年 1 月 19 日）

　　南京大总统、武昌副总统、各省都督鉴：临时政府成立，内政外交主体确定，无任欢欣。惟造端闳大，正费经营，非集群策群力，一致进行，不足以巩固国基，而恢张国势。我国幅员既广，省界夙严，势涣情疏，每多隔阂。此次武昌倡义，各省响应，已除往昔秦越相视之弊风。惟改革之初，事权莫属，不能不各设军府以为行政机关。然宜有通力合作之谋，不可存划疆而守之势。设用人行政，省自为谋，恐土豪寝起割据之思，边境又有孤立之虑，于国家统一障碍实多。今中央政府成立，缔造经营，当先从破除省界入手。此宜注意者一。我国人士蛰伏于专制政体之下者数千年，几以谈议国事国是为厉禁。自外力内侵，清廷穷蹙，国人激于时势，急图改良，于是革命、立宪、君主、民主各党竞出。虽政见不同，而谋国之心则一。今政体确定，歧论自消，全国思想将冶为一炉。即平日政见稍殊，果系杰出之才，皆可引为我用。现值肇造之初，万端待理，只宜惟贤是任，不必过存党见，使有弃才，益自树敌。此宜注意者二。清廷朽腐，弊政相沿，诚宜扫荡廓清，与民更始。惟外鉴世界之趋势，内察本国之舆情，必审慎周详，节节进步，庶全国得以按弦赴节，不致有纷扰滞碍之虞。若期望过高，变更太骤，恐事实与理想不相应，而人民未易奉行；或法令与习惯有相妨，而急切难生效力。故新旧递嬗之交，目光固宜高远，而手法则不妨平近。此宜注意者三。锷才识无似，惟坚守以上三义，与滇中士夫循轨进行，不无微效。卑无高论，聊备甄采。尊处必有伟画远谋，尚希随时电告，用资圭臬。滇都督锷叩。效。印。

30　致李根源电
（1912 年 1 月 19 日）

西路行营李师长鉴：有、筱两电均悉。反正之初，一切军职多沿旧号，总统二字实与共和国首领名称混淆。公独尊崇体制，首请更定名称，所见甚大，应即改为总司令。已通行知照，先此电闻，关防随发。此次滇省光复，公力甚多，西事纷纭，复得公解决，乃急流勇退，切欲伏处养亲，此固吾辈本怀、人子至性。惟滇中大局粗定，尚待经营。此间同人早欲促驾回省，共担责任，亦以腾、永初就范围，不能不仗公收束。俟西事就绪，仍望早来省垣。公待奉情切，自可迎养，于私情公谊，两无所亏。时局多艰，尚非吾辈息肩之日。忝居同志，辄以大义相规。锷。效。印。

31　复谢汝翼电
（1912 年 1 月 21 日）

昭通飞送叙府谢梯团长鉴：马电悉。条约二至七，均甚周妥，一条尚须酌改。滇军援蜀，饷项本应自筹；财政奇绌，只能暂就蜀筹借，将来滇力稍裕，仍应如数归还，以明援蜀本意。我军到川两梯团，若专计兵丁饷项，则每月五万两亦敷散放。然临时支出，如购械添装、恤养军士等项，费亦不资，颇难遽定确数。惟有宽为筹备，俟事平后将援军用款决算，一面知会蜀军政府，一面报告中央政府。其由蜀省筹借者，仍由滇分期筹还，庶足以充军实而昭大公。希速与渝军另商妥订。锷。阳历马。印。

32　致谢汝翼电
（1912 年 1 月 21 日）

昭通飞送谢梯长鉴：幼密。我军援蜀，本属仗义兴师，蜀人不察，反怀疑忌，恐一生冲突，转不足副初心。故电嘱联络蜀军，以利我军进行。诚非有求于彼，要不必过为迁就，转使牵制我军。其筹饷事宜，毋庸与之预定确数。如财赋充足区域，我军可暂为经理，以余力分饷蜀军。事定后仍将地方交还，以明吾无侵略之意。庶内不至有掣肘，而外可以平物议。至筹款事宜，勿庸与之预定确数筹还。届时中央政府已成立，此项自有着落，希与韩师长、陈副使密筹之。锷。马二。印。

33　致黎元洪电
（1912 年 1 月 22 日）

武昌黎副总统鉴：庚电悉。前因赵尔丰拥兵据蜀，荼毒生灵，滇省以唇齿之谊，分兵援助，前锋至叙，赵贼闻风逃窜，成都乃告独立。滇军拟即北征，适蜀中土匪蜂起，四出劫掠，民不聊生，纷纷告急。又接尊处歌电，以强邻压境，不能往救，深望滇军代清内患。滇军徇蜀军之请，又重遵尊处之命，留蜀平匪，并拣员经营善后，以期恢复治安，非独以拯蜀民于水火，亦欲以固西南之屏蔽。蜀人不察，反启猜疑。今匪势蔓延，全蜀糜烂，北兵已袭太原，侵秦陇；联豫又率藏兵踞雅州，窥成都；西藏叛兵啸众数千，至川边察木多，渐逼巴塘。内匪外兵，势甚猖獗，滇军不敢置之而去，实欲释中原南顾之忧。若湘、鄂能派兵分援，使蜀乱早日戡定，滇亦得卸仔肩，大局幸甚，尚望裁复。前曾迭电程雪老回川主持一切，迄未得复，尚望为大局计，代为劝驾是幸。滇都督蔡锷。祃。印。

34　致谢汝翼、韩建铎等电

（1912 年 1 月 24 日）

昭通飞送谢梯团长，并译转韩师长、刘总参谋长鉴：幼密。赤水河飞送李旅长鉴：东密。前致各电计均达。蜀于我军颇怀疑忌，若能和平解决，固所甚望。惟蜀独立后，土匪蜂起，成都十九之变，劫掠一空，公私赤立，省外各属蹂躏尤深。顷得蜀军政府电言，新军已成四镇，大约系同志会铺张之词。累〔果〕使有此之多，则械绌饷繁，益难支持。尹、罗为会匪所劫持，不能镇慑，必有溃裂之时，终为民患。此蜀乱之荼毒生灵者一。蜀省地广民殷，为西南奥区，现北虏袭晋入秦，骎骎向蜀；又闻联豫率兵占雅州，窥成都；西藏叛兵数千至察木多，渐逼巴塘；英人亦增兵入藏。若蜀久未定，万一为敌所乘，既可以扼滇黔之吭，又可以捣湘鄂之背，大势岌岌可危。此蜀乱之妨碍全局者又一。我军为蜀民计，为大局计，均不能听其糜烂，而其责全在诸君，万望同心戮力，相机进行。并密成、渝各军，互相援助。如果联为一气，俾匪乱早平，则或会师北伐，或经营卫藏，乃为急要之图。若蜀军自启猜疑，妄行抵抗，我军惟有自由行动，不能复避嫌疑。将来匪靖乱平，终当为全国所共谅。滇、蜀相去窎远，军情未能遥度，惟大概计划如此，望诸君抱定宗旨，一致进行。办理情形，并希会商电告。此间早将川情迭电中央及各省，并请程雪老回蜀主持一切。闻王采臣已回川，此公在蜀颇著声望，如能出而任事，抑大局之福也。滇省刻拟借债，事成当分济川、黔，解目前之困，并闻。锷。迴。印。

35 致赵藩、李根源电
辛亥腊月初七日（1912 年 1 月 25 日）

大理赵樾老、李师长鉴：月密。鱼、麻两电均悉。苨筹本极赞成，惟体察近情，尚须商酌。顷接我军叙府电，成都独立，端诛赵遁；蒲殿俊为都督，又因放饷被戕，仇杀相寻，势益糜烂。我军此时宜先收泸、叙，急趋成都，为之扫荡廓清，整理内政，恢复治安。若取道宁远，似嫌过迟。且接会理公呈，已经反正，而邛、雅一带多为同志会所分据。若专事假道，则粮无可筹，因欲节节进攻，则多费兵力。虽沿途多樾老旧属，然近日地方官势力已失呼应，亦恐不灵，又腾、永军甫就范，善后尤待推进。印公即刻出川，西事恐难巩固。愚虑所及，辄以奉商。卓裁如何，仍希赐复。锷。虞。印。

36 致孙中山电
（1912 年 1 月 25 日）

南京孙大总统鉴：前上敬、效各电，略陈黔、蜀匪乱情形，想蒙注意，未识计划如何。近闻匪势益张，两省蹂躏殆遍，而蜀则军府林立，黔则山口遍开，方以争权夺利为图，决难望其荡平匪乱，不惟民罹涂炭，恐将为外患所乘。请饬中央参谋部速筹平乱之方，如得程雪老回川主持，或王正雅君分兵援应，俾匪乱早平，庶不致牵动大局。今北虏未灭，军事方殷，援蜀救黔，滇军宜专任此责。然滇军兵力尚强，而饷项奇绌，若旷日持久，财力实有不支。现拟借外债一千万元，借以扩充实业，并分济黔、蜀军糈，亦未识能否如愿。惟有请中央政府统筹全局，指示机宜，滇军当勉为其难，不敢卸责。滇都督锷。有。印。

37 复谢汝翼电

（1912 年 1 月 25 日）

昭通飞送叙府谢梯长鉴：幼密。沁、勘、艳电均悉。蜀中匪乱，扰害治安，我军自当尽力援助，进止机宜已具。昨回电并将援蜀情形电告中央，请其决定办法矣。接陈副使电，渝军甚望援助，如果能联为一气，庶可免疑忌而便进行。北虏袭晋入秦，骎骎有向蜀之势；而卫藏颇不靖，殊为滇蜀之忧。各省来电，多望滇、黔、蜀三省合师防御。如早平蜀乱，当同经营卫藏，戮力中原，不惟可释蜀人之疑，并可以满全国之望也。希将此旨转达韩、刘、李诸君。前致尹硕泉、颜雍耆一电，饬昭通飞投韩师长，专送成都，已达否？并询复。锷。有。印。

38 致李根源等电

辛亥腊月初八日（1912 年 1 月 26 日）

大理李师长，蒙自罗总长，昭通专送韩师长、谢梯团长，威宁李旅长鉴：云南夙称瘠壤，政费所出，多受协济。近因各省举义，协饷遂停，财源顿涸。吾滇自反正以来，整理内治，扩张军备，经费骤增，入不敷出，深恐财政支绌，不足以促政治之进。则维有约我同人，酌减薪俸，以期略纾民困，渐裕饷源。现拟定军官薪俸办法：上等一级月俸六百两，以二成支发实银一百二十两；二级四百两，以三成支发实银一百二十两；三级二百五十两，以四成支发实银一百两。中等一级二百两，以四成支发实银八十两；二级薪俸一百五十两，以四成支发实银六十两；三级一百两，以五成支发实银五十两。次等一级五十两，以七成支发实银三十五两；二级二十五两，以八成支发实银二十两；三级二十两，以八成支发实银十六两。额外十六两，以八成支发实银十二两八钱；司书十二两，以八成支发实银九两六钱；兵士饷银仍照旧额。其文官由军政部仿照此表，按级酌定，呈核施行。窃念滇中反正，得诸君同心戮力，共济艰难，本应须厚糈以酬劳绩。惟诸君素明大义，共体时艰，即前日举义与现在奉公，本以求群众之幸福，而非为个人之荣利。此次减薪办法，谅无不乐赞其成也。特此通电，希即查照转饬周知。都督府。庚。印。

39　致孙中山暨各省通电
（1912 年 1 月 26 日）

　　孙大总统，武昌黎副总统，长沙、安庆、福州、杭州、苏州、上海、南昌、九江、西安、桂林、贵阳各都督鉴：和密。谭都督成电，鄙意极为赞同。现民国中央政府已成立，大总统已举定，民主、君主问题无复有研究之价值。此其一。国民会议袁世凯欲于北京开议，又欲省、州、县公举代表，无非为狡展播弄之地步，以充彼战备，懈我军心。此其二。主张共和，殆全国一致，所反对者惟少数之满奴耳。设开会议而堕袁之狡谋，定为君主国体，则各省必不肯承认，战祸终无已时。此其三。中国此时仍拥戴满清为君主，固理所必无，即别以汉人为君主，亦事势所不容。故君主国体为中国今日所万不能行，必强留存此物，将来仍难免第二、三次之革命。此其四。唐使签定此约，而袁不承认，方在停战期内，而北军袭取颍州，进攻陕州，在清廷亦未决心和议。此其五。故此时直无和议可言，惟有祈诸兵力耳。至作战计划，孙、陈各都督所见甚伟。滇处僻远，未敢遥度。惟有简率精兵，结联黔、蜀，长驱伊、洛，期共戮力中原。进止机宜，敬候中央指示。滇都督锷。宥。印。

40　致贵阳军政府等电
（1912 年 1 月 26 日）

贵阳军政府、枢密院鉴：养电敬悉，无任佩仰。此次蜀省举义，初为赵尔丰所钳制，受祸独称。反正之初，借资会党，亦事势使然，其功正不可没。援蜀滇军初到叙府，见商民颇受匪徒滋扰，悯商，遂于蜀军政府有深加督过之词，实则未免过激。迭经电令，破除畛域，以副援蜀初心。现已与成、渝两军互相联络。目前分兵向自流井，亦系从蜀之请，想蜀政府已将详情电达尊处。黔军亦于十八日进资州矣，并闻。滇都督锷。宥。印。

41　致赵德全电
（1912 年 1 月 27 日）

贵阳赵都督鉴：电悉。敝处北伐队已派参谋部次长唐继尧为司令官，原拟取道蜀中，督率援军，共出关陕。嗣接湘都督电，朱道盘据镇筸，颇为湘军牵掣，故滇军拟出湘、黔，顺道促其反正。近闻黔中匪势甚炽，遵义、大定曾抢掠一空。滇军到贵阳时，若贵军约其暂驻一、二日，以资镇慑，滇军自当尽力；若恐人民惊疑，则滇军即行通过，决不逗留。万望宣示人民，共释疑虑。滇、黔、蜀三省北伐联军总司令请由尊处及四川推定，敝省无不赞成。此复。滇都督锷。感。印。

42 致尹昌衡、罗纶等电

（1912 年 1 月 27 日）

　　成都尹、罗两都督并韩、刘两君鉴：元电悉。前月所上删电，未审达否。贵省独立，全国欢庆，乃土匪乘虚窃发，属境骚然，不能不重为悲悼。非及时戡定，后患滋多。改革之初，人民先罹其祸，将有仇视新政府之心。此其一。匪徒纷窜，扰害治安，封邻难免责言。此其二。抢攘之际，难免不扰及教堂，外人将起干涉。此其三。民不安业，致失农时，又必有饥馑流亡之患。此其四。且蜀省地广人殷，为中国西南屏蔽，今北虏袭晋入秦，英人增兵入藏，皆以蜀为中枢。将来协助山、陕，经营藏卫，胥为蜀军是赖。然匪氛未靖，则兵力难分；后路未清，则饷糈无出，必靖内然后始能对外。蜀事纷扰，将及一年，失业之民既多，而匪徒多假同志会名，以肆劫掠。成都十九日之惨剧，耳不忍闻。滇军初到叙州，商民即纷纷求救。时叙府虽云反正，而宜宾县令首鼠两端，颇怀观望，故撤县留府，以定人心。旋复从渝军之请，驰赴自流井、贡井等处，驱逐土匪，急欲尽同袍之谊，遂不暇避越俎之嫌。尊处滋疑，殆即由此。在滇军本可或悉师北伐，或班师南旋，亦何必久滞蜀中，劳师糜饷？然为蜀省计，非解散同志会，惩创匪徒，安置失业游民，则内乱终难底定。而欲清内乱，不能不济以兵威。蜀省新军虽云三四镇之多，但幅员辽阔，兵力既苦难分，且新编之队，缓急究难足恃。滇军援川不过派两梯团，经训练有年，实有协赞蜀军靖内之能力。倘蜀省破除畛域，正可利用滇军，使一致进行，早平匪乱。俟蜀事既定，滇军自当撤还，于蜀省善后事宜决不稍加干预。若互相疑忌，声气不通，滇军仗义兴师，而未达恤邻之志；蜀军深闭固拒，而反得排外之名。将来西南国防，自此亦难联络，于大局关系尤深，想尊处必早已见及。抑更有进者，此次各省光复，同时响应，诚为我国光荣。惟独立之名颇滋误解，致有一省而军府林立，不能统一政权；或因排斥官吏而省界加严，或因好大骛远而财政益绌，此皆为将来国家统一之害。贵省似亦蹈此弊．敢直摅所见以闻。狂戆之言，统希裁复。滇都督锷。感。印。

43　致张培爵、夏之时电
（1912 年 1 月 28 日）

重庆张、夏两都督鉴：专使来，并接照会，具审成都独立，赵、蒲擅定密约三十六条，贻误大局，贵局拟兴师问罪，此当为全国所赞同。近闻蒲遁赵诛，此约自归无效。惟土匪窃发，属境骚然，而联豫拥重兵据雅州，成都危迫；西藏兵叛，寝逼巴塘，英人亦增兵入藏。倘蜀事久未定，不惟民受其殃，恐大局亦为之牵动。鄙意亟宜解散同志会，惩创匪徒，安集失业游民。乃能西出汉中，北防藏卫，以巩我屏蔽，挫彼戎心。否则，匪氛未靖，而兵力难分，后路未清，而饷糈无出，将成坐困之势。蜀中军府林立，惟贵军首先倡义，秩序厘然。将采内安外攘，胥惟渝军是赖。承示各节，已电嘱敝军尽力援助，以敦邻谊而保公安。先此电闻，余详照复。滇都督锷。勘。印。

44　致赵藩、李根源等电
（1912 年 1 月 29 日）

永昌赵巡按、李师长、由太守鉴：连接来电，知已先后抵永，布置一切；由君亦履任。永事渐次就理，甚为欣慰。所言各节，已饬部分别核办矣。锷。艳。印。

45　致李根源电

（1912 年 1 月 29 日）

　　永昌李师长鉴：月密。咸电悉。腾兵至十五营，分别裁留，正费擘画。今该将领虽已帖服，防范自不可疏，所云外字信义、内严戒备二语，深中肯棨。望相机区处，勿激勿纵。北伐队已于勘日出发，并闻。锷。艳。印。

46　复张培爵电

（1912 年 1 月 29 日）

　　赤水河飞送李旅长，昭通飞送谢梯团长速转重庆张都督鉴：号电悉。川滇黔联军援陕北伐，实为要图。惟近接秦都督电，已驱出潼关。泸都督电言，袁贼被炸虽未中，而京城大扰；溥仪已允逊位，奔热河，虏廷有瓦解之势。窃计贵省情形，靖内实急于对外。蜀中匪氛尚炽，商民不安其生。又泸州军府接敝军李旅长文，有传林凤山率八千余人由西藏攻踞雅州，进逼新津，成都危在旦夕之语。非及时戡定，后患方长。蜀中军府分立，独渝军秩序厘然，平匪安民，胥惟贵都督是望。若一旦出省，恐戡乱无人，匪势益张，川事必将糜烂。滇军在蜀，如相需，则尽力援助；不相需，则立即班师，或经营藏卫，进退皆无不可。惟贵都督似不宜轻动，盖此时宜亟除川省之实患，不必博其他之虚名。愚见如此，希酌。余已商贵专使宗辑先，归时当能详述。滇都督锷。艳。印。

47　复李鸿祥、谢汝翼等电

（1912 年 1 月 30 日）

赤水河飞送李旅长，昭通飞送谢梯团长并转韩、刘、郭、陈诸君鉴：东。幼密。歌电悉。接李旅长电称，成都疑我侵略，派兵二千赴资、嘉，势欲迎击，并将韩师长武器扣留在资云云。我军援蜀志在救民，若蜀人误会宗旨，致以兵戎相见，使蜀民重罹其殃，而我军亦违初志，亟宜退回叙、泸，敛兵屯扎，毋庸多分兵力，致难遥顾。其资州等处土匪，业经驱除，如蜀军力能镇慑，即可交还管理，万勿轻开衅端。一面由韩、刘、郭、陈诸君向蜀军协商解决，俾释疑团而免交哄。锷。全。印。

48　致孙中山电

（1912 年 1 月 30 日）

南京孙大总统钧鉴：查各省通用银元银币，均系满清旧模。现神州光复，建设共和，总统已立，民国基础确定，亟应铸造新币，以重国法而崇国体。拟请饬部议定，速造中华民国银、铜元新模，颁行通用，以便陆续收回旧币，免致混乱耳目。滇军都督锷叩。全。印。

49　致由云龙电

（1912 年 1 月 31 日）

永昌由守并转黄、和两君览：卅电悉。彭蒉深明大义，人望素孚，乃因误伤钱大丰，为钱部下所戕，殊堪悯恻。除饬登庸局议恤，并电饬李师长查办外，希即抚慰军民，毋令滋生事故为要。都督府。卅一。印。

50　致李根源电

（1912 年 1 月 31 日）

西路行营李师长鉴：月密。由守等三十日电计达。彭蒉颇明大义，人望素孚，乃因误伤钱大丰，遂为钱部下所戕，殊深悯恻。已饬登庸局议恤，并电饬由守等抚慰军民。此次彭、钱互戕，究竟其中有无别项情弊，希严查办。又腾、永军外虽就范，其心地尚不可测，务须严为戒备，勿稍疏虞，并转樾老注意。锷。卅一。印。

51　复李鸿祥电

（1912 年 2 月 1 日）

赤水河飞送李旅长鉴：东密。微、阳、庚电均悉。收复合江，布置一切，均属周妥。泸军府分立，无力保安，自应取消。现既辞退，毋庸另设都督，只须设一泸叙巡按，仍统属于渝军府或成军府，以一事权。但君贤士已另电，以此劝之。王采臣、胡文澜到川，若以一主持川事，以一经营西藏，川事既易解决，边塞亦可无虞，希即以此商诸王、胡两公。此间北伐队艳日出发，取道贵州。援蜀军将来援陕规藏，届时再商。锷。东。印。

52　致但懋辛电

（1912 年 2 月 1 日）

赤水河飞送但懋辛君鉴：闻泸都督辞退，将以公主持一切，甚为欣慰。鄙意泸、叙只须设一巡按坐镇，仍统率于渝军府或成军府。事权既一，措施较便。以公贤者，敢贡狂言，尚希裁择。锷。东。印。

53　致陈筱圃电
（1912 年 2 月 2 日）

上海天顺祥转陈小圃先生鉴：前电计达。见致聚五函，知公澄观时局，将宏远谟，无任佩仰。惟此间经营缔造，切盼公归，特再速驾，请先电复。锷。冬。印。

54　致李鸿祥、谢汝翼暨成渝都督电
（1912 年 2 月 2 日）

赤水河飞送李旅长，昭通飞送谢梯团长，并转重庆、成都各都督鉴：连接西安张都督电，满清派毅军进攻潼关，甘军下长安。陕省两路抵御，兵单械寡，恐力不支，请速派兵赴援，以解重围之困云云。查陕省为北房必争之地，一有疏虞，关系大局。滇军出一混成协赴敌，请速请蜀省内悉合师援陕。锷叩。冬。印。

55　复李鸿祥电
（1912 年 2 月 2 日）

赤水河飞送李旅长鉴：东密。艳、冬电悉。川事迭经电达中央，请定办法，并劝程雪老回四川主持，均未得复。程现任临时政府内务，恐未能归。闻王采臣、胡文澜已抵蜀，就中以一人为之，当易为力。若猝然办到，惟有仍暂助渝军共平匪乱耳。我军

以联络蜀军、勿分兵力二者为最要，联蜀则疑易释，兵聚则乱难乘，切望注意。锷。冬。印。

56 复赵藩、李根源电
（1912 年 2 月 4 日）

腾越赵巡按使、李师长鉴：月密。冬、江电悉。腾事先从裁营、停捐、设官入手，办理甚合机宜。此三端就范，余事自易解决。但求军情帖服，民困稍苏，自可徐图善后，不必操之太蹙。至大纲所在，则事在必行，不可过为迁就。其裁后之记名录用各员，暂予半薪，免生触望。仍须留心考察，如有堪造就者，将来可令入学堂，授以军事教育，亦可以备任使，不至成为弃材；其太无能者，自应即时裁汰，免耗饷糈。余均照所议办理。锷，支。印。

57 又复李根源电
（1912 年 2 月 4 日）

腾越李师长鉴：冬电悉。蒋管所亏公款二百五十三两六钱一分八厘，既据孙联长查明，实系身后家无余资，自可免其追缴，以示体恤。其由副军需官处借用过银一百两，系属私交，无论有无证据，公家断难认可。应饬该军需官如数赔缴，以重公款。希即转饬遵照。都督。支。印。

58 复谢汝翼电
（1912 年 2 月 4 日）

昭通专送谢梯团长鉴：幼密。麻电悉。成都军府既无纪律，又乏枪械，致匪徒滋扰，不能维持治安。我军本可扫荡廓清，代平内患，惟援军宗旨本属正大，而客兵地位易启猜疑。顷接李旅长电，有成都派兵抗拒之说。我军此时不宜多分兵，为匪所乘；亦不宜轻开衅端，予人口实。惟有与渝军联合，节节进行，较为稳健。前迭经电请中央政府命令并催程雪老回川主持，迄未得复。现雪老已任中央内务，恐难遽归。闻王采臣、胡文澜已抵川，若能出任此事，当易收束，望与韩、刘、李诸君密筹之。阳历支。印。

59　复谢汝翼电

（1912 年 2 月 5 日）

昭通飞送谢梯团长鉴：幼密。佳电悉。前接渝号电，当即电复。略谓联兵援陕，自系要图，惟蜀中匪势甚炽，联豫据雅窥成，西藏叛兵逼巴塘，英人亦增兵入藏。倘蜀事久未定，不惟民受其殃，恐大局亦为之牵动。亟宜解散同志会，惩创匪徒，安集失业游民，乃能西出汉中，北防藏卫，以巩我屏蔽，挫彼戎心。否则匪氛未靖，而兵力难分；后路未清，而运馈不便。故现在情形，靖内实急于对外。蜀中军府林立，惟贵军首先倡议，秩序厘然，将来内安外攘，胥惟贵都督是望。若一旦出省，戡乱无人，恐匪势益张，川事必更糜烂。此时宜亟除川省之实患，不必博北伐之虚名云云。与来电意同，渝军用意，诚如尊论，我军此时固不能曲从，亦不必遽与决裂。惟有屯集兵力，以固础基，徐待其变，相机进行耳。成、泸各军府宜取销，以谋统一。此间亦迭经电劝，然恐以口舌争。闻成、渝有联合之意，果能做到，我军似毋庸干涉也。锷。歌。印。

60　复谢汝翼电

（1912 年 2 月 5 日）

昭通局专快探送谢梯长鉴：哿电悉。尊处川饷均发给三个月以上，所请提井渡厘款及运局存铜变卖各银拨充饷银一节，碍难照准。惟该梯团长督队进行，不能坐理，现已托天顺祥号设法变卖，希即就近督催，迅将卖款解省，以济急需。希即照办。军都督府。歌。印。

61　致泸州盐井渡厘金委员等电

（1912 年 2 月 5 日）

盐井渡厘金委员、泸州云南京铜店委员览：本府据援蜀谢梯长哿电称，拟提井渡厘款及运局存铜变价充饷，当以饷已敷用，所请碍难照准，电复在案。惟查该梯长督队进行，不能久待。今泸店存铜已托天顺祥设法变卖，仰给就近督催，迅将卖款解省，勿延。此复。滇军都督府。歌。印。

62　复思茅方道台电

（1912 年 2 月 6 日）

思茅方道台鉴：支电悉。建筑事，本军府无案可稽，俟册报到，再行饬司核销。都督府。鱼。印。

63 致思茅刘道台电

（1912 年 2 月 6 日）

思茅刘道台鉴：鸿密。方道电称，前奉清督谕，移驻思茅，随就游署地修建道署，约需四千两，由省筹拨三千余，作三年流摊。曾于九月鱼电报告，工料共备。适值反正，支款已千余金，爰饬陆续动工，将次落成。现值交卸，即交由该道接修等语。查此项建筑，本军府无案可稽，应俟册报到日再行饬司核销。除电复外，并将建筑工程是否核实，密查详复为盼。锷。鱼。印。

64 致陈舜卿电

（1912 年 2 月 6 日）

桂林军政府转陈舜卿兄鉴：接二十二号电，借悉兄晋省，龙州事由林帮统代理，足资镇慑，甚为欣慰。敝处当与随时联络，慎固边防。锷。鱼。印。

65 致孙中山、黄兴电

（1912 年 2 月 6 日）

南京孙大总统、黄总长鉴：临时政府成立，各部长官皆极一时之选，仰见任官维贤，无任钦佩。惟缔造伊始，军事方殷，折冲樽俎之才，相需尤急，苟有所知，不敢壅闻。蒋方震君留学东西洋十余年，品行、学术、经验、资望为东西洋留学生冠，亟应罗致，以餍海内之望。闻蒋已由奉返浙，如畀以参谋部总长或他项军事重要职务，必能挈领提纲，措置裕如，不独中枢有得人之庆，而军国大计亦蒙其庥。锷于蒋君相知最深，为国荐贤，伏希留意。滇都督锷叩。鱼。印。

66　致韩建铎电
（1912 年 2 月 6 日）

赤水河飞送李旅长速转韩师长鉴：据电报，总长禀称，前因永、泸一带电线被毁，泸局无料修复，奉饬无分畛域，亟筹修通，以通川汉消息。遵即发款运料，派员往修。兹报生冯嘉言电称，查明由永至泸，共坏杆线二百三十里。并闻泸局称，成都已有委员来查，似有自修之举等语。查永、泸被毁电线，本属川境，惟前因泸局无料，故派员修理，以期早日规复川汉交通机关。兹据称前情，请电询成都、重庆，是否确有此事，应否仍由滇局已派员役修整，不致虚糜运费，且可早日修通等情。据此，请即由尊处就近询明蜀军政府，是否自行修复？速行电复，以凭转饬该局遵办。锷。麻。印。

67　复谢汝翼电
（1912 年 2 月 6 日）

昭通专送谢梯团长鉴：佳电悉。前接李印泉电，拟派钟相藻等率榆兵取道建昌、会理援蜀，嗣接宁远、会理绅民等文电迭称，各属业经反清，止发大兵，以免人民惊疑，遂电止榆军出发。彼既深闭固拒，未便遽尔进行，反生疑阻。惟有严为戒备，免其窜扰而已。锷。麻。印。

68　致孙中山电
（1912 年 2 月 7 日）

南京孙大总统鉴：蜀独立后，土匪蜂起，劫掠横行，全省糜烂。军府林立，拥兵自守，不能维持治安。现联豫率藏兵据雅州，逼成都，北房袭晋入秦，骎骎向蜀，势益可危。迭经电陈中央，并请程雪老回川主持，迄未示复。岂西南数省不足恤耶？抑滇军不足与谋也？蜀乱一日未定，即大局一日未安。滇军为人道计，为全局计，不能不代平蜀乱，一以救蜀民于水火，一以促国家之统一。事机切迫，恐再迟延，贻误大局，惟有督饬援军，不分畛域，竭力进行而已。谨此电陈。滇都督锷。阳。印。

69　致唐继尧电
（1912 年 2 月 7 日）

曲靖专人星夜飞送北伐唐司令鉴：北密。近因北房猛攻潼关，陕势危迫，迭请救援。而蜀中匪势甚张，非速平蜀乱，碍难援陕，大局可危。又接叶荃、张璞等自流井来电，川事糜烂，非厚兵力，难望速平。谢、李来电亦云，韩师长武器为蜀扣留在资，拟率兵应援，又恐泸、叙为匪所乘，请派三梯团速行入蜀。日内又连接黔电阻兵，且探悉黔省情形，党竞甚烈，吾兵一到，冲突立生，即代为勘〔戡〕平，不过为一党人争势力，而劳师糜饷，于我军妨碍实多。当经开会研议，金以审时度势，宜暂置黔事，并力赴川，先固根基，再图进取，既免树黔省之敌，又可增援蜀之兵。蜀事早平，于北伐尤易为力，业经电商改道入蜀。兹特以改道原因奉商，希将大旨宣告军士，立行督率入川。盼切祷切。锷。阳。印。

70 致戴戡、周沆电

（1912 年 2 月 8 日）

曲靖探投戴循若、周季贞鉴：宜密。日内连接陕电告急，援蜀军亦屡请添兵。又此间黔人纷传滇军入黔，将以扑灭黔军。刘荣勋、钟元黄等上书，至云滇军助一二人之竞争，将戕八百万人之生命，浮言固不足恤，然黔军府既深怀疑忌，将来到黔，必生冲突。滇军既多树敌，而黔省亦重疆埸。当经开会密议，佥称只宜暂置黔事，并力赴川。已饬唐司令改道入蜀。特闻。锷。庚。叩。

71 致李根源电

辛亥腊月二十一日 （1912 年 2 月 8 日）

行营李师长鉴：哿电悉。我军起义，志在除专制淫威，求人民幸福，并非黩武穷兵。腾、永军光复各属，吾辈方称庆幸。乃陈云龙率兵东向，经此屡电劝阻，该匪反肆野心。诚恐蹂躏生民始檄榆军迎击，事非得已，心实恻然。兹得尊大人出而调停，意在罢兵息民，将使迤西生灵得安衽席，非独吾辈所称望，即榆军亦必有同情。已电嘱榆军派员到漾濞迎接，并饬沿途竭力保护。俟尊甫到榆协商，即可和平了结，使生民早一日得休兵革，即吾辈早一日得卸仔肩。惟既散合江、漾濞之师，并须将云龙、喇井之师亦一律撤回，方足以免人民之惊疑而相安无事。否则既止东向而又肆西封，祸结兵连，何所底止？此间得永来电，已将此意复之，并望兄电达鄙忱。果能一律退师，陈云龙一人包藏祸心，首开衅端，仍应惩办外，其余均免株连，庶此得早结束。兄素为腾、永诸君所信仰，得兄一行，自易解决。为大局计，为桑梓计，均不容辞也。委刘有书充管带一电，均悉。并闻。锷。
箇。印。

72　致李昆田等电

辛亥腊月二十一日（1912 年 2 月 8 日）

永昌李君昆田、张君蔚臣、林君琼楼鉴：阅致谘议局电，
得悉腾、永各军已回驻永昌，并有李蔚老偕同志诸君将赴榆调
和，甚欣慰。自我军起义，各属□□，方期罢兵息民，整理内
治，乃陈云龙率兵东向，意欲侵略榆蒙。经此间致电，谓大
理、丽江、顺宁、楚雄均已一律反正，无须用兵，令其退扎
腾、永，借释群疑，以便共筹善后。乃陈悍然不顾，反肆种种
要求。诚恐其蹂躏生民，始檄榆军防剿，事非得已，心实恻
然。兹得诸君出而调停，如陈云龙一军能一律撤退，不复分窜
顺云、喇井，迤西生灵得安衽席，则榆军亦何忍穷兵？现已电
告榆军，询明李蔚老启行日期，即派妥员前往漾濞迎接，并饬
沿途妥为保护。俟李蔚老到榆协商，自可和平了结。如陈仍负
固不服，或阳称撤归，而实行侵扰，穷而反噬，则陈云龙一人
不独为榆军所同仇，亦实为腾、永人民之公敌，愿与滇中父老
子弟共歼之。都督府。箇。印。

73　致孙中山、黎元洪及各省都督电

（1912 年 2 月 9 日）

南京大总统、武昌副总统、各省都督鉴：自各省起义以来，
扫除专制，建设共和，已为全国公意。惟改革之初，因幅员辽
阔，故用人行政，省自为谋，非亟图统一之方，恐难免纷歧之
虑。现房氛未靖，战争方殷，琐屑者固不暇计，为大纲所在，似

宜先为规定，期于全国一致进行。窃观目前情形，当从数端入手：（一）用人。各省军府分立，组织机关互有不同，宜由中央参酌各省之现行制度，拟具大纲，颁布通行，以归一律。其上级长官由中央委任，次级官由本省呈请大总统委任，下级官由本省委任后报明中央政府。至关于外交、财政官，应由中央遣派。似此办理，庶可统一事权，将来地方制度颁行，亦不致多窒碍。（二）财政。我国各省区域不同，丰瘠互异，往往省自为政，痛痒漠不相关。即以目前而论，有为边要者，有当敌冲者，若专恃一二省之财力以为支持，虽反正者十数行省，而实则力分而不厚。谓宜将各省岁入悉报中央，由中央视各省缓急情形，量为分配，庶可得酌剂盈盈〔虚〕之益，不致以一部分而妨害全局。（三）军事。现中央已设陆军部、参谋部，而各省北伐军队皆受节制于总司令官，是军事已有渐趋统一之势。惟反正之后，各省多添募新兵，略无限制，至有非临战区域亦有以一省而骤增五六镇者，枪械既缺，饷糈尤为不支，恐将有不戢自焚之祸。谓宜由陆军部体察各省情形，酌定应编镇数，通令汰弱留强，勤加训练。已成之镇，悉听中央调遣，庶全国军队联为一气，可以互相策应。此外若币制，若邮政，以及一切行政，或中央已经筹及，或现在未能猝行，不敢复赘，伏希裁择。锷。佳。印。

74　致夏文炳等电
（1912 年 2 月 10 日）

开化夏镇台、临安朱镇台、蒙自何道台、河口陆分统鉴：滇北伐队已派出三千余人。近接陕都督连电告急，虏势颇张，非添兵不足以制敌。现拟抽调开化一营、临安二营、蒙自一营、个旧一营、河口一营来省会齐，克期出发。其通海、临蒙一带由省派兵填扎，即毋庸另行招募。前朱渭翁倡率绅商捐集银十万元，热

忧可感。希即解交财政司核收转发，以济急需，办理情形并先电
复。都督府。蒸。印。

75　致贵阳军政府电

（1912 年 2 月 10 日）

贵阳军政府、枢密院鉴：滇派北伐队取道黔中，已于前月勘
日出发。现因连接陕电告急，已电饬改道入川，会师援陕矣。前
闻贵省独立，初则有英雄、尚武各社，继而公口林立，颇扰治
安，殊深骇诧。嗣复查悉，举义之初，虑匪徒乘虚窃发，特借此
联络团体，收为我用，亦属具有苦衷。但恐相沿日久，土匪效
尤，分党寻仇，为患滋大。尚望轸念时艰，廓清畛域，全黔人士
冶为一炉，深为企望。若匪势稍有不靖，亦希随时见告，滇尚可
分兵应援也。滇都督锷。蒸。印。

76　致谭延闿电

（1912 年 2 月 10 日）

长沙谭都督鉴：闻黔省独立后，党见未融，借助会党以为声势，
遂至土匪横行，颇扰治安。诚恐分党寻仇，为患滋大，而匪徒窜扰
于湘、滇，关系亦深。特先电请时加戒备，并希劝告黔军政府，消
除党见，共保公安，大局幸甚。滇北伐队已于前月勘日出发，现因
陕电告急，已饬令改道入川，会师援陕矣，并闻。锷。蒸。印。

77　致唐继尧电

（1912 年 2 月 10 日）

曲靖专送唐司令鉴：北密。改道详情已具阳日密电，计已

达览。近日旅滇黔人连递公禀，谓滇军以北伐之名而为黔中党人利用，且谓协黔饷械，乃专以接济唐、刘两家。又连接黔电阻止。强欲入黔，必生冲突，以我兵力，不难荡平。然劳师糜饷，而究蒙阋墙之恶声，终非得计。现川事略平，而陕势甚急，不如并力赴陕，早竟北伐之功。韩师长已派赴南京陆军部，拟以兄为北伐军总司令，并希即迅饬前军，一律改道入蜀。威、毕一路，粮草已令军务部电饬沿途赶为筹备，并闻。锷。蒸。印。

78　致吕志伊电
（1912年2月12日）

南京司法部吕莘农鉴：莘密。艳电文悉。参议员前经推举执事及张耀曾、杨觐东。闻执事已任法部，另由临时议会推席聘臣。既而杨觐东到，辞参议职，复另推顾视高，早经派定，分别电达。尊电到滇甚迟，所拟各员，未便再派。滇军北伐，原拟取道黔中，因接陕电告急，遂令改道入川。合援蜀军约一镇人，拟顺江东下，出襄阳，截敌攻秦晋之后路。此次所派之兵，训练有年，又经战阵，器械精良，将校学术经验具有特长，决操胜算。惟炮弹枪弹，道远不便输送，特派员赴沪、鄂，筹备接济事宜。请代陈中央，竭力赞助，至为盼祷。干崖土司刀安仁，夜郎自大，几启衅端。据腾越李印泉、海防张堂堂函，揭其罪状。前到省要求封爵，未慊其望，业已赴宁。近得其文告，有"合夷灭汉"语，殊属狂悖。将来放归土舍，实为养虎贻祸，请设法扣留。余函详。锷。文。印。

79　复黎元洪电

（1912 年 2 月 12 日）

武昌黎副总统鉴：和密。先电悉。段祺瑞率兵北上，促进共和，大局可望早定，甚为欣幸。惟闻段夙无种族思想，而与袁世凯关系甚深，此次忽然通款，自当推诚相与。然究竟有无别谋，亦宜密为筹备，免堕奸计而误事机。锷。侵。印。

80　致李根源电

（1912 年 2 月 12 日）

腾越李师长鉴：真电悉。清内阁派唐使到沪议和。民军以战事延长，终伤元气，如果溥仪退位，赞成共和，自可和平了结。提议各条，以清帝退位后之待遇、清室之年金等为重，民军皆承认优待。乃清廷忽主张民主、君主问题取决国民会议，又有清帝退位，临时政府亦同时取销之说，此则民军所万难从者。故其余条件均未议及。现在和议决裂，战事已开，我军在固镇颇获胜利。惟虏势甚张，皖之颍、寿、三河，陕之灵、阌、潼关，皆入敌手，迭接飞电告急。滇北伐队已饬令改道入蜀，并拟调临、蒙、开、广国民军八营继发，合援蜀军顺流东下出襄，以截敌攻鄂攻秦之后路。川军亦拟出汉中援西安，已有成议。近接鄂电，段祺瑞通款，拟率兵北上，促进共和。果尔，则大局可望早定，但未识段究可靠否。虏廷反对共和，以铁良、良弼等为最。良弼现被炸伤足部，袁世凯前亦被炸未受伤，内部闻颇轧轹。要之，虏廷断无幸存之理，惟苟延一日，则多一日战祸，外族因而生心。近时俄以独立煽蒙，英亦添兵入藏，皆关系大局，为可虑耳。此闻，余续电告。锷。文。印。

81　致唐继尧电

（1912 年 2 月 13 日）

曲靖飞送唐司令鉴：北密。函悉。当初计划固然如此，惟军情瞬息万变，不能执一而论。现连接泸州电，蜀军数万在自流井以北界牌与我军开衅；而皖则颍州、三河失守，寿、亳均危；陕则灵、阌、潼关失守，西安甚危。我军自当先其所急，并非失信于黔。惟现接周、戴两君电，删夜贵阳黄泽霖被杀，张百麟遁匿，安顺乞望北伐队往助，早定黔局云云。希由执事酌量分拨数队，代定黔事。余军仍须入蜀，以应援蜀之急，并速北伐之师。盼切。并希转达韩、庚、周、戴诸君。锷。元。印。

82　复张培爵、夏之时电

（1912 年 2 月 13 日）

重庆张、夏都督鉴：近接陕、皖连电告急，势甚可危。敝处已饬北伐军趱程前进，合援蜀军，与川、黔会师北伐，即推张都督为联军总司令。滇军兵经久练，器械亦精，陷阵摧坚，尚有把握，拟令出襄阳以截敌攻鄂、攻秦晋之后路。接尊处径电，计划大略相同。惟闻近日成都派兵欲与滇军开衅，诧异殊深。现在北虏未平，大局未定，正宜同仇敌忾，岂可同室操戈。已饬滇军和平办理，亟图北伐。请将鄙意转达成军为感。锷叩。元。印。

83　致李鸿祥电

（1912 年 2 月 13 日）

泸州滇军李旅长鉴：东密。先、文、哿、歌四电悉。近日连接皖、陕两省来电告急，势甚可危。我军宜亟图北伐，川事以和平了结为宜。若衅自彼开，则战非得已，务望团聚，以厚兵力，严为防御，相机进行。北伐军原拟取道湘、黔，现已饬令改道入蜀，互相策应，仍须及早收束，顺流东下，出襄阳，截敌攻鄂、攻秦晋之后路。饷项既由蜀担任，可以稍纾滇力。弹药自由滇补充，惟道远运输不便，现拟派姜梅岭赴沪、鄂，筹备接济事宜。前接渝电云，滇、黔、蜀代表公推渝都张培爵为北伐联军总司令，此事无妨认可。将来滇、蜀分道进兵，无虞牵制也。韩建铎已派令赴宁到陆军部，北伐滇军拟以唐继尧为司令官。希将以上各情转达韩、谢、张诸君。锷。元。印。

84　复李根源电
（1912 年 2 月 13 日）

腾越李师长鉴：月密。两文电悉。散兵均给川资，营兵垫支旅费，待遇不为不周。乃犹勾结煽乱，致永昌横遭劫掠，非痛加惩创，不足以弭乱安民。希即分饬军队，协力兜剿，毋任分窜。闻刀上达尚拥【兵】图逞，设散兵阑入土司界内，足以增匪势而滋事端，尤宜预为防范。榆、丽、顺、云各处，并希饬令戒备为要。

85　复戴戡、周沆电
（1912 年 2 月 14 日）

曲靖飞送戴循若、周季贞鉴：宜密。蒸、真电均悉。滇于黔事，本不分畛域。惟连接贵阳电阻，旅滇黔人亦迭上书阻止，此间实亦为难。然此特小原因，其大者则秦、皖告急。皖则颍、寿、三河均失，秦则灵、阌、潼关均失，大局颇属可危。而成都又发兵数万至自流井以北界牌地，与滇军开战端。我军虽精，然悬军深入，又散驻势分，不敷防御，亟请添援。故会议决定改道入川，先其所急，并非为一二言论所撼摇。现接电示，贵阳删夜有事，黄死张逃，不能不代为镇定。已嘱唐蓂赓酌分队伍赴黔，余仍入蜀。黔事固不忍坐视，而亦又不得不为大局计也，两公当能见谅。锷。盐。印。

86　复韩建铎电
（1912 年 2 月 14 日）

泸州滇军李旅长专送韩师长鉴：列密。微电悉。所云蜀省疑忌原因甚是。近接秦、皖连电告急，自应以急图北伐为宜。惟闻成都不听交涉、发兵数万至自流井以北界牌，势将开衅。我军亟宜团聚兵力，严为防备。一面仍遣员与之和平办理，勿轻启内哄，致碍大局。前因陆军部调员赞助，特电商执事赴宁，计已达览，并希电复。锷。盐。印。

87　复由云龙等电
（1912 年 2 月 15 日）

永昌由云龙、黄鉴锋、马登云、邵华轩、王太潜诸君鉴：元电均悉。前因腾、永起事，征敛军需，已为民间苦累。此次永城匪乱，复毁劫至百数十家，深堪悯恻。据称搜查匪党、赈恤灾民各情，办理尚为合法。惟匪徒尚伏，窜扰堪虑，务须严密防堵，一面缉拿首要，立正典刑，毋任漏网，致贻后患，仍随时禀承李师长、赵巡按认真办理，以除匪乱而奠民生。都督府。删。印。

88 致唐继尧电
（1912 年 2 月 15 日）

曲靖飞送唐司令鉴：元电计达。行军计划，远道殊难悬揣。进止机宜，未便遥制。究应如何办理，希即电复。顷法领来函称，接驻京法使电，清帝退位已于二月文日公布，从此共和确定，可为民国前途贺云云，并闻。锷。删。印。

89 致张培爵电
（1912 年 2 月 15 日）

重庆张都督鉴：庚电悉。连接秦、皖告急电，敌氛甚恶，非及早挫其南下，大局可危。元日电商贵都督联军北伐，蜀军出汉中援陕，滇军出襄阳，以截敌攻秦之后路各情，计达台览。敝军各将领已电令协商贵军，克期出发矣。闻成都发兵，有与滇军开衅之说。万一滇军为防御计，致起兵端，既负援蜀初心，又为北伐障碍。请贵都督劝令释此疑团，共维大局。滇都督锷叩。删。印。

90 复李根源电
（1912 年 2 月 15 日）

腾越李师长鉴：三元、一寒电均悉。前因腾、永起事，征敛军需，民间已不堪扰累。此次永城匪乱，毁劫至百数十家，深堪悯恻。据由守等电称搜查匪党、赈恤灾民各情，办理尚为合法。惟匪徒潜伏，窜扰堪虞，应饬严为防堵，以免别生事端。如该兵力未厚，希酌派队伍协力兜剿，并缉拿首要，立正典刑，毋任疏脱。现在张文焕、马鸿发等，业经正法，其李光斗、宋学诗等仍应严缉惩办，以弭后患而靖地方。都督府。删。印。

91 致尹昌衡、张培爵电

（1912 年 2 月 17 日）

万急。成都尹都督、重庆张都督鉴：陕省告急，即饬敝军赴援，并于元日电商贵军合师，推张都督为总司令，计达台览。日内连接敝军电称，成都发兵至自流井，将开衅端，殊深诧异。想因两军隔阂，致起冲突。请速派员和平协商，勿生内哄，妨害大局。锷叩。筱。印。

92 致援蜀军电

（1912 年 2 月 17 日）

万急。永宁飞递泸州滇军韩师长、谢梯团长、李旅长、张联长鉴：连电悉。成都发兵，将向我军开衅，想系误会我军宗旨，应派专员与之和平协商，顾全大局，切勿轻开衅端。近情如何，并希速报。锷。筱。印。

93 致唐继尧电

（1912 年 2 月 17 日）

曲靖飞递唐司令鉴：连接泸州电，川军由资州、威远、荣、富四路分进，于初七日晨急攻我局〔军〕。刘参谋入成都，带去马聪所部二中队、机关二挺，全被拘留勒收，请催第三梯团改道入川增援云云。已电告我军及成、渝两军和平协商，勿轻开衅。

惟我军悬军深入，不能不添兵援，应请照前电酌定。速复，盼切。锷。筱。印。

94　致尹昌衡、张培爵等电

（1912 年 2 月 20 日）

成都、重庆尹、张、罗、夏各都督鉴：电悉。敝处并无委任黄君玉田总理自□两厂盐务之事。或敝军韩、谢诸将领因两井匪乱初平，暂时派人经理。当时不过为维持井务起见，将来自应归还贵军。前接陕电告急，当饬敝军与贵军合师赴援，并经电商尊处，未审达否。兹得渝都督真电云，成都军队与滇军在资州、陈家场、界牌、自流井一带，因彼此误会，致起冲突，屡电调解无效云云。滇军援蜀，本属仗义兴师，乃反致同室操戈，此岂初念所及？已饬敝军和平办理，勿启衅端，并请贵军捐弃小嫌，顾全大局。现在清帝退位，南北调和，山、陕应否赴援，请就近与敝军韩、谢、李诸人协商办理。藏中近事，亦希详细电知。蔡锷叩。号。印。

95　复援蜀滇军电

（1912 年 2 月 20 日）

泸州援蜀滇军诸君鉴：尤电悉。前布赵复祥罪状，未忍尽揭。今诸君致疑，当详言之。复祥在蒙自，凡省中委任人员，皆拒不受。河口提省之协饷，均被截留。又欲截个旧锡课、普洱茶课，意在独据一隅，遂滥招兵丁，匪徒混迹，致酿成十月十三之变，道署课储、洋行商号均被毁劫。又窜扰藏村，车站被掠，外人受伤。河口法兵遂欲乘势阑入，幸此间与外人夙□睦谊，和平交涉，承认赔偿，竭力保护，法人乃稍退步，仍请派法越警兵数

十人保护铁路。再四磋商，始允如一月半内不生他事，即可撤
还。现已届期撤退，而羊育车站之损失，要求赔偿十余万金，尚
未了结。蒙自商号之被劫者，亦屡禀控索偿。约计蒙【自】之
乱，官私亏损至数十万元。复祥事前毫无防备，临事率尔遁逃，
酿乱殃民，贻误大局。商民切齿，外人亦时有责言，不得已乃
宣布罪状，以谢中外人民。虽扬言严缉，然闻其遁至河口，犹
给以川资二千元。军府之于复祥，可谓仁至义尽，诸君犹以为
过事追究，是必是非不分，赏罚不明，恐军中纪律益隳，而人
心之保障益失，殊非滇中之福，抑岂诸君所乐闻？至诸君援
蜀，为锷所顾念不忘者，亦何嫌何疑，而有人人自危之说？此
必因远道误会，故一道其详，望以告我最亲爱最劳苦之诸军
士。锷。号。印。

96 复尹昌衡电
（1912 年 2 月 20 日）

　　万急。成都尹都督鉴：东电敬悉。成都独立后，复有兵变之
事，致蜀民重罹祸殃，深堪悯恻，得贵都督戡平祸乱，民困始
苏，无任欣贺。滇军援蜀，原以唇齿之亲，欲急鹡鸰之难。到叙
府闻成都独立，匪患未平，爰电饬敝军协助贵军，共平匪乱。乃
双方隔阂，致启猜疑。近接敝军泸州电称，成都发兵数万，分道
进攻我军；万一衅自彼开，恐不能不为正当之防御。当即电令和
平办理，切勿轻启衅端。并电请贵都督共释疑团，用全大局。旋
接陕电告急，复电商联军援陕，未审均得达否。现在清帝退位，
南北调和，陕事自当解决。惟藏卫为滇蜀屏蔽，自当协力经营。
现闻藏事不稳，应即释内讧，以御外侮，尚希裁复。弟蔡锷。
号。印。

97 致李鸿祥电

（1912 年 2 月 20 日）

万急。泸州滇军李旅长鉴：接致各省蒸电，词意正大。此间迭经电达成都军府，早释疑团，共全大局，勿启内哄，贻笑外人。希与和平协商，勿轻开衅。现清帝退位，南北调和，山、陕应否赴援，亦可与蜀军就近酌定。藏事如何，并希电告。锷。号。印。

98 致谭延闿电

（1912 年 2 月 21 日）

长沙谭都督鉴：筱电悉。滇中产铜最旺，质料不亚日本。现在京铜停办，存贮紫铜甚多。贵省新铸铜元，需铜必夥，拟请在滇购用，既可以维矿业，亦可以塞漏卮。如何，乞复。锷。马。印。

99 复夏之时电

（1912 年 2 月 21 日）

重庆夏都督鉴：奉电催张左丞、王用九回渝。查张左丞由旅滇蜀同乡会公举为回渝代表，已启程。王君用九据称因事刻难脱身，并面称前请款事恳速施行云云。特为代达。锷。马。印。

100 致孙中山等电

（1912 年 2 月 21 日）

南京孙大总统、实业部长鉴：滇中产铜极旺，质料不亚日本。除商厂不计外，专就东川一处而论，每年产额约计一百六七十万斤。现在东川改设公司，认真经理，将来每年可增三四百万斤。惟近因京铜停运，存储甚多，现共存净紫铜一百六十余万斤，毛铜二十余万斤。货弃于地，公私交困。闻各省有因铜币缺乏开局鼓铸者，需铜甚夥。然购自外人，利权外溢。拟请通电各省来滇购运，以维矿业而塞漏卮。蔡锷叩。马。印。

101　致孙中山、黎元洪及各省都督电

（1912 年 2 月 21 日）

南京孙大总统、武昌黎副总统、各省都督鉴：滇省援蜀，志在救灾恤邻，并愿为武汉后援，固西南屏蔽。军队所至，父老欢迎。不意土匪未遂劫掠之图，造谣诬蔑，谓滇军侵略蜀土，以致成、泸两军政府皆启猜疑。近闻成都发兵至资州、自流井一带，愿与滇军开战。诚恐滇人兴仗义之师，反贻阋墙之诮，迭经电饬军中将领和平办理，勿启衅端。然非成都共释疑团，恐难双方解决。乞电告成都都督，顾全大局，勿生内讧，滇、蜀幸甚。蔡锷叩。马。印。

102　致黄兴电

（1912 年 2 月 21 日）

南京陆军部黄总长鉴：和密。各省起义，多添募新兵，或赴应援，或资防守，然多未经训练，仓卒成军。现清帝退位，南北调和，战端可熄，似【应】裁汰冗兵以纾饷力。大部有统辖全国军队之责，计已筹维及之。惟中央政府国本所关，不能不有精练之师，以为模范而资镇慑。滇省北伐援川各军队，久经训练，纪律严明；各将领亦有学术经验，此次援蜀平匪，所向有功。若以之留备中央，必资

得力。拟饬令悉归部下，听候调遣。尊意如何，即请电复。锷叩。马。印。

103　致李根源电
（1912 年 2 月 23 日）

腾越李师长鉴：月密。彭、钱死事，已饬议恤。惟彭系督带，而钱系何职，无案可稽。李岐山系钱卫队管带，而奋身殉彭，尤人所难，应予优恤。惟三人均非临战捐躯，又非因公毙命，似以名誉恤赏为宜，如追加职衔，及子孙长成入学堂免收学费之类。如何办理，希核议电复。锷。漾。印。

104　复尹昌衡、罗纶电
（1912 年 2 月 24 日）

万急。成都尹、罗都督鉴：蒸电敬悉。两军隔阂，谣諑频生，然颇传闻失实，特详陈之。滇军前锋到叙，商民纷纷求援，而同志会拒不令前。滇军因后路未靖，不得悬军深入，并非观望徘徊。此其一。滇军在叙，颇受商民欢迎，而土匪志不得逞，趁滇军后援未到，即欲围攻奇〔夺〕械。滇军急而抗御，并非衅自我开。此其二。对垒之时，惟力是视，枪弹所及，不复择人而施，屏山之罹，自井之周（？），富顺之危，皆无从分别。此其三。滇军援蜀，志在戡乱，至地方行政，宜本不干预。惟平匪之后，不能不暂设官员以资整理。迭经电饬敝军，将平定地方交还贵军整理。然日内屡接叙府各界代表梁亨吉、薛令忠等电称，滇军叙郡谢梯团长、彭摄县尤惬民心；惟乱机犹伏，恐有调动，遗孽必萌，万乞均留云云。滇军未敢轻退。此其四。敝省代守盐场，实系徇渝都督之请。至所云输金归滇，系天顺祥欠款，由川拨还。此其五。敝军张联长与郭巡按至昭通互讦，此间已力斥张，一询郭巡按，当知其详。此其六。要之，滇军援蜀果能于事有济，则种种嫌疑不足辩，亦不足恤。承询，故略言之。现在成渝合并，内乱底定，滇军责任已尽，自可撤回。惟刻接到武昌黎都督电，贵都督亲自督师与滇军开衅在即，滇、蜀遥远，未悉近状如何，已连电饬敝军，和平办理。仍望贵军捐弃小嫌，顾全大局。锷叩。敬。印。

附　唐继尧致蔡锷电（1912 年 2 月 24 日）

滇军都督钧鉴：滇军自出发，雨雪严寒，泥泞路滑。幸军行严守纪律，行势整齐，经过地方无惊无扰。查办土匪，舆论翕然。行抵黔界，善良绅耆欢迎，各门前均有"北伐军万岁"，并立旗相赠。匪类闻风潜匿，时派弁兵巡边，拿获匪犯，予以正法，莫不称快。沿途张贴告谕，晓以共和宗旨、民国法律，暨黔省公口、山堂亟行解散，胁从罔治等语。查入境时，匪等造谣，人民智愚不一，间以腐败时代军营状况相猜疑者。迨至本军经过，风纪军纪两无缺点，大喜逾望。耆〔耆〕老者至谓此等军容未见未闻，颂美不置。现已行至安顺，休息二日。该处被张匪百麟前次经过勒索银一万三千余两，现免去六千两余数，因闻滇军将到，猝逋走。故感激滇军倍至，酒肉犒师，却之不得。贵阳同胞亦函电交驰，谓如望岁，请求速进。拟即出发抵筑垣，相机办理。旅次军行，尚可告无过于我滇中各界者：一则卫生甚谨，由官长以至目兵，严寒不侵，勇气数倍。次则上下辑睦，毫无偏私意见竞争。三则兵士素受教育，服从命令，无一人干犯法律。凡此皆都督平时训练所致。知念特闻。尧叩。敬。印。

105　致开化张太守电

（1912 年 2 月 26 日）

　　开化张太守鉴：参密。夏豹翁在滇，深资倚任。惟迭接来电云，开郡谣诼甚多，颇有不安之意。前既请与龙怡庭对调，现又请与唐省吾援黔。近黔事已渐就绪，无须添援，已电慰豹翁。惟闻所部粤勇人地终不相宜，难保不生事端，反为豹翁之累。将来只好徇其初意，听归粤西。特此密闻。锷。宥。印。

106　复夏文炳电

（1912 年 2 月 26 日）

　　开化夏豹翁鉴：豹密。漾电悉。黔省内部糜烂，迭据绅商请援，故派北伐队取道黔中，顺为戡定。现接黔电，绿防营总统黄泽霖于十五日为众枪毙，枢密院长张百麟逃往粤西，巨憝已除，大局不致妨碍，请大军到黔省共为维持云云。适和局已成，勿须北伐，当即饬唐司令赴贵阳镇慑。想黔事自易收束，可勿再派重兵。如我公带兵援黔，极所钦企，若以黔事能决，无须添援，亦请由我公裁酌。前询尊意，以对调事商桂都督，然南防重要，实望公始终维持，尚希坐镇，不必遽萌去志。锷。宥。印。

107　复唐继尧电

（1912 年 2 月 27 日）

　　安顺探送滇北伐军唐司令鉴：祃、敬电悉。昨得泸州电，滇、川事已和平解决，拟与蜀分道援陕北伐。惟现在和局已成，战事自熄，计划当稍变更。已电令与蜀协商，经营藏卫。至黔事糜烂，迭经绅耆请援，实难坐视，希即督率所部，戡定黔乱为要，勿庸改道入川也。锷。感。印。

108　复韩建铎电

（1912 年 2 月 27 日）

叙府滇军韩师长鉴：列密。十六日电悉。和议已成，当可无须战事，惟川事已和平解决，滇军可备卫戍中央之用。刻已电商陆军部黄总长，请执事仍充第一师师长，率师东下，以为赴宁地步。锷。感。印。

109　复黎元洪等电

（1912 年 2 月 27 日）

武昌黎副总统并转参议汪秉乾、邓汉祥诸君鉴：文、号电均悉。滇、蜀两军问题已和平解决，乞免□。黔事闻甚糜烂，现黄泽霖已毙，张百麟逃粤西。惟匪气尚炽，人心未安，迭接绅商文电请援。已饬北伐队留黔镇慑，适与尊意相同，特闻。滇都督锷叩。感。印。

110　复尹昌衡、罗纶电

（1912 年 2 月 27 日）

成都尹都督、罗副都督鉴：皓电悉。滇、蜀两军，言归于好，布置极为安协，无任佩慰。惟现在清帝退位，南北调融，北伐计划当有变更。西藏为我国屏藩，内部近颇不稳，似应及早经营，免为后患。又接西安张都督电，升允不听交涉，猛攻乾、凤，陕省兵力太单。尊处能否分兵应援，并希裁酌。锷叩。感。印。

111　致李鸿祥电

（1912 年 2 月 27 日）

泸州滇军李旅长鉴：东密。祃、敬电悉。和局已成，战事自熄。升允虽跳梁关陕，川军足以荡平，可无烦我兵力。现拟将滇军充中央卫戍之用，已密商陆军部黄总长及吕荇农，似宜仍照初议，出荆、襄以为赴宁地步。设此事不成，以分兵经营藏卫为宜。希与韩、谢、刘、张诸君妥商，电复。锷。感。印。

112　致胡锦堂、刘显世等电

（1912 年 2 月 27 日）

毕节龚铨君转胡锦堂、刘显世诸君公鉴：电悉。滇、黔关系密切，未能坐视其糜烂，已电饬北伐军留兵镇慑，并由唐省吾君率兵三营入黔矣。滇都督蔡锷。感。印。

113　致谢汝翼、李根源等电

（1912 年 2 月 27 日）

泸州滇军谢、李两旅长、黄联长鉴：铣电悉。计画及条约均极周妥。惟和议已成，事局一变，究应如何进行，希协商随宜处置，此间未能遥制。锷。感。印。

114　致夏文炳电

（1912 年 2 月 27 日）

开化夏豹翁鉴：豹密。有电悉。和议已成，战端当熄，北伐队已令留黔镇慑。唐君省吾又率三营回黔，渠意亦以滇军在黔计三千余人，足敷防剿。黔夙贫瘠，饷糈全资滇济，若再添兵，饷尤不资，已在我公洞鉴。前商援黔一层，可作罢论。昨接桂林陆都督及陈舜卿电，切盼公归，惟此间方资倚重，实不愿公遽离。惟闻粤勇在开，颇与土著不甚相能，诚恐别生事端，反为公累，拟即支给两月饷银，遣令回粤，所领枪械仍饬令悉数缴还。滇中械缺较粤尤甚，公顾念滇事，必能代筹。至开化谣言时起，闻公颇不乐久居，请即来省，襄赞一切。如必欲返桂，亦未便苦以所难，请酌留枪械为护卫兵之用可也。统希裁酌。锷。感。印。

115　复李根源电
（1912 年 2 月 28 日）

腾越李师长鉴：月密。两宥电悉。刀上达勾结耿马土司罕华基恣为边患；郑明轩、杜万祥、刘中和、贾正明、张祠梁、唐明臣等复肆行滋扰，边民何以安？现经徐教练和牧等率队进攻，击毙众匪，惟元凶未翦，后患堪虞，且各土司中耿马较为强悍，又时有外向之心，事尤为西防隐患。复函一切措置，甚合机宜。至黄管带所部一营，只缴枪百六十余杆，所云原领止有此数。究竟有无隐匿情弊，仍须严密调查，以重军储而免后患。锷。勘。印。

116　致尹昌衡电
（1912 年 2 月 28 日）

成都尹都督鉴：据敝省丽江姚守电称，准维西冯丞舜生函报，川边定乡县民庚日聚众作乱，围逐新军；三岩、德荣、稻坝同时响应，该处垦夫纷纷入中甸逃难。又据中甸厅赵二弇报告，事同前由。查该县壤连中维，虑有牵动，已商姜协、冯丞并永北，加意防探外，并恳转电川军政府查询等情。据此特为电闻。
锷叩。勘。印。

117　致陈锦涛电
（1912 年 2 月 28 日）

南京财政部陈总长鉴：前接湘、粤两都督电，议统一财政，通行民国纸币。敝省协力赞成，当经电复湘、粤。时因中央政府尚未成立，即并电商黎副总统在案。兹接副总统复电，统一财政，通【行】纸币，莫如速设中央民国银行及各大埠分行，发用纸币，全国通行，将亡清旧有法定纸币，以票易票，尽行换回。如滇省赞成，请速电中央政府云云。特此电陈，即希裁酌。滇都督锷叩。勘。印。

118　致李根源电
（1912 年 2 月 29 日）

腾越李师长鉴：腾、永反正，彭蓂保卫地方最为得力，前经委充督带，又能同心戮力，懋著勤劳，钱泰丰、李岐山等均属在事出力。方冀分别擢用，遽遭变故，悼惜殊深。彭蓂着照本军府所定阶级表加一级追赠正都尉。钱泰丰着追赠正都尉职衔。李岐山奋身殉彭，死事甚烈，着追赠协都尉，以旌有功而慰幽魂。除饬登庸局注册行知外，特先电闻。都督府。艳。印。

119　致章太炎、张謇等电
（1912 年 2 月 29 日）

上海章太炎、张季直、熊秉三并转苏州庄思缄、武昌黎宋卿、长沙谭组安诸公同鉴：民国成立，百度维新，缔造经营，责任尤巨。非合全国极有能力、高识资望之人，组织一稳健强固之政党，借以监督政府，指导国民，鲜克有济。敝处顷拟联合海内同志，组织共和统一党，并拟筹集十万元为基金，设一机关报于上海或京都，以发掘政见，并委托肖立诚、袁家普两君至各省筹商一切。适闻诸公近有民国联合会、民社等之组织，伟略远谟，无任钦企。且闻宗旨大致相同，如能并为一大团体，势力雄厚，尤易扩张。敬希卓裁赐复。敝处如拟政纲，当俟肖君面谒再呈。锷叩。艳。印。

120　致何道台等电
（1912 年 3 月 2 日）

蒙自何道台，开化夏镇台、张太守，麻栗坡张副督办同鉴：夏镇屡电请辞职返桂，迭经慰留，而该镇词意殷恳，未便强以所难，应即照准，以遂厥志。所遗开化镇一缺，着开化府张守世勋暂摄。开化属各营，除张守坐营外，着张副督办宗靖分统，仍暂麻栗坡归蒙自何道节制。希即遵照。任用状随发。都督府。冬。印。

121　复李根源电
（1912 年 3 月 4 日）

腾越李师长鉴：月密。勘电悉。榆军积习已深，久为隐患。乘此时分扎，陆续遣散，较易为力。惟退以后，散漫无归，或潜相勾结，或分散滋扰，均难保其无虞。应如何妥筹办法，免生他虞之处，希即【与孙】联长、秦守悉心办理，加意防范，是为至要。锷。支。印。

122　复何道台电

（1912 年 3 月 4 日）

　　蒙自何道台鉴：冬电悉。查税司寄存铁路局遗失之款，为云南税关收入，自系云南公家存款，前由税司暂存，听候划还洋债。既经报明遗失，应准作正核销。将来中央政府与总税司议定办法及滇省应摊赔款数目，公布到滇，云南自应如数添拨汇交。此时尚未得中央命令，仍应抱定从前与该税司商定两不提用之议，未便遽行拨还。已饬军政部核议饬知，希先转告。都督府。支。印。

　　附：唐继尧致蔡锷电（1912 年 3 月 4 日）

　　急。滇蔡都督钧鉴：我军二月二十七日抵黔，耆老会绅均表欢迎犒劳，人民忭舞欣幸，谓为重睹天日。本部住螺狮山，各队分扎照壁山、东山、观风台、九华宫等处。连日耆老会诸君代表全黔，不承认赵都督德全，并要求继尧为黔省临时都督，代剿防陆各营会匪，情词恳切。辞之再四。继见黔省人民倒悬待解，滇、黔唇齿，关系密切，如再固辞，未免伤黔人感情，只得允许暂行担任，并立约五条，另详呈览。

　　嗣由耆老会函告赵德全，众怒难犯，晓以利害，劝令辞职，并担保生命财产。殊赵不听忠告，谓黔民倚仗滇军，敢于怀二，特约蓝绍廷、叶占标等准备袭击我军，定期歌日烧抢黔省。绅耆探实，金谓先发制人。刘如周、胡锦棠两军亦表同情。爰于冬日黎明开城迎请。我军严队而入，分攻都督府、执法部、火药局，各处俱得手。商民争以肴酒饷军，酬钱不受，有感激泣下者。城外南厂黔灵山、紫竹庵、头桥各营，亦为我军击毙多人。赵、蓝、叶飏逃未获，军队缴械投诚者无数。特会黔绅，诛首恶数十人，余悉贷以不死。下午七钟，一律肃清，黔民大悦，悬旗志庆。我军负伤六人。凡此皆我都督威德所致，故能迅奏肤功。江日入城驻军，一俟建设完善，再当报告。特先电陈，请抒廑系。再，到黔后电局为赵阻止，随营电报亦不能达，谨此附及。继尧叩。支。印。

123 致尹昌衡、刘存厚电

（1912 年 3 月 5 日）

成都尹都督并转刘积之君鉴：列密。接敝军韩、谢、李等电称，前送积之兄赴成都军队，贵都督拟暂留用，特请核示云云。查滇、蜀关系密切，苟有借助，自当应命。惟滇军向只一镇，仅足分防，此次因急贵省之难，故派兵赴援。现贵境底平，似无需乎此项。得西安急电，已饬敝军李旅长率所部援陕，而北伐队过黔，亦为绅耆挽留镇慑，本省军队将不敷调遣。滇介两强，边防重要，不能不将援蜀军队悉数缴还，以资防守。两公顾念边疆，当能洞鉴及此。且滇军远出，共同甘苦，若一部分人留川，为贵都督所优遇，恐人人怀苟安之念，尤足以懈我军心，于敝军风纪关系尤重，万望悉数遣还。又闻敝军中，其籍隶贵省之军官目兵，有携带军装私行逃逸投入贵军者，并请查明送回敝军，免伤两军睦谊，实深纫感。锷叩。微。印。

124 致韩建铎、李根源等电

（1912 年 3 月 5 日）

泸州、叙府滇军韩师长、李旅长、谢旅长鉴：东。幼密。俭、勘、冬电均悉。军队为川省留用及携械潜逃各件，已电川军府遣回，并电刘、郭缴还军械矣。蜀诚负我，然开衅端，伤邻谊，于滇省无益，于大局有损，希为我军士剀切言之。前接西安急电，迭经催李旅长赴援。惟观现在情形，则川饷殊不可靠；即使滇自能筹备，而悬军深入，转徙艰难，援陕之举，可作罢论。又前电商黄董五，以滇军为中央警卫之用，迄未得复。闻湘、桂各军在南京者，已编隶中央陆军部，大约兵力已足，或可无需滇军。惟贵州匪甚张，蔓延全省，匪首黄泽霖已被杀，张百麟逃往大定，别立军府，苛派苗民激变，遂占黄平，遵义、大定一带尤为糜烂。屡接黔省绅耆文电请援，北伐军入黔，父老皆牛酒犒劳，泣求拯救。唐已率队到贵阳，第匪徒甚多，恐其纷窜滇、桂。又西防各营，积习颇深，已次第遣散，亦须另调兵防守。现与各部长议定办法有二：一、李旅长所部组织一部队，三营为基；韩之支队援黔，主力向遵义，以一部留大定、毕节，与唐司令官互相策应，余悉回滇。二、谢旅长所部暂以步一标退驻昭通、大关，余悉回省。此系统筹全局之稳捷办法，希即照办。又，军队撤回时，希先将枪械运省为盼。锷。微。印。

125　致郭子南电
（1912 年 3 月 5 日）

成都军政府转郭子南先生鉴：滇军援蜀，情谊隔阂，得公指导，所全实多，实深佩慰。顷接昭通苏镇电称，公由滇携去单响毛瑟枪五十杆，至昭通时向该镇换为九响毛瑟枪等语。川事现已敉平，滇中军械甚缺，请将尊处所携枪弹拨由援蜀军队携回，实纫公谊。滇都督锷。微。印。

126　致刘存厚电
（1912 年 3 月 5 日）

成都军政府转刘积之兄鉴：滇军士随到成都，多蒙引用，感荷良深。惟滇省边防重要，需人较川尤亟。从行各军士仍请饬令还滇，所携机关枪等军械并饬携回，实纫公谊。锷。微。印。

127 致韩建铎、李根源等电

（1912 年 3 月 6 日）

泸州滇军韩师长、李旅长、谢旅长鉴：东密。满酋退位，北伐自应取销，我军当分别撤回。昨于微电详达，希即照办。蜀省备送军饷，未能如额，然此时机局一变，亦难以原约争持，惟有早日撤回，免生纷议。至借用军人及扣留枪械两事，已电川军悉数送回。如原系由蜀来滇之军士，此次随同出川，可听分别留用。其现隶我军之川人，如愿就近回籍，亦可听其缴械退伍，免致携械潜逃，反多缪辖。锷。鱼。印。

128 复夏文炳电

（1912 年 3 月 6 日）

开化夏豹翁鉴：豹密。各电计达，希即照办。接冬电，借审携粤勇回籍，免生他虞。公于滇事，始终维持，顾全大局，实深钦感。将来桂事敉平，仍望来滇赞助。令弟干练有为，此间正资倚任，希释廑怀。第一营弁勇请假归农，拟即并案办理，一律遣散一层，自可照准。锷。鱼。印。

129 致黎元洪电

（1912 年 3 月 6 日）

武昌黎副总统鉴：阅电欣悉。公被推连任，民国得人，谨率滇民，额手称贺。滇都督锷叩。鱼。印。

130 复尹昌衡电
（1912 年 3 月 6 日）

泸州速转成都都督鉴：东电□到。贵军外援秦陇，西定藏卫，独任其艰，实深佩慰。现在清帝退位，民国统一，北伐自应取消。昨已电檄敝军，分道撤还。电到后当能遵办，并无困难情形。惟闻敝军送刘积之兄赴成都各军士，尊处拟暂借用，恐人地既不相宜，意见终难消弭，请仍饬令回滇为宜。若原系由蜀来滇之军士，此次随同回川，则情谊较亲，自可分别留用。至所携之枪械，务望悉数缴还敝军，缘贵省机器局能制造新式枪驳，不若滇省之枪械缺乏也，尚希谅察。又，此间致敝军电，每多淹滞，饬泸、叙电局速转，免误事机为感。锷叩。鱼。印。

131 致孙中山、袁世凯等电
（1912 年 3 月 6 日）

南京孙公中山、北京袁公慰亭、武昌黎公宋卿、各省都督鉴：建都之议，章太炎、庄思缄两君及各报馆所论，已阐发无遗。而鄙意所尤虑者，则建都南京后，北边形势当为之一变迁，恐遗孽有乘虚窃踞之虞，而强邻启蹈隙侵陵之渐，黄河以北沦入毡裘，甚非国民之利。尚望早定大计，建都燕京，可以控御中外，统一南北，大局幸甚。若夫祛除私见，调和感情，袁公当优为之，似可无烦过计。滇都督锷叩。鱼。印。

132　复刘显世等电

（1912 年 3 月 7 日）

贵阳郭重光、刘显世、华之鸿、任可澄诸公暨绅商军学界同鉴：接支电，借悉滇军抵筑，纪律森严，平乱安民，父老欢庆，并公推唐总司令任黔都督，欢慰良深。唐总司令器识恢闳，声望素著，滇中反正，厥功甚伟。此次北伐，志在荡平胡虏，早定中原。适黔局不靖，屡经绅耆电请救援，复于沿途吁恳。滇、黔唇齿，不忍漠视，乃允代为戡乱，解此倒悬。至任黔都督一职，初非唐司令本怀。惟黔局甫定，喘息未安，自不能不勉徇群情，暂资镇慑。所冀诸公互相赞助，早复治安，不独黔省之幸。一俟全境安堵，仍望将唐君还我。唐君在滇，原任重要职务，未便久悬。黔饷维艰，不敷散放，驻黔滇军饷需，此间当谅〔量〕力筹济，希随时电闻。滇都督锷。阳。印。

133　复唐继尧电

（1912 年 3 月 7 日）

贵阳临时唐都督鉴：支电悉。黔事不靖，全境阽危，我军俯念黔民，允为戡乱。兵威所至，一律肃清，父老欢迎，咸庆重睹天日。拔黔民于水火而登诸衽席，厥惟执事之功，及我诸将士用命之力，闻之无任欣慰。现黔局甫定，镇慑需人，既经公推执事为都督，自应勉为担任，以副群情。所有一切善后经营，尤望与黔中绅民妥筹办理，期全局早日底定。至此次负伤将士，并希善为调护，俾得早就痊愈。以后办理情形，随时电告为盼。锷。阳。印。

134　致南京临时政府及各省通电
（1912 年 3 月 8 日）

南京孙大总统、参议院、各部总长，武昌黎副总统，各省都督，各军总司令鉴：黔省反正后，匪势甚张，劫掠奸淫，全境糜烂，迭据绅民告急，并派代表来滇请援。时因辁虏未平，急图北伐，未暇兼顾。嗣北伐队道经黔中，绅民复沿途吁恳，滇军乃允为戡乱，解此倒悬。昨接黔省绅商军学各界公电称，北伐滇军司令唐继尧君，率兵抵筑，助平匪乱，纪律严明，匪党遁逃，黔省人民重睹天日，现公推唐君暂任临时都督。又接唐君电称，此次入筑，意在救灾恤邻，留充都督，殊非所愿，惟黔局甫定，喘息未安，不能不勉徇群情，暂资镇慑云云。已嘱令与黔省士民妥筹善后，以期一律肃清，庶黔省早复治安，滇军亦可早弛责任。黔省素瘠，饷糈甚艰，反正之初，公私赤立，前已由滇稍筹协济。现在整理一切，需款尤繁，不能不谅〔量〕力援助。一俟全省底定，滇军自当撤还。将来惟望中央维持，不独黔省之幸。谨以电闻。滇都督锷叩。庚。印。

135　致南京临时政府及各省通电
（1912 年 3 月 8 日）

南京孙大总统、黄总长，武昌黎副总统，北京军界统一会，各省都督鉴：前接陕电告急，即饬在蜀滇军赴援。旋接四川尹都督来电，以援助秦陇，川军可独任其难。又接军界统一会电，升允猛攻乾、凤，已有赵、倪五千兵往接，似可毋再添兵。此时北方兵心不定，南军北上，恐多误会等语。已饬敝军退保滇边，暂行缓进秦中。近况如何，仍望西安张都督随时电告。滇都督锷叩。庚。印。

136　复周沅电

（1912 年 3 月 8 日）

　　贵阳政务部周季贞君鉴：阳电悉。黔中惨黩，一旦廓清，俾父老重睹天日，此黔省之福，实诸君经营之功也，闻之无任欣慰。现大局甫定，整理需人，父老之邦，谊不容谢。惟冀经营一切，早日就绪，即行返滇赞助，至为盼祷。蒙案尚未议结，并闻。锷。庚。印。

137　致李根源电

（1912 年 3 月 8 日）

　　腾越李师长鉴：月密。准英领额必廉照开，滇省反正，各处教士来省，现拟各回原处。适接腾领电称，李师长有反对外人之意，且在迤西权力无限，外人不宜前往大理等因。当经照复：滇省反正以来，地方尚称安静，各教士欲回原处，只可听其自由。至李师长开通文明，为滇人所共称，亦本都督所深信，可决其必无反对外人之意。来照称其在迤西权力无限，本都督考其所办事项，亦俱为其职权所当为。腾领所言，恐属误会云云。特此电闻，仍希注意。锷。庚。印。

138　致唐继尧电

（1912 年 3 月 9 日）

　　贵阳唐都督鉴：前因贵州上游一带川盐停运，民苦淡食。又张百麟窜入贞丰，勾结遵义、大定各属匪徒，势颇猖獗。非得熟识军情、盐务之员前往镇慑，并运销滇盐，不足以拯民而纾困。

特委巡按唐尔锟充贵州提督兼督办黔省上游盐务。该提督早经奉委，不日启行。特此电闻。锷。佳。印。

139　致李鸿祥电
（1912 年 3 月 9 日）

泸州滇军李旅长鉴：微、鱼两电计达。昨接贵阳电称，黔局糜烂，蒙滇省笃念唇齿，令北伐军过黔，助平匪乱。唐司令抵筑，赵德全谋袭击我军，唐遂会商黔绅，于十四日协攻军府，赵德全逃。居民安堵，咸庆更生，现推唐为临时都督云云。闻张百麟前逃往大定，近得确报，张现据贞丰，势颇猖獗。遵义等属匪势甚张。希执事仍照微电前往肃清为盼，并转韩、谢诸君。锷。佳。印。

140　致夏文炳电
（1912 年 3 月 11 日）

开化夏镇台鉴：豹密。东、冬两电已于冬、鱼两日电复，计达。尊意恐裁勇生事，拟亲带出境。防患未然，至为佩仰，请即照尊议办理。惟昨接张守二号电称，开化各营，均请退伍，多番演说，持意甚坚。查一、二、三营粤勇居多，约五百余，则两湖、川、黔约二百，滇勇约一百。两湖同黔退勇恩饷若与粤勇歧视，恐生意见，请添拨万元，加发恩饷等情。已饬部核议，即可发表。先此电闻。锷。真。印。

141　复唐继尧等电
（1912 年 3 月 11 日）

贵阳唐都督并转戴、周、刘、华诸君鉴：北密。电悉。黔省窘状，征诸公言，亦深焦虑，自应不分畛域，代为筹维。惟滇省医疮剜肉、万分为难情形，亦诸公所洞鉴。现于无可如何之中，筹措五万两，电号汇解，暂解目前。特此电达。锷、佩金、承瑮、汪度、价叩。真。印。

142　致谢汝翼、李鸿祥电

（1912 年 3 月 11 日）

泸州速送滇军谢、李两旅长鉴：幼密。接重庆蜀军府电开：贵军将存储敝省富顺财政科之自井官盐二十五载，认为战利品，自行放卖。敝军政府已复电明白解释，往复电商，而贵军始终坚持己见。敝省不便以口舌争执，只得照复，任其暂行变卖。一面商请酌量办理，并寄来往照会二件。查滇省素瘠，每年仰给于四川者数十万金，将来需款尤繁，则借助正未有艾。若过伤邻谊，于前途窒碍颇多。此时对于蜀军，即竭力让步，尤足以昭我军之义举，而雪侵略之嫌疑。当即电复，文曰：支电悉。滇、蜀唇齿相依，关系密切。又历年协济，受惠良多。此次援川，实出报恩之意，并非因此为利，欲望报酬。富顺官盐，敝军虽得之匪手，惟现在川事渐定，自应交贵军管理，方为正办。兹接来电，殊深抱歉，已饬敝军如数缴还，已放卖分给军士，应由敝省按照所售价目，如数筹还，以清界限云云。特此电闻，希即照办，切勿徒顾目前之小利，致破以后之邻交，想两君当能计虑及此。锷。真。印。

143　致两京及各省通电
（1912 年 3 月 12 日）①

　　北京新举袁总统，南北军界统一会，南京孙总统，陆军部、内务部总长，武昌黎副总统，各省都督鉴：集会、结社自由为文明国家通例。惟军人入会，各国多有限制。鄙意同一集会，亦宜稍有区别，如现在南北军界统一会之类，系为维持大局起见，自为全国所赞同。至如政治集会，似不宜以统兵大员为之。诚恐因政见不同，遂至以武力盾其后，反足以劫持公论而破坏和平。虽险象尚未昭著，而流弊似应预防。特贡管见，用备甄采。如以为然，应请由中央将集会、结社律订颁行，庶海内有所循率。锷叩。文。印。

144　复韩建铎、李鸿祥电
（1912 年 3 月 12 日）

　　重庆滇军韩师长、泸州滇军李旅长鉴：列密。阳电、东密庚电悉。北京虽稍不靖，然项城所调之兵已足镇压。前接黄总长江电，只饬湘、鄂、粤、桂、泸、宁各军分道进援，其余克服各省分，但饬力持镇静，保持现状。又段祺瑞来电，有北方军心未定，南军不宜往北之说。渝军政府亦来电称，我军到渝，人心惶恐。故前屡电促旋师，由翼廷分一支队取道黔省，代靖遵义匪乱；由幼成分一支队退扎大关一带，或经营凉山；余悉回省，计已达览。尚望转达谢、韩、李、谢、张、张诸君照办为要。至蜀军前允助军饷四十万及我军所得之官盐，亦勿庸争持，致失邻

①　此电原件上批：未发。

谊。滇、蜀关系密切，将来相助之事正多，不必计较目前也。
锷。文。印。

145 致唐继尧电
（1912 年 3 月 12 日）

贵阳唐都督鉴：青电悉。滇、蜀问题和平解决后，即电催李
翼廷分一支队入黔，以靖遵义、安顺一带匪乱，因电阻尚未得
复，现又电催矣。黔省财政困难，固在意中，昨已勉筹五万汇
寄。昨接何鹏翔电，永宁并无款可提。来电所云，速由贵阳接济
一层，已做不到，惟视外债能否成立耳。锷。文。印。

146 致伍廷芳等电
（1912 年 3 月 13 日）

上海外交代表伍秩庸先生暨参赞温钦甫、汪精卫两君鉴：铣
电敬悉。和议告成，民国统一，达共和之望，免战争之危，皆我
公苦心孤诣所致，全国受赐良多。惟大局初定，建设方新，尚望
始终维持，以巩国基而慰群望。滇都督锷叩。元。印。

147 致李根源电
（1912 年 3 月 13 日）

腾越李师长鉴：悉黔省军府提倡公口，土匪横行，奸淫掳
掠，全省糜烂。至二月军民反攻，黄泽霖毙，张百麟逃，省城震
动，连电请援。适唐蓂赓到黔，饬令赴贵阳镇慑。唐率兵抵筑，
绅耆欢迎，即为戡平匪乱。赵德全遁，黔人遂公推蓂赓为临时都
督。惟遵义、大定一带，匪势尚炽，已饬李翼廷分一支队，由蜀

入黔助剿。唐省吾亦带兵返安顺，黔乱尚易肃清。惟黔饷奇绌，善后正费经营。又，援蜀军闻北方余孽稍有不靖，拟仍东下赴援，而中央来电阻止，重庆亦以滇军到渝，深滋疑虑。已饬韩、李、张诸人，由翼廷分一支队援黔，幼成分一队退扎大关，为经营凉山地步，余悉回滇。知注附闻。锷。元。印。

148　复唐继尧电

（1912 年 3 月 13 日）

贵阳唐都督鉴：真电悉。唐省吾赴黔以办盐务为主，但盐务非操兵力或地方权不易办理，故以提督任之。如既委任有人，将来省吾抵黔，应如何界以事权之处，由尊处酌定可也。锷。元。印。

149　复开化公电

（1912 年 3 月 13 日）

开化自治公所暨绅商学界诸君览：来电具悉，极佩公谊。夏公威望素著，此间倚任甚专。前曾屡电辞职，此间皆再四慰留。嗣复派员来省面商，词意殷恳，不得已乃暂许回籍，俟桂事平定，仍须来滇。至开郡治安，夏公必能与张太守妥筹善策。尚望维持现状，勿稍忧疑可也。都督府。元。印。

150　复唐继尧电

（1912 年 3 月 14 日）

贵阳唐都督鉴：蒸电悉。黔军政府从新改造，机关颇完备，委任亦甚得人，极为欣慰。现黔中省局虽定，而外属匪势甚张。

所拟办法甚当，此间亦已电催李翼廷分兵策应，以期早靖匪乱矣。锷。盐。印。

151　复庾恩旸电
（1912 年 3 月 14 日）

贵阳都督府庾参赞鉴：真电悉。黔事得诸公赞助，必能振刷一新，无任欣慰。一俟事敉平，自当电邀回滇，匡我不逮。锷。盐。印。

152　致孙中山、袁世凯及各省通电
（1912 年 3 月 15 日）

南京孙大总统、参议院、各部总长，北京袁大总统，各部首领，武昌黎副总统，各省都督鉴：共和成立，南北一致。惟建都之议未定，内则人心摇惑，外则强邻窥视，岌岌可危。前陈建都北京之议，未审达否。伏望统筹全局，早定大计。至北京积弊，亦诚如议者所云，应请袁公于用人行政之际，破除畛域，以协群情，痛扫弊风，以新耳目，使秕政余毒不至复生，民国基础，得以巩固，大局幸甚。滇都督锷。咸。印。

153　复韩建铎电
（1912 年 3 月 15 日）

重庆滇军韩师长鉴：列密。十一日电悉。滇军光复，赖执事之功最多。此后进行，尤资赞助。现滇、蜀事已解决，而北方乱易荡平，仍望回滇勷襄一切。孙公所言，此间虽未得悉，然滇援蜀宗旨，及在蜀情形，前已汇钞文电交雷时若携赴南京，疑谤之

言，自易解释。或再以一电剖白足矣，勿庸亲赴宁。若决志一行，可委谢幼澄君暂代师长。实则此行似可以已，希酌之。锷。咸。印。

154 复唐继尧电
（1912 年 3 月 15 日）

贵阳唐都督鉴：尤电悉。前接何鹏翔电，永宁无款可提，已于文日电达。所拟由盐商在黔划拨一节，恐滇军无款运渝也。锷。咸。印。

155 复孙中山、黎元洪暨各省都督电
（1912 年 3 月 16 日）

南京孙大总统、武昌黎副总统、各省都督鉴：黎副总统阳电敬悉，赵都督艳电此间迄未收到。黔省遍开公口，匪党横行，掳掠奸淫，全省糜烂，屡经绅耆函电请援，虽以唇齿之亲，未忍坐视，然援蜀方遭疑忌，亦不愿再以恤邻之义，而反生内哄之疑，故皆婉辞谢之。及北伐队唐司令过黔，绅民又复拦路要求镇抚，至有欲自刎于马前以为黔民请命者。迭接唐司令来电，皆催令以北伐为急。至黔军以黄泽霖扣饷哗变，省城震动，又复急电请援，乃饬唐司令赴筑镇慑，纪律严明，父老欢庆。时赵都督已逸去，遂公推唐为临时都督。据黔省全体绅民通电，则黔省之扰乱，人民之困苦，此次滇军之秩序，可以概见。黎副总统垂注湑湑，以严肃军纪，免召不韪为言，故略陈之。锷叩。铣。印。

156 致贵州都督府电
（1912 年 3 月 16 日）

贵阳唐都督，戴、庾参赞，各部长鉴：接黎副总统阳电开：准贵阳赵都督艳日通电，谅已达览。贵军既负有保护邻省安宁秩序之责，万不可扰害邻省治安，请严肃军纪，免召不龈。如黔省安静，即祈将贵军撤回云云。当将援黔情形略陈梗概，仍望贵处将黔乱始末及滇军状况，随时通告各省，免生疑义为要。锷。铣。印。

157 复蒙古王公联合会电
（1912 年 3 月 18 日）

北京蒙古王公联合会诸公同鉴：养电悉。共和成立，五族大同，内外蒙疆同心一致，皆诸公调护维持之力，无任钦仰。袁公伟烈，群望所归。复由贵省公推袁公，当能力任天下之重。诸公协心赞助，固我国防，全国幸甚。滇都督锷。巧。印。

158 复韩建铎电
（1912 年 3 月 18 日）

重庆韩师长鉴：列密。元电悉。铣电慰留，计达。如决志赴宁，仍望事毕返滇为盼。师长原拟由谢旅长代理，惟现在各队既已分派，拟即以赴黔之滇军由张联长统率，商承黔都督唐蓂赓办理一切。谢部、李部均直接本军府统辖，暂可不设师长，其司令部人员除酌留用外，均着分别回省。锷。巧。印。

159　复赵藩、李根源电
（1912 年 3 月 18 日）

　　腾越赵巡按、李师长鉴：月密。铣电悉。腾事极不易收束，乃次第就理，全局帖然。永昌小有风波，旋亦消灭。非两公举措得宜，未易臻此。现腾局已定，而榆事切待经营。印公之行，自不可缓，惟改土事切须审慎。闻土司前得改土消息，即潜相勾结，意图反抗。虽力无能为，然或铤而走险，求庇外国，则为渊驱鱼，反致酿成交涉。现国基未固，国力未充，只能先养吾锋，万难轻于一试。惟有先从教育、裁判两端入手，阳示以抚辑，而隐夺其实权，使土民先知归怀，异日设流，自如反掌，办法较为稳健。樾老素怀恬退，志切养亲，必久羁以尘鞅，良非所忍。惟边关重要，接替难得其人，将来或挽子畅一行，较为适当。此时仍望樾老暂行维持为幸。锷。巧。印。

160　复尹昌衡等电
（1912 年 3 月 19 日）

　　成都尹都督、张副都督鉴：真电悉。成、渝合并，一致进行，协力同心，共维大局。全蜀之幸，诸公之贤也。特此奉贺。锷。皓。印。

161　致袁世凯电
（1912 年 3 月 21 日）

　　北京大总统袁钧鉴：民国成立，确定共和，一切建设，自应取决公论。滇省自去秋反正，即设临时议会，以为采取舆论之机关。

惟改革之初，猝不及待，故暂就从前谘议局并添派议员，以冀克期成立。现在大局底定，亟应从新组织，以立议会基础。拟请中央将选举章程订定颁行，以便遵照办理。又各省选举中央人员，如参议之类，其选送法如何，并乞详示。滇都督蔡锷叩。马。印。

162 致唐继尧电
（1912 年 3 月 22 日）

贵阳唐都督鉴：北密。接阅与韩、庚两君来电，极佩苌筹。惟黔省经济困难，已达极点。外债尚毫无把握，邻协亦呼应不灵，至中央负担既重，财政尤窘，年内万难望其协助，此时只谋足以自立。鄙意黔省诸政，万不可求恢闳。目前匪徒虽多，然有驻黔军队，加以援军回黔助剿，足以荡平匪乱，可勿庸编练一标。黔省四塞之区，只求足防内患。滇为边要，然审己量力，仍拟缩小范围，陆续裁减防营，只编一镇，多则三协，庶可勉力搘持。至滇军将领中级官以上，拟以同学同人任之，切实整顿，但求于事有济。若慕虚荣，汲汲推升，恐头大脚轻，兵事更不堪问。黔人狡黠，事平日久，难免不排斥外人，诚如尊论。为诸君计，不宜久居。目前自应暂时维持，以免为德不卒。将来事局粗定，滇军仍以撤还为宜。昨接韩师长电，张联长率黄毓英、马为麟向遵义，李翼廷率王炳钧趋大定，克日启行。又接李旅长电，黄联长亦由渝向遵义。已电饬张、黄两联长商承贵军政府办理一切，李部仍归滇军府直辖，并闻。锷。养。印。

163 致重庆滇军电
（1912 年 3 月 22 日）

重庆滇军黄联长鉴：援蜀滇军分别援黔、返滇，前已由韩师长转知照办。兹接来电，知已赴渝，入黔境后可商承黔军府办理一切。执事所部现在如何编制，饷项可支至何时，装械若何，希详细电告。锷。养。印。

164　复谢汝翼、李鸿祥电
（1912 年 3 月 22 日）

泸州滇军谢旅长、李旅长鉴：幼密。铣电悉。川事真象，固所稔知。即诸君苦心，此间讵未相谅。惟我军兴仗义之师，而他省有内讧谣，迭经通告滇中宗旨，终难尽释浮议，不能不望早日解决，破此疑团。来电所论甚赵，蜀军安足以语此？只有照两君所议，告以滇军在川用款，将来由协饷扣还，以塞其口耳。锷。养。印。

165　复谢汝翼电
（1912 年 3 月 23 日）

泸州滇军谢梯长鉴：幼密。铣电悉。我军分道撤还办理，迭经电闻，计已达览。希即查照前电，先派员往凉山探查一切，以便着手经营。但兵力不宜多，只须一营足矣，余仍陆续还滇。嗣后川事以不过问为宜，非得中央命令，或川军府恳求，即如何糜烂，可以置之不顾。锷。漾。印。

166　复王人文电
（1912 年 3 月 23 日）

上海天顺祥转王采臣先生鉴：沁电悉。滇中同人切盼公归，请约筱圃先生结伴偕来，以慰群望。锷叩。漾。印。

167 复孙中山、黎元洪及各省通电
（1912 年 3 月 23 日）

南京孙大总统、武昌黎副总统、各省都督鉴：成都尹、罗都督庚电，计均登览。滇军与蜀军协议东下，业经启行。适闻和局已成，无庸北伐，当即饬滇军分道撤还；其赴渝者取道遵义，在泸者取道大定，在叙者取道大关，陆续还滇。兹接来电，均已遵行。特闻。滇都督锷叩。漾。印。

168 致熊铁崖、刘希陶电
（1912 年 3 月 23 日）

上海抛球场恒乐里魏广兴转熊铁崖、刘希陶鉴：崖密。筱电悉。滇北伐军到黔，适贵阳军人因黄泽霖扣饷，起变毙黄，张百麟逃，省城震动，即饬唐寯赓赴贵阳镇慑。唐率兵抵筑，会刘如周团兵助攻，匪党赵德全遁，余悉降，省城敉定。惟遵义、大定匪势尚张，而财政甚窘。此间协济五万金，又由唐省吾运盐济黔，以济民食，并略裕饷源，然究不足以纾困。现拟向法人借二兆佛郎，略有端绪。若成，庶可搘持矣。季、循均在黔军府任事，并闻。锷。漾。印。

169 致袁世凯贺电
（1912 年 3 月 25 日）

北京袁大总统钧鉴：共和成立，五族大同。此后经纬万端，责任尤巨。公宏才伟略，群望所归。接南京电，欣审已宣誓就大总统之职，钦幸莫名，谨肃电贺。滇都督蔡锷叩。有。印。

170　复夏文炳电
（1912 年 3 月 25 日）

开化专送卸任夏镇台鉴：皓电悉。开化得公坐镇，边境帖然。兹返珂乡，犹殷殷以滇边利害为念不止，为锷等所佩仰，亦滇父老所感念不忘者也。临颖无任神驰。锷、佩金、承瑊、汪度、曰垓。有。印。

171　致北京政府及各省通电
（1912 年 3 月 30 日）

北京袁大总统、武昌黎副总统、各省都督，上海探交程雪楼、王采臣，各报馆鉴：俭日奉大总统敬电：援川都督电称，滇军借名援川，又经营藏卫，冀图经过成都，乘机夺取，如占领贵阳情事，均经敝省窥破，力为推谢。计无复出，辄开赴重庆，逼索酬三十万两。敝省为顾全大局起见，隐忍付款，现已交银二十万。兵队并未开行，仍欲留军叙、泸，为干预内政地步。应请严促滇军，迅即撤回等语。所陈各节是否属实，尚待查明。惟四川光复已历数月，本省兵力既属有余，客军自应撤退。且滇军将士越境久戍，劳苦可念，尤宜暂行休息，以纾兵力，希即派员与川都督协议撤退办法。如有不协之处，可就商承黎副总统办理，并将所定撤退日期先行宣布，以释嫌疑而维大局等因。奉此，仰见大总统轸念滇军维持大局之至意，钦悚莫名。查四川自铁路事起，困于积威，惨遭屠戮。滇军以唇齿之谊，匍匐赴援。师至叙州，成都幸已反正。而土匪纷起，劫掠横行，十月十八之变，损失至千余万。复分窜各属，全境骚然。自流井亦为匪据，商民纷纷求援。滇军徇商民之求，又因渝军之约，允为分兵镇慑。兵力所及，民赖以安。匪徒志不得逞，纷播流言，谓滇军侵略蜀土，遂滋疑议。敝省恐以仗义之师，反贻内哄之诮，迭经电商成渝各都督，请释嫌疑，共平匪乱。复电饬敝军联络蜀军，勿伤邻谊。而川省电线多为匪徒砍断，电报稍迟，久乃得达。滇、蜀两军寻即和平商办，会师讨虏。滇军拟出荆襄，蜀军拟出汉中。协议方成，而清帝退位，南北共和之信至。即饬敝军撤还，其已东下重庆者，取道遵义、大定；尚驻泸、叙者，取道永宁、大关，分别撤退。因前滇、蜀协议时，有由蜀协助滇军饷四十万元之说，而由匪手所得川盐，滇军因变价以犒军士，蜀军又起纷议。敝省□渝都督电，即饬敝军毋庸争持，其已售之盐，由滇省陆续筹还，迭经电达川都督在案。滇省于泸、叙一带为之保持秩序，妇孺皆知。及蜀起嫌疑，又复着着退让。乃川督电至，谓滇军欲乘机夺取，如占领贵阳情事，此真小儿争饼之见。第就常理而论，则四川为中国之领土，滇军亦中国之人民，何所用其夺取？至滇军援黔情形，黔省全体人民已有公电，计均察览，勿庸赘陈。惟滇军援蜀，已糜饷百余万，而黔省公私赤立，经营善后，需费尤属不赀，若云滇军有占领野心，诚何利而为此？不过川、黔未靖，滇受其殃，故为大局计，为人道计，不能不勉力应援。今川事已有尹、张两都督主持，自能力图治安。前泸、叙各属人民电留滇军，敝省均已婉谢。此后无论如何，滇军绝不过问。至黔事甫定，不能不暂为维持，仍请中央妥筹善法，早卸滇军之责，而释中外之疑。云南幸甚。滇都督锷叩。全。印。

附　援蜀滇军致云南都督府电
（1912 年 3 月 15 日）

滇军都督府鉴：滇军仗义援蜀，凡旅川各界同胞及滇军所至各处之绅商人民，均晓然滇军援川宗旨，亲睹滇军举动，公论自在。而尹昌衡等以夺权肇大乱，旋复组织哥会政府，多行不义，冒大不韪，恐滇军声罪致讨，遂通电全国，谓滇军挟侵掠主义而来，以致川军不得北伐。又谓滇军欲托名援陕，经过成都，将图袭取。又谓滇军欲驻兵叙、泸，干涉川省内政。种种捏词诬蔑，殊难枚举。然其荒谬不经，本无足以淆听闻，而公是公非究不能不据实宣布，以供评论。辛亥重九，滇军革命成功，旅滇各界川人效秦廷之哭，促我出师，川东、川南均急电请援。九月下旬，第一梯团出发。其时，赵、端正草菅川人，苦虐万状，设非滇军兼程疾驰，而川人之被其毒者，正难以数计矣。十月下旬，第二梯团继进，分巡永、泸各属。第一梯团则自叙分驻富、犍各井，为全局保固财产，使毋废弃。然两军所至，倒悬顿解，民庆更生，川人非尽无良，至今犹称颂之。他如端方授首，赵屠卸政，是否滇军影响所及，尚未敢知。当尔丰交出政权时，朱、蒲允诺以平等对待旗人。证之此次清帝退位，条件尚不太差。而尹、罗熏心权势，阴煽兵士叛乱，并许以不正当之利益，致演成十八日之恶剧，劫杀掳掠，惨无人理。蒲、朱不知所终，尹、罗之目的达矣。是时滇军已抵叙州，设果挟侵略主义，直抵蓉城如反掌耳。所以不出此者，更有急切待救者在也。南溪则二次被围，自井则周匪盘踞，叙州有数万排食之同志，犍厂聚众数千无赖之游民，泸州城门闭若深闺，永宁城下居然战场，合江重围二月，纳溪之土匪猖獗，行旅不通，四民失业，若不早为遣散，明季流寇之祸成矣。尹、罗方醉酣梦嬉，莫知所止，得哥会之助而为都督，于是大肆提倡，政府各部皆加以哥会名称，大汉公即最高机关，大陆公则总摄军政。他且无论，以军事言，岂容有第二种势力羼乎其间？尹、罗身充龙头，自尊大顶，不崇朝而风行全川，妇人女子亦居然开辟山堂。设施如此，能保其不自祸以祸民国耶？其军队则容纳匪党，组合败类。先是，滇军对于叙、泸各地同志会，晓以大义，给以路资，遣归田里，使各务业。而此类希冀非分，负固不服，乃略用武力，俾畏而归。而尹、罗则广为招徕，今日成兵一标，明日成兵两镇，叩其内容，则前日之哥匪棍徒，公然陆军官长矣。狗偷鼠窃，居然全副武装矣。是等军队有无援陕资格，不问可知。而谓为滇军牵掣，其谁欺，【欺】天乎？尹、罗惧滇军攻发，凑兵五镇，自谓无敌，与滇军感情遂大激裂，突派重兵将我界牌极少数之外卫兵猛攻逐回。衅自彼开，罪无可逭。本拟直趋成都，痛除邪政，而是时南北尚未统一，升允跳梁，关陇危迫。滇军奉中央总参谋电，东下出荆、襄援陕，又兼胡景伊、郭灿诸人先后旋川，而程德全都督亦有归蜀消息，哥会政府之改良不患无人。因顾及大局，随时隐忍，置不与较。与胡、王诸使草订条件，将富、犍井各军队撤归叙、泸、重庆，组织北伐。所谓挟侵掠主义，托名援陕，欲袭取成都之瞽说，谁实信之？方拟买舟东出，适南北现已统一，滇都督电援陕之事可缓，而黔省之乱方炽，饬改道援黔等因。滇军遂规定由叙、泸、重庆分道入黔，现已悉出川境。成都又复捏电北京，捕风捉影，信口雌黄，谓滇军干涉川省内政。无据之谈，甚为可笑。在彼以为自欺可以欺人，焉知前日被排斥、被劫夺、被羞辱之各省各界同胞已将哥会政府之内容播之海内，岂必滇军始能干涉？而乃工于掩著，巧于欺朦，谢过滇人，自鸣得意。不谓民国开幕有此举动，良堪痛悼。为述始末，敬告同胞。援蜀滇军同人公布。删。印。

172 致熊铁崖、刘希陶电

（1912 年 3 月 30 日）

上海抛球场恒乐里魏广兴转熊铁崖、刘希陶鉴：岩密。梗、筱、江、二十六日各电均悉，惟二有电未到。滇军到筑情形，已详漾电，计达。借外债事，由省吾与法人得第商订合同，已有头绪，可望成。黔省绅民公推唐蓂赓为都督，如周、季贞、循若皆任重要职务，并闻。锷。全。印。

173　致谢汝翼、李鸿祥电

（1912 年 3 月 30 日）

　　叙府、永宁滇军谢、李旅长鉴：幼。东密。前奉袁总统电：据川都督电称，滇军借名援陕，又经营藏卫，冀图经过成都，乘机夺取，如占领贵阳情事，均经敝省力为推谢，计无复出，辄开赴重庆，并欲留军叙、泸，为干涉内政地步，应请严促滇军迅即撤回等语。滇军将士越境久戍，劳苦可念，宜暂行休息，以纾兵力，希即派员与川都督协议撤退办法，并将撤退日期先行宣布，以释嫌疑等因。奉此，当即将川省糜烂、滇军援蜀前后情形，并现在滇军业经撤退各节详陈袁总统，并通电各省在案。兹又接成都电称：准谢、李梯团长电开，敝处派赴叙、泸各军，俟贵军离开始行前进等语。敝省为顾睦谊，当允照办，至今将近一月，尚未开拔，以致敝省分兵驻防，绥靖地方，无从着手，请电谢、李两梯团长迅速撤回云云。我军在蜀，久被嫌疑，乘此撤回，亦可以暴义于天下。希即将所有军队照前电分别撤还，勿稍淹留，致生龃龉。盼切。现拟将《滇军援蜀始末记》刊印成书，分布全国，并闻。锷。卅。印。

174　复李根源电

（1912 年 4 月 1 日）

　　永昌李师长鉴：月密。三十、三十一电均悉。永昌兵匪勾结肇乱，致商民横遭焚掠之惨，深堪悯恻。自应详加查勘，分别议恤，免致灾民失所。至首乱匪犯，除已正法各名外，在逃兵匪仍须严缉惩办。其由守所带之卫队长何春芳、教习段天福等，及自治局绅刘元魁、刘元善等，尤为罪不容诛，应即一并正法，以肃法纪而餍人心。陈汇渊领匪劫掠，厥罪惟均，亦应缉办，免致漏网。现商民既经恳留，自当略为整理。惟榆城会党，势颇不靖，且恐由永甯回之匪，潜相煽动，尤为可虞。务饬缪副官与方大队长等迅速赴榆，会同孙联长、秦守妥为办理，并将情形随时电陈为盼。锷。东。印。

175　复张大义及驻宁滇同乡电

（1912 年 4 月 3 日）

南京内务部总参事张君大义暨驻宁滇同乡诸君鉴：删电悉。刀案已详电内、法两部，证据另咨。如能在宁办结尤佳，希张君商之程总长。留鄂陆军诸生，前已电令仍入陆军校，并未汇款，希转达吕君及诸生。又中央来电，请由广西、四川两处分拍，庶免迟误。锷。江。印。

176　致南京内务司法部电

（1912 年 4 月 3 日）

南京内务部程总长、司法部伍总长鉴：内密。前据云南第二师长李根源鱼电称，腾龙沿边十土司，平时苛虐土民，有事乘机煽动。而干崖刀安仁夜郎自大，狂悖谬妄，尤为各土司之冠。此次腾、永起事，始则附会革命，愿助兵饷；继则入城自称都督，苛索银至二三万金，索枪至三百余杆，并勒索各土司地方亦不下万余金，复敢煽动各土司许其独立，反抗汉人。居心叵测，罪不容诛。又接李师长阳电称，复搜获该土司命令耿马土司文一件，略称本都督与张都督同时起义，各担义务，各司应向本都督府填写誓表，所有应完钱粮各款，即上归各属民部委员等语。并分给弯甸、耿马夷文函二件，内附誓表格式各一纸。细译文义，其意均系兴夷灭汉，帝制自为。乞赐查核，将刀安仁拘留在省，听候查办等情。时该土司因到省要求封爵，并索银三十万两，此间未便允许，该土司遂由海道赴宁，当即电请程总长设法拘禁。兹接驻宁滇同乡来电得悉，大部已饬警厅将刀安仁及其弟刀安文一并捕获囚禁，特将该土司罪状先行电陈，请即查核惩办，详情及证据另咨。锷叩。江。印。

177　复李根源电

（1912 年 4 月 3 日）

永昌李师长鉴：三十一电悉。公担西事，从事独贤。而太翁往返调和，俾〔裨〕益甚巨。即论酬庸，亦应宜然，况执事家非素封，宁堪因公亏累，希即毋庸固却。又，永绅邀留，自可暂为布置。惟榆事亟须整理，仍望早日启行。锷。江。印。

178　复韩建铎电

（1912 年 4 月 3 日）

武昌黎副总统转滇军韩师长鉴：列密。援蜀情形，得公陈述，俾释疑团，所益甚大。滇省财政困难情形，公所素稔。反正以来，勉力支持，幸得维持现状。然无源止涸，设因饷绌致生事端，后患何堪设想。盖滇介两大，与他省情形不同，内部一有纷扰，必立招外祸，大局且为摇动。然保持治安，在在需款，滇凤贫瘠，罗掘已穷，惟有望中央接济。滇原受协省分，又关国防，想中央断不能置之不顾也。公到京见袁总统及财政部首领时，万望为滇请命，痛切陈之，务请先拨发二三百万，以济目前为祷。锷。江。印。

179 致袁世凯、孙中山等电

（1912 年 4 月 5 日）

北京袁大总统、各部首领、南京孙中山先生、参议院均鉴：滇军援蜀，致启嫌疑，当即饬滇军撤还，免生冲突，迭经电陈，计达钧览。近接滇军各将领电，已次第分道撤还。惟滇军撤退之后，川境复乱。□□□前于二月底滇军甫退至泸州，而嘉定川兵复变，肆行抢掳。重庆所驻成军于巧日枪杀滇兵二人，伤三人，已经和平交涉，川军允议恤议赔，正法首要。马日首要尚未处决，成军突然变乱，抢劫富户，又戕毙我见习员刘镇藩及兵三名。渝政府办公人员全行避匿，渝、成外国人异常恐慌。我军须妥为保护，以免酿成外交，兼防川乱波及滇境。迭据滇军电陈，并据泸州商民电请留驻滇军，以资镇慑，均饬令迅速撤回，勿庸过问，免生缪辖。兹又接电称，川中兵匪相通，乱机勃发，隆昌、合江尚有数千之大股匪党，其余数十数百者，指不胜屈。顷德国领事由渝到叙云，巫峡土匪击毙美国教习一、伤一，恐惹外人干涉等语。查滇军对于川省，迭遭疑谤，此后无论如何糜烂，滇军决不与闻。惟兵匪相通，乱机勃勃，不独扰害内治，亦恐牵动外交，心所谓危，不敢不告。尚望妥为设法，俾川事早平，大局幸甚。滇都督锷叩。微。印。

180 复谢汝翼电

（1912 年 4 月 5 日）

昭通飞送泸州局转叙府谢旅长鉴：幼密。艳电悉。川境乱机勃勃，已详电中央。此后无论如何糜烂，我军不可过问。昨电执事请分一部退驻大关、井渡，余悉由执事率回，计已达览。现叔桓赴北京军界统一会会议，此间军事需人，且久暴师于外，亦属非计，切望执事早归。锷。微。印。

181　复陆荣廷电
（1912 年 4 月 6 日）

桂林陆都督鉴：鱼、奉、卅电敬悉。滇、桂均属穷边，向资协济，现在协款中断，不能不望补助于中央。惟敝省关于此事迭经电陈，均归无效。兹复详加筹议，得一妥善之法，拟沥陈滇、桂情形非他省可比，强邻逼处，虎视鹰瞵，而沿边土司亦有举足左右、便有轻重之势，此实关系国防，不独为滇、桂两省之利害。若只整理内治，则本省之力尚足自持。应请将内治、国防经费划分为二。其内治经费由本省自行担负，至国防经费须中央派人主持，庶可巩固国家之防，而纾边省之力。如此措词，觉两省持之有故，而中央亦责无可辞。是否，请酌复，再行拟稿电陈。锷叩。鱼。印。

182　复李根源电
（1912 年 4 月 9 日）

永昌李师长鉴：月密。江电悉。此次永乱，商民损失颇巨。前经由守将积谷分赈，仍令切实调查，以凭酌量赈恤。乃商民任意浮报，多至倍蓰，实亦难应其求。军兴以来，各省灾民十百于滇，无法救济。滇幸不遭蹂躏，然财力奇窘，亦为他省之冠。永城灾情虽重，亦只能称量而予。若商民浮报，希图□赈，不惟无以博施，而蒙自灾民援例而来，亦觉难于应付。现拟赈款至多以一万两为率，仍须用以工代赈之法，或浚河或修路，或推广习艺所。总期民受实惠，款不虚糜，尚希酌量办理。锷。佳。印。

183 为土司事通电

（1912 年 4 月 10 日）

南京内务部程总长，上海章太炎、熊秉三两先生，神州、民立、大共和日报、时报各报馆鉴：云南沿边各土司，无事鱼肉土民，有事勾结煽乱，前清官吏利其赇赂，置之化外。而土司不胜苛索，则借外力为护符，边徼危机日甚一日。去岁各省起义，干崖土司刀安仁据腾越称都督，命各土司报誓表，并勒派饷糈巨万。各土司群起抗之，所招士兵又因饷缺哗噪。该土司乃由缅绕道来省。此间闻其到河内，即电河口副督办招待到省，后住省议会，礼遇甚优。该土司乃请加封爵，并索饷银三十万。此间以封爵非中央不能颁赏，而款绌亦难应其求。该土司遂航海赴宁。其时此间尚未知其在腾状况。嗣接第二师长李根源来电，具报该土司勾结煽乱、苛派饷糈情形，并搜获该土司命令耿马土司汉文扎一件，命令弯甸、耿马夷文函二件，内附誓表格式各一张。细译文义，多系合夷灭汉、帝制自为之词。而刀上达因争袭职，惨戮永康官民，皆其主使。乃电请内务部将该土司设法拘留。旋准内务部霰电开，已令警厅将该土司暂行拘禁，罪案请速寄来宁等由。当将全案证据咨部核办。此关于刀土司案之大概情形也。云南沿边土司大小五十余处，割据自雄，凌虐土民，暗无天日。土民铤而走险，辄酿外交。现全国同享共和，而土族犹沉黑暗。为大局计，为国防计，不能不筹议改流。惟幅员辽阔，兼顾不易，不兼顾则此牵彼动。其难一。边地多系瘴乡，人或裹足，诸不应手。其难二。极边各处，异言异服，骤言治理，适形扞格。其难三。故取渐进主义，以振兴教育，收揽法权，代清财政为主，济之以平治道路，奖励开垦，试办警察，提倡实业。行之数年，潜移默化，不改之改，收效较易。迭经电商李师长，现即抱定此旨，办理渐有头绪，□舍亦甚相安。前因内务部电询对于土司采用何策，当将此意详陈。此现在对土司之大概情形也。

顷阅《大共和日报》载鹤望君《政府对苗疆之疑问》一篇，引《民立报》电文"觊觎内地，潜纵来宁"之语，以为二者之意，毫不相□。不知《民立报》访员既未见全案，致有此不相适应之词。而鹤望君复望文生义，致生疑难。此亦报界常有之事。惟此事关系边境安危，若未悉此中详情，而徒摭代远湮之历史，东鳞西爪之传闻，以为熟习边情，能得真象？万一当局荧听，放虎还山，贻误边疆，谁执其咎？鹤望君志行学识，夙昔所钦，对于滇事极望匡正。惟据不完全之电文，而评悬远之事实，窃为鹤望君不取。至土司犷悍，冥顽懵□，不识世事，前因滇人虑其沦入他族，怂恿东游，以冀开其榛莽。乃刀安仁到东，聘日妇数名，云归兴办织业，返干崖后，悉成为内嬖如夫人，于织纺毫不兴办。此滇人所共晓者。而世方以赵武灵王、彼得目之，真不值一噱也。近日报界中《共和报》颇有价值，惟闻主笔某君为川人，因川、滇轇轕，某君为感情所驱，故每不慊于滇事，此则滇人所不必斤斤争辨者。因土司事关重要，故详陈之。滇都督锷。蒸。印。

184 致吕志伊电

（1912 年 4 月 10 日）

南京司法部吕次长览：闻孙中山先生有游历各省之说，甚望来滇一行，此间极表欢迎。何时首途，经由何省，请先示知，以慰渴望。又此间极望兄偕赵君伸、张君大义返滇，并邀约三四人同来。杨君友棠同回甚佳，或在宁暂候，俟殷叔桓过宁，挈之赴北京亦可。并希电复。锷。蒸。印。

185 为川事通电

（1912 年 4 月 11 日）

上海大共和、神州民立、天铎、时、申各报馆鉴：川滇辊辖，迭诸报端，孰是孰非，当凭公论。惟《大共和日报》三月二十四日载川事客谈，云滇督之派师也，实简桀骜之军，告以蜀富，可恣略夺。彼其意，以邻国为壑，非真有仗义恤邻之志。又云，彼其发轫之宗旨，为货贿来也，一旦川乱已平，遽奉陆军总长之命，振旋回滇，淫掠之愿未偿，于是有索饷四十万之举；而参谋团命之援陕，则抗不奉命。又云，尹督犒军十万，客军已允赴陕，想日内顺流直下，当在忠、万之间。而甘人已赞共和，秦陇解兵之期当不远，则滇又得肆扰于房、郧之间。其言诬滇军实甚，不能不辨。滇军之初发也，以蜀省发难最先，受祸最酷，故匍匐赴援。然恐蜀省人民不悉宗旨，特派官滇蜀人郭灿、陈先源诸君为巡按使先行宣慰。而军队中将领兵士川人亦多，又设川滇协会，关于援蜀事件，均与协商。凡鄙人申儆援军之言，川人共闻共见，乃以滇督派师，告以蜀富可恣略夺。其诬一。滇军援蜀共六千余人，弥历四五月。出师之始，筹备费八十余万，军中饷糈又四十余万。蜀省助饷尚未及半，如以利而言，所得不偿所失，乃云发轫宗旨，为货贿而来。其诬二。滇川北伐条约第二条，滇军北伐一个梯团，所需薪饷由川政府担负，每月二十万金为率，除四个月分于重庆交纳外，后均按月接济。此系双方调印有效约券。滇军索饷，自属正当行为，乃云淫掠之愿未偿，于是索饷四十万之举。其诬三。滇军在川兵力所到，匪徒敛迹，人民安堵，商旅畅行，此旅川外人所同声共道者。所经之地则黔、蜀数千里，所驻之兵则叙、泸数府县，所历之时则去岁十月以迄今二月。试问川省居民果有被淫掠者否？乃并未到之地，而亦云滇军将肆扰于房、郧之间。其诬四。和议告成，南北统一，此间即于三月微日电饬敝军撤还，并于鱼日电达成都。在四月八号奉陆军总长三月十七号电令班师，几至一月，乃云奉陆军总长振旅回滇，淫掠之愿未偿。其诬五。蜀军张都督元月宥日来电云，陕省告急，危险万状，已会同黄、陈副使及黔军代表议决，联师援陕，请贵军第二梯团由泸速到渝，经长寿向兴安前进。第二梯团仍此道接续进行。敝省当即电复，拟令敝军出襄阳，以截敌攻鄂、攻秦晋之后路。又接陆军黄总长元月祃电，请滇军全数取道汉中援陕，前后路令川人前后保护。又接黄总长二月真电，西安告急，请饬到川滇军，星夜往陕西，俾早日肃清。时敝军方由泸下驶，复接成尹、罗两都督三月东电云，川省编练四镇，内清匪患，外援秦陇，尚可强任其难，不劳贵军。又接虞电云，援陕由川独任等语。故饬敝军停止进行。乃云参谋团命之援陕，抗不奉命。其诬六。援川本救灾恤邻之志，同仇敌忾之师，纪律严明，商民欢庆，闻滇军撤退尚复电请邀留。乃匪徒不逞，编播流言。川军政府复以其得民心也，而深怀疑忌，始则疑为侵略，续则诬以骚扰。滇军不胜其忿，遂亦有措施失当之举，诚无庸为滇军讳，要亦激之使然。至鄙人始终主张和平退让，于川省则尽忠告之谊，于敝军则多督责之词，所有与川省及敝军来往文电，实可以共白于天下。亦望评此事者，原始要终，勿徒摭传闻之辞、无根据之事，以挑拨滇、川两省之恶感，则大局幸甚。滇都督锷。真。印。

186　致北京全国联合进行会等电

（1912 年 4 月 11 日）

　　北京全国联合进行会、上海各报馆鉴：《大共和日报》三月二十七日载全国联合进行会电，顷闻《大版每日新闻》载有新加坡华商反对袁总统，并载有广东、云南反对等语。不识该报何所据而云。然我国政体确定共和，惟幅员辽阔，统一匪易。此时有能挈五族为一家者，敝省无不服从，以期民国早日成立。况袁公一代伟人，中外钦仰，敝省曾于南北未合之时，以中国有必为共和之时机，袁公亦诚有被推总统之资望二语，于上年冬月敬日电陈黎副总统，曾登载武昌《中华民国公报》。及袁公受职，敝省复肃电奉贺，非徒表欣戴袁公之意，实亦喜统一国家之成也。惟滇处僻远，每多传闻失实，现在国基甫定，岂宜复任此等播弄之语以摇惑人心。万望全国同胞，勿因旁观之挑拨而启内部之猜疑，大局幸甚。滇都督锷叩。真。印。

187　致袁世凯及黔、粤、桂电

（1912 年 4 月 12 日）

北京袁大总统、广州陈都督、桂林陆都督、贵阳唐都督鉴：滇介缅越，逼处强邻。自滇越铁路成，危机日迫，不惟滇缅线路屡被要求，即滇蜀路权亦有垂涎之势。前经滇省设立公司，极图自办，而路长款绌，迄无端倪。滇中五金矿产之富，甲于各行省，只以输运未能捷速，无人投资开采。间有集股试办者，每因销路不畅，成本过巨，多所亏折。即如已办各矿，个旧之锡虽著成效，但运送至港，仍须弯道越南，路权在彼，动遭挟制。东川之铜则须陆运至蜀，始能改由水运，艰险万状，窒碍孔多。故目下存铜至百数十万斤，行销极滞。如此货弃于地，致启外人觊觎之渐者，皆由铁路不通，交通不便之故。然熟审边地情形，滇蜀一线尚可缓图，滇桂一线尤为切要，其路线尤以曲靖经兴义、百色达南宁为宜。若此路修通，厥有数利：一则线路较短，成功较易，需费较省。一则滇、粤交通互相策应，可固国防。一则与滇越不平行，免资外人口实，且离越较远，利于兵事。一则经滇、黔、桂三省之地，可扩商业，可辟荒土。一则滇川、滇黔两线将来便于延长。一则东昭矿产便于转运。且此路一通，则滇越一线之势顿失，即可以阻其伸张之势，并可以徐图赎回之机。故前清李督密奏，请先修滇邕，又以滇省奇穷，应归部办，皆得部复允准，并已派员踏勘。改革之际，事遂中止。现大局已定，亟应先为筹计，继续进行。惟锷前游两粤，近复来滇，足迹所经，详察形势，觉滇省铁路自以先修滇邕为宜。而滇邕路线尤以延长至龙门岛。【查龙门岛】去南宁不过四百余里，岛屿环抱，为泊船最良之海湾，而风浪不惊，较北海为尤善。以之辟为商港，则粤、桂、滇、黔四省之物产，皆可委输于此，商业可期发达。且此中海水深广，可泊兵轮。而港口甚窄，间有暗礁，所到之船亦难遽窥堂奥，可并营军港以屯海军，将来铁路、军港首尾衔接，滇、桂不至坐困，庶可巩固国防。至滇桂铁路迭嶂层峦，工程较巨，然为久远计，拟采用广轨，期与粤汉路衔接较便。虽需费较多，亦可不惜。惟滇、黔、桂均属瘠省，筹款匪易，不能不望中央主持，拟请大总统饬部核议电示，由滇、黔、桂、粤四省分段承办。事关西南大局，望早决定兴办为祷，并裁复。滇都督蔡锷叩。文。印。

188　致袁世凯电

（1912 年 4 月 16 日）

北京袁大总统钧鉴：内阁成立，薄海欢庆，此后政令有总汇之区，即各省可收统一之效，欣慰莫名。惟官制尚未发布，各省行政机关组织不无歧异。锷意先从军事、外交、财政三者先谋统一之方，就中以军事为最难着手。现北京设立军界统一会，各省代表到齐，当能妥筹办法。至外交、财政亟宜归中央主持，凡各省外交、财政人员拟请中央委派，庶外交可昭慎重，而财政亦便清厘。又，滇省上年片马之案，争持数月，未经议结，嗣因军兴，遂尔中止。现在大局已定，此案又将发生，将来非由中央派员会勘，不能定夺。此时外人尚未提议及此，勘界人员似未便遽行委派。惟边省外交重要，拟请遴选声望素著、熟习滇缅边务之员先充云南外交司，俟片马事发生，即以为勘界专员。庶可先事筹维，不至临时仓卒。是否，敬候核示。滇都督蔡锷叩。铣。印。

189　复黎元洪电
（1912 年 4 月 17 日）

武昌黎副总统鉴：文电敬悉。敝省援川军队已全数撤还，现已将军兴以后西南各防新募之营陆续遣散，即以还滇军队分派填扎。又云南瓯脱之地，土广人稀，现已派员调查。如有可以开垦采矿之区，并派军队分驻，略仿屯田之意，借行实边之策。是否，仍希指示。滇都督锷叩。筱。印。

190　致北京政府及各省电
（1912 年 4 月 26 日）

北京大总统袁暨国务院、武昌副总统黎、南京留守黄、各省都督钧鉴：宣布共和，薄海欢欣，喁喁望治。乃匝月以来，内则遍地皆伏危机，外则列强尚未承认。究其原因，皆由全国省自为谋，未能统一之故。前曾电请大总统先从军事、财政、外交三者亟谋统一之方，以免纷歧之患。意疏词简，无当高深。惟默察近情，事机尤迫。以云军事，则各省自举义后，军队骤增，未经训练，以尊严之军界而变为匪徒窟集之薮，偶一睚眦，操戈相向。加以饷糈日绌，哗变时闻。将窳兵骄，皆有不戢自焚之虑。旋经镇定，而风声传播，军心浮动，海内汹汹，乱机四伏。以云财政，则军兴而后，用度浩繁，财源枯竭，各省一辙。挹注既属无方，而支销不能稍待。于是有募集公债、发行纸票之举，以暂济眉急。割肉补疮，得过且过。深恐捉襟见肘，经济恐慌之象，即在目前。各省不能支撑，中央亦无从提挈。财政紊乱，国体分裂，不知所届矣。以云外交，则国际团体尚未加入，外人徘徊观望。至谓临时政府虽已宣布，而各省势力尚分，外交行政一时万难统一，故承认之通牒尚难实行。或利用此时机以侵我主权，兵队任其增加，内治渐有干涉，听之则丧国权，不听恐伤交谊。彼且伸缩自由，而我几不能为正式之谈判。万一匪徒作据（？），贻以口实，一国挑衅，大局何堪？综此三者观之，安危之机，间不容发。非亟谋统一，则险象环生。锷意现时军队之凌杂无纪，除分别裁留外，实无他法。拟请中央通盘筹计，划定军事区域，酌定应编师数，凡溢额之兵可裁则裁，酌予恩饷，次第遣散。若势难骤裁之兵，则分别汰留，从事开边，以为消纳。至各省外交、财政官员须由中央委派。盖国际交涉各自为谋，易多枝节，尤碍外人观听，于国体大有妨害。至各省财政旧制，散无纪律，在平时已为国病，若犹一味放任，则目前既苦艰窘，急何能择，不得不歧出纷乱，以后积重难返，终酿成不可收拾之势。中央之于地方，微转盈虚，无可酌剂，直恐出纳不能过问。事势至此，是不啻以世界上庞大无伦之国而自脔而割之也。吾国势分力薄，积习已久，全国士夫咸思建造一强固有力之国家，以骤跻诸强之列。然政权不能统一，则国家永无巩固之期。在大总统维持全局，或不欲骤与纷更。然大权所在，不能不收集中央，以图指臂相连之效。即各省都督眷怀国事，亦岂有自为风气之思。机不可失，时不我待，望早裁决施行，以巩国基而消隐患。滇都督锷叩。宥。印。

191　致北京、上海电

（1912 年 4 月 30 日）

北京邮传部、上海电政局钧鉴：查电报之设，原为灵通消息。自军兴以来，各省电报骤增，又各机关因不出电费，至寻常文牍亦用电报，有累累数十万言者。电局应接不暇，遂多积压。而滇处僻远，每处来电每有已登报月余，而电迄未到；或虽到而字数太多，满纸错讹，不可卒读。又由滇至腹省，电线分为滇黔、滇蜀、滇桂三股，然或因雨水坍塌，土匪砍断，常致交通隔绝。非亟加整顿，设有军事、外交重要事件，贻误机宜，实匪浅鲜。拟请厘订章程通行各省局查照，非急要事件，须用公文，借以疏通电报。并请通饬电局，收发电文不得积压，如有搁置至数日者，应分别议罚。其云南要电，尤请特加注意，实为公便。办理情形，希即赐复。滇都督锷叩。卅。印。

192　致袁世凯及四川都督电

（1912 年 4 月 30 日）

北京袁大总统钧鉴，四川尹、张都督鉴：阅法文《哈发士报》载路透电云，华兵被藏兵击败几降，缴枪一百五十枝，藏军偿卢比八千元。又云，据新喇电，华兵与藏兵互战，华兵败后逃入某寺内，系属确闻。此消息自达赖喇嘛营内传出，至其起事原因，以华藏会议某问题，藏会长反对太甚，致起冲突，藏会长惧而逸于距拉萨三□之某寺内。华兵追之，乃成恶战云云。查今春藏兵至察木多，近逼川界，曾电商川、贵都督，共筹办法。嗣得川都督电，以藏事自当独任其难，故滇不复过问。兹阅路透电文，殊深焦灼。西藏为我国雄藩，外人垂涎已久，非亟早规画，终非我有。西藏一撤，后患何穷。应请大总统早为布置，以固边圉而除后患。大处对于藏事计划如何？希详示知，用释悬局为荷。滇都督锷叩。卅。印。

193　致袁世凯电
（1912 年 5 月 2 日）

北京大总统袁钧鉴：临时政府早经成立，而各国承认之通牒尚未实行，致以吾新兴之中华民国不得加入国际团体，深堪愤慨。锷意欲各国承认，自以统一内政为先，而联络邦交亦不可缺略者。昔美利坚合众国之独立也，先以佛兰克令至法国，请其扶助。及战胜英军，法人即首先承认，荷兰、瑞典等继之，合众国遂以确定。今各国承认虽有动机，然尚未得本国训令为词，游移观望。多一日延缓，即多一日危疑。窃意宜派中外仰望之员为礼聘大使，能先得一二国承认，则其余亦易赞成。如孙中山先生肯一行，则尤为适当。是否，伏希酌择。滇都督锷叩。冬。印。

194　致北京政府电
（1912 年 5 月 5 日）

北京袁大总统暨国务院、武昌黎副总统鉴：前以民国成立，而各省各属纷歧，宜亟谋统一之方，从军事、外交、财政入手，并请委派外交、财政人员。旋奉大总统铣电嘉勉，无任欣感。复以高尔谦曾任云南交涉司，熟习边务，请大总统任命为云南交涉司，亦承国务院电致高君劝驾，仰见轸念边陲至意。兹更有请者，湘人袁家普曾在日本毕业经济专科，顷因事来滇。适当建设之初，深资赞画，现奉财政部熊总长调，拟即赴京。惟滇省需才甚殷，拟仍留该员襄助。若以充云南财政司，则尤为相宜。如蒙允准，请大总统任命该员为云南财政司，即与任命高尔谦外交司同时宣布。是否，敬候核示。滇都督锷叩。歌。印。

195　为黔事通电
（1912 年 5 月 6 日）

北京袁大总统暨国务院、武昌黎副总统、南京黄留守、各省都督、各报馆鉴：黔省匪风甚恶，民不聊生，迭经绅商文电请援，虽以唇齿之亲，未忍坐视，然恐以恤邻之谊，又启猜疑，故婉辞谢之。及敝军北伐取道黔中，父老复力求援助，此间仍催敝军赶程前进，不必留黔。嗣因黔军统领黄泽霖扣饷生变，黔事甚危，绅民复急电请援，乃饬唐司令赴筑镇慑。黔人以唐司令有拨乱之功，推为都督。黔事甫定，不能不暂为维持。现匪乱渐平，商民复业，援黔义务已尽，滇军即应撤还。近闻前都督杨荩诚率部回黔，绅民惶恐，万一发生冲突，又必贻操戈同室之讥。且滇军到黔，饷糈皆由自给，财政本属奇绌，接济实属为难。应恳大总统速派贤员主持黔事，俾唐司令早日交替，振旅还滇。□得滇军得卸仔肩，即黔省亦不至再罹兵刃。迫切陈词，伏候裁示。滇都督锷叩。鱼。印。

196　致袁世凯等电
（1912 年 5 月 6 日）

北京袁大总统暨国务院、武昌黎副总统、南京黄留守鉴：今春藏兵肇乱，逼察木多，曾电商川都督协力防御。嗣接复电，以经营藏卫，蜀当独任其难。时滇军驻川，方遭疑忌，故即将军队撤还，不复与闻藏事。嗣接云南第二师师长转印度陆兴祺电称：

西藏因饷缺兵变，达赖迫令缴械出境，诡谋自立；迫逐班禅逃入印境；官兵尽为禅〔驱〕逐，饥留印境，拉萨被围，惨杀汉人无算。又阅法文《哈发士报》载，华兵被藏兵击败几降，缴枪一百五十枝，藏兵偿卢比八千元等语。当经前后电陈大总统在案。顷复接腾越局转靖西同知马师周由印度致四川都督电称，后藏江亚已失，拉萨危在旦夕，务恳火速救援。前因饷械均缺，迭电告警，未蒙示复。今被迫出关，抱病在印。又陆兴祺由印致川电称，藏人军械足用，又获我大宗军火，今调集大兵盘据拉萨，日夜操练，已成劲敌，进击为难，可否咨滇军兜援等语。查藏卫西藩，关系大局，一有破裂，则滇、川有唇亡之虞，况藏事危急至此，不能不早为之图。惟滇军早经撤还，未便复出，且悬军数千里，滇力亦恐难胜。况前经川人固拒，派兵又必生疑。坐视危疆，焦急万状，应请速为筹处，以救危机，并请裁示。滇都督锷叩。鱼。印。

197　为片马事通电

（1912 年 5 月 8 日）

北京袁大总统暨国务院、武昌黎副总统、南京黄留守、各省都督鉴：滇缅界务，辘辘经年，北段界线迄未勘定。前清光绪三十一年，革道石鸿韶与英领烈敦往勘，烈领所争以大哑哑为界，系以尖高山起，直上高黎贡山，由山顶北往西藏。石道所拟，以小江边为界，系从尖高山起，抵九角塘河，复另行横出过小江源至板厂止。烈领所指之界，滇、蜀、藏边也，被其割去者数千里。外务部谓其直是分割华境，断难允从。即石道所勘之界，于腾越、云龙、龙陵土司领地弃去甚多，亦经外部驳诘，遂未定案。

乃英人于前清宣统二年，忽有进兵占据片马之举。滇人愤激，群起抗争，李前督持非退兵重勘不可，英始退兵，重提永租之议。义军适兴，议遂中止。英人复乘间派兵阑入于片马附近地方，私竖界石，展修道路，宽可行军，并于他戛官寨、把仰赧雾茨竹林及沿小江、恩梅开江等处驻扎多兵，以规取浪狩〔揲〕、狱夷等地。各该处居民自旧岁即征收门户钱，每户缅洋一元。观其行动自由，不惟不留重勘之地，且并不复顾永租之说。似此节节进步，势必尽蚀我腾、永、丽、维之边疆，上穷里塘、打箭炉，直拊卫藏之背，挈四川之领不止，后患何堪设想。前经请大总统裁处，并历陈对待之方。旋奉示谕，以界务重大，已饬外务部妥慎筹办，仰见大总统慎固封圻至意。惟英人载骤骎骎，一日千里，一有抵触，则恐生衅端，听容所为，则贻害大局。西陲关系，非独滇危，用特迫切电陈，恳请迅为筹办。各省都督如有伟见，并望时赐教言，幸勿以为边远地秦越视之，是所感祷。滇都督锷叩。庚。印。

198　为军民分权事通电
（1912年5月8日）

北京袁大总统、国务院、参议院，武昌黎副总统，南京黄留守，各省都督，各报馆钧鉴：阅报载黎副总统侵、筱两电，备陈军人柄政之害，谓宜将军务、民政划为两途，辞恳虑周，无任钦服。惟锷愚见，流弊固当预防，而现势亦宜详审，要未可以一概论。第就滇省而言，地逼强邻，眈眈虎视，而山深菁密，伏莽犹多，时虞蠢动，非地方官之势力所能镇慑，一有骚扰，立酿外交。改革以来，人情惴恐，乃匪徒不得逞志，外人无凭借口者，实赖军政统一之故。现在遣散冗兵，安插羡卒，与夫一切军事计划，尤息息与民政相关。若军民分权，互相推诿，互相掣肘，哗变之事，在在堪虞。滇省自设立都督府以来，凡民政、财政、外交、教育、实业各有专司，都督并不加干涉，惟皆隶属于一机关之下，故行政甚为敏活，号令不致分歧，而部曲将卒亦从无干预民政之事。窃意军务、民政将来必须画分，始足除武人政治之弊。惟目前国事甫定，而边省情形不同，不能不统一事权，以立纲维。锷厕身军界，适当改革之秋，猥以武人遂操政柄，明知此论一出，必有把持民政之嫌。然治乱所关，不容含默。为边疆起见，□非自便身图。如得大总统派一文武兼资之员，以承其后，锷即可奉身而退，长归田园，不欲久揽政权，并不愿再操兵权也。区区之诚，尚希鉴察。滇都督锷叩。庚。印。

199　为军人干预党社事通电
（1912 年 5 月 10 日）

北京袁大总统暨国务院、军界统一会、武昌黎副总统、南京黄留守、各省都督、各报馆鉴：民国成立，望治方殷，海内士夫，咸思组织党社，以为促进共和改良政治之地。数月以来，成立者已数十起，足征我国人政治思想、国家观念之发达，可为民国前途庆。惟军人入党，则锷窃有隐忧，虽发起之初，不过借军人为提倡，然流弊滋大，自应预防。请略言之：此次改革，数月告成，军人之功，炳耀寰宇。惟审查现在国情，伏莽未靖，国防未固，此后整军经武，责任尤巨，专心一志，并力戎行，始能举优良之成绩。若复为政界分心，军事难期整顿。其弊一。凡一国内政党分立，政见各殊，各出其才力以相雄长，每因竞争而国家愈益进步。故一政党组织内阁，复有他政党监督其旁，政府可收兼听之益，而不致流专断之弊。然以军人入党，则因政见之争持，或至以武力盾其后，恐内阁之推倒太易，实足妨碍政治之进行。其弊二。自军兴以来，各省多增募兵卒，市井无赖混厕军籍，呼朋引类，歃血联盟，甚至军队变为山堂，将领称为哥弟，拔剑击柱，军纪荡然。虽政党性质不同，而士卒有所借口，方且谓统兵者亦身入党籍，更何以禁士卒之效尤？会党、军队混为一途，部勒偶疏，动生变故。其弊三。虽此时祸机未著，而流弊要可逆睹。锷私忧过计，以为国家进步，政党自然发生，然宜让政客之经营，而军人勿庸羼入。非独消极的以限制军人之行为，实欲积极的以完全军人之责任。伏恳大总统明颁禁令，申明条例，以振纲维而杜流弊。愚昧之见，尚希查核，而详教之。滇都督锷叩。蒸。印。

200 致北京政府及各省电
（1912 年 5 月 13 日）

北京袁大总统暨国务院，武昌黎副总统，南京黄留守，粤、桂、黔各省都督鉴：云南自滇越路成，危机日迫。滇省人士痛深切肤，屡议赎回，苦无巨款。且此路下游，仍属越境操纵，由人赎回，亦归无用。乃议修滇蜀铁路，已由公司招集股本。近岁详加审察，以滇邕铁路可以便滇、桂两省之交通，并可以夺滇越铁路之势力，较滇蜀为尤要。前清邮传部议定先修此路，滇人舆论亦已趋重于此。而锷往复滇、粤数年，知之最稔，尤以此线延长至龙门岛为宜。前虽电请大总统饬部核议在案，近复有一事足为滇忧者，个旧产锡输出外洋，向来自碧色寨运到海防，每吨需车费四十元。现滇越铁路公司议加五元，已禀河内总督，俟批准后即便实行。查滇土瘠薄，生计维艰，自禁种鸦片以来，专恃矿产为命。而运输未便，仍须仰鼻息于外人，若运费日增，生机将绝。此外种种险象，尤不待言。故敢迫切渎陈，伏恳大总统迅赐裁夺，无任屏营之至。滇都督蔡锷叩。元。印。

201　致北京政府电

（1912 年 5 月 14 日）

　　北京袁大总统暨国务院、武昌黎副总统、南京黄留守鉴：滇系山国，又逼强邻，伏莽既多，外患尤迫，思患预防，非屯驻重兵不可。前清编制陆军，云南已成一镇，然兵力尚嫌单薄，故以巡防队为补助陆军之用。自反正后，因援蜀、援黔，陆续添练，统计内外军队已成二师。就云南地位而言，非有此重兵不能镇慑。然滇省财力奇绌，饷项万难自筹。历来边巡各防所有常年饷糈，均系指拨他省筹解。及开办新军，需款尤亟，除本有之常年协饷仍分批照拨外，复指拨各省关协款至二百五十余万。诚以国防所系，决非滇省之力所能搘持。故各省虽筹款维艰，亦无不勉力协济。军兴以后，协饷遂停，经费所需，万分支绌。惟改革之秋，人心摇动，内部稍有不靖，即启外人蹈瑕抵隙之端；而川、黔匪势方张，亦有滋蔓难图之虑。故内则驻兵防守，外则分兵援助。虽库藏如洗，而悉索敝赋，不能不勉为其难。今幸内外安谧，不致贻大总统南顾之忧。然以穷边而捍卫中原，实已气尽力索。此后整顿军备，巩固国防，不能不由中央主持，非滇省之力所能及。若漠然不一省顾，坐令边省垂危，锷一身不足惜，如国家领土何？锷目击滇事，日夜忧煎，呼吁频繁，不知所择。伏恳大总统饬国务院迅为筹处示遵，不胜迫切待命之至。滇都督蔡锷叩。盐。印。

　　附　袁世凯复电 （1912 年 5 月 16 日）

　　滇蔡都督鉴：电悉。滇系受协省份，兵衅以来，援蜀援黔，滇军甚有名誉。筹兵筹饷，畛域不分，艰困情形，早深廑系。现在边界未靖，正赖得力军队借以建威销萌。所请规复协饷及指拨各饷各节，已交财政、陆军两部从速核办，特先电知遵照。大总统。铣。印。

202　为蜀都督事通电
（1912年5月15日）

北京袁大总统暨国务院、武昌黎副总统、南京黄留守、各省都督、各报馆鉴：近阅报载，中央有任命王人文或岑春煊为四川都督之消息，此或出于外间疑议之词，姑存此说，以促川军政府之憬省，而望其改良亦不可知。若果见诸事实，锷以为不可。川省自铁路风潮首先发难，独立后复遭变故，民不聊生。上年十月，有赵康时、董福开等在四川组织中央国民军，以川军不能维持治安，曾电商改选政府。此间连电劝阻，谓川军政府势力虽薄，然既已宣告独立，只宜辅助之以戡乱，不能摧挫之以生嫌。滇军方在叙、泸，其势甚锐，诚不难长驱直入，摧陷廓清，然仍令联络蜀军，不许轻举。诚以荡平匪乱，自可互相援助，至经营善后，不能不让蜀人之自为谋。今蜀中秩序次第恢复，公口名义，亦经取销，尹、张两都督之功自不可没。此后徐图补救，则匪患自可消弭无形。一有更张，人情疑异，万一匪徒铤而走险，势必全局糜烂，恐岑、王两公之贤，亦无以善其后；或致多烦兵力，蜀祸更无已时。此时惟有责成川督，整顿内治，力图治安，而不宜轻易更张，复生枝节。至西藏问题，关系重要，非派专员率精练之兵，迅为筹备不可。滇、蜀毗连，见闻较稔，一得之见，率敢冒陈，伏维垂察。滇都督蔡锷叩。咸。印。

附1　北京任命唐继尧为贵州都督致蔡锷电
（1912 年 5 月 15 日）

滇蔡都督：奉大总统令：鱼电悉。滇军在黔，实有定乱之功。现因杨荩诚撤兵回黔，该省绅民恐启争端，纷来呈诉。业经迭电湘、鄂，就近调停两方，尚未解决。现在唐继尧已任命署理贵州都督，黔民挽留正切，只可从缓调回等因。奉此，相应电知查照可也。国务院。删。印。

附2　贵州各界致蔡锷电（1912 年 5 月 15 日）

云南蔡都督暨执政诸公鉴：本日奉国务院电开：贵阳唐都督奉大总统谕，已任执事署理贵州都督。杨荩诚业令来京，另加委任。驻常军队，另电湘都督妥派干员分别安插布置，以前军队不准到黔。执事即化除意见，勿负委任。国务院。有。印。全黔欢庆，知念敬闻，祈转告旅滇黔人为祷。黔绅商军学各界公叩。

203　致北京政府电
（1912 年 5 月 16 日）

北京袁大总统暨国务院钧鉴：顷据本省丽维统领孙绍骞尤电称，前清因藏事危迫，乃设川滇边防大臣一员，专办边务。法固未尽完善，然五年间尚能收复盐井、江卡、察木多，开辟定乡、文宷、空撒、贡脚、德格、登科、包旭、米多等地方，亦既完税课，置官吏，设学校，规模初具。惟自去岁川乱以来，秩序破坏，官吏逃亡，戍兵溃散，蛮气复炽，现闻有据定乡等处之说，前功尽弃，深为可惜。且闻蒙古喇嘛屡经来藏，唆使班禅宣布独立。大势日迫，宜早绸缪。可否恳请转电中央政府，速派洞悉边情知兵大员一人，为川滇边务将领，办理筹边一切事宜，以固边宇而绝觊觎。又据丽江府姚春魁寒电称，接巴塘顾占文来函云，川边前驻边军五营，西军三营，久经战事，额多虚悬。前大臣傅，去岁进关剿匪，随带三营，余在边地，营虽有五，兵仅千零。且边疆辽阔，分扎零星。今正定乡逆番聚众抗粮，焚毁粮署，伤我边防。文以兵力太单，本拟暂缓剿办，乃该逆番聚守要隘，害我川、滇商旅，当抽派新西两军舒、刘两帮带，督率奋勇三哨，驰往剿办。孰料匪焰甚炽，连结藏番不下万人，且多快炮。我军众寡悬殊，奋力杀进，会同该处防营，均被逆番围困。大小数十战，旋因粮弹告罄，水道断绝，兵力不支，拼命冲出重围，全队返巴。是役也，阵亡哨弁长三员、兵四五十名，受伤者约七八十名。然定乡既失，牵动各区。盐井闹廛，道涂被困。里塘抗粮，纷纷告警。伏思边务关系川、滇，贵治毗连定乡，且为商家必经要道，若不早为肃清，川、滇为【患】匪浅。兹已备文上渎贵军政府，敬乞大力维持，早示筹边良策，迅图恢复旧疆，借安危局，两省同人，共庆再生云云。似此情形，藏中危迫已极，应如何对付之处，请速电示机宜等语。查藏中情形危迫，迭经电陈大总统。旋奉电谕，已电尹都督等筹办矣。滇、藏接界，关系殊重，该都督亦应随时确探情形，密为筹备，以重边卫等因。兹复据丽维统领等电称各情，自应切实筹维，以副大总统靖难绥边之至意。窃念云南军队训练夙精，前经援蜀援黔，均属耐【苦】敢战。现已陆续抽调回滇，若以之防剿藏乱，必能得力。惟滇省饷糈向由各省协济，现协款停顿，滇力难支。屡经请命中央，迄未奉复，一若云南边陲可弃置不顾者。若势不得已，只有裁兵，复何余力戍边，为国家捍卫牧圉？万一边境相继沦胥，实惟国务诸公之责，非滇省所能任咎。迫切陈词，伏维鉴察。滇都督蔡锷叩。铣。印。

204 致李根源电

（1912 年 5 月 16 日）

大理李师长鉴：文、寒电悉。藏事危急，关系滇、川。我军训练夙精，若以之防剿藏乱，必可得力。惟滇、藏虽属连界，而地方辽阔，道途险阻，悬军深入，殊非易事。且此次番逆啸聚至万余人，欲图戡定，兵力不宜过薄，至少亦须二三千人。边荒之地，无粮可囤。而本省财政奇窘，巨饷万难筹措，非得中央接济，不敢轻于一行。兹复汇前后各电，陈请中央核议矣。先此复闻。锷。铣。印。

205 致北京政府电

（1912 年 5 月 18 日）

北京袁大总统暨国务院鉴：云南财政状况迭经电陈，计均登览。查前清宣统三四年预算案，云南岁出年约需库平银六百余万两，地方行政经费尚不在内。而本省岁入不过三百万，故每年除由部库拨款及各省协济一百六十余万外，尚不敷一百余万。上年九月，滇省反正，其时库储不过四十余万两。诚恐政费军需，日久必无以应付。幸全省安谧，秩序如常，公私帑藏，未经损失，而各属钱粮，除因偏灾豁免外，余悉如数按期完纳。人民急公好义，捐输踊跃。且因商旅通行，厘税亦未减免。又经裁减薪金，厘剔冗费，刻意节流，每年政费可节省五十余万。故现在司库存积至百四十余万，较反正前尚有增加。若在闭关时代，以之整理内政，亦足维持治安。惟滇省介处强邻，形势危迫，非有重兵防御，亦无以望武装和平。故从前编练新军已成一镇，复有巡防队以为辅助，每年经费约计三百一百一十余万金,① 皆仰给于各省协饷及截留练兵经费、解部洋款、解关摊款等项。军兴以后，复因援黔、援蜀，添练军队已成二师，而黔、蜀两役军费至百余万，诚恐日久未能支持。故前此屡经呼吁者，实出于长治久安之计，而并非财政紊乱，望政府填此谿壑也。窃念云南虽属瘠壤，然矿产之丰，罕与伦比。近锡矿虽用土法，而每年输出已至六百余万斤。至铜矿所出，尤可供全国鼓铸铜币之用。苟有实力开发，实中国之奥区，固不必以协济累邻封，而并可为国家图发展。乃货弃于地，仰屋嗟贫，罗掘既已无方，惟有望中央之提挈。即在平时，固已如此，况现在西藏不靖，缅界时有违言，事机之危，日甚一日。明知国基未固，不能委曲求全，然思患预防，万难稍弛戒备。惟审时度势，滇力实所难胜。以后国防所关，应请由中央筹备。今共和成立，五族一家，满藏蒙回犹期版图巩固，而独梁州禹域日迫危亡。国务诸公，决不出此。情词迫切，不惮渎陈。伏乞大总统饬国务院核议示遵，不胜企祷。滇都督锷叩。巧。印。

206 致北京政府电
（1912 年 5 月 22 日）

北京袁大总统暨国务院鉴：云南夙多矿产，而铜矿尤丰。前清乾嘉时，每年额解京铜六百余万斤，加之本省鼓铸、外省采买又数百万斤，计岁产在千万斤以上。嗣因咸丰回乱，各厂废弛。迨军事渐平，部檄促采京铜，年约六七十万斤，所办毛铜亦在百万斤以外。现在东川改设司，认真经理各厂，收铜之数，日有增加。惟近因京铜停运，存储甚多。前经电商各省来滇购运，嗣接湖北、江西、清江浦等处来电订购，为数无多。查滇产紫铜，质

---

① 原文如此。

料不亚日本。惟因交通未便，购运较难，故各省鼓铸铜元，多系购自日本。在各省则利权外溢，而在云南则货弃于地，深为可惜。如云南造币厂添置机器，专铸铜元，以供全国之用，不独可塞漏卮，而云南矿业借以维持，民间之生计日舒，则全省之政费日裕，庶不致以财政支绌，日烦中枢廑念也。伏恳大总统饬部核议施行，并乞赐复。滇都督锷叩。养。印。

207 致北京财政部电

(1912年5月23日)

北京财政部熊总长鉴：云南财政状况迭经电陈。昨奉大总统电谕：滇系受协省份，兵兴以来，援蜀援黔，滇军甚有名誉。筹兵筹饷，畛域不分，艰困情形，早深廑系。现在边界未靖，正赖得力军队，借以建威销萌。所请规复协饷及指拨各饷各节，已交财政、陆军两部从速核办，特先电知遵照等因。查云南财政虽极艰窘，然近因厘剔冗耗，节裁薪金，行政经费较前锐减。若望维持内治，亦足自擶。惟地当边陲，强邻逼处，国防所系，不能不屯驻重兵。而经费所出，向资协济。现协饷停办，滇力实有难胜。故前请国防经费悉归中央主持，否则次第裁兵，以纾滇力。查云南军队编为二师，现在援蜀军还，秩序甚为整饬，自将领以迄兵士，皆知严守纪律，保卫地方，即使遣散归农，亦殊甚易。惟边防重要，戒备未稍疏。反正以来，人心摇动，外兵环伺，险象隐伏。幸内部敉平，衅隙无从发生。故各省间多俶扰，而全滇犹为完全之区。此间防危维持，亦可以告无罪于天下。若因饷绌而生变故，或因裁兵而启戎心，则前功尽弃，大局堪虞。故前之迭请中央主持者，实在为此。兹奉大总统电谕周详，自应静候核示。第念滇省饷项，仰给中央，年复一年，殊非常策。查滇为山国，矿产最丰，近时铜、锡各厂开采熔炼，仅用土法，而个旧之

锡每年约出一千余万斤，东川之铜每年约出二百余万斤。若认真
整顿，则锡每年可出至二千万斤，铜矿能规复前清乾嘉时旧额，
亦每年可出至一千万斤。此外，金、银、煤、铁、铅、锑所出亦
夥，而森林、畜牧之利，随地可以经营。果能以得一千万元，实
力扩张，则年可增数百万之岁出，不独拨给之款无须久累中枢，
而岁有羡余，且可上供国家之用。迭经预为筹度，实觉确有把
握。惟经营整顿，须有巨款以培其基，而滇省财政困难，无余资
可以助长实业。前曾筹借外债，英、法领事屡请代为介绍，外商
多愿承揽，惟借债必须抵押，终恐有碍国权，审慎迟回，未敢遽
行决办。兹幸大总统轸念边疆，凡军事所需，已蒙饬部筹议，将
来兵单饷绌之事，自可无虞。然根本之图，则尤在振兴实业，如
能由中央筹拨巨款，以为提倡实业之用，则将来滇力日裕，当可
陆续筹还。用特详细缕陈，尚乞鼎力玉成。云南幸甚。滇都督锷
叩。漾。印。

208 复李根源电
（1912 年 5 月 25 日）

大理李师长鉴：漾电悉。执事因整顿西陲，积劳至病，此间
同人，均切悬系。前此屡促来省，一则常时聚处，随时可以协
商，一则省城医药较便，可资调养，故甚不愿执事久居于外。惟
近闻西事表面固已敉平，而民莠匪多，危机潜伏，得执事暂为坐
镇，自可弭患无形。一旦旋踵，乱端爆发，不惟前功尽弃，而迤
西生灵，何堪重罹兵燹。顷接丽江姚守及丽江、楚雄绅商学各界
迭电请留，亦以大局粗定，人心未安，兹闻师长引退，各郡绅民
恐慌万状。惟是吾辈倡义，本为民耳。今民方倚我为生，而执事
谊可恝然耶？执事屡电辞职，高节可风。然国步方难，尚非吾辈
息肩之日。现拟留执事仍暂驻榆，借资镇慑，一俟西陲底定，即

约樾老并驾偕来，以慰群望。夫留执事以拥高位，席厚禄，此可辞也；留执事以消祸乱，保治安，宁可辞耶？近日□种多此言，我国人只知破坏，不知建设，尤愿与执事一雪此言也。锷、承瑑、佩金、汪度。有。印。

209 为借债事通电
（1912 年 5 月 25 日）

北京大总统、国务院、参议院，武昌副总统，南京黄留守，各省都督鉴：吾国财政奇绌，在满清时已然。军兴以来，财源涸竭，而军费、政费日有增加，罗掘既已无方，支销不能稍待，于是外债之议复燃。全国人民虽知清之亡即由借债，而民国甫定，需款甚殷，诚念时势艰难，不欲复伸抗议。乃各国乘我之急，益肆要求，至迫唐总理取销此款，并欲监督用途，与盐、茶二税作抵。我国民睹外人之多方要挟，惕然于借债之贻害无穷，于是有提倡国民捐者，有主张发行不兑换纸币者。自黄留守首倡此议，各省翕然和之，现闻中央亦已提议及此。以目前大局计，此不足救中国之危亡。惟锷窃谓，只求收入之方，而不谋节流之法，则随集随散，来日方长，恐竭吾民之脂膏，仍不足以填无底之谿壑。前阅南京临时政府决算，一月经费几至九百万元；又接黄留守皓电，留守府直属各军队饷银，每月约需款五百万元以外。以前者计之，年需一万万元以外，以后者计之，亦需六千万元以外。而南北十余省之军费，尚不在内，国何以支？且闻孙中山先生因邀一己之名，以耗国家之费者亦至数十万元。今袁总统受国民之托，建设新猷，或不至如南京政府时之财政紊乱。然唐总理一南行，而消费至二十余万。今交通部又复纷纷派洋员赴各省查勘。电线之宜修固不待言，然不先询各省何处应修，即派员分报查勘。云南至毕节一路，前已由滇修通，曾经电明，何以复派洋员往勘？此等费用，宁非虚耗。

总之，民国非刻意节流，则财政万无整理之日。锷意此时节费之道，首在裁兵。查各省自反正后，任意添招，兵额浮滥，财力竭蹶，此为大端。拟请中央划分军事区域，酌定应编师数，通令各省责成统兵大员查明办理，其溢额之兵悉裁汰。或谓遣散之后，恐生事端，此实拥兵自雄之借为口实。云南近顷裁兵至三十余营，上下帖然，毫无他故。兵犹火也，不戢自焚。宁坐视其燎原，而不自行扑灭，民国罪魁，厥在军人。若能一律裁兵，规复旧额，则各省出款锐减，无须嗷嗷待哺中央。其夙称殷富省份，仍可照旧解款以供国家之用。即以云南贫瘠，亦可勉力支持，不求协拨，免致陷中央于破产之地，而贻国家以覆亡之忧。如中央未定用途，遽行借债，不能用之于助长实业之地，而徒以耗诸遣散军队之需，则今日借货，明日告匮，谹台日筑，何有已时？埃及之祸，即在目前。愚戆之辞，伏希鉴择。滇都督锷叩。有。印。

210　为借债事再通电
（1912 年 5 月 27 日）

北京大总统、国务院、参议院，武昌黎副总统，南京黄留守，各省都督钧鉴：借债问题，纠辖数月，尚未解决。外人乘我之急，方胁以谋我，借债虽成，损失必巨。而中枢之亟亟于此，虽牺牲利权，蒙垢忍辱而不稍顾恤，国民之吞声饮泣而莫敢伸异议者，亦以为安插发大难、建大功之军人地耳。而外人于借债之条件，一则曰监督财政，再则曰监察裁兵，且思要索利权，垄断债务，不遂不止。埃及亡国痛史不见于亡胡窃国之日，而成于共和成立之年。人心未死，讵复堪此！然迫而成此局者，实吾辈神圣之军人，则军人实祸之首、罪之魁矣。吾知稍具天良者，宁甘饿殍，必不受此嗟来之食，以促我国命也。锷窃拟办法数端：一、立即将借债念头打断，如有成议，则即取消作废。二、照黄留守倡办国民捐，而捐款者仍填给公债票。三、痛陈借债利害，使军人晓然大义，自行解散归里，仅由公家酌给川资，将校尤应以身作则。四、各省于财政应自为谋，不仅不作待哺于中央之想，且应以所余奉之中央，恢复昔年度支旧况。五、各省军人有不知大义，或思拥兵自雄，或作乱殃民者，照陈都督炯明对待黄和顺、石锦泉例，决不与共戴天，举国共弃之。以上五端，势在必行。滇中行之确有把握，绝无流弊。数月以来，已裁去防军几三十营，陆军亦行将分别退伍遣散。滇省凤称贫瘠，常仰给于中央，亦愿勉力支持，不求指拨，免致陷政府于破产之地，而贻国家以覆亡之忧。愚昧之见，如蒙赞同，请即电陈中央，立废借债之议。民国存亡，在此一举。滇都督锷叩。沁。印。

211　复赵藩等电

（1912 年 5 月 27 日）

大理赵巡按暨迤西各属官吏、自治公所、商会、绅民鉴：电悉。西事转危为安，全借李师长之力。惟积劳致病，悬系殊深。屡接来电乞归，此间皆劝其来省，借资调慑，并可随事协商。顷闻西事粗安，危机犹伏，已于有日切电慰留李师长暂行驻榆镇慑，俟西陲大定，仍赴省垣。李师长凤具热诚，当能力疾从事，仍望就近敦劝，勉顺群情为幸。锷。沁。印。

212　致各省都督电

（1912 年 5 月 27 日）

武昌黎副总统、长沙谭都督、杭州蒋都督、福州孙都督、苏州程都督、成都尹都督、贵阳唐都督、广州陆都督、奉天赵都督、西安张都督鉴：民国告成，迄今数月。建设之事，犹若梦丝。固由缔造艰难，然亦因政界乏人能定大计。锷意此时亟宜访求通才不可。新会梁公启超为国先觉，闳才硕学，道高德懋，海内所知。徒以政见素持稳健，致为少数新进所诟病。现为羁身海外，实为民国惜之。兹拟合词电请大总统为国求贤，以礼罗致。如果敦促回国，必能翊赞新猷。特先电商，倘蒙赞成，希即径电武昌，请由副总统主稿挈衔合请，并希裁复。滇都督锷叩。沁。印。

213　复李根源等电
（1912 年 5 月 27 日）

大理李师长、腾越李镇台、黄护道鉴：李镇、黄道铣电悉。藏事迭经电陈中央，近接国务院复电，有迅拨劲旅，会同蜀军，协力进行，奠安藏境等语。惟查滇距拉萨数千里，道路崎岖，悬军深入，饷馈匪易。而乱氛方炽，兵力不宜太单，至少亦须拨派三四千人乃能敷用。滇力奇窘，饷糈尤为不资，兹复详电中央，望其接济。一面拟派探险队调查丽维径达拉萨情形，以便筹办。先此复闻。锷。沁。印。

214　致李根源电
（1912 年 5 月 28 日）

大理李师长鉴：有、沁两电计达。西陲重要，倚执事为安危，务希力即〔疾〕从公，勉顾大局。现时仍暂驻榆镇慑，一切权职均应照旧办理，并希电尊处通电迤西各属文武官员知照。近因各属闻执事乞退，人心皇皇，合请电文纷集。望即时承诺，以慰群情。锷。勘。印。

215　为军民分权事再通电

（1912 年 5 月 30 日）

　　北京大总统、国务院、参议院，武昌黎副总统，南京黄留守，各省都督鉴：前因军民分权事略陈意见，惟第就滇省而言之，而意义亦有未尽。窃谓一省之中，凡司法、财政、教育、实业、交通一切民政，原应各有专司，固不宜军人揽其权，并不容军人与其事。果有以军人而侵越权限，则统兵者之军纪不严，而非军民隶于一员之故。若以现在军民统于都督，而指为军人柄政，则界限殊觉未清。盖今日各省都督不必尽属军人，如第就都督一职而主张军民分权，则今日都督之非军人者，将改为民政长，而别设一都督乎？抑虽非军人仍以为都督，而别设一民政长乎？此皆极轇轕之问题，而未易解决者也。且满清时督抚并设之制，总督主兵政，巡抚主民政，其权限固分明矣。乃复因流弊兹多，而不得不思更易。今一省之中都督、民政长分立，与督、抚并设之制何殊？故锷愚见，谓民国既已成立，亟宜近察本国情形，远瞻列邦大势，订定外官制，以期久远可行，而不必枝节为之，致通于此而隔于彼。查吾国省制，幅员大，度治为难，除边疆当别论外，余则行政区域势不能不缩小，将来划分，或为道，或为州，必破行省之制。至军事区域当视地方形势为之区划，而不能与行政区域同其范围。故每省设一都督、一民政长，其制必不能久存。与其多为更张，不如暂行维持现状，以速筹划一规制之为愈也。一得之愚，伏维甄采。滇都督锷叩。全。印。

216　为募集公债事通电

（1912 年 6 月 1 日）

　　大理李师长、张提台、秦守，永昌由守，腾越李镇台、黄护道，丽江孙统领、姚守，并送永北丁镇台，维西李协台，顺宁钟协台、张守，普洱马镇台、王守，开化林镇台、张守，临安朱镇台、张守，蒙自何道台，昭通苏镇台、夏守，思茅刘道台，河口陆分统，麻栗坡张分统，广南王分统、杨守，楚雄黄守，东川秦守，曲靖杨守，通海向道，澄江敖守，各厅州县鉴：中央政府因国用枯竭，向六国银行团借债六千万镑。乃外人乘我之急，垄断债权，并要求财政监察裁兵。债约即成，国权尽失。前由本军府通电各省，阻止中央借债，如已有成约，即请取销，并建议募集公债。近接各省电，均竭力提倡公债及国民捐，义声所播，群情奋跃，存亡之机，争此一举。各界议定举行爱国公债，已设立筹办处于省议会，拟订规章，并筹商一切进行方法，详章续寄。先此电闻，卓见如何，并望电复。都督府。东。印。

217　致北京政府电

（1912年6月3日）

北京大总统暨国务院鉴：滇省财政状况迭经电陈，亟宜开浚利源，以裕民生而纾国用。惟开办之初，必须巨款。前曾电商财政部。旋接复电，以中央财政艰窘，正复相同，借款未成立以前，本部实难担任。窃意外债虽成，亦多隐患，而由本省自行筹措，难望其成。兹拟特订专章，招致华侨组织公司来滇开矿，并募集华侨公债，为滇省提倡实业之用。然非特派专员，恐无以联络商情。查有前法部次长吕志伊，久居南洋，颇为华侨信用，若得该员前往招募，必有所济。拟请大总统任命该员为云南招商使，专任前往南洋及美澳各埠招商募债事宜，以昭郑重而资鼓舞。滇都督锷叩。江。印。

218　致李根源电

（1912 年 6 月 4 日）

　　大理李师长鉴：冬电悉。所筹各节甚为周妥，均可如议办理。熊守当即委任，敦促起程。至兴办地方商业、实业等情，希即饬姚守预为筹划。西藏风云日亟，急宜经营。前月艳日又电陈中央，略谓派人入藏，宜分两途，川循巴塘大道而西，滇则特辟新路，由维西、茶硭、马必立之间出口，经貉猺野人地方，径达拉萨。此路辟出，滇藏间交通略可省千余里，而国防上尤有莫大之利益。滇缅界务自尖高山以北，英已自由行动，前岁侵占我小江以□□片马等地，今且阑入小江以北之浪猰，行恐席卷狋猭夷，直捣巴里塘。不惟藏危，而川亦危。今趁彼力难骤及此路，预占地步，则将来国界在狋猭夷、貉猺地方，无论如何伸缩，而巴里塘、前藏犹为内地。惟事属特创，用力甚多，先之以侦探队，继之以工程队，然后大队节节前进。约计兵力至少亦须有一混成协始可敷用，行时饷糈、军械亟须筹备，而后路之架电线，办兵站，移民招商，布置民政，尤属不可少。计第一年费用约需二百万金，应请设方筹措云云。此事只须中央财政问题解决，计当允许，拟先派人前往探查，以便着手。如尊处有朴实耐劳、精于测绘及曾习军事学者，希即酌派数人。如无此项人员，即由省遴派。如何，乞复。锷。支。印。

219　复李根源电

（1912 年 6 月 5 日）

　　大理李师长鉴：东电允暂驻榆，群情欣慰，已通电迤西各属知照。西事甚繁，宜提纲挈领，置其小者，略资调摄，是至切望。锷、佩金、承瓛、汪度暨同人等。歌。印。

220　为解款中央事通电
（1912 年 6 月 6 日）

北京大总统暨国务院、武昌副总统、南京黄留守、各省都督鉴：中央政府为全国行政之中枢，经纬万端，需款甚巨，现库储如洗，各省宁能坐视，致陷政府于破产之危机。滇虽瘠区，夙资协济，然百端节省政费，尚可支持。兹先筹解中央二十万元，以应急需，日内即由银行商号分别汇交。明知为数甚少，无补时艰，然积土成山，窃冀以此戋戋者，为千腋一裘之助。伏恳大总统察核。滇都督锷叩。鱼。印。

221　致李根源电
（1912 年 6 月 6 日）

大理李师长鉴：两江电悉。边事日迫，急宜筹维，已于支电详达。任委深入猓境遇险，恐非无因，自应另行派人前往侦察。所拟由国民军挑留目兵一哨，拨归景弇率领前进，以资防卫，尚属可行。迤西冗营，均经裁汰。惟现在边防未靖，恐无得力可靠之兵。现拟由省挑拨精练新军一营越〔赴〕榆，以资调遣。如得中央接济，即以此为经营西藏之先驱，否，亦可以驻边防，堵川匪阑入。如何，希酌复为盼。锷。鱼。印。

222　为公债事通电

（1912 年 6 月 7 日）

北京大总统、国务院、参议院，武昌副总统，南京黄留守，各省都督，各报馆钧鉴：民国肇端，财政枯竭，借款要挟，迫我危亡，非合全国竭力输将，实业无以资挽救。本省现议筹办爱国公债，通电各属征集意见，全体赞成。兹已拟定章程，克期开办。又本省公务人员薪俸自去岁十月即减成发给，最多者不过百二十元。现因国事多艰，再加裁减，凡政军学警各界，除分认爱国公债外，其原薪六十元以上者，均减为六十元，以下递减，惟目兵暂仍其旧。至财政部沁电所云军需公债，本省从前并未发行，合并声明。滇都督锷叩。阳。印。

223　致北京政府电

（1912 年 6 月 8 日）

北京大总统暨国务院钧鉴：顷接云南第二师师长李根源据丽维统领孙绍骞电称：据由藏来者言，本年正月驻藏联钦差隐谋串同达赖，起兵攻灭汉族。达赖即传檄各地，驱除汉官。兵民集众数万，围攻江孜。西藏陆军步炮各队前往应援。连战数日，阵亡目兵数十名，粮弹缺乏，该队尚死力相拒。经英、廓两领袖出而调合，将该队官兵护送出印。又藏京系二月初六被围，藏内僧人同时变乱，汉军死至七八百名之多，庙舍皆焚。汉军退至距藏京二站驻扎，仅千余人，至今未得消息。又据西藏江亚总区官谢式南函称，西藏自去岁九月起义，兵丁不受节制，四出抢掠，互相残杀约数百人，汉官罗长绮被匪缢毙，江孜监督马吉符暗通满奴。为首者见事不谐，有逃窜者，有被匪驱逐、拘留及抢劫者。探其乱因，则由于哥会大爷严步云、张子清、郭聘侯、刘汉章、罗光常、杨守王、文大光、花耀荣、梁士俊、陈渠珍、雷德源、马国栋等从中煽动，以得银四川为主义，不顾大局，仇杀官长。满员钟颖挟笼络之术，将上下三团之大爷尽行升用，并设议院，议长、议员均以大爷充之。达赖乘间调兵，尽征十六岁以上、五十岁以下者充之，以故蛮兵日多。汉兵既少，而军官又不明军纪，故攻后藏失守时，有管带大爷潘文华、队官大爷罗栋臣、理事府大爷刘一意，与藏番议和，得银万余元，将枪弹等缴与番官。番官得枪，即进攻拉萨，时汉兵不满九百，英人亦有助藏枪械之事。后藏班禅因助汉人，被蛮兵驱逐，全藏不日将失等语。又据中甸同知冯舜生电称，定乡叛蛮屡探驻甸兵数，五月巧日贡格岭失守，稻坝继陷，现往攻里塘。倘再破，则巴塘喉梗，川信阻，蛮焰张，难保不回犯中甸。甸虽兵单，应请准孙统领添募一营，以资防御等情。除饬孙统领添兵防堵外，谨电陈鉴核。滇都督锷叩。齐。印。

224　复国务院电
（1912 年 6 月 12 日）

北京国务院鉴：真、文两电指示一切，极佩荩筹。当即派参谋厅总长殷承瓛率先遣支队径赴中甸察看情形，再规进取，一切机宜，随时续报。至前派之探险队业经出发，除探查貉猺野人一路外，并令探查自中甸取道阿墩子、瓦笼、达洛、隆宗一带现在是否可行，再为电达。滇都督锷叩。文。印。

225　为公费事通电
（1912 年 6 月 21 日）

蒙自何道台、腾越黄护道、思茅刘道台暨各府、厅、州、县鉴：省外文官公费，前经划定通行，原系赅括俸给、公费及一切开支在内。近闻各属间有误会，以公费为本官俸给，而一切政费另行开支者，又有领兼差薪水者，殊与通章不合。兹已饬部另将俸给、公费分别规定，俟议会通过再行饬遵。至新章未颁布以前，暂照旧章办理，惟不得于公费外，另有开支，其兼差者不得兼薪。至地方收入，如粮税、陋规及讼费等项，均应逐一报解，不得稍有侵蚀。仰即遵照。都督府。马。印。

226　为内阁事通电

（1912 年 6 月 27 日）

北京大总统、国务院、参议院，武昌黎副总统，南京黄留守，各省都督鉴：临时政府甫经成立，而内则乱机尚伏，群情惊疑，外则列强观望，尚未承认，加以蒙、藏两疆风云日亟，此时惟望国务诸公主持大计，协力进行。若因党见轧轹，致令内阁动摇，复陷于无政府之状态，万一祸机乘虚爆发，大局何堪设想。近闻唐总理引退，内阁势将瓦解之说。滇处边远，不悉内情，而眷念时艰，五中溃裂。万望国务诸公忍辱负重，搘持危局，尤望各政党维持指导，不加旁挠，庶政务得以进行，大局不致牵动，民国幸甚。滇都督锷叩。感。印。

227　为中国现状事通电

（1912 年 6 月 27 日）

北京大总统、国务院、参议院，武昌黎副总统，各省都督鉴：满清颠覆，建设共和，弥历半年，政府乃能成立，而内则祸机潜伏，外则警告频来，群情汹汹，国事益棘。较之清国恐怖时代，虽未见事实，而已露端倪。推其末流，必生二大恶果。一则回复专制。吾国革新，原以求人民幸福，乃革命后之现象，转有人怀自危之心，恐一般人民倚任共和政府之心日薄，反追慕帝制时代尚可以靖乱而平争，而专制淫威可以复活。如拿破仑之已事，即为前车。一则倾服外人。共和立宪足以保障民权，伸张国力，法、美既行之而有效矣。乃输入吾国，转成一无气力之政府，而运棹不灵，全国有分崩离析之形，而不复团结。群将疑吾国人无政治能力，而不能不屈服于外人。由前之说，则必酿二次革命；由后之说，则必自投于奴隶之域，而国以沦亡。此虽过虑之言，然见微可以知著。窃谓吾国地广民殷，又当改革之后，非有强健有力之政府，不足以巩固邦基。而欲政府之有力，则躬膺国务者，宜有不屈不挠之毅力，专利于生死以之，始足以排大难而决大计。若一遇艰阻，便思引退，自谋良善，国事何倚？愚戆之言，伏乞垂察。滇都督锷叩。感。印。

228　为政党事通电

（1912 年 6 月 28 日）

北京大总统、国务院、参议院，武昌副总统暨各省都督鉴：民国成立，政党发生，将来政治界之中坚必视政党为左右。惟现在政党林立，意见分歧，水火争持，党同伐异，或徇个人之攻击而忘国家之安危，政党之利未收而害已毕见。鄙意先将现时组织之各党自行解散，另结合政见相同之健全份子，以先立雏形，而不必急求党势之扩张，以致于破碎冲突，则或者议院、内阁得政党维持指导，而得以巩固邦基。锷前与海内同志发起统一共和党，于政界颇占优势。然鉴于时事，窃愿先自取销。尚望各大政党鉴核而裁择之，幸甚。锷。俭。印。

229　为女子爱国捐事通电

（1912 年 7 月 1 日）

北京大总统、国务院、参议院，武昌黎副总统，各省都督鉴：云南筹办爱国公债，前已电闻。现绅商认债尚属踊跃。近复筹议举办女子爱国富签公债，以专收女子首饰填给公债票为主旨。此事厥有数善：一、全国女子首饰，平均计算，每人所制，总在银一两以上，可以集少成多。二、以匿藏之手饰，凑集为铸金银币之资，化无用为有用。三、金银一成首饰，与消耗品无异，今收集之以铸为国币，可助金融界之活动，而毫无妨碍。四、吾国妇女侈靡之风，可借以裁制。此事迭经集议，众意佥同，刻已拟订章程，容再续寄。各省如何仿照，尚希采择施行。滇都督锷叩。东。印。

230　为公债事致北京政府电

（1912 年 7 月 1 日）

北京大总统、国务院、参议院，吉林陈都督鉴：陈都督祃电论公债事，深佩闳识。锷前电陈大总统，亦力主张此说。顷已拟订云南爱国公债章程，其大概办法：公债总额为五百万元；发行额面分为一元、五元、十元、五十元、一百元五种；以本省钱粮、地丁银为担保。自民国元年起，十年以内分年偿还，不给利息。其发行及偿还本金，统由富滇银行本、支店及其指定之代理店经理。购公债票办法，凡公务员均照所约以购外，余悉照财产议购，纯以劝募为主，不得已时乃用强迫其途，得由省议会监督稽查。一切办法大致与陈都督所论略同。前设筹办处办理，已有端倪。现正设局委员专任其事，并分电各属筹设分局，官绅商民认债者尚称踊跃。用特电闻，详章另文呈核。滇都督锷叩。东。印。

231 致北京政府电
（1912 年 7 月 2 日）

北京大总统、国务院、参议院，武昌副总统钧鉴：副总统敬电论用人事，博深切明，无任钦服。吾国省界之严，牢不可破。自改革后，各省地方官吏多任用本地人，隔省之弊一除，而排外之风转炽。推其极，必至各省自封畛域，益成分裂之形。故锷鄙意所主张者：一、地方行政官自知县以上，宜由任用而不宜由推选。二、可用本省人而不宜用本属人。此间任用官员始终即抱此旨办理，故官吏尚无营私植党之风，而人民亦少甲拥乙攻之弊。去冬曾以此事电商谭都督，复电亦极赞同。兹读副总统敬电所陈，尤为痛切。现值编订官制，应请酌加采择。滇都督锷叩。冬。印。

232 祝西方报电
（1912 年 7 月 6 日）

成都总府街西方报鉴：藏卫为我西□岩疆，势同唇齿。历朝不振，徒示羁縻，雪海冰山，永沦荒裔。今则小丑跳梁于内，强邻荐食于外，浸□我忧，皆由我士夫鲜悉边情之故。贵报揭此黑幕，使西陲情势昭然发蒙，此不独为报界之异军，而实为殖民之先导。至其取材丰富，持论闳通，犹其余事。谨寄数语，用祝伟筹。滇都督蔡锷。鱼。印。

233　复李根源电

（1912 年 7 月 11 日）

大理李师长鉴：月密。阳悉。藏乱关系滇、川，理难坐视，加以中央连电敦促拨师赴援。惟由滇入藏，道阻且长，向无台站；番族中梗，悬军深入，转饷甚艰。且滇省财政困难，中央亦无力协助，饷糈一项，尤苦难筹。前议派先遣支队，前赴甸维，再定进止。统计月饷、驼运各费，每月约需银四万五六千两，现饬财政司先拨发二十万两，只敷三四月之用，以后如何接济，自应预为之筹。惟岁入只有此数，别无罗掘之方。曾议整理税契收入，尚有把握，而议会反对，致不果行。现将支绌情形咨议会，视其筹款能否别有他法。至中央来电，原令先援巴塘。惟滇军北趋巴塘，转察木多入藏，绕越太多。又滇、川同趋一路，重兵云集，粮秣转运，供难给求。拟由维西出口，经貉㺜野人地方，直达拉萨。途程较近，气候较温，且可预占地步，遏英人由片马席卷狱㺜夷直捣巴里塘之路。前组织之侦查队，即令由此分道进行。卓见如何，希复。叔桓拟于二十四日前出发，并闻。锷。真。印。

234　复北京政府电

（1912 年 7 月 15 日）

北京大总统暨国务院钧鉴：午密。青电敬悉。滇军先派一混成协援藏，本月二十日前启行。惟藏事危急，前已电饬丽维统领孙绍骞就近先拨一营前往援应。至入藏道路，似仍以经貉㺜野人山，径达拉萨为宜。已派侦查队前往调查，将来或因情形宜有更动，届时再陈核示。滇都督锷叩。咸。印。

235　复胡汉民电

（1912 年 7 月 31 日）

广州胡都督鉴：午密。哿电悉。联合各省，一致进行，保障共和，监督政府。热诚闳识，佩仰莫名。惟现在南北猜疑未释，党见复深，非开诚布公不足以化除畛域。中央政府如初产婴儿，似以拥护维持为急。若举措失当，则彼此互相协商，竭诚忠告，非万不得已之时，不必过加督责。鄙见如此，尚希卓裁。滇都督锷叩。卅一。印。

236　致谭延闿电

（1912 年 8 月 9 日）

长沙谭都督鉴：维密。前请湘军援藏，拟由尊处代筹饷械，未蒙赐复。近接前电，以湘军过黔，诸多妨碍，且黔事解决，戍黔滇军尽可次第抽回，亦无须越境调兵。此间各将领亦多主张此说，前议请即作废。惟鄙意湘省地居中央，为全国枢纽，一旦有事，居中策应，胥赖湘军。宜精练于平时，始足以资战守。湘军素称朴勇，近闻稍逊于前，应请力加整顿，使成劲旅。国事乡心，时萦寤寐，用特奉商，尚希鉴察。锷叩。佳。印。

237　致北京政府电

（1912 年 8 月 10 日）

北京大总统暨国务院鉴：接黔唐都督电，意欲力请解职，率军回滇。此事在唐一身可以脱然无累，且戍军撤退，在滇亦可少弛负担。惟唐军在黔，匪徒敛迹，黔中黎庶始获安全。一旦撤归，黔局必有变动。现在内忧外患，纷至沓来，何堪复蹈黔民水火之域，而重贻大总统以南顾之忧。兹因唐都督嘱，不能不代为陈情。惟眷念黔疆，实深顾虑，故谨缕陈，伏乞鉴察。滇都督锷叩。蒸。印。

238 致熊希龄电①

北京魏染胡同《新中华报》转熊秉三先生鉴：坤密。唐君继尧在黔定乱扶危，黔民感戴。徒以黔人同盟派之在外者，横加攻击，决计欲归。嗣奉大总统任命督黔，唐君深感大总统训励，思忍辱负重，以身许黔，卒能靖匪安民，当在洞鉴。乃因杨荩诚事复起轇轕，致湘、鄂亦渐启嫌疑。此事原因复杂。一则赵均腾曾在黔办陆军小学，颇不理于正绅，意在回黔借图报复，而黎副总统以赵熟黔事，颇信任之。又因黔人之前在陆军中学者，现多隶黎公部下，亦亟图拥赵回黔，力诋滇军。赵又秘与杨部议举伊督黔，且谓鄂、湘兵多饷绌，如滇军撤回，可以湘、鄂军填驻，既减负担，且增势力。黎、谭均为所动，故力袒赵。一则杨军驻常，谭恐于湘不利，亦亟欲其返黔，非必有嫌于滇军，实多出于自计。窃谓黔事轇轕已久，滇军撤还，固唐君所极愿。惟现在党争剧烈，国本动摇，曾切商黔、蜀、桂各都督，意在拥护政府，保障西南，以戢某政党之狂潮，而纾大总统之顾虑。各都督顾念大局，幸皆赞同。而唐君爱国爱民之心尤为坚卓，一旦舍去，不独黔省良善无以安生，且全黔又必为某党势力所弥漫，于国家前途关系匪浅。尚希密陈总统，毅然内断，任贤勿疑，大局幸甚。锷叩。□。印。

---

① 此电原件未注明日期。以下未注明日期者，均为原电稿缺。

239 为政党事通电

（1912 年 8 月 12 日）

　　北京大总统、国务院、参议院、各省都督钧鉴：临时政府成立数月，内阁瓦解，改组綦难。政府现兀臬之形，国本有动摇之象，非必当世贤达置国家于不顾，实因政党为厉之阶。自改革以来，政党林立。在诚心爱国者，察世界之趋势，欲以政党趣国家之进步，用意非不甚善。无如标橥既揭，浅者不识□□，复剽窃名义，竞相标榜。是丹非素，伐异党同。如旋风卷地，一入其中，迄颠倒而不能自拔。常士固然，贤者不免。无是非之公，则泾渭莫辨；有门户之见，则冰炭难容。祸机伏于萧墙，乱象悬于眉睫。驯至强邻伺隙，狡焉思启，犹复争持意见，等国事于弁髦。嗟我邦人，莫胥念乱，谁为为之，孰令致之？

　　以锷之愚，窃谓治化演进，政党自然发生。然政党之成，必几经陶养，始达健全，而不能为一时之凑合。吾国一般人士岂惟乏政党之能力，抑且少政党之观念。今以数月之号召，遽纷纷树政党之帜以博名高，灞上棘门，皆儿戏耳，一哄而集，无裨国闻，万窍齐鸣，徒嚣人意。其弊一。国体新更，人心浮动，如新潮出闸，横决四溢；如沙砾走盘，屡搏不聚。故欲齐一心志，维持统一，虽极力芟夷枝节，使群伦视听，同归一鹄，犹惧弗克。若复多立门户，竞长争雄，感情所驱，不可遏制。竞争之极，斯互相倾轧，倾轧之极，斯敢于破坏，恐法兰西恐怖时代之惨剧再演于神州。其弊二。政党者基于宪法，促国家政治之进行，而非必由政党之势力，可以制定良宪法。法国革命后，以政党制定宪法，因政党迭相起伏，而政体之变更者九。北美建国后，以人民之公意制定宪法，虽政党时有消长，而政体仍定于一。今吾国宪法未立，党派已繁，正恐编纂不成，已起盈廷之聚讼。他日奉行不力，又作翻然之文章。机局转变，轻若弈棋。根本动摇，危于累卵。其弊三。锷初不察，亦尝与闻党事。今默观时局，熟审国情，窃谓此时以讨论为重，而不必强于主张，以培养为先，而无庸急于号召，较为得也。若广招党员，坚持党见，究之利也而不胜其弊，则有也反而不如无。今海内大党，无出同盟会、共和党、统一共和党右者，锷妄不自揣，愿与三党诸君子首倡解散之议，以齐民志而定危局。锷前为同人敦迫，厕名党籍，今即宣告脱党，诚不敢隐忍瞻徇，致贻国家之祸。尽此狂瞽，惟赐察纳。滇都督锷。文。印。

240　复汤化龙等电
（1912 年 8 月 14 日）

北京魏染胡同《新中华报》肖立诚转汤、孙、刘、张诸公鉴：坤密。元悉。讨论会及国民协会会员多一时贤俊，夙所心折。即商榷书所建议，均属国家大计，切实可行。今拟多集健全分子，发生新党，于国家前途关系至巨，极望早日成立，拯此危局。惟锷素主张军人不入党，未便自破其藩。且文日通电各省，力陈党祸，倡仪取消，今复自行组党，出尔反尔，亦无以昭示天下。故坚守超然主义，期于独伸己见，不至为党约所拘。至锷对于诸公，则心神契合，无间万里。此后国事友谊，苟锷力所能及，无不竭诚以报，借补歉衷。区区之忱，尚希鉴谅。锷叩。盐。

241　复国务院电
（1912 年 8 月 23 日）

北京国务院鉴：筱电敬悉。修正官制，原案酌理准情，筹画精详，极深钦佩。惟锷愚意，此事关系国家经制，宜规久远。吾国省制相沿日久，然幅员太广，治理为难。故前代于州县之上，复置府道，府道之上，复置督抚。层累而上，期于递相督察，耳目易周。然阶级既多，互相钳制。地方官救过不暇，无余力以考求民间之利弊，而谋地方之治安。治瘝民疲，实由于此。今欲扫除此弊，惟有缩小行政区域，减少监督官厅，庶无鞭长不及之虞，亦免十羊九牧之害。至军事区域，则当视国防重轻，另为划分，而不必以行省为界限。将来军事区域与行政区域分别划定，则军民分治问题自不烦言而解。若此时惟于都督省尹之间，为迁就调停之计，意见既难一致，推行未必咸宜。故鄙意为目前计，可暂仍现状，以免纷议。而为久远计，宜别筹良法，以利推行。谨贡刍荛，伏希采择。滇都督蔡锷叩。□。印。

242 复尹昌衡电
（1912 年 8 月 26 日）

打箭炉尹都督鉴：贵军围攻里塘，并出巴塘、昌都，首尾夹击，川边指日荡平，闻之极深欣慰。滇军入藏，前以取道巴塘，绕越太多，且川、滇同趋一路，亦恐粮秣难供，故拟经由貉㺄别辟新路，曾经电达。嗣奉大总统电，以贵都督请饬敝军迅拨劲旅，联合进藏。又因番氛日炽，巴、里垂危，迭奉中央电催，径赴巴塘，会师援剿。且连接边报，番兵分窜阿墩，近逼中甸。敝处为大局计，不敢复避险远，始饬殷司令先援巴塘，互相策应。兹接电示各节，藏乱自易敉平，已饬殷司令暂驻阿墩，以固丽维门户，如果番氛大定，毋庸前进巴塘。除陈中央外，特此电复。滇都督锷。□。印。

243　致北京政府电

北京大总统暨国务院钧鉴：前以滇军入藏，取道巴塘，绕越太多，且滇、川同趋一路，亦恐粮秣难供，故拟经由貉貐别辟新路。迭经电陈。嗣奉电令，以川督请饬滇军迅拨劲旅，联合进藏。又因番氛日炽，巴、里垂危，且闻分窜阿墩，近逼中甸，乃饬殷司令改道，先援巴塘。兹接尹都督电开，蜀军围攻里塘，不日可下，并分兵巴塘、昌都，首尾夹攻，川边指日荡平。闻殷司令拟由维西入巴塘，边关地瘠民贫，需用缺乏，祈速电阻等语。想尹都督成算在胸，藏乱不难戡定。已饬殷司令进驻阿墩，以固丽维门户，如果藏氛大定，不必前赴巴塘。除复尹都督外，谨陈。滇都督锷叩。□。印。

244　致殷承瓛电

丽江专送殷司令鉴：顷接尹都督电，蜀军已抵里塘，并分兵巴塘、昌都夹击，川边指日荡平。闻殷司令拟由维西入巴塘，该处需用困难，祈速电阻等语。刻已电复，略谓我军进驻阿墩，以固丽维门户，如果藏氛大定，自可不赴巴塘云云。特此电闻，仍希率队径赴阿墩，再行相机进止。锷。□。印。

245　致殷承瓛电
(1912 年 8 月 27 日)

丽江专送殷司令鉴：有电悉。我军暂驻阿墩，昨已电达，并陈中央。如藏乱非蜀力能平，自当前往援助，所得地方仍应交还川府。至布置民政一层，非滇所能担任，希仍照宥电办理。锷。感。印。

246 致北京政府电
（1912 年 8 月 27 日）

　　北京大总统暨国务院鉴：敬电悉。滇军拟驻阿墩，暂缓前进，昨已电陈。至径捣拉萨一节，应俟川边底定，滇北门户可保无虞，乃能相机进取。届时再妥筹请示。滇都督锷。感。印。

247 致北京参谋部等电
（1912 年 8 月 30 日）

　　北京陆军部、参谋部鉴：司法部效电，刀安仁案已由国务院交贵部开正式军事法庭裁判，曾于号日将其罪状声叙咨达。兹复据迤西道杨觐东电称，前盏达土司刀思必治因案正法，其子鸿升、鸿祺争袭，几酿巨案。经前腾越厅丞龙文请兵解散，委刀思必发代办。乃刀安仁前踞腾越，改委鸿升承袭，夷众不服，几酿事端。现仍委刀思必发代办，并会同腾越镇李德泳饬营防范等情。查刀安仁前在腾越僭称都督，令沿边各土司均投誓表；复指已革土司刀上达占踞镇康，戕官戮民；其弟刀安文复勾结各土司抗拒改流，潜谋附外。万一该兄弟幸逃法网，必致扰害边疆。务请早日提京，讯明严办。滇都督锷。卅。印。

248 致吕志伊电
（1912 年 9 月 4 日）

　　上海民国新闻天民鉴：前接函承允赴南洋招华侨来滇办矿，或募集商股，因报馆事，暂缓启程。现闻将南行，希电告启程日期，以便详商办法，并汇旅费。锷、祥。支。印。

249　致北京参谋部电

北京参谋部钧鉴：〇密。闻云南干崖土司刀安仁案，已交钧部开军事法庭裁判。此事关系边疆颇巨，谨将□等在滇所闻关于此案确情报闻。查该土司自去秋假革命名义，号召土司，令投誓表，阴图割据。旋因奇派结怨民间。又滥招土兵，时时哗饷，该土司不能节制，乃潜赴省城，要求巨款、封爵。所图未遂，复航海赴南京。嗣经云南第二师长李根源详陈该土司罪状，始由蔡都督电请南京核办，案悬未结。适闻该土司重赂律师戴彬力为辩护，几至开释。其弟刀安文复昌言归释后，当以兵力与滇军府为难，否则求英保护。滇中舆论大哗，谓放虎还山，沿边数千里必无宁宇。乃急电请苏督查照原案，迅为结办。兹闻提归中央，由钧部裁判，想该土司兄弟必不至幸逃法网，贻患边疆。查滇省各土司顽梗犷悍，上不奉法，下不恤民，黑暗野蛮，惨无人理，又受外人笼络，时存归附之心，非及早经营，终为边患。现滇军府持渐进主义，期于潜移默化，消患无形。惟各土司地幅员辽阔，休戚相依，而刀安仁曾经出洋，尤夜郎自大，联结蛮众，颇存野心。处置失当，必多牵动。拟请严加监禁，以杜枝节而免后患。范□□、吴□□同叩。

250　致胡景伊、尹昌衡电

成都胡都督、打箭炉尹都督鉴：宥电计登台览。惟细绎尹都督致中央电文，有滇军占巴，则川军右臂全断，边藏用兵，无从联络云云，未免过虑。查此次藏乱，关系国土安危，迭奉大总统电饬川、滇会师进藏。滇省距藏较远，加以饷项奇绌，然为大局计，不能不勉力出师。原拟取道貉貐，径捣拉萨。复奉大总统电，以稻坝、里塘相继失陷，定乡蛮寇甚炽，倘巴塘有失，则滇边即为动摇，饬滇军径行取道巴塘，协力援救。滇军乃议改道，径赴巴塘。诚以川边未靖，则滇境必为动摇，而入藏亦多顾虑。故拟与贵军协同一致，为对外之举动，期边境早日荡平。曾电饬殷司令专以兵力助川，如收复川边各地，即请川军派兵驻守。至粮运刍秣，亦于丽维、中甸设置兵站，源源接济，无庸仰给邻封。且前因滇、蜀两军感情未洽，故此次于出师前即切戒各将领，须持亲爱退让之忱，以释前嫌而顾大局。即各将领存心亦只求为国家弭乱，毫无争权好胜之思。将来藏事底平，滇军当即撤退。其经营善后，仍须望诸贵军。区区谋国之诚，想尹都督当能鉴谅。如仍存彼此疆界之嫌，而未谅兄弟御侮之意，则敝军惟有退保滇边，防番氛之侵轶，藏中之事，仍让贵军独任其劳也。如何，尚希赐复。锷。□。印。

251 致北京政府电
（1912 年 9 月 20 日）

北京大总统、国务院鉴：辰密。铣电悉。滇军入藏，迭奉大总统电令速援巴塘，遵饬殷司令督师赴援，前军已复盐井。曾经声明收复川边各地，仍交川军经营，意在专以兵力互相应援，至民政则仍归川军布置。惟体察形势，盐井为滇师入藏门户，其地向归丽江土司所辖，感情素厚。滇军一至，悉愿投诚，顺而抚之，其势甚易。今该地早经克服，川军何必再拨营往攻？正宜分道进行，以免两军接触。且滇军前进，当取道搽瓦龙，则盐井为必由之路。现川军恶感尚未消融，盐井归其接收，滇军后路不无可虑，应请暂归滇军管辖，以资驻扎而利转输。其两军用兵区域，亦请明为划分，庶不致别生枝节。至尹都督所云，分兵合击，军令必统一于一人，所见甚是。已饬殷司令，军事机宜，此间未便遥制，凡一切计划皆商承尹都督办理，以便策应，而【免】纷歧。是否，仍祈电示。滇都督锷叩。□。印。

252　致殷承瓛电

（1912 年 9 月 23 日）

丽江专送殷司令鉴：西密。我军入藏，原拟取道貉㺄，径捣拉萨。嗣因奉中央电催先援巴塘，乃改道阿墩，收复盐井，自应节节进取，早奠边疆。惟近日迭准国务院电，巴、里已复，川边渐次肃清，滇军可无再进，致有劳师殚财之虞。而尹督亦屡电阻止，恐两军逼处，别生枝节，曾将滇军进止情形，分别电达。顷闻达赖已电请中央，仍旧属服，惟要求不改省、不用兵等条件，而英亦从中干涉。故川电有如滇军冒进，致酿成交涉，其咎并不在川等语。我军此时万难深入。即以本省财政论，巨饷实有难支，中央亦无从接济。现经再三筹划，惟有照前议经营野人山、貉㺄一带，从事改土归流，一以固滇藏之边隅，一以防英人之侵轶。至军队则无庸过多，可酌留一二营，余悉撤还分驻，仍由执事与各将领悉心筹办，希先详复。锷。□。印。

253　致尹昌衡电

（1912 年 10 月 5 日）

打箭炉尹都督鉴：前据殷司令电称，滇师入藏，当取道搽瓦龙，盐井为后路所关，应暂归滇军管辖，以资驻扎而利转输。当经据情于号日转请中央核示。适奉中央号电，以川边抚剿，尹都督既任专办，殷司令不必再进，致生枝节，即电饬殷军撤还。旋据该司令电称，奉令班师，遵将盐井交张世杰率川勇驻守，滇军退扎觉弄。殊张委通译叶玉春暨川军撤差哨官郭继中等，与藏民阴连江卡蛮匪，大肆掳掠。滇军闻警驰救，张委已逃盐井，房舍烧掠一空。滇军进击，蛮匪败走，擒斩甚多，叶、郭及番众窜入距井八里之法教堂，借作护符。滇军一退，势必复出滋扰，现仍暂驻盐井镇慑等语。又国务院电传大总统令，滇军由搽瓦龙入藏一节，自应缓议。至盐井地方应否暂归滇省管辖，以固滇北门户之处，即由该督等协商呈候核酌等因。查滇军拟驻盐井，原为协助贵军分进合击起见，既奉令勿庸由搽瓦龙入藏，则盐井亦无须归滇管辖，一俟该处蛮匪平靖，仍须遵令撤还。除呈中央暨饬殷司令遵照外，特闻。锷叩。微。印。

254　致殷承瓛电

（1912 年 10 月 5 日）

丽江殷司令鉴：准国务院电传大总统令，略谓：藏事关碍交涉，已饬川督先清川边，暂勿西征。来电所拟滇军由搽瓦龙入藏一节，自应缓议。至盐井地方，查参议院议决四川选举区表，盐井即系该管，应否暂归滇省管辖之处，即由该督等协商候核等因。查我军驻盐井，原为入藏后路起见，现入藏既已从缓议，我军自无庸争此。惟前接艳电称，我军因蛮匪肆扰，仍暂驻盐井镇慑等情，当经电陈中央在案。一俟匪势平靖，仍照前议撤还为妥。该地如有利可图，川军在所必争，若无厚利，得之亦属无益，徒滋辚辚而已。希即查照。锷。微。印。

255　致北京政府电

（1912 年 10 月）

北京大总统、国务院、参议院鉴：新会梁先生为国先觉，中外钦佩，前曾电请大总统敦聘回国，优予礼遇。奉谕：建设方殷，此才岂宜终老，已交国务院核办等因。复承黎、程、李、赵、陆、唐诸公互电交推，深表同意。顷阅报载，先生返国，各界欢迎。以先生学识之闳通，筹谋之精审，必能式抒伟抱，康济时艰。且闻先生意在不入政途，注重实业，于国家前途关系尤巨。谨肃电以附海内欢迎先生者之后，并以谢大总统为国求贤之盛怀。滇都督锷叩。□。印。

256　致各省通电

各都督鉴：新会梁先生学识闳通，筹虑精审，实为康济时局所不可少之人。民国肇造，经纬万端，正宜资以擘画。顷闻先生已归国入京，于国家建设前途，关系甚巨。拟请各都督致电欢迎，以为海内想望先生者之倡。夙稔贵都督推贤爱士，谅表同情。锷叩。□。印。

257　致张国淦电

北京国务院张秘书长鉴：云密。国会召集瞬已届期，正式政府行将成立。将来编纂宪法，为国家盛衰强弱之基，关系民国前途甚巨。现在国基未固，外患方殷，非有强固有力之政府，不足以维持国脉。窃谓宪法为国家之根本法，宜体察本国现势，与夫历史民情，为之制定。总以使政府能伸张国权、发展国力为要归，而不宜取他国印板之文，谬相仿效而加之厉。惟揣国会议员议定宪法，难保不偏重党见，趋于极端，徒为防制行政首长之条规，致失国家活动之能力。临时政府之疲□不振，国本动摇，实《临时约法》有以使之然，可为前鉴。拟请台端转呈大总统，倘以锷言可采，祈密召海内贤达，如梁任公、杨皙子诸人，速将宪法草案拟订电知，俾得联合各省都督先期提出，以资研究而征同意，期收先入为主之效。将来草案交院议决，若议员所主张，总统有认为滞碍难行者，通电各省，锷必与各都督联名抗争，务期达拥护中央之目的。某亦缔造民国之人，宁不思为民权之保障？特以民权恒视国权为伸缩，必国权巩固而后民权有发展之期。总统当国家行政中枢，负人民付托之重任，使因少数人之党见，减削其行使政策之权，恐一事不能为，必致陷国家于不振之地。时机紧迫，后顾堪忧，失此不图，势成坐困。特遣范君熙绩来京面述梗概，随当再派肖君坤具陈颠末。事关国计，本无所用其秘密，惟发议之始，诚恐胥动浮言，致为进行之阻，是以不能不翔顾耳。希缓宣布，并祈酌示办法为幸。滇都督锷叩。□。印。

附录　主要人名表

姓　名	字号或别称	主要职衔
蔡　锷	松坡	云南都督
周钟岳	惺甫	云南都督府秘书长
端　方	午桥	清川汉铁路大臣
赵尔丰	季和	清署四川总督
蒲殿俊	伯英	成都军政府都督
罗佩金	镕轩	云南都督府军政部总长
何国钧		云南蒙自关道员
夏文炳	（豹翁）	云南开化镇（今文山）统领
张世勋	（芗翁）	云南开化府知府
黄　兴	克强、堇午	南京临时政府陆军总长、后为南京留守
黎元洪	宋卿	副总统
伍廷芳	秩庸	南京临时政府司法总长
朱庆澜	子桥（紫樵）	成都副都督

杨荩诚	伯舟	贵州都督
赵　藩	樾村	云南迤西巡按使
李根源	印泉	云南都督府军政部总长、师长，后兼迤西国民军总司令
张文光	绍三	滇西都督
尹昌衡	硕泉	四川都督、川边镇抚使
韩建铎	幼泉	滇援川军师长
李鸿祥	翼廷（仪廷）	滇援川军第二梯团长（旅长）
谢汝翼	幼臣	滇援川军第一梯团长
唐继尧	蓂赓	滇北伐军司令，后署贵州都督
张开儒	藻林	滇援川军步兵联长
方声涛	韵松	云南讲武堂教官
叶　荃	香石	黔军第一师长
张培爵	列五	重庆军政府都督
夏之时		重庆军政府副都督
李蔚然	大茂	腾永士绅，李根源之父
陈云龙	天星	云南滇西都指挥
程德全	雪楼	江苏都督
龙济光	子诚	广东副护军使
王正雅		清末湖南清军武字营统领，民国初年任湖南常澧镇守使
罗　纶		成都军政府副都督
戴　戡	循若	贵州都督府参赞
周　沆	季贞	贵州都督府政务部长
唐省吾	尔琨	贵州提督兼黔省盐务
陆荣廷	干卿	广西都督
孙中山	逸仙	南京临时政府临时大总统
袁世凯	慰廷（项城）	清内阁总理大臣，后为北京政

		府临时大总统
杨毅廷	觐东	云南派往南京的参议员
张耀曾	镕西	云南派往南京的参议员
郭 灿		云南援蜀巡按使
陈其殷	先沅	云南援蜀巡按副使
王人文	采臣	川滇宣慰使、四川宣慰使
胡景伊	文澜	重庆镇抚府总长，后护理四川都督
赵德全	纯臣	贵州副都督
由云龙	夔举	云南永昌府（保山）知府
吕志伊	天民（莘农）	南京政府司法部次长
张一鹏	云搏	各省都督府代表联合会云南代表
段宇清	漱泉（叔全）	各省都督府代表联合会云南代表、南京临时参议院议员
郭重光	子华	贵州耆老会会长
谭延闿	组庵	湖南都督
刘显世	如周	贵州都督府军务部长
钱大丰		云南滇西统领
彭 蓂	尧阶	云南滇西统领
刀沛生	安仁	云南干崖土司、同盟会员
刀上达		云南永康土司土目
庾恩阳	泽普	贵州都督府军务部副部长
黄泽霖	莆卿	贵州巡防营总统
张百麟	石麒	贵州枢密院院长
熊范舆	铁崖	贵州派往南京之代表
刘显治	希陶	贵州派往南京之代表
殷承瓛	叔桓	云南都督府参谋部总长、滇援

		藏军总司令
沈汪度	石荃	云南都督府军务部次长
李曰垓	梓畅	云南都督府军政部次长
张大义		南京内务部总参事
傅嵩林		清末曾任川滇边务大臣
联　豫		清末任驻藏大臣
熊希龄	秉三	北京政府财政总长
汤化龙	济武	湖北军政府民政长
梁启超	卓如（任公）	
任可澄	志清	贵州都督府参赞
华之鸿		贵州财政司长
温宗尧	钦甫	辛亥时曾任革命军临时外交代表
赵均腾		民初曾任湖北都督府军事顾问、贵州宣慰使
张国淦	乾若	时任北京政府国务院秘书长
杨　度	皙子	

云南光复纪要
——建设篇

周钟岳 辑

编者按：本篇选自李文汉《云南辛亥护国部分史料丛抄》。《丛抄》系稿本。

清室末造，政治日窳。光绪宣统之间，怵于国势濒危，乃言变法，官制迭改，新政繁兴。然徒以立宪之名，涂饰耳目，而亲贵拥权，官僚黩货，且日进未有已，益以促成革命之机。鄂军一起，全国响应，固咸以革新政治为职志，然军兴之际，戎马倥偬，庶事纷糅，卒难理董。独云南举义，市廛不惊，光复之初，极意建设，一切措置，皆有系统可循。草创之后，不无因时损益，然大纲既立，终不出其范围，故循轨进行，已与中央规制齗若画一。兹举其荦荦大者言之，其建议中央，关系国家大计者亦择要叙录，缀于兹篇。

辛亥九月九日滇军起义，十一日全城光复，清吏总督以下悉散。旧制既弛，不能不新设机关，为全省行政枢纽。于是各军官兵士公推革命军总司令蔡锷为军都督，以五华山两级师范学校为大中华云南军都督府。府内置一院三部：

曰参议院。为军事政治之咨询，以军政部总长李根源兼院长，参议官无定额，悉由都督选充。寻改名参议处。

曰参谋部。主军事上一切规画，以殷承瓛为总长，刘存厚、唐继尧次之。其下设分部凡七，一曰作战，二曰谍查，三曰编制，四曰兵站，五曰辎重弹药，六曰炮兵材料，七曰测地。以谢汝翼、张子贞、韩凤楼、李凤楼、顾品珍、刘法坤、李钟本分任之。

曰军务部。主军备上一切事务，以韩国饶为总长，张毅次之。其下设分局四，分厂三：曰筹备局，局长徐芳兰；曰粮饷局，局长黄希尚；曰军医局，局长周桢；曰军械局，局长沈汪度；曰被服厂，厂长秦光第；曰制革厂，厂长华封祝；曰兵工厂，厂长以沈汪度兼理。未几韩总长率师援川，改任曲同丰，同丰复辞职赴京，乃任沈汪度为总长，以张含英任兵工厂长。

曰军政部。取管子作内政而寄军令之意为名，实一省之行政萃焉。以李根源为总长，李曰垓次之。其下设分司凡五：曰民政司，司长杨福璋，次长孙光庭；曰外交司，司长周沆，次长陈度；曰财政司，司长陈价，次长席聘臣；曰学政司，司长李华，次长陈文翰；曰实业司，司长吴琨，次长华封祝。其隶于民政司者，有警察、审判、自治三局；隶于财政司者，有造币厂、富滇银行；隶于实业司者，有劝工厂、印刷局。是年十月，李根源率师赴西防，罗佩金继任总长。

都督府本部内置秘书处，拟撰机要文电。置登庸局，分设叙官、赏勋、印铸三科，均以周钟岳长之。置法制局，拟订一切暂行法规，以蒋谷长之，寻改任孙志曾。未几登庸、法制两局皆裁并。援川、援黔军出发后设卫戍司令部，任罗佩金兼卫戍司令，以统一军事、整饬军纪、保持公安为职责。此外设甄录处，任刘锐恒为处长，袁玉锡副之，凡自陈效用及条陈意见书者皆属焉。而一时干进之徒垒集，难得其才，旋亦裁并。出征军陆续凯旋，乃将卫戍部撤销，以其职责分隶宪兵队及第一师司令部。

行政机关部署粗定，爰分设立法、司法两机关，以确定三权鼎立之基础。立法权属议会，当滇军政府初成立，即致书谘议局约相赞助，局中议员均诣军府会商，随通电三迤自治团体，规约十余条，宣告光复宗旨，遂正名为临时省议会。旧议员留二十余人，选举李增为议长，万鸿恩为副议长。司法权属审检厅，前清时滇于省会先设立高等审判、高等检察、地方审判、地方检察、初级审判、初级检察六厅，反正后各厅人员皆散去，乃权以审判局为司法机关，隶于民政司，仍令司筹设三级审检各厅，以期司法与行政相离。既而呈奉中央任黄德润为司法筹备处处长，孙志曾为高等审判厅厅长，谢光宗为高等检察厅厅长。地方厅、初级厅亦同时成立，各县司法暂属地方行政官，并由筹备处培养司法人员，以为异日分设之地。此立法、司法、行政分离之权舆也。

民国元年五月，改军政部为政务厅，以李鸿祥为厅长。改参谋部为参谋厅，以谢汝翼长之。改军务部为军务司，仍以沈汪度长之。是时民国大政渐统一于中央，自都督以至各司长，皆加给委任状。任李曰垓为民政司长，袁家普为财政司长，张翼枢为外交司长，周钟岳为教育司长，吴琨为实业司长。原设之次长，改为参事。民国二年，中央颁发暂行画一地方行政官厅组织令，以民政长为一级，各观察使为一级，各县知事为一级。民政长行政公署内设内务、财政、教育、实业四司。观察使署内设内务、财政、教育、实业四科。县知事署内亦如之。未设民政长各省，则以都督兼任。于是都督蔡锷电请中央特任省长以专权责，奉大总统令任罗佩金为云南民政长。裁政务厅，别设行政公署，以陈钧司内务，周传性司财政，由云龙司教育，华封祝司实业。一切文牍以民政长名义行之。改外交司为特派交涉员，直隶于外交部。旧设迤东、迤西、迤南、临开广四道，反正后裁东道，以迤西、迤南、临开广三道原兼税关监督暂仍其旧，至是复遵中央令以全省划为四区，添设滇中观察使一员，管近省属县及迤东各地。迤西、迤南、临开广各道悉改称观察使，任周钟岳为滇中观察使，吴良桐为临开广观察使，李曰垓为滇南观察使，杨普为迤西观察使。未几曰垓改任西藏宣慰使，仍以刘钧署理。自民政长以下，专治民事，都督专治军事，军政、民政划然区分矣。

当行政机关之初设也，都督蔡锷以为，一切政务非通筹全局无以定缓急轻重之序，非严立程限断难免始勤终怠之虞，爰通令各机关就所管事务，审量力之赢绌、事务之重轻，编制滇省五年政治大纲，汇交秘书处，详加审核，酌为增减，以期各机关政务平均发达，不致畸重畸轻。又令编制办事程限表，由主管长官督励所属，按期进行。凡行政事宜有应依据规章者，当中央法令未颁布以前，由本省编订暂行章程数十种，以便遵守。复于军府设政务会议，每星期三日，自都督以及省内各机关人员，及省议会议员、参议处参议，皆举代表莅会筹议本省应兴应革事宜。议决之事，即由都督令各机关限期举办。期年之内，治具毕张，虽为财政及时势所限，间有未能骤行者，然前清官吏敷衍因循之习，廓除殆尽矣。兹自反正伊始迄军民分治以前，所举行政务之重要者，分述如左：

第一，关于内务者。滇省反正之初，地方行政官厅，暂沿府厅州县名称，惟府县同城者，则裁县而以府兼摄县事，是为后日统一县治之造端。又因滇省地面辽阔，一县区域有面积数百里者，乃增设县治，于大姚、永北（永胜）间白井地方，设盐丰县；于元谋、定远（牟定）、禄丰之间黑井及琅井、阿陋井诸地，设盐兴县；于蒙化（巍山）、太和（大理）、永平间，设漾濞县；于越州（凤仪）、蒙化、云南县（祥云）相错地，设弥渡县；于剑川、维西、云龙间设兰坪县；于滇西、西藏毗连之地，设阿墩县。其旧日附郭佐贰悉裁去，惟有分防地方者则暂留之。复于广通属之舍资、镇南（南华）属之沙桥、邓川属之寅塘、腾越属之潞江、临安（建水）属之龙朋各地，添设巡检分治之。

内政部署已定，更进而于沿边土司及汉夷杂处之地，设弹压行政各委员。其在西及西南者，曰永宁，曰泸水，曰菖蒲，曰盏达，均各设行政委员；曰芒板，曰干崖，各设弹压委员；曰山后里，设弹压兼喇井督销委员。其在东边者，曰威信，曰井桫，曰盐井渡，曰六城坝，在南边者，曰溪处，曰曲江，曰靖边，曰普文，均各设行政委员，是为建设县治之先导。当初反正时，旧时各地方官皆加给委状，沿用弗替，所以维持地方秩序，免人民之惊疑。然政体既更，官权骤落，自治团体往往侵越官权，官绅龃龉，多致互讦，乃厘订章程，画分权限，使互相补助，互相监督，一以儆地方官之旷职，一以祛自治员之侵权。至地方官之征收钱粮或新旧交替，则以自治团体监征监盘，使官吏无从施其弊。又因地方行政官尚兼司法，酌设司法警察，悉裁胥役。民间数百年蠹害，得以一旦扫除。其教育、实业则令劝学所、实业团分任其责，而以行政官董其成。凡一切事业，次第修举，地方行政渐收画一整齐之效。惟各土司幅员辽阔，而殊俗异政，虽隶域中，俨同化外，内足为文化之梗，外足为边境之忧，军府以为同是国民，理难歧视，则思所以因势而利导之。时第二师长李根源方驻师腾冲，上经营土司急进、渐进二策，军府卒从其次议，谓急于改流转多顾虑，不若为之更化善治，以收潜移默化之功，乃设弹压委员，先从事于审理诉讼、设立学校、振兴实业、筹办警察诸端，使土司地方渐与内地人民受同等之法治。以故沿边土司皆四面内向，无复如前清时代，嫉视汉官矣。

第二，关于财政者。滇系山国，夙称贫瘠。当前清时，本省岁入不过三百余万两，而岁出约需六百余万。故每年除由部库拨款及各省协济一百六十余万元，尚不敷一百余万。自辛亥反正，秩序如常，公私帑藏幸未损失。然各省独立，协款骤停，中央亦无力拨济，财政艰窘较胜于前，而内戢匪乱，外固国防，加以援蜀、援黔、援藏先后出师，供亿浩繁，所费百数十万。然自反正以来军费、政费卒以维持者，则财政整理之效也。兹分述如下：

一曰汰除浮冗。凡机关之复设、人员之闲散者，悉归裁并。如前清财政综于藩司，而钱粮别设粮道，反正后悉并于财政司。前清时农工商矿综于劝业道，而盐务则设盐道，反正后悉并于实业司之类是也。

二曰节俭俸给。反正后都督即规定军官薪俸表，上等一级实支银一百二十两，二级亦一百二十两，三级一百两；中等一级八十两，二级六十两，三级五十两；三等一级三十五两，二级二十两，三级十六两。省内各机关文官薪俸，亦比照此表规定。各学校人员则视省内文官为等差。又规定省外文官俭俸给令，俸给公费各别为三等，省外各属警员俸给令，区长巡长各别为四等。至壬子五月中央大借债忽生顿挫，财政部通告中央财政支绌情形，并倡全国公务员每月俸金减为六十元之议。滇省得电，即通令实行，由都督躬为之倡。此时都督俸金之薇，举国未有如云南者也。

三曰筹办公债。民国成立，国用奇绌，维恃借外债为救济之方。而各国银行团乘我之急，要求监督财政，监察裁兵。都督以为借款既成，国权丧失，此时惟有筹办救国公债，可以救亡。遂拟订章程，设局办理，计先后所入十余万，虽未能骤集巨款，而财力得以稍纾。

四曰遣散军队。滇省岁出以军饷为一大宗，反正之初，迤西、迤南皆自添招募，又因援黔、援蜀添练一师，兵额骤增，饷糈益浩。西南敉定，乃裁去兵数十营，及援蜀军归，又复分别退伍，军饷因而锐减。

五曰剔厘陋规。当前清时各州县陋规，尽入私橐。民间有无名之供亿，而官吏得例外之羡余。反正后，州县俸给公费已视地方繁简酌为规定，使不至有亏累之虞，无俟掊他项为弥补，至地方收入之款则悉令缴解，向日陋规涓滴归公矣。

六曰整顿厘税。旧制厘金税务为调剂官吏之优差，然厘金所入，公家恒得十分之二三，而委员恒得其七八，故厘金收入每年约在二十万两。至宣统元年实行禁烟，停收土药厘税，百货厘金收数亦锐减，仅收银十余万两也。反正后乃由殷实绅商承办，视每年认解之数，先缴一半为保证金，俟年终解缴足额，仍将保证金退还。故厘税收入较昔年为加旺。

七曰开设银行。滇省旧有大清银行，然只设于省垣，而经理亦多未善。金融之机关既未完全，银根之舒急亦难酌剂。反正后乃令财政局筹设富滇银行，并设分行于下关、昭通、个旧各处。基金既已充足，纸币亦便流通，民间之信用既坚，故财政亦不至竭蹶矣。

八曰检查会计。当中央令设审计分处之前，云南已先设会计检查厅，凡预算、决算皆由财政司编制，而用款之当否，则必经会计检查厅之检查，于各机关之支销严加审核，而冗费浮支之弊悉以廓除。

综上数端，盖开源与节流并用，故虽以夙称贫瘠之滇省，而财政基础得以巩固矣。

第三，关于教育者。滇省举义之秋，战地以五华山师范学校为最烈。学生虽已停课，然仍安堵如常。至九月十一日大局已定，教育总会出而维持，各学校仍一律上课。及军政府成立，特设学政司，专司教育之事。乃先厘正学校名称，修改小学教科书，令各校筹设教育分会，归并方言学堂、高等学堂旧学生，设立英法文专修科，为留学英美之预备。至民国元年五月奉中央令改称教育司。初滇省视学额定四员，然幅员既广，交通未便，故视查学校穷年亦不能周。视学又多非深明教育之人，报告各属小学情形亦多未中肯綮。反正后改称司视学，尽派师范毕业生，至是更定区域，添派视学，并为十员。滇省自丙午创设师范传习所，次年设两级师范学堂，然初级简易科期限既短，所学无多。而优级选科专习一门，毕业后派充教员，能担任学级者不鲜。又学堂设于省会，远道求学，既多未便，学生毕业后竞求留省，各属教员又苦缺乏。至是乃于曲靖、昭通、蒙自、普洱、永昌（保山）、丽江，分设初级师范六区，皆以省费支办。并考选中学校及工业学校学生中之颖秀者，使加习东文，资遣日本留学。时都督方注重军国民教育，谓中国积弱已数千年，此时欲发奋自强，非于小学教育养成军国民之资格不可，而欲于小学教育养成军国民之资格，非于师范学生授以军事教育不可。乃令省会师范毕业生加习军事教育，以三月为期，毕业后分派各属充任教员。并通令全省小学加授兵式体操。厥后中央教育部所颁发教育令，多与本省以前之设施者若同符合辙也。

第四，关于实业者。滇省实业以盐务、矿务为最，其次则气候温暖，颇利农桑，山岭绵亘，尤宜树畜，惟工商业则未甚发达。滇军政府初成立，都督以本省财政困难，民生凋瘵，非急振兴实业无以为自立之地。乃先从盐务矿入手，更进而经营农桑树畜工艺之事。兹分别言之如下：

一曰整顿盐务。反正后以盐务归并实业司办理，时值引额滞销、外私充斥之后，整理殊难。乃详加体察，新订简章，分设督煎督销机关，使以各专责成，更可互相纠查，交通行岸。无论盐斤均听民自行购食，不再加以抑制。查收存盐分别销解清楚，以清界限。暂减销额，以疏积盐。新开边井，以抵越、缅外私。并派临时调查委员，专司稽查各井煎销数目及井员侵欺私卖一切事宜。积弊既已剔除，课额亦少蒂欠也。

二曰推广矿业。滇省矿产之富，甲于全国，惟未经开采者甚多，至令货弃于地。自英法隆兴公司矿约废后，滇人益注意于此。惟前清矿章綦严，民多观望。反正后，乃拟订云南矿务暂行章程，以开放为宗旨，如无窒碍者均一律维护，以辟利源。又刊发表式，分别已开、未开之矿山及已开荒废矿山三种，通令各属地方官暨实业员悉心调查，分别具报。又于省城设立矿物化验所、地质调查研究所，而于个旧之锡厂、东川之铜厂，尤力为维护。两厂之发达，方骎骎未有已也。

三曰注重农林。云南农务总会创设于前清宣统元年，卒以筹款维艰，迄未成立。反正后酌提归化、华亭两寺年租，作为农会常年经费。又于省城设农林局，各处设蚕林实业团，订定垦荒牲畜森林章程，并于种棉制茶力求推广改良之法，均已渐收成效。

四曰提倡工商。反正后即拟订表式，通令调查全省工艺出品及全省商业状况。复因前清劝业道设立之劝工总局，所制物品半属无益玩具，而成本太巨，销售为难，乃改设全省模范工厂，分为金工、化学工、染织、编造、缝纫、陶磁、图印各科，就滇中原产物料及固有工艺品分配制造。又整顿商品陈列所，以资观摩。沟通苌忠寺、城隍庙两庙，筹设劝工厂，以为开拓市场之计。其他业经计划而尚未施行者，则概从略矣。

第五，关于交通者。滇省交通要政，反正后所注重者铁道为首，电报邮政次之，汽车马路又次之。兹分述如下：

一曰滇邕铁路。滇省自前清时已设滇蜀腾越总公司，至宣统年间乃倡先修滇邕之议，曾由滇督奏陈，经部派员踏勘。改革之际，事遂中止。反正后，都督复电陈中央，略谓：滇桂一线较之滇蜀尤为切要，其路线以由曲靖经兴义、百色达南宁为宜。此线修通厥有数利：一则路线较短，成功较易，需费较省。一则滇、粤交通互相策应，运输捷速，可固边防。一则与滇越路不平行，免滋外人口实，且离越较远，于兵事甚为安全。一则滇、黔、桂三省之地，可扩商业，可辟荒土。一则滇川、滇黔两线将来便于延长。一则东川、个旧矿产便于运输。且此路一通，则滇越线路之势力顿失，既可阻其伸张之势，并可徐图偿还之机。惟锷前游两粤，近复来滇，足迹所经，详查形式〔势〕，觉滇邕铁路尤以延长至龙门岛为要。查龙门岛去南宁不过四百余里，为泊船最良之海湾，而风浪不惊，较北海为尤善。海水深广，可泊兵轮。港口颇窄，间有暗礁，新到之船亦难遽窥堂奥，若营为军港以屯海军，将来铁路、军港首尾衔接，滇桂不致坐困，庶可巩固国防。[①] 得交通部复电云，已派钱世禄、陇尊显前往调查，俟复到再定办法。惟国有一节，中央限于财政，目前尚难筹及，望协同粤、黔、桂三省都督筹措，中央再设法维持。寻电商粤、黔、桂三省都督，均得赞成。惟路长费巨，就地筹款力有不及，三省分担亦尚无成议矣。

二曰延长电线。自四川铁路事起，自云南至泸州电线多被毁损。滇军反正后，出师援川，悉为修复。又筹设五路电线，一由省城经昭通至叙府，一由东川经会理至宁远，一由思茅至顺宁，一由丽江经中甸至巴塘。凡五千二百余里。后以财力不济，一时未全实行，乃先设丽江至中甸线四百余里，又续修至阿墩。与川省合力筹设阿墩至巴塘无线电报，旋又修永平电线延至六库。

三曰添置邮政。滇省邮政未通之县，为威远、镇边、新平、南安、双柏、易门、罗次、禄劝、剑川、云龙、中甸等处。至是亦一律增设，全省消息渐灵通矣。

四曰创设汽船。云南山多水少，航业不兴，惟滇池、盘江间有船艇。然民船载货无多，且多危险，乃仿苏杭内河行驶汽船法，先于滇池制汽船一艘，开驶以来商民便之。

五曰筹修马路。云南素号岩疆，道途险阻，工商业不能发达。职此之由，而雨后泥泞，行旅尤为不便。反正后乃倡修全省马路，颁发表式，令各处将所管地方应修道里，先行勘丈，并将应需修费核计报明，筹定的款，择要举办。

以上所述皆就本省建设而言。至关于全国大局，都督蔡锷建议颇多，虽未尽见诸实行，而中央亦时加采纳。兹摄其要者言之。

当南京临时政府初成立，锷致电孙大总统暨武昌黎副总统、

---

① 该电文及以下所录电文，部分词句与《天南电光集》中稍有出入，请互为参考。

各省都督，历陈三义，谓：我国幅员既广，省界夙严，势涣情疏，每多隔阂。此次武昌倡义，各省响应，已除往昔秦越相视之弊风。惟改革之初，事权莫属，不能不各设军府以为行政机关。然宜有通力合作之谋，不可存画疆而守之势。设用人行政，省自为谋，恐土豪浸起割据之思，边境又有孤立之虑，于国家统一障碍实多。今中央政府成立，缔造经营，当先从破除省界入手，此宜注意者一。我国人士蜷伏于专制政体之下者数千年，几以谈议国是为厉禁。自外力内侵，清廷穷蹙，国人激于时事，急图改良，于是革命、立宪、君主、民主各党竞出，虽政见不同，而谋国之心则一。今政体确定，全国思想皆将冶为一炉，即平日政见稍殊，果系杰出之才，皆可引为我用。现值肇造之初，万端待理，只宜惟贤是任，不可过存党见，使有弃才，益自树敌，此宜注意者二。清廷朽腐，弊政相沿，诚宜扫荡廓清，与民更始。惟外鉴世界之趋势，内察本国之舆情，必审慎周详，节节进步，庶全国得以按弦赴〔符〕节，不致有纷扰碍滞之虞。若期望过高，变更太骤，恐事实与理想不相应，而人民未易举行；或法令与习惯有相妨，而急切难生效力。故新旧递嬗之交，目光固宜高远，而手法则不妨平近，此宜注意者三。

复致电谓：虏氛未靖，战事方殷，琐屑者固不暇计，惟大纲所在，似宜先为规定，期于全国一致进行。窃观目前情形，当从数端入手：一、用人。各省军府组织机关，互有异同，宜由中央参酌各省之现行制度，拟具大纲，颁布通行，以归一律。其上级长官由中央委任，次级官由本省呈请大总统委任，下级官由本省委任后报明中央政府。至关于外交、财政等官，应由中央遣派。似此办理，庶可统一事权，将来地方制度颁行，亦不致多窒碍。二、财政。我国各省区域不同，丰瘠互异，往往省自为政，痛痒漠不相关。即以目前而论，有为边要者，有为敌冲者，若专恃一二省之财力为支持，虽反正者十数行省，而实则力分而不厚，谓宜将各省岁入呈报，由中央视各省缓急情形，量为分配，庶可得酌剂盈虚之益，不致以一部分而妨害全局。三、军事。现中央已设陆军部、参谋部，而各省北伐军队皆受节制于总司令官，是军事之有渐趋统一之势。惟反正之后，各省多添募新兵，略无限制，至非【有】临战区域，亦有以一省而骤增五六镇者，枪械既缺，饷糈尤不支，恐将有不戢自焚之祸。谓宜由陆军部体察各省情形，酌定应编镇数，通令汰弱留强，勤加训练，已成之镇，悉听中央调遣，庶全国军队联为一气，可以互相策应。

逮南北议和时，争论建都地点相持不决。锷又通电南、北京及各省，谓：建都之议，章太炎、庄思缄两君已阐发无遗。而鄙意尤所虑者，果建都南京，则北边形势当为之一变，恐遗孽有乘虚窃据之虞，而强邻有蹈隙之渐，黄河以北沦入毡裘，甚非民国之利。尚望早定大计，建都燕京，可以控驭中外，统一南北。续电谓：共和成立，南北一致。惟建都之议未定，内则人心摇惑，外则强邻窥伺，大局岌岌可危。前陈建都燕京之议，未审达否。伏望统筹全局，早定大计。至北京积弊，亦诚如议者所云，应请袁公于用人行政之际，破除畛域，以协群情，痛扫弊风，以新耳目，使秕政余毒不至复生，民国基础得以巩固。

厥后临时政府移置北京，未及一年，唐、陆两总理相继辞职。锷致电谓：数月之内总理屡更，国势迍邅，何堪再摘。继自今深望举国一心，共图巩固，实民国无疆之庥。

时军人多入政党，锷电呈大总统，谓：民国成立，望治方殷。海内士夫，咸思组织党社，以为促进共和改良政治之地。惟军人入党，则锷窃有隐忧。此次改革，数月告成，军人之功，炳耀寰宇。惟审察现在国情，伏莽未靖，国防未固，此后整军经武，责任尤巨，专心一志，并力戎行，犹惧不给，若复为政界心分，难期整顿。其弊一。凡一国内政党分歧，政见各殊，各出其才力以相雄长，每因竞争而国家愈益进步。然以军人入党，则因党见之争持，或致以武力盾其后，恐内阁之推倒太易，实足妨碍政治之进行。其弊二。自军兴以来，各省多增募兵卒，市井无赖混厕军籍，呼朋引类，歃血为盟，甚至军队变为山堂，将领称为哥弟，拔剑击柱，军纪荡然。虽政党性质不同，而士卒有所借口，方且谓统兵者亦身入党籍，更何以禁士卒之效尤？会党、军队混为一途，部勒偶疏，动生变故。其弊三。虽此时祸机未著，而流弊要可逆睹。锷私忧过计，以为国家进步，政党自然发生，然宜让政客之经管，而军人无庸厕入。非独消极的以限制军人的行为，实欲积极的以完军人的责任。伏恳明颁禁令，申明条例，以振纲维而杜流弊。

继因党争甚烈，复致国务院、参议院电，谓：临时政府成立数月，内阁瓦解，组织綦难。政府现杌陧之形，国本有动摇之象。非必当世贤达置国家于不顾，实因政党为厉之阶。自改革以来，政党林立。在诚心爱国者，察世界之趋势，欲以政党趣国家之进步，用意非不甚善。无如标橥既揭，浅者不撩，辄复剽窃名义，竞相标榜。是丹非素，伐异党同。如旋风卷地，一入其中，迄颠倒而不能自拔。常士固然，贤者不免。无是非之公，则泾渭莫辨；有门户之见，则冰炭难容。祸机伏于萧墙，乱象悬于眉睫。驯至强邻伺隙，狡焉思启，犹复争持意见，等国事于弁髦。嗟我邦人，莫胥念乱，谁为为之，孰令致之。以锷之愚，窃谓治化演进，政党自然发生，然政党之成，必几经陶养，始达健全，而不能为一时之凑合。吾国一般人士岂惟乏政党之能力，抑且少政党之观念。今以数月之号召，遽纷纷附政党之帜以博名高，滥上棘门，皆儿戏耳，一哄而集，无裨国闻，万窍齐鸣，徒乱人意。其弊一。国体新更，人心浮动，如新涛出闸，横决四溢；如沙砾走盘，搏而不聚。故欲齐一心志，维持统一，虽极力芟夷枝节，使群伦视听，同规一鹄，犹惧弗克。若复多立门户，竞长争雄，感情所驱，不可遏制。竞争之极，斯互相倾轧，倾轧之极，斯敢于破坏，恐法兰西恐怖时代之惨剧再演于神州。其弊二。政党者基于宪法，促国家政治之进行，而非必由政党之势力，可以制定良宪法。法国革命后，以政党制定宪法，因政党互相起伏，而政体之变更者九。北美建国后，以人民之公意制定宪法，虽政党时有消长，而政体仍定于一。今吾国宪法未定，党派已繁，正恐编纂不成，已起盈廷之聚讼，他日奉行不力，又作翻案之文章。机局转变，轻若弈棋，根本动摇，危于累卵。其弊三。锷初不察，亦尝与闻党事。今默观时局，熟审国情，窃谓此时以讨论为重，而不必强于主张，以培养为先，而勿庸急于号召，较为得之。若广召党员，坚持党见，究之利也而不胜其弊，则有也而反不如无。今海内大党，无出同盟会、共和党、统一共和党三者，锷妄不自揣，愿与三党诸君子首倡解散之议，以齐民志而定危局。

继复迭陈军事、外交、财政三者，宜亟先谋统一之方。语至激切，中央皆嘉纳之。时四国借款及军民分治二事，内外断断，争论不决。锷复详电中央，谓：民国初立，肇造万端，建设改良，非财莫办。一年以来，全国注目于大借款，一若大债借成，庶政毕举。不知外债非不可借，然只能作特别计画之基金，至普通政费当尽内国财力支办。欲行此策，非中央通筹全局统一财政不可。而统一财政，非仅以空言责令各机关枝节减削，宜确定大计，何项政务当注重，何项政务当减轻，一切计画先为筹定，然后准此编全国预算，量入为出，以巩固财政基础，而以借债扩张生利事业，则财政有整理之日，外债有清偿之期。若军队未能缩小，政费未能减轻，则今日借赀，明日告匮，谍台增筑，何有已时。埃及之亡，可为殷鉴。

又致国务院电云：修政官制原案酌理准情，筹画精详，极深钦佩。惟锷愚意此事关系国家经制，宜规久远。吾国省制，相沿日久，然幅员太广，治理为难。故前代于州县之上复置府道，府道之上复置督抚，层累而上，期于递相督察，耳目易周。然阶级既多，互相钳制，地方官救过不暇，无余力以考求民间之利弊，而谋地方之治安。政窳民疲，实由于此。今欲扫除此弊，惟有缩小行政区域，减少监督官厅，庶无鞭长不及之虞，亦无十羊九牧之害。至军事区域则当视国防缓急，另为画分，而不必以行省为界限。将来军事区域与行政区域分别画定，则军民分治问题，自不烦言而解。若此时惟于都督省尹之间，为迁就调停之计，意见既难一致，推行未必咸宜。故鄙意为目前计，可暂仍现状以免纷议；而为久远计，宜别筹良法以利推行。

及召集国会已定日期，锷通电中央及各省，谓：民国成立，业已经年。临时政府，不过草创时权宜办法。迩来内政纷如散沙，外交危于累卵，非从速组织正式政府，则对内难实行开国久远之政纲，对外无以促国际团体之承认。顾正式政府之组织，必以宪法为根据，宪法一日未经确定，即正式政府一日不能成立。现在国会召集为期已近，应请大总统于国会开会时首先咨明两院，以宪法为第一议案，一二月内将民国宪法议决颁布，以便组织正式政府。否则纷争聚讼，不知临时期间将延至何日，国事危急，岂能久待？各都督、民政长对于民国宪法如有意见，祈早日提出，预为国会储备研议之资。

复拟具电稿约程德全、冯国璋、张锡銮、陈昭常、周自齐、阎锡山、张凤翙、胡景伊、唐继尧、赵惟熙、张镇方、孙道仁、张元奇等，联名致电北京研究宪法委员会云：宪法为立国根本，民国安危，视此为衡。诸公职司裨谌，责任綦重，自必有伟识卓见，奠定国基。惟编拟宪法所应采取之主义，及近日颇有争论之问题，不可不准量国情，详慎究商，期臻至当。某等深忧熟议，窃有所见，陈备采择。查吾国情形，非建设强有力之政府，不能统一内政。内政不统一，则国防、外交必因之废弛失败，此为势所必至者。民国成立迄于今日，省自为政，中央力薄，不能收指臂之效，以致财权损堕，政令纷歧，外患内讧，相缘以起。推求其故，则现政府法律上之实力不能发展国权，实为一最大原因。故民国宪法宜以巩固国权为主义，国权巩固，国基能立，然后有发达民权之可言。欲巩固国权，则凡障碍国权发动之制度，决不可采，于是有应行先决之问题二事：一、大总统不可不有解散议会权。就法理论，立法权固当尊重，行政权亦须有严格之保障。若立法对于行政部有过度之干涉，而无救济之途，则行政权直被立法权侵压束缚，而无所施，是国权只有消极限制之作用，不能有积极活动之能力，势必日即于萎靡。且议会若有违反国民利害之事，不能解散，以诉诸多数国民，亦与共和精神相背。就事实论，解散权与责任制关系极切，议会无宪法上之制裁，易流专制，使政府不能自行其政策，必将以议会为诿卸责任地。责任不明确，何能得强有力之政府？更何能发展国权？故法理、事实两面，解散权均决不可无，但使解散有一定手续，自不患有侵犯立法权之弊。二曰任命国务员不必求国会之同意。夫国会监督政府，其要点在有弹劾权，事前之同意，实属赘疣。况弹劾权以连带责任为因，国务员既负连带责任，即不能不抱同一政策。设组织时不能得国会同意，得同意者又不同其政策，将迁就调停，旷日持久，始能勉强成立。然政策互异，何能连带负责？连带责任制一破，更何有强有力之政府及巩固国权之可言？极其弊，必有贬节以媚国会，冀博国务员之位置者，恐满清末季之腐败现象将由此同意制而复活矣。且国会既经同意后，国务员若有失职，照法理言之，国会当分任其责，此尤与弹劾制极为冲突。以上两端所关至重。此外如大总统之制定官权，对于国会议决法案之认可不认可权及任期七年以上并不负责任等事，皆缘所采主义及上述各理由相因而生，想诸公必能力持定见，排去莠言，不至为法理论及形势说所拘牵，致与国势国情相左。民国之福，维兹是赖云云。

　　锷前后建议皆力持大体，切中时弊，不为依违迁就之词。兹书所采辑者，以民国元年十二月前为断，余皆不及也。

大理狱中供词

祝宗莹

编者按：本文作者祝宗莹，"是光绪年间腾冲高等小学教员，张文光的秘书。在杨秋帆到腾冲时与李治一起参加同盟会"。（李根源先生来函）腾冲起义后，起义军陈云龙部曾和大理起义军发生冲突，祝宗莹因此被捕，在大理入狱。"祝与陈云龙系在起义时结合，大概无深切关系。"（李根源先生来函）祝宗莹不久经云南军政府电令释放。当时军政府派李根源西上处理迤西诸事，此供词即送交李根源，曾收录于《西事汇略》及《永昌府文征》内。本资料即从《永昌府文征》文录卷20选录，原件注有："寄至吕合行营接获。"所述主要为张文光起义经过，可作腾冲起义的补充资料。

腾越革命之起也，造端于张文光。张君苦心经营，三年于兹，纠合陆军七十六标第三营右、后两队，防军四、五两营，于初三日誓师，初六日举事，异常秘密。是日初更，陆军陈云龙请于管带张桐，桐愕怪，陈即击毙之。防军哨官李学诗当时亦毙其四营曹管带。两军混合，率队入城，围攻镇署及军械局。张镇台闻变，服金自毙。转攻道、厅两署，道宋联奎、厅温良彝越垣遁走，腾遂恢复。旋理善后。当此事之未起也，即与军人约法，不许滋扰街市。又复致书税司，令勿惊恐，兼及教士、教堂（因领事早赴密支那）。税司初不料文明如是，曾避于弄璋街，三日后以彼幕友代请回腾，照旧代我办事。甫三日，彼探得省榆未有消息，恐文明难以终始，坚辞回缅，只得派兵护送，复索得彼据，有缅政府不得干涉之约，此交涉之崖略也。民政于次日俱集自治公所开会，得自治员赞可，即以理财、裁判、钱粮归局办理，以议长寸开泰首其事，参赞以各议员。军政除旧有之各营外，添募四五营以剂其虚，并办有士林队一营（由腾越高等小学、和顺两等小学、大董两等小学、绮罗两等小学挑入），入队者皆学生及略识字之人。警察以李昆田办理，兼总十八练团务，参谋有由仰光来者数人，并有腾越一二人。腾越于六七日规模草具，即将督销彭（盐务督销总办彭继志）留腾，永府陈及道、厅护送回籍。初十日即得龙陵军捷报，攻毙龙管带，全军反正。旋调查永事。永以罗管带将怒江船只阻止我军不得济江，留禾木树者二日，后永接省光复电，罗管带长庚与教练官郭林昌积不相能，冲突于电局，毛令惧祸之及己，即仰药以毙。教练官复以省电不可为据，令全城将已树汉帜拔去，罗长庚亦拥兵自固，不愿反正。郭即率队回榆，渡沧江以东，将桥板扯去并砍电线，至黄莲铺。腾军先锋十六日抵永，罗长庚闭城抗拒，旋为该军及团兵枪毙。时腾派指挥官陈云龙大队已到，永事即定。虽知省垣光复，而榆以桥扯线断之故，反正否未得其实。陈云龙即率队东下援榆，以桥断阻，至桥修妥济江已二十五日矣。抵杉阳得曲统领信，始知榆已独立。有说陈返永者，彼云到省投效，随即拟电，至黄莲铺拍省，至则电局人已亡去，后寻回，局人云二十八始能拍去。二十九日抵曲硐即接省电，谓省兵力尚厚，勿庸东来。时彼新得永平县，为彼参谋大言炎炎深入其脑，而始有欲入大理之意，然其本心实非歹意。惟不晓事之蒋树本复讨奋勇，率曲硐无赖径取蒙化。时陈云龙至漾鼻，而先锋队刘竹云已抵平坡。榆举代表周华国、马鸣远到合江会合，谓必欲入榆只可单骑以进。后复援同志入榆妥议，或仍请率兵退腾永，或使彼单骑到榆，限三日解决。岂知榆代表与同志方入榆之次日，两军即起小衅。此腾永与榆军之龃龉，实自陈一人酿成之也。

黔人乞救书

徐龙骧

编者按：1912 年，北京政府成立稽勋局，派员到各省调查革命有功人员，准备策勋授奖。派到贵州调查人员为刘潜、徐龙骧，均系贵州人。与国民党派到贵州成立支部的于德坤、胡德明，同路起程入黔。到达贵州的铜仁、玉屏两县间，唐继尧、刘显世派人化装土匪，先将于德坤、胡德明两人杀死。刘潜闻讯逃脱，仍被追杀。徐龙骧化装舆夫，由山林丛莽间潜行，幸得脱险。徐到北京后，上书袁世凯，请求查办，终遭搁置。这是徐龙骧当日上书的原文。

具呈稽勋局驻黔调查员贵州人徐龙骧，为滇军据黔，惨杀无辜，暴虐无道，情急势迫，恳请助以重兵，驱除暴乱，造福黔民事。缘贵州反正之始，纯系自治党人之功，为亡清宪政党人刘显世、任可澄、何麟书、刘显治等所忌，乘前黔督杨荩诚带兵援鄂之间，即派伊党人周沆、戴戡等，赴滇要求北伐滇军司令唐继尧效假道之名，为据黔之举。从此大权在握，宪政党借滇军之横暴，扩张势力；唐继尧杀黔省之生灵，甘为傀儡，狼狈为奸。黔中之黑暗日甚一日，黔民之痛苦日惨一日。今谨将其暴虐之事实，条分缕晰而略陈之。

一、戕害反正元勋也。贵州倡义反正，推功自治党人，唐则悉指为匪，于首功之赵德全、黄泽霖、杨树清则杀而分裂其尸。他如张百麟、杨应麟、谭西庚等，逋逃四方，流离失所。民国成立，大总统曾颁布命令，凡革命元勋，虽犯死刑，而有加等宽恤，唐继尧则故违之。

二、残杀正绅也。端人正士，无论何等国家，皆宜优礼相待，示民表率。唐继尧则恐端人主张公论，不利于己，而必残杀无遗。钟昌祚倡办慈善事业最多，因上书滇督，止滇军入黔一事，竟遭杀戮。修文知县许阁书弟兄，关岭举人杨肃安父子，铜仁议员张文基、谭钟麟，遵义劝学总董江平堦，鄂都督府参谋周杰之父，乡正任海舟等，皆贵州名望，反正有功，或遭屠戮，或被抄没，不胜枚举。

三、蹂躏民权也。民国议员选举，本人民应有之公权。唐继尧则不任人民选举，指派心腹熊范舆、刘显治、陈廷策、陈国祥、姚华等为临时参议员，以兵力迫省议会认可。今闻参政员又指派其私人戴戡、任可澄等充当，蹂躏民权，莫此为甚。

四、诬杀学生也。学生乃国民俊秀，当如何保护，方不负国家作育人才至意。唐继尧于法政学生何吉琴七十余人，陆军学生杨俊十余人，则令刘显世以文官军官考试，扃门后诬为杨荩诚侦探，屠戮尽净。

五、勒索民财也。黔中地瘠民贫，久为全国所公认。乃唐继尧苛敛民财，无微不至，上而省会，下而府厅，括尽膏血，民命何堪？天全美以盐商而富甲全省，月捐拾万，始准营生，迁延至今，力不能支，商号倒闭。遵义绅商邓仲山、宝兴隆蔡锦等，各以勒捐三万，倒产相随。他如百川通、天顺祥久业汇兑，便利交通，亦以苦于苛捐，得不偿失，营业早经停止，商务久已断绝。甚至樵夫渔子，月有勒捐，小工行商，时闻押缴。昊天不吊，降此独夫，民不聊生，可哀孰甚。

六、纵兵占奸妇女也。军纪风纪为军人当守之天职，乃滇军所到之处，肆意奸淫，目无法纪。强奸闺女，父母如有怨言，即行枪毙。估占民妻，亲夫如抱不平，妄加刑戮。如奸遵义巨绅王时雍之女，大骂不从，即以刺刀插入阴户，死于非命。又奸天柱杨汝钦之妹，汝钦痛骂，兄遭惨死，妹亦行刑。诸如此类，更仆难终。呜呼！人道奚存，军纪安在！专权黑暗，倍甚满清，黔人何辜，遭此惨酷。

七、残杀民命也。民为邦本，本固邦宁。民国告成，各省人民方庆共和幸福。独此黔人，老弱转乎沟壑，壮者散之四方。唐继尧第欲便一己之私图，遂任七百万黔民之生命于不顾。上自遵义，下迄松铜，屠城惨杀，日有所闻，尸骸遍野，白骨如麻，商旅不行，冤惨四塞。人民道路侧目，莫敢谁何。孟子云："蹙頞相告。"吾黔民箝口扪舌，甚有不敢告者。

八、破坏烟禁也。鸦片流害国中，已非一日，人民中其毒癖，奚啻万千。以故前清订约禁烟，各国赞成欢庆。吾黔禁种禁吸，上下游将报肃清。殊唐继尧贪妄性成，勒捐不已，复运大帮云南鸦片，入黔售卖，故弛烟禁。蚩蚩之氓，趋之若鹜，甘之如饴，致吾黔满地烟霞，受害何堪设想？现今禁烟问题，英人起而干涉，内而中央，外而各省，雷厉风行，严加禁止。乃唐继尧置大局于不顾，等国法如弁髦，匪特开罪中央，实乃开衅邻国。

九、摧残北伐黔军也。北伐黔军，向本良民，并非无赖。创义反正，远道北征，其功可赏，其志堪嘉。嗣以南北统一，共和告成，自应率队归黔，为一定不移之办法。乃滇军反客为主，占领黔境，抗拒黔军。【黔军】久客在湘，思归念切。前荷钧台与鄂督派员调处，黔军遵约还乡，甫抵松桃，滇军即开枪轰击，流离鼠窜，惨不忍闻。滇、黔原属一家，今竟形同敌国。盖滇军本无足责，亦不过命令之服从。独唐继尧以子孙黔督之心，利令智昏，遂不恤开罪邻省，杀尽黔人。丧心病狂，唐贼之罪，通于天矣。

十、诛戮异党黔人也。东西文明各国，要皆有数大政党，以鼓吹其政治之进行。况民国成立，约法具在，集会结社，人民自由。唐继尧则肆其专制之淫威，受共和党人之利用，摧残异己，妄杀无辜。朱沛霖以同盟会之关系，回黔甫及一日，唐即派兵捕杀，朱幸逃窜来湘，唐复毁其家而夷其族。又同盟会员朱芸五二十五人，唐乃诬为自治学社之变相，亦一网打尽。国民党党员于德坤、胡德明、刘潜、杨向诚、刘少陵偕龙骧此次入黔，组织国民党支部，并设立贵州稽勋局。甫入黔界，于、胡五人即被滇军杀害，横尸数段，悲惨万状，言之寒心。龙骧易服变形，伏莽匍匐，幸逃残生。吁嗟！党祸之烈，一致于斯。唐继尧之野蛮暴虐，食其肉不足以偿其罪矣。

凡此诸罪，众目昭然，其他种种，罄竹难书。龙骧不学无术，未致从于、胡、杨、刘诸烈士于地下，苟延残喘，愧不欲生。第念黔中七百万生灵，要皆父老昆弟，一闻惨杀，五内俱焚。仰维钧台名高望重，遐迩归心，发精练之兵，作救邻之举，驱除滇匪，造福黔民，贵州幸甚！大局幸甚！

贵州起义首功黄泽霖被害略述

黄烈诚

编者按： 贵州辛亥革命成功后，自治学社社员黄泽霖，被任为巡防军总统，统率全省巡防军。宪政预备会阴谋夺取贵州政权，遂以巨款派人勾结巡防军东路分统谭德骥叛变，并刺杀张百麟、黄泽霖、张泽钧等。1912 年 2 月 2 日（辛亥农历腊月十五日）谭德骥派唐灿章等，伪装擒获逃兵，请黄审问，即于座中开枪射黄。黄逃入屋，叛军跟踪射击，终将黄杀死，并分尸而去。黄的夫人黄烈诚，逃往北京控诉，终无效果。这是当时黄烈诚所作的黄泽霖被害略述，可作为研究辛亥贵州革命史的参考。

先夫黄氏，讳泽霖，字莆卿，原籍浙江会稽县。先大父以知府官黔，父偕任，后亦卜仕，故先夫生于黔。学成后，习刑名，历就黔当道之幕。清廷变法，乃改治法政，投入民党。戊申春，与张百麟、钟昌祚、张泽钧等，组织自治学社。旋倾囊赴上海购运印刷机器，发起《西南日报》。又与同志创立学堂，先后开办公立法政、光懿女子师范、光懿女子两等小学，均任教务。辛亥年，又任教于官立法政学堂及法官养成所。先夫体魄壮伟，慷慨不屈，《西南日报》出版，揭载土豪事实，尤以唐尔镛、刘显世、任可澄、何麟书辈劣迹为多。先夫实任报务，唐、任、刘、何以是衔之。次年任可澄创设宪政预备会，又办《贵州公报》，交通官府，指自治党人谋革命，多方倾陷。《西南日报》攻之最力，先夫又与其事。无何，四川争路事起，自治同人见时机已至，与先夫密为革命预备。追武昌首义，捷音入黔，乃于九月十四起事，不戮一人，反正成功，当推先夫为司法部长。时川省方多故，先夫建议以兵往援，乃公举为巡防各营军统，筹备出发。刘显世者，本兴义人，其父刘官礼以办团豪霸一方。显世继父业，充团防管带，性残嗜杀，远近衔之。当自治党密谋革命，宪政会侦知之，走告官署。巡抚沈瑜庆纳任可澄之谋，檄刘显世率所部来省搜杀革命党，未至而省垣反正，显世遂不前。先夫与张百麟急欲化除党见，既引任可澄共事又召显世来省。刘、任本反对革命，至是潜谋为乱，然以先夫握兵权，急谋去之，乃嗾其党何麟书发起英雄会，郭重光开汉军公，陈廷棻、陈钟岳开斌汉公（即哥老会），意图煽动军心。时援川先锋赴渝，已著战功。先夫行期在即，所部军士果为公口摇动，先夫恐难制驭，乃徇众请，开光汉公以约束之。十二月初，因各公口多不法，先夫按治本管兵弁，戮数人，皆大怨望。刘显世乘势煽之，以三千金贿使为乱。十五日东路巡防队兵变，刺先夫于营中。叛兵争断其头与手，持往刘显世之门，报功索赏。同时又兵围张百麟、张泽钧于家，掳掠一空。百麟、泽钧出走。又抄烈诚家产，捣毁房屋。哀哉！以民国首义之人，而遭惨祸如此，生者复无以为家，彼肇乱之刘显世乃安然为军务处长，宠膺少将，天道何存？烈诚弱女子耳，亦读书稍知大义，不忍先夫之冤以死，驰诉万里。有女孩二，犹在襁褓，负以随，孤媚颠连，一息仅存。尚冀仁人君子，哀彼死者，一评论焉。

未亡人黄烈诚泣启

贵州血泪通告书

周培艺等 辑

编者按：1912 年 3 月 2 日（农历正月十四日）唐继尧率滇军入黔，占领贵阳各机关，宪政预备会推唐为贵州都督，大索自治学社党人。该社主要人员周培艺、黄德铣、王炳奎、黄祺元、周湘、陈俊武等，逃往重庆避难，并将自治学社革命经过，及宪政预备会与唐继尧破坏革命各情，拟成电文及《贵州血泪通告书》，分散各省，以代呼吁。这是当时血泪通告书及通电原文。其中叙述贵州革命经过情形，尚属扼要。今刊出，以供参考。

呜呼！我今日最苦最贫之贵州，一云南之附庸也。我贵州可悲可悯之人民，一贵族之奴隶也。溯自上年迫于川祸，自治党张百麟、黄泽霖等以满清官吏身充要差，不爱其位禄，苦心孤诣，联合军界，于九月十三之夜兵不血刃，继武汉之后而独立。张、黄不敢自有其功，邀集各界在谘议局会议，公认谘议局为立法院，以原有之议员为议员，举新军教练官、日本士官学校毕业生杨荩诚及新军督队官赵德全为正副都督；复化除意见，引宪政党任可澄、何麟书、黄禄贞、华之鸿等出而共事。破坏之初，在在困难，一切设施虽未尽完善，然事事推重议会，以人民为前提。

窃以为此后之贵州，可以脱专制之敝政，享共和之幸福矣。殊可澄等欲独攘政权，百端播弄，集合在省之三数豪族，设一酒食征逐之团体，自名曰耆老会。即以此会之名义，侵越立法院之言论，阻挠军政府之建设，时而煽乱军心，时而挑动社会，时而提倡公口，使我人民日居于惊惶恐惧之中，张、黄日居于左支右绌之地。犹以为未足，复提若辈在满清时霸据之公款数千金，买通部卒，于上年腊月十五日（1912年2月2日）谋杀张、黄，张幸逃出，黄当被戕。是时正都督杨北伐未归，副都督赵可以势迫，若辈乘此机会使其党人周沆、戴戡（贵定伢生，因图财产谋毙外甥，被讼逃出者）勾结滇军于外，郭重光（江苏知县，办清丈田亩事，赃款巨万，捐过道台班，迭被苏绅具控，曾载报章者）、刘显世（兴义劣衿，父子弟兄借团虎霸，人皆切齿）接应滇军于内。遂于正月十四日（3月2日）引云南北伐司令官唐继尧入据贵州省城，在若辈借刀杀人，不过欲遂其贪权怙势之私。而滇军因利乘便，已遂其入室毁子之计。慨自继尧窃据以来，殄灭我军队，骚扰我闾阎，蹂躏我议会，耗费我公款，勒捐我富户，杀戮我志士，戕害我都督，种种残毒，罄竹难书。近闻杨君荩诚奉中央之命，提援鄂之师回任都督，凡我黔民罔不相庆幸，如获再生。若辈恐杨回黔不利于己，更出其卑劣手段，捏名、捏电、捏事、捏函，蒙蔽我闭门家居及远游在外之父老昆弟，冀陷首功诸人于不能表暴之地，以免奸谋败露。嗟乎！一十三府之财产，徒备滇人之取携，七百万人之生命，一任滇人之鱼肉。兹将滇军未到时之情形暨滇军既来后之状况分别详述，凡我黔人，伏望激发义愤，共筹善策，以出同胞于水火而免亡省之讥，则某等幸甚，全黔幸甚，大局幸甚。

反对革命　自治党之宗旨主张共和，其作用在于革命。若辈恃其党人熊范舆、刘显治与依附保皇党之杨度有素，乃发起宪政预备会，以相抵制；复因该党人任可澄、文明钰、周起滨等办理中学，侵蚀万余金；唐尔镛讹借堂弟宗岳财产不遂，唆其叔我圻，将宗岳枪毙，均经自治党机关《西南日报》揭载，与该党机关黔报公报累月辩驳，积怨甚深。反正之前，该党迭次倾陷自治党人；反正之时，该党又为满清沈抚献策，调兴义团营管带刘显世，驰拿革命诸人，派防营统领胡锦棠，围拿陆军学生。殊刘未至而革命已成功，胡甫至而新军适往救，否则热血健儿，早为该党取赴清廷邀功矣。

设会招摇　民主国家以议会为最高机关。贵州反正之次日，经各界承认谘议局为立法院，苟非立法院议员，自不足以代表人民。该党所设之耆老会，本在省三数贵族酒食征逐之团体，公然以此会名义侵越立法院之言论，阻挠军政府之建设。政府以民主国家集会可以自由，未之过问。该会竟得寸进尺，刊关防，出告示，干涉政务上事矣。

借团敛财　耆老会本私人之团体，虽欲干涉一切，而言论机关属诸立法院，行政事件统于军政府，该会无所事事。乃借练团自卫之名，不经立法院之认可，不候军政府之裁决，擅招团兵七百余人驻扎省中，城门街棚锁钥启闭之权，争归执掌。每月苟派居民每户出银数百金，或数十金，以至数金数钱不等，月可得八九千金，除团营官兵开支外，全供该会宴饮之需。其有缉匪捕盗诸事，均责诸防军。该会所招之团营惟郭、华、唐、于数家得其保卫，其余各户不惟不能保卫，且暗通匪类，坐地分赃。府前街李天赐家月出银一百金，去腊中旬被匪入室抢掳，该团营近扎咫尺，连报二次，仅来一视。诸如此类，难以枚举。

煽惑军心　贵州军队向分新军巡防，反正时新军亦与有力，故各级官长惟新军升擢为多。若辈得此间隙，摘取两军旧日嫌怨，以及两军薪饷不同之处，或唆两军互相冲突，或给两军自相矛盾。即如发饷领饷，必将各营共领总数先期具领，领获之后，按每名应领额数以次发给。若辈使人布散曰：某日闻已往领，何以迟至今日始发，是勒饷也。或任对一营曰：闻共领饷若干万，何以仅发若干千，是扣饷也。遇事生风，极力簸动，以致军官军士感情大伤，军纪不易整饬者，实若辈阶之厉也。

挑动社会　若辈行为种种荒谬，恐受军政府之谴责，乃使党人运动各界，今日立一会，明日设一社，此处聚一党，彼处集一团，不曰推倒政府，即曰干涉官厅。举所谓自强社、务本团、政党联合会、共和实进会、政治期成会、平权无私会等，五光十色，估占衙署，几蹈于无政府之景象。挑动之术诚工矣，其如大局何。

提倡公口　满清时之哥老会发源于郑成功，其初皆优秀人物，为日既久，面目渐失，烧杀抢掳之事，半出于此辈之中。张、黄反正之初，亦常利用此辈，及事既定，或挑选入军，或资遣归里，正筹安插解散之未遑。殊该党郭重光以耆老会会长资格，在立法院台演说，谓今日之贵州，非公口不足以立国；贵州之政府及社会，非公口不足以辅助而保全。此语既出，不两日而省内外公口已达百余处之多。郭复举黔汉公龙头温瑞廷招兵五百以保商路，举某汉公龙头李某人招兵数百，以保盐路。如陈钟岳、陈廷菜、马汝骏等皆军学商界之表表者，亦洋洋得意开斌汉公、懋华公，自充龙头，并袭取满官威仪，设大堂，摆公案，俨与政府对垮。黄泽霖身为巡防总统，军心既迭遭煽惑，流亡又被其簧鼓，恐有暴动，乃徇部下之请，集合所部军队，开设公口以示牢笼，始免于祸。及滇军既至，一切称之曰匪，痛剿之不遗余力。其与若辈为一气之钟岳、廷菜、汝骏等或任之为秘书，或委之为统领，或举之为参议。出尔反尔，若辈尚有人心乎。

鬻卖官缺　贵州军政府之组织，分为都督府、枢密院，正院长张百麟出省安抚，副院长任可澄独掌枢密。有满清时不合例知州曾树藩，以八百金贿通可澄，委署镇宁州知事。其银由可澄族人任显清说合，萧继文经手。曾既接札，乃带亲兵数十持枪赴任，沿途骚扰，乡民苦之。

买下杀上　枢密院长张百麟出省安抚，正都督杨荩诚北上援鄂，副都督赵德全忠厚可欺，若辈遂召遵义一带之多年积匪罗魁入城窃发，为黄总统侦知，擒获正法。若辈又借办理盐务之名，委任各公口龙头招纳流亡数千，驻扎盐路，亦经黄总统阻止。若辈恨之入骨，探知东路先锋分统谭德骧部下有奸淫情事，黄正查办。若辈乃在唐氏花园密议，遣谭统幕友王小山，以四千金贿买该路督带李先春、唐灿章，遣该队长徐玉章、夏培初于上年腊月十五之晨带领多人，计入总统府，将黄枪毙，削脑割耳，挖目剖心，截肾戮肠，露尸七日，惨无人理。同时又分兵队往袭张百麟，幸张卫军得力保护出城，仅将卫队管带彭尔堃击中数枪，即日废命。黄死张逃，若辈无所忌惮，遂直引滇军长驱入境，黔人生气于斯尽已。

此滇军未来以前之情形也，滇军既至以后，其状况更有不忍卒述者矣。

惨杀军队　滇军初至，即将附城要隘分兵驻扎。有以先发制人之说进者，赵都督曰："滇军假道，不久当去，若与开战，必伤生灵，彼果欲占领贵州，我宁退让。"故各军均无准备。正月十三之夜，胡锦棠开城引滇军直入。滇军复用机关炮队暗袭南厂新军，并于观风台用大炮远击。内有三四百名缴枪投降，则禁之东门外地藏庵内，于螺蛳山脚挖数十大坑，将此项降兵，依次排列用刺刀乱刺，掀入坑内，以土掩之。至扎紫林庵、兴怀园、黔灵山等处防军，暨扎城中执法部宪兵队、民政部军官队、都督府卫队，亦于夜半分途暗击。并用黔军大炮轰击都督府执法部、民政部及黔灵山，自朝至暮连放不绝，城内外附近民房衙署悉遭毁伤。是役也，击毙及坑杀之军队各三四百人，戏击种菜乡民十数人，误击路人数十人，合计死亡八九百人。惟新军受祸尤惨，盖黔军援川，感情甚善，滇军援川，感情独恶，相形见绌，必欲杀之而后快。第一营管带杨树清①所部，军队三百余名，人勇械精，在川名誉尤佳，回黔缴枪，滇军诱入都督府内，于夜半全数坑杀，杨管带则暗杀于军警部中。虽两国正式开战，其杀戮未有如斯之惨者。

踩蹦议会　滇军之来，一般人民本不公认立法院议员为人民代表，嫉之殊甚。十四日午间，该军卫戍部长韩某，左提军刀，右执手炮，带领持枪兵队数十蜂拥入院，向谭议长借扎军队。谭答以俟通知众议员回院即行搬让。韩即拍案大骂，众军亦放枪相应。院中诸人纷纷走出，既出之后不准复入，院中公私各物尽遭损失，约值五六千金。及卫戍部迁扎他处，军医队又入扎其中，迨全行迁出之后，但遗散书破纸、断笼残箱，满目荒凉，令人酸鼻，物议沸腾。唐司令以一纸空文通告赔偿，众议员困居旅次，进退维谷。该司令复与引虎入室之任、郭、何、刘、戴、周等秘议，以计去之。其与若辈有关系者，如蔡锦则委办松坎厘务，田复宗则委办镇远厘务，饶燮乾则委署贞丰州知州云。

取销议员　立法院原有议员在院日久，资望较深，对于本省情形极熟。滇军入黔，既不承认踩蹦议会，又相诘责，且闻若辈有以私人名议串借外债、认销滇盐事，将声罪致讨。若辈惮之，乃买通一中学未经毕业在乡迭被控告之学生颜治昌，猎取五百余人之名，诬控全体旧议员。旧议员不屑与争，全体辞退。查公呈中之五百余人，除现充若辈各机关之员书人役百余人外，其余或一人而名号并用，或有人而无名。丧心病狂，竟至于此，黔真厄运哉！

骚扰省垣　该军纯用野蛮手段，知人心不服，乃借禁吸洋烟、禁藏军火之名，分派军队持枪挨户搜索，遇有烟具、枪弹立遭惩罚，其银钱货物任意掳取，苟一争执，旋被杀害。又于各街

---

① 杨树清，又写作杨树青。

口排列荷枪军队，手执马刀、剪刀，凡过路人民不问其发之短长，但非光头即行剪割，有戳破额角头皮者，有削伤两颊后颈者。乐君嘉荃其发已削，某日乘舆过南京街口，该军遇之，不由分说，将玻璃打坏，由轿窗拖出复剪，身亦受伤。至出进城门搜检尤严，不分男女均须遍身摸索，种种凌逼，乡民闻风不敢入城。柴米价涨，阖城大慌。

　　荼毒乡村　刘显世之弟〔兄〕显潜，前充广西防营管带，反对革命，不容于粤。乃借护送沈抚回湘之便，私带兵队绕至黔垣。显世胁迫赵都督委之署安顺提督，绅民请愿不遂，几酿变端，经黄总统力阻，其祸始息。现显世又委之署安义镇台，显潜乃带兵数千沿途烧杀淫掳，贞丰谭某全家被杀，乡城绅民不服，当将附近居民数百户全数剿洗，城中绅士孟广炯、尹尚斌等均被逐远窜，现在兴义一带人心大乱。又刘显世派出兵队于清镇、乾沟、卫上地方，估掳各万余千金，并将某姓十六龄幼女轮奸毙命。该姓赴县控诉，衙中不敢收受。又滇军分赴毕节、大定、侗梓、正安等处，肆情荼毒，动掳数万，并任意奸淫。其余得诸传闻者，尚更仆难数。

　　杀戮志士　钟元黄原名昌祚，号山玉，贵阳开州人也。被举为孝廉方正，由都回黔，取道云南，闻滇军诬贵州为匪国，有入黔之举，乃上书滇军政府曰："贵州本无大匪，间有抢劫之事，黔力自能平之。若徇一部分党人之请，开衅邻邦，后患方长。"事几中止，乃唐司令已据黔都督之位，钟君回黔，行次安顺，若辈忌之，乃用"好发异议，阻挠军计"为词，使其党人谷宾寅（普定讼棍，前清各署被控有案者）及原戕黄总统之军队唐灿章等杀之于途，颈被十七八刀，其首始坠。其余有名望之士，如乐嘉藻、彭述文辈按名开具三十余人，欲一网打尽，幸唐意尚游移，始获暂全。然其他党人百计罗织，现犹未已。

　　戕杀都督　贵州反正之初，组织政府，约章暂定三月，期满之时，赵都督具书辞职，立法院留之，若辈亦尝赞成。及黄总统被戕，赵又力辞，若辈利其庸懦，复坚留之。滇军既动，赵恐伤害人民，不肯抵御，解散卫队，避居乡中。夫赵之退也，黔人德之；唐之来也，黔人仇之。若辈心不自安，事后数日，用周沆、戴戡之名作一致赵长函，遍贴街衢，大意谓，若辈已举唐司令为都督，劝赵早退，嘱于接信之次日答复，否则以兵力从事。其所以必出于此者，因若辈通告捏有赵不听劝，勾结蓝、叶两军，将欲焚劫省城之语，故用此函，以证其事。其实滇军动手乃十三夜半，若辈函尾则署十五，作伪之形了如指掌。后刘显世探知赵处，派军劫出于北郊外沙子哨毛栗堡地方，枪毙于道，闻者哀之。

淫杀无辜　唐司令既为都督，首先设一军警部，该部长梅某，每搜求细故，杀人示威，所杀又无一定地址，今日大十字，明日抚牌坊，后日北门月城等处，沿街枉杀。有一穷民搜出烟具，用铁丝穿鼻，下悬烟枪，牵出示众，血流满衣。又某家搜出字牌，乃将其人手指穿通，以麻线系牌于上，亦牵示众。有一僧人与某妇之女有私，该军搕索不遂，乃将僧帽戴于妇首，妇鞋挂于僧胸，牵游街市，僧当枭首，妇亦绞死。又乡民夫妇背小孩入城放痘，偶谈该军残酷，适为所闻，当用指挥刀将妇舌扯出割之，妇人倒地乱滚，其夫逃去，小孩在旁大哭。又某妇姑媳口角，该军不问理由，将姑媳嘴皮割去。某日军警部宴客，内有一肴众不知名，主人曰“此人肝也”，客闻欲呕。其中详情虽未能知，而凶残之形自在流出已。

戏辱妇女　该军摧残人民，已如前述，其对于妇女尤为横暴。某日某校十六七龄女生过街，该军拦之调戏，恐人干涉，竟将此女生发辫剪去。女生怒诘，该军复谓女生不应长装，更抽马刀将外衣割下，女生羞愤交集，垂泪而去。越日一稍小女生，亦被该军将发剪去。又北路统领宋运枢，人虽不无错处，然罪不至死，滇军诱而杀之，亦将其妇发入公娼。又叶标统、蓝部长等逃亡后，各家妇孺联袂回鄂，被该军半途劫回，银钱衣物抢掳罄尽，现亦拟将各妇发入公娼。其尤奇者，禁止人民上坟，违者男则罚充苦工，女则罚入公娼，煌煌告示张贴通衢。至都督府唐司令之滇军，军政部刘显世之乡军，每每跋上两署墙垣，窥探邻家妇女，有时或以墙上泥石遥掷为戏。然慑于积威，敢怒而不敢言，附近两署房屋，纷纷迁徙，莫之敢居。

破毁实业　贵州实业前经清政府劝业道雅意经营，复由军政府实业部极力维持，陈列所、工艺局、试验场、牧畜厂等均已建设。唐司令入城，以前军政府为不足居，移驻实业部内，将工艺局、陈列所一概圈入其中，文件器具不候迁出，肆行毁弃。至陈列所物品，则择尤留用，架橱咸遭毁伤。搬取之人稍有违言，该军官即肆口乱骂，并动刀枪以助声威。

大兴土木　若辈既据各政务机关，金谓：旧日规模过隘，不足以壮观瞻。于是提拨公款万余金，大事兴筑，整衙署，修公园，庀材鸠工日不暇给；又遍撤各街栅栏以作都督府之屏蔽。都督府设于劝业道署，政务处设于提学司署，学务司设于学务公所，复将此三署修理毗连，侵占仓地、民房、街巷不少。若辈之不惮烦如是者，一则知民怨已深，恐有变动易于逃窜；一则互相联络秘谋宴会，外人难知。噫！黔人之汗血，供若辈之挥霍，虽妇人孺子亦咸相太息。

滥用私人　贵州前次反正所定政务人员，不分畛域，各党兼用，并取立法院之同意。若辈拥戴唐司令后，各项人员不问其知愚贤否，凡系前清政府及前军政府所用，苟非与若辈有关系者，悉数罢除。如乐嘉藻、周恭寿、王庆麟、万勚忠、蔡岳等，或素有声望，或办事有成绩，或学业有专门，皆置诸闲散之地。至其财政司长则以毫无学识之华之鸿充之，学务司长则以专唱京调常不到署之少年纨绔何麟书充之，实业司长则以卑鄙秽浊、惟利是图之黄禄贞充之，民政司长则以素不知名之朱勋充之，防务局长则以识字无多、心地糊涂之高培焜充之，官钱局总协理则以惯蚀公款之市侩文明钰等充之。其他之属官，更卑之无高论已。

滥支薪俸　反正之初，财政奇绌，惟军队及各事务官酌给薪俸，其他人员，均尽纯全义务。若辈据要津后，自部司各长以至科长科员，每月薪金多者百余金，或六八十金，少亦四五十金，或二三十金。故现充各机关人员薪资既优，气势亦盛，较满清时之官气尤形腐败。

勒掯富户　贵州款项极其支绌，若辈用费极其浮滥，乃将各富户开单传去，指数勒索，多则数万，少亦数千，苟不如命，非禁即杀。省城之丽某及石永茂、上（？）达昌，安顺之徐某，桐梓之毛某、王某、邓某，盐号之天全美、宝兴隆，或被监禁，或被枪杀，种种惨状，闻者不寒而栗。

估抽铺捐　贵州反正后，贸易照常，滇军于勒索富户之外，复大张告示，按铺抽捐。上者月收五六百文，中者月收三四百文，下者月收一二百文。有一轿铺某日警士向之收月捐钱六百文，铺主谓生意淡泊，请从末减。警士即作色而去。少顷另来警士数人，将铺主抓入军警部内，该部长梅某即命斩首。铺主一再哀求，除照六百纳捐外，另罚洋银八十元，始行了事。贵州铺面多系小本营生，以谋升斗之需，该军苛捐不已，故各种铺号，多有不敢开张，市面极为萧条。

估用钞票　前清银行纸币，贵州向不通行。该军至黔，即以滇军北伐司令官名义大张告示，勒令使用，违者以军法从事。夫军用钞票，本不得已之举。贵州反正后，事事撙节，虽本省向用之官钱局银票，并未加增。该军以过境客师，竟出示勒用，既拂民性，又越主权，野蛮之情，不可向迩。

巧借外债　若辈党人熊范舆、刘显治等，惯以贵州名义，在外招摇。云南个旧锡厂向极发达，熊、刘等羡之，乃为其党人戴戡运动，获充该厂协理。熊、刘等复向四国银行借银十余万两，赴该厂之公司入股，即取公司之息，转付银行之息，希冀厂务发达，坐享红利。不意厂务亏折，所入股本既已无着，原借之银又须偿还。若辈乃建借债治黔之策，由滇向四国银行借银二百万两，熊、刘等之私债十余万两，即由此二百万内扣除。夫以少数私人借款而令全体人民负担，已属非是；且所借现银，由滇收用，而以滇省钞票运黔勒令行使。此种伎俩，施之敌国且不可，若辈于黔行之，真无心肝哉！

估充代表　贵州因销滇盐事，前军政府电滇政府会商办法，殊熊范舆、刘显治等以旅滇黔人私向滇盐政处订立合同，暗将全黔大利操诸三数私人之手。旅滇同乡开会集议，到者二三十人，多不谓然，若辈竟以手枪在场逼众承诺。二次开会同乡多不敢往，到者仅十数人。周沆竟以宦滇满吏自充贵州同乡代表，戴戡亦自称贵州委任代表，与熊范舆、刘显治等暗向滇政府订立行销滇盐之合同矣。盖不多销滇盐，滇省必不肯代借外债，滇不代借外债，则若辈所欠之私债，无从筹偿。噫！贵州之宪政党不过少数人耳，该党之败类仅熊、刘、任、何、郭、华、戴、周、谷、文、唐、于十数人耳，若该党之势力扩充，则贵州人之生命财产，岂足供其割卖哉！

以上各节皆阴历壬子年二月以前事也。季春以来，荼毒之情，较前有过之无不及者。某等籍隶黔人，身受滇祸，不惮掬心捧血，泣告同胞，所述事实，但有遗漏，并无捏诬，决不敢效若辈之卑劣，砌词耸听。皇天后土，实式凭之，谓予不信，有如皦日。

中华民国元年阳历 5 月 17 日（即阴历四月初一日）贵州全省军学商各界同叩。

附　贵州绅学军商致各省电

北京大总统、武昌副总统、南京黄留守均鉴：各省光复，悉赖首功，诸人惨澹经营，共相撑拄。黔省反正后，现款不满十七万，援鄂、援川出师数千，为时数月，并未派及民间，全境安帖，邻省共知。殊枢密副长任可澄、枢密员刘显世与劣绅郭重光、何麟书等，暗串在滇黔人周沆、戴戡，为滇作伥，引鬼入室，实因彼等于前清时所有行为弗容社会，任、何办学吞款，郭、周出仕贪赃，刘、戴借团挹杀，均属有案可稽，并反对革命，屡谋陷害。去年张百麟、黄泽霖与众同志谋举义旗，已将发表，伊辈犹思陷害。张、黄不较，成功后且引共事，并未猜忌谁何，伊等因愧生忌，贿买黄泽霖部卒唐灿章等将黄枪毙，追杀张百麟未得。阴历正月乃串滇军假道来黔，勒逼赵副督交替。赵恐人民受难，送印潜逃。该军遂用黔炮队及该军机关枪队轰击营署新防各军，诱令缴械投降，仍复惨行杀戮，人民伤亡甚众。杨树清率师援川，名誉甚好，诱调回黔，暗杀于军警局内，所部军士亦被坑杀于唐司令府中，并诱杀赵督多人。勒捐枉杀一日数见，分扎外属军队，淫掳残杀惨不忍闻。并派员检查邮电，凡有微词立遭戕杀。故黔中现象，三人同行，立被干涉；一言犯禁，遂致惨诛。一任滇军及任、郭辈捏造黑白，颠倒是非，诬吾黔为哥匪政府，言之实可痛心。即如杨都督，固唐继尧捏布张、黄等罪状时，所称正直不容于张、黄之人，今因班师回黔，若辈又列现在任职诸人，假称全体名义函电阻止，冀淆观听。近且日集军队，肆口演说，谓：前次吞川未遂，湘、桂组织不当，志在力图包举，先取四川，以辟饷源，然后进窥湘、桂，以统一西南各省。并夸示蔡锷雄才大略，可帝可王；唐继尧百战英名，可将可相，胸有成竹，目无余子云云。似此侵略野心，大非民国幸福。除将详情另文通告外，谨先电闻。伏乞俯念黔黎惨罹滇祸，首功诸人悉被诛逐，迅遣义师，歼兹巨虏，并乞将右文转电各省都督、议会、政团及各报馆，将此绝大是非公之天下，全黔幸甚，大局幸甚。贵州绅学军商界周培艺、黄德铣、王炳奎、黄祺元、周湘、陈俊武，暨旅渝黔人四百八十三人同叩。

为刘显世等惨杀黔人上参议院书

张友栋等 整理

编者按： 1912 年至 1913 年间，贵州旅京黔人张友栋等，以宪政预备会勾结唐继尧摧残革命，惨杀自治学社党人，并阻止北伐黔军返黔，曾先后向当时参议院请愿。请愿文中对贵州自治学社革命活动的经过，叙述尚详实。这是当时请愿的原文。

一

内务部参事张友栋等为请愿事。窃以民国肇造，武汉首功，事之竟成，亦由各省之响应。贵州反正，次居第五，在事诸人，心力交瘁，乃以内奸倡乱，勾引客军，功罪倒置，贻祸无穷。友栋等念切桑梓，不忍缄默，谨撮其大概为贵院沥陈之。

查黔省新机之萌芽在庚子以后，至丁未年张百麟始创立自治学社，设《西南日报》以主张急进，设法政学堂并联络各堂学生，数年之间，革命思想弥漫全省。中学教员任可澄，素訾议革命，嗾其党唐尔镛屡讦之于官吏，幸得巡警道贺国昌之力，始终保全。己酉九月（1909 年 10 月）谘议局成立，自治党员列议席者十之六，任可澄始设宪政预备会，以相对抗，自是两党竞争日趋激烈，互攻不已。辛亥八月（1911 年 9 月），蜀事糜烂，张百麟知时机已至，阴为革命预备；及湖北倡义，湖南响应，乃与谘议局议长谭西庚等密遣其党人，运动军警、学界暗中举事。宪政党人知之，赴巡抚沈瑜庆处告密，官绅合谋共图抵制，以任可澄进充兵备处文案，招刘显世于兴义，令募兵五百人潜来，饬胡锦棠募巡防两营，期以九月十五成军，以郭重光办城防总局，募勇丁三百，俟规划稍定，即先杀张百麟等。蔡岳乃邀集两党首领，苦语调停，令释前隙，共图国事。可澄知革党势力已成，则亦面从而阴持两端。至十三日事机益迫，张百麟在谘议局与众密议，明日举事，是夜新军将动，标统袁义保不从，有杨树青者枪击义保，义保逃去。赵德全、叶占魁等鸣角整队，陆军学生同时并起，巡防中立。沈抚不知所为，手书承认贵州独立，钤用关防，赍送谘议局。张百麟即命党人分路四出，张贴示谕，鸣金告众。十四黎明开城纳新军，分兵保护藩库、劝业道、官钱局、军械局及外国教士，市廛不惊，秩序井然。其时全省大权皆在自治党，推杨荩诚为都督，赵德全副之，张百麟长枢密院，任可澄副之。百麟以为两党调和，正宜努力同济时艰，故引可澄共事，更欢迎刘显世于安顺，亦为枢密员兼统陆军第四标第一营及西路巡防队。显世今参议员显治之兄也。其先世以团练起家，豪暴于兴义一带，至显世兄弟凶焰益张。反正之先，本奉当道之命率五百人来省，殊未至而大事已定，不得已乃赞成反正。然显世与可澄所抱宗旨素与革命不相容，且屡用卑劣手段倾陷自治党，内不自安。于是密谋以郭重光组织耆老会，自称人民代表，与省议会对峙。设保安营，用胡锦棠为统领，以何麟书发起尚武社，有众万人，宣言将杀张百麟及其党黄泽霖。郭重光又使其党温瑞廷立黔汉公公口，以逼黄泽霖。时泽霖方统领巡防所部，军心多为黔汉公所摇动，乃亦开光汉公公口以约束之。显世又使其党人陈钟岳、陈廷棻立斌汉公，以厚势力，辗转相效，公口大昌。显世、可澄部署既定，乃命其党人黄鲁连在上海交通新闻记者斥贵州为匪国，谓全黔糜烂无完土，令戴戡在云南乞师。滇督蔡锷惑其言，饬唐继尧以北伐之师取道贵阳，相机进取。黄泽霖设光汉公，原以抵制宪政党之黔汉公，继见其不守法令，稍以法绳之，戮十余人，监禁二十余人，舆论翕然。惟公口则大怨望，显世等复阴用金钱驱使为乱。十二月十五日东路巡防队兵变，戕黄泽霖，逐张百麟，显世等为张广告于城市，斥张、黄为匪。至本年正月，唐继尧以滇兵至，胡锦棠开门内应，深宵掩击，黔兵尽溃。杨荩诚先以北伐之役出，获免。赵德全继为都督，至是出走，复亦被杀。宪政党拥唐继尧为都督，继尧乃尽推其兵权、财权以报之。显世自为军务部部长，大权在握，乃以兵力穷治异己之人。杨树清援川归省，与其部下五百余人悉被坑杀。钟昌祚自北京归，亦被杀于安顺。开州许家绩弟兄，永宁杨勋安父子，镇宁李永蓁、陶子香，皆反正有功者，亦以无辜见戮。其余自治党与非自治党，凡不直显世之行为者，多被媒孽成罪，死者半，逃者半，不能悉举。显世又以其兄显潜兼署安义、威宁两镇总兵，统西路巡防队，并督办盐务；胡锦棠署镇远镇总兵，统东路巡防队，并督办盐务；陈钟岳署古州镇总兵，统南路巡防队；其甥王文华等并在将领之列；陆军干部学校学生悉以其同县亲信人等充之，将植不可拔之势力，为子孙万年无穷之苦。其私人献媚，至以赤帝斩蛇、白水起义相比拟，显世亦居之不疑。先是，显世尝窃枢密院名义，电请滇督蔡锷派其弟显治及其党熊范舆为参议员，南京参议院拒绝之，至是乃利用此机会，由继尧又委派显治、范舆及姚华、陈国祥、陈廷策等五人充参议员，及贵院主张议员应由民选，显世复威胁省议会电京承认。显治既得志，交通总统府秘书蹇念益等，内外把持，呼吸一气，其他教育会代表、工商会代表、司法会代表，显世莫不委派亲信，巧为簧鼓。所有黔中邮电，悉在其手，信件往来，必经检查，故黔事真相外间鲜有知者。查黔中自治、宪政两党，本以革命主义积不相能，然二三年来以舌争，以笔战，未尝诉于腕力也。自显世盗握兵权而后，始有以兵力解决党争之事。今共和政体确已成立，政党交讧，此其滥觞。若皆师显世之故智，以黔事为借口，适足启全国之杀机，扰东亚之和平，是显世荼毒一隅之罪小，而破坏大局，甘为戎首，其罪乃擢发难数。显世亦自知公理所在，清议难容，利中央实力之不足，益奋其野心，厚其兵力，托身于共和政体之下，猥欲蟠踞一方，肆行横暴，大逆不道，莫斯为甚。若中央政府长此漠视，其为统一之大障碍，宁可胜言。贵院为人民代表，伏乞核议，咨请政府先行撤销刘显世之军务司，并解除其兄刘显潜之兵柄，听候查办，黔人幸甚，天下幸甚！再，参议员刘显治为显世胞弟，陈廷策为陈廷棻胞兄，陈国祥、姚华皆其私人，应令避席。合并声明。

二

旅京黔人内务部参事张友栋等续呈请愿事。窃友栋等前以贵州军务司长刘显世，用兵力解决党争一事，恐启全国之杀机，扰东亚之和平等情，呈请贵院提议咨行政府免职查办在案矣。然西望黔云，阴霾日急，凶威猛于虎狼，民命轻于草芥，中央之措置，尚未获睹端倪，黔民之遭劫，日复丧亡无算。今请再举其实，缮录以闻。

查显世诡谋请兵，意在乘机攫取都督一席。及都督属唐继尧，乃大觖望，又恐罪恶暴露，身家莫保，遂利用继尧，大杀异己。继尧本滇人，不悉黔事，堕其术中，于是新军之不附己者，诱令缴械投降，悉坑诸扶风山下。李立鉴、麻为纶、吴冠、黎克荣、孔鹏、杨玉堂等所部之巡防队，因之激变。人民之以无罪见戮者钟昌祚、杨勋安等而外，又有贞丰彭考臣、赴京请愿代表丁

泽、遵义学董江平阶全家、水城土司安健之全家、沿河司王秀昆
家属之类，不胜枚举。更于军警局中用秘密杀人法，不宣布罪
状，隐匿尸身，援川管带杨树青等即死于此。黔中绅士如前谘议
局议长乐嘉藻，议员杨寿钱、杨应麟、龙昭灵、曾显模，书记长
周培艺、李泽民，乐群学堂长彭述文，财政长蔡岳，交通长孙
镜，军务长廖谦，副长王炳奎，副署府知事方策、李怀安等，见
此暴乱，纷纷逃徙他乡者，已不胜指屈。据湘、鄂、蜀、桂报
告，黔人之旅居其地者，视平日骤臻，十之八九皆避难而来，黔
中惨状于兹可见。又军警局长梅治逸向与显世狼狈为奸，后因争
权彼此冲突，乘治逸赴遵义清厘盐税，唆人将梅戕毙。变闻，执
政者议屠遵义。遵义鲁平州、大定鲁昌禧乃复召集民军画乌江以
自保。于黎平则派管带吴传声掩击艾树池所部征兵三百余人于镇
远。铜仁则以刘法坤、何麟书为巡按使，率滇军遏北伐黔军归
路，至镇远即将陈开钊一军激变，追及铜仁，陈军宵遁，复用开
花大炮四面轰击，人民之死伤者六百余人。府议会议长张文基、
县议会议长谭登庸因不承认加粮，均受枪毙。北伐黔军本昔日所
征之新军，当武汉起义时由鄂、湘都督电请派出助援，即由都督
杨荩诚率之而出，行至湖南常德，共和宣布，遂未前行。于民国
成立虽云无功，亦未有过。驻湘省将一载，不闻湘都督有扰乱害
治安之言，其守纪律可知。乃显世授意私党，任意诋诬，不曰北
伐黔军为匪，即曰北伐黔军为贼，甚且散播流言，挑动恶感，谓
此军恨黔人入骨，若令归来，黔人之生命财产，在在可危。黎副
总统与湘都督不忍令此军久滞湘境，主张由两方派遣代表莅洪江
会议，其所议之结果不出乎滇军归滇，黔军归黔，赵均腾之宣慰
使即由此议决。条件发生，显世以为不利于己，乃召集各界莅省
议会开会，又令郭重光出席演说，以危辞恐吓，冀得赞成借阻黔
军。各界觇破隐谋，群起反对，显世大怒，即令闭门，其卫队以
枪拟众人，众争破窗逸出。显世复假托耆绅刘春霖等及各界名

义，电拒洪江条约，致北伐黔军羁困忿归，与滇军激战于松桃、铜仁两地。据湘西报告，两方军人惨死者四五千人，且称何麟书、刘法坤、黄毓成等迁怒居民容留席正铭所率黔军，将城外民房付之一炬，于乡民之售给席军刍粮者捕杀无遗。黔边人民纷纷迁徙湘属，饥寒交迫，备极惨酷。此皆刘显世直接祸黔之铁证也。间接祸黔，则因抵拒黔军，秣兵于镇远、铜仁、思南等处，内地无兵弹压，土匪乘机劫杀，各属村民或住山洞，或扎屯寨，一片瓦砾，十室九空，略举一二：如思南关外之陈恩照、瓦窑嘴之安如松、龙泉之唐子亮、石阡之戴子园皆素称巨室，阖家尽遭灾杀。显世每假省中法人名义，电告中央，极称闾阎秩序安谧，而其实际乃相反。如此前车可鉴，后患方长。为此续行请愿，乞政府迅派镇抚使赴黔彻查，并先将刘显世、刘显潜、何麟书、任可澄、戴戡、郭重光等免职，切实查办，黔人幸甚，大局幸甚！

布告同胞启

鲁　瀛

编者按：贵州自治学社于 1910 年制定一训练全省乡兵方案，通过谘议局会议，提请贵州巡抚令饬各县施行，目的在派人掌握这批乡兵，作为未来起义的武力。到 1911 年，全省已有三十多县完成乡兵训练组织，其中以遵义府乡兵为最好，由遵义人鲁瀛（字平舟）率领。辛亥革命成功，遵义乡兵仍住扎本境，协助政府剿匪及维持治安。唐继尧入黔后，以乡兵为自治学社武力，或改编，或缴械遣散。鲁瀛之乡兵，因遵义人一再请求保留，唐遂将其改编为国民军第二、第三两营，仍任鲁为督带。但唐很不放心，派梅治逸（若愚）为盐务督办，带兵到遵义监视，寻机将其消灭。梅到遵欲先除鲁，鲁觉，遂先杀梅。唐闻悉，派兵往剿，逼鲁缴械。鲁遂率领乡兵往投四川熊克武部下。这是鲁瀛到川后发出的告同胞书。其中事实大部正确，可作为贵州辛亥革命资料参考。

瀛，黔中之国民一分子也。少读儒书，长列庠序。因愤土匪猖獗，当前清时即统乡兵，捍卫桑梓。反正以来，经我前都督通告保安地方。瀛以同胞谊切，仍以治乱自责，添募乡兵，虽无大功，而全境乂安，未遭蹂躏，谅无过也。乃不意滇军假道，夺我都城，杀我副都督，鞭挞四方，残杀无辜，诛降戮服，掳掠奸淫，视黔人如异族，附省同胞诚先苦矣。瀛以一旅乡兵，偏守遵义，道远音迟，不详底蕴，意谓滇黔一省，等是同胞，新旧虽分，或不歧视，所以仍受唐督委任，管带团防，靖镇一方。数月以来，差幸人民安堵，秩序井然。并率兵亲赴松坎、温水、新舟、螺蛳堰等处，捕获戕官夺印之何时钦，及巨匪罗玉堂、宋春亭等十余名，迭经唐督及军务司批奖在案。瀛之职守，亦可略告政府与同胞矣。乃唐督排逐心雄，剥噬无厌，于元年五月竟委伊党梅治逸充盐务督办，到遵一任残杀，并将瀛所带团防改为北防国民军第二、第三两营，仍饬地方给饷，令瀛督率；伊由昭通募来之兵二营伊自督率。于是占踞遵义、大定两府，所有命令惟梅是遵。当于是月押松坎厘金总办蔡锦于卫兵房，虐搕银一万两。盐商邓仲三以盐四挑漏盖图记，刑逼银四万两。何金堂、陈海三等，因盐数挑票据模糊，竟遭惨毙，并罪及脚夫。六月初又发兵鸭溪，借名查盐，乃封永隆裕、协兴隆、永发祥、义盛隆四盐号，复抄掳秦义全、邓元兴、郑伯祥、谢祝三、积成亨、萧洪顺等家，计银货数万金。更令瀛往南乡团溪封盐，瀛以不肯扰商为辞，而梅竟责以抗命，率兵攻瀛，将捕治罪。幸将士勇愤，枪毙梅于乱军，瀛幸得免。当此之时，梅虽死矣，而全境含冤诚不少矣。方冀恶风静卷，惠雨频苏，俾我遵民稍安枕席。孰知大浪方平，余波复起，九月二十六日复有梅党兵士致梅旧营管带邓申山函，约十月初二日起事，已联合王冠英之白哨官替梅复仇。经兵士查获，当即内外戒严，力为防堵，而邓置若罔闻。二十八日始来营自饰，力辩无隙，何得私函谋害，并请和衷济事。殊十月初一日邓偕王来营请见，声言会商，谈未半时，而该营兵士疾请回营。瀛甫送出营，邓兵即开炮轰击，幸卫兵早觉，先为戒备，瀛方避免，而邓已枪毙。查邓申山因投滇军，始改名致忠，以匿其平素抢掠恶名，在前清时如纵兵抢三渡关人民及西乡颜永福、陈明亮等家，均有案可查；反正后率兵抢湄潭县令吴少伯银一千二百两，拉搕刘纬生银一百两，并衣物各件，人所共知。此等败类不待瀛除，而政府亦应早杀也。乃唐督不良，忌人恕己，伊党横暴，置之不理。瀛以不忍助桀，竟诬以独立不法、纵民种烟与为匪各罪，电告各省。呜呼枉哉！瀛虽至愚，岂不知民国初立，外患方殷，前举诸罪，有乱治安乎？乃竟谬词诬我。我姑勿辩，惟高明者自能察其详耳。诬词甫出，大兵忽来，四面进攻。瀛知忌恨已深，万不能免，恐强弱不敌，池鱼殃火，遂率我军士退避温水，始寄函与戴府长要求四条：一、愿缴还遵义枪械；二、请保全军士身命；三、请查事实，如瀛有罪，愿以私产充公；四、请保遵民财产，勿得再照前此之搜括，并请转呈唐督立案。殊唐督阳许和解，阴怀不测，一面派王俊潭收械，复一面暗发大兵。方在温水点交军械，忽闻大兵随至，各兵士奔走号泣，恐蹈滇军入黔时诛杀缴械者之覆辙，乃复夺回退居寨坝。次日又逼令瀛缴械，并炮毙为首抗缴之王锡三。当又缴械一哨，闻追兵已至石濠，乱刺徒手兵士，不得已始仗未缴之械率投蜀军。幸蜀军高谊，主持公道，纳我入境。而唐督杀心未已，一再追逐，并捏诬罪名，要求胡都督、熊师长解瀛治罪。呜呼！瀛之始终，皆为保我遵民耳，于己复何所求？乃一害于梅，再害于邓，毕竟皆受害于唐督。瀛死生固不足惜，哀我遵民进退维谷，何以生为？夫由来灭国之惨，莫惨于灭于异族，今我黔民不牛马奴隶于亡清之异族，偏鱼肉醢醢于接境之同胞，文明国有是理乎？且彼以假道灭我，行同强寇，噬杀未厌，重毒四方，欲施一网打尽之计，以作伊省殖民地，黔人诚不幸矣。更恐野心妄逞，得陇思蜀，中原多事，外患频加，尚得望民国成立乎？瀛为大同起见，是以走笔疾呼，泪血交流，痛书原委，略告同胞。倘各界君子念黔人亦黄帝之胄裔，仗义而出我黔于水火，或持正论以质天下，俾我黔人得守桑梓，崩角稽首，生世不忘。夫物不得其平则鸣，此难得平，亦共和民国之一大纪念也。翘望曷极！谨将滇军入黔恶迹，条列于左：

假道袭黔。当元年旧历正月各省倡义北伐，我前正都督杨，早先率师出省，所有省内兵士又通遣出清匪。唐率滇军乘虚入黔，声言假道北伐。黔人以义师远来，开会欢迎。乃唐入城竟踞螺蛳山观风台最高处，十四日黎明乘我不备，直用开花炮攻击南厂之防军。南厂兵溃，黔灵山之兵出降，缴械后全军尽戮，计三百余人，唐遂僭黔都督。

滥杀官僚。当滇军袭城时，我前副都督赵德全已解职避处于乡，滇军四路搜索，竟获于毛栗铺，立处死刑。以后凡有异己官吏，一律痛杀。如黔西州知事兼北路巡防统领宋运枢，素有政声；援川管带杨树青由川保全军械回黔，亦有勋绩，唐督以非党类，并诛戮之。

残杀生灵。滇军袭黔，既视黔为植〔殖〕民地，凡遇黔民痛加剿戮，非称图谋不轨，即称行为不正，毫无证据，即指为侦探查觉。如省城何东山之子何锡清无辜被杀，并抄没其家数万金，余如周子文、任海州、桐梓县王文卿等之枉法受戮者，指不胜屈。他如梅治逸为军警局局长时，杀戮无辜者二百余人，尸首乱坑局后，不敢领取。队长甘澍统兵到正安州，团防出迎，乃竟枪毙数人，并杀团总、团兵。因人口沸腾，肆杀尤毒，到麻王洞横戮良民百余人，更迁怒于田间农夫，亦并戮三名；到石壕又以索米不遂复杀米贩二人。屠毒生灵，莫此为甚，今又不知蹂躏何许矣。

诛戮降卒。唐入黔时即以疾雷不及掩耳之势，弹杀我军。军士束手缴械投诚，亦任横杀不赦。尤可惨者，南厂黔灵山之缴械兵卒三百余人，降时跪伏军前，悉用刺刀横刺，又埋土坑，甚至有二三日犹闻哭声而未死者。至于任意弃市者不胜计数。大十字街血流成渠，腥臭成瘴，经两月许，无不于该处掩鼻呕吐者。

奸淫掳掠。袭省城后，派兵四出，声言保安地方，而兵士所过，罔不奸淫掳掠。即如正安、绥阳二州县，甘队长凌虐万状，占入民间宿房，自称军人无眷属，力强与合，玷辱良家，比户皆是。复占娶正安州陈星桥之女为妾，致将星桥逼毙。兵士抄掳，尤不择肥瘠。如索石书林之银五万两、王时雍之银一万两，已属恶极；复抄居民刘石如、帅银九、杨泽林、杨燕如、朱老二、邓见奎、萧某等十余家，鸡犬一空。历历可查，共和时代，固当如此耶？

违法滥刑。滇军在黔，凡杀降卒人民，动即挖其心肝、舌子，以快口食，惨无人理。其在清水塘获北路管带杨钟岳之兵，生剥其肉，哀号之状，惨不忍闻。其在遵义干涉民事案，连戮妇女三人，甚至有一婚姻案，男女并杀十余人，两造戮绝。人理泯亡，莫甚于此，不知新世界上有如此刑律否？

右述数端，不过举其所知所见者而言耳，实未尽万一。倘蒙大府先生、各界同胞逐一查办，或提作议案，以质天下，俾我黔无天日之冤，复睹光华世界，馨香顶祝，全黔不忘。